Konrad Löw / Felix Dirsch

Die Stimmen
der Opfer

Zitatelexikon der deutschsprachigen jüdischen Zeitzeugen
zum Thema: *Die Deutschen und Hitlers Judenpolitik*

Konrad Löw / Felix Dirsch

Die Stimmen
der Opfer

Zitatelexikon der deutschsprachigen jüdischen Zeitzeugen
zum Thema: *Die Deutschen und Hitlers Judenpolitik*

VERLAG INSPIRATION UN LIMITED

Bibliographische Information der Deutschen Nationalbibliothek
Die Deutsche Nationalbibliothek verzeichnet diese Publikation in der Deutschen Nationalbibliographie; detaillierte bibliographische Daten sind im Internet unter http://dnb.d-nb.de abrufbar.

Die Bilder auf der Titelseite zeigen von links oben nach rechts unten: 1. Reihe: Heinz Berggruen, Alfred Grosser, Margot Friedländer, Hermann Broch, Bruno Frank, Albert Einsein; 2. Reihe: Johanna Eichmann, Max Born, Hans Rosenthal, Fritz Haber, Ilse Stanley, Anita Lasker-Wallfisch; 3. Reihe: Victor Gollancz, Ralph Giordano, Viktor Frankl, Nachum Goldman, Ruth Klüger, George Weidenfeld; 4. Reihe: Alice Schwarz-Gardos, Sally Perel, Fritz Stern, Charlotte Knobloch, Max Brod, Hannah Arendt.

Bildnachweis: s. Seite 391

Umschlag: Katja Reimer, Zeichensetzen GmbH, 35578 Wetzlar

Satz: Maximilian Moj, 80807 München

Druck: bookpress.eu, 10-408 Allenstein (Olsztyn), Polen

ISBN 978-3-945127-30-8 – Preis: 15,90 Euro

„Es ist Pflicht der Überlebenden, Zeugnis abzulegen, damit die Toten nicht vergessen, noch Hilfsbereitschaft und Aufopferung Unbekannter missachtet werden."[1]

Françoise Frenkel,
1943 am Ufer des Vierwaldstätter Sees, kurz nach ihrer Rettung.

„Wer zum Vergessen beiträgt, vollendet das Werk der Mörder."[2]

Elie Wiesel

„Hoffentlich kommen aus der Zeit viele Tagebücher auf die Nachwelt! Ungeschminkt geschrieben – damit andere Generationen ein klares Bild bekommen."[3]

Walter Tausk,
eines der NS-Mordopfer.

„Wer spricht und kämpft für uns, wenn wir nicht mehr sind?"[4]

Die ehemaligen Häftlinge des KZ Buchenwald
in ihrer Weimarer Erklärung vom 14. Juli 2007

---

1 Frenkel, Françoise: *Nichts, um sein Haupt zu betten*, München 2018. Der Satz steht dort, kursiv gesetzt, in der Vorbemerkung, Seitenzahl unklar. – Aus dem Vorwort von Johanna Eichmann (Eichmann aaO.) stammt der Satz: „Wir sind die Letzten. Fragt uns aus. Wir sind zuständig."
2 Aus *A Plea for the Survivors*, in: *A Jew Today* (New York 1978), zitiert nach Lasker-Wallfisch aaO. S. 19.
3 Tausk aaO. S. 82. Tausk führte intensiv Tagebuch, wenn auch weniger als Victor Klemperer.
4 Knigge aaO. S. 180.

Inhalt

Register

Vorwort des Verlegers

Die Kritik am Totalitarismus und am Marxismus und noch nicht die Erforschung der NS-Zeit war es, mit der sich Konrad Löw als Politikwissenschaftler einen Namen gemacht hat. Seine Veröffentlichungen über diese Themen ab den späten siebziger Jahren sind Standardwerke.

In diesen Büchern hat Konrad Löw bei aller wissenschaftlichen Präzision immer klar und manchmal temperamentvoll Stellung bezogen. Dementsprechend unbeliebt war Löw in der politischen Linken in Deutschland. In der DDR waren seine Bücher direkt verboten, nur ausgewählte Kader bekamen Zugang zu Büchern wie etwa „Die Lehre des Karl Marx – Dokumentation. Kritik" von 1982.

Zu Löws bekanntesten Lesern gehörte, allerdings erst nach der „Wende" von 1989/90, das frühere Mitglied des SED-Politbüros Günter Schabowski. Er ging in die Geschichte ein, weil er am 9. November 1989 durch einen Versprecher vor laufender Kamera („meines Wissens ist das sofort, äh, unverzüglich") die Öffnung der Berliner Mauer herbeiführte. Ein paar Jahre später schrieb Schabowski: „Die Arbeiten von Konrad Löw über Marx und den Marxismus leisteten mir so etwas wie Lebenshilfe, weil sie mich darin bestärkten, Klarheit über die Ursachen unseres Scheiterns zu gewinnen. Löws Schriften – es waren nicht die einzigen aus den Giftschränken des freien Geistes die ich in den Neunzigern verschlungen habe – lieferten mir befreiende Röntgenaufnahmen der roten Säulenheiligen."[5]

Erst nach seiner Emeritierung 1999 wandte Löw sich einem neuen Thema zu, über das er seitdem unermüdlich forscht und publiziert. Der Frage nämlich, wie ganz normale Deutsche während der NS-Zeit über ihre jüdischen Nachbarn dachten und über die brutale Judenverfolgung, die das NS-Regime ins Werk gesetzt hatte. Ein wesentlicher Impuls dafür waren die ab 1998 veröffentlichten Tagebücher von Victor Klemperer, der die NS-Zeit als in „Mischehe" lebender Jude in Dresden überlebt hatte. Klemperer gilt aufgrund seiner detaillierten und jeweils zeitnah aufgezeichneten Beobachtungen als der anerkannteste Chronist der NS-Zeit aus der Perspektive der Opfer. Mehrfach berichtet er in seinen Tagebüchern, dass die übergroße Mehrheit der Deutschen die Judenverfolgung zutiefst ablehne, wie in die-

---

5   Günther Schabowski: *Der geröntgte Marx,* in: *Aufklärung & Kritik,* Sonderheft 10/2005, *Was bleibt vom Marxismus?,* S. 71–76.

sem Buch dokumentiert wird. Im März 1942 äußert er sogar die Einschätzung, nur etwa einer von 50 Dresdnern würde die Verfolgung, der er ausgesetzt war, gutheißen. Diese Beobachtungen aus Dresden decken sich mit Kindheitserinnerungen des 1931 geborenen Konrad Löw aus München und führten ihn auf sein neues Forschungsfeld.

Die von ihm seitdem zutage geförderten Äußerungen jüdischer Zeitzeugen über ihre nichtjüdisch-deutschen Nachbar widersprechen oft geradezu diametral dem, was heute zu dieser Frage verbreitet wird. Ja, Vorurteile über und Vorbehalte gegen Juden gab es viele, mit deutlichen Unterschieden nach Region und gesellschaftlicher Gruppe. In protestantischen Landesteilen gab es mehr Antisemitismus als in katholischen und im durch Inflation und Wirtschaftskrise verarmten Kleinbürgertum mehr als in der Oberschicht. Und doch lässt sich heute durch die Arbeiten von Konrad Löw anhand jüdischer Stimmen sicher belegen: Ein heftiger, zur rechtlichen Zurücksetzung oder gar Verfolgung von Juden tendierender Antisemitismus war in Deutschland auch in den schlimmsten Phasen der Nazizeit Sache einer kleinen Minderheit.

Die von Konrad Löw und Felix Dirsch zusammengetragenen Zitate sind zunächst einmal eindrucksvolle Belege der Charakterstärke ihrer Urheber. Ein Victor Klemperer hätte ja allen Grund gehabt, angesichts der brutalen und am Ende sogar mörderischen Judenverfolgung nicht mehr zu differenzieren und seine nichtjüdischen Zeitgenossen in Bausch und Bogen zu verdammen. Er hat es nicht getan, so wenig wie Hunderte weitere jüdische Zeitzeugen, deren Einschätzungen überliefert sind. Schon aus diesem klaren Grund sind diese Zitate kostbar, sie machen den Verfolgten Ehre.

Aus nichtjüdischer Sicht sind diese Zeitzeugnisse zusätzlich deswegen erfreulich, weil sie eben doch die große Mehrheit der Deutschen der NS-Zeit entlasten. Am Faktum des Genozids gibt es ja nichts zu rütteln oder abzuschwächen. Umso drängender ist die Frage, auf wie viele Schultern sich die Schuld an einem der grauenhaftesten Verbrechen der Menschheitsgeschichte nun verteilt. Dass es keine Kollektivschuld „der" Deutschen geben kann, ist evident. Dazu waren viel zu viele nichtjüdische Deutsche selbst NS-Opfer und in keiner freien Reichstagswahl hat die NSDAP auch nur annähernd die absolute Mehrheit erreicht. Ganz abgesehen davon, dass die Vorstellung, ganze Völker können an irgend etwas kollektiv schuldig werden, selbst ein Grundgedanke der nationalsozialistischen „Weltanschauung" war. Sie ist im Ansatz falsch, weil Schuld genau wie Verdienst eine höchst persönliche Kategorie ist.

Konrad Löw musste in der vergangenen Jahren allerdings die Erfahrung machen, dass seine für Juden wie Nichtjuden gleichermaßen erfreulichen und in der Sache nicht zu bestreitenden Befunde auf ein zurückhaltendes Echo gestoßen sind – um es sehr vorsichtig zu sagen. Auch diese oft geradezu schroff ablehnende Rezeption hat Löw inzwischen wissenschaftlich dokumentiert und in ihren Erscheinungsformen und Motiven aufgearbeitet, insbesondere mit seinem Buch „Adenauer hatte recht – Warum verfinstert sich das Bild der unter Hitler lebenden Deutschen?"[6]. Darin wird belegt, dass jüdische Stimmen, die das Verhalten der nichtjüdischen Deutschen in der NS-Zeit fair-differenziert oder gar positiv bewerten, in Deutschland seit einigen Jahren teilweise gar nicht mehr, teilweise nur noch selektiv und manchmal geradezu sinnentstellend zitiert werden. Dies geschieht erkennbar und belegbar in der Absicht, das inzwischen etablierte Geschichtsbild in dieser Frage – neudeutsch sagt man auch „Narrativ" – gegen kritische Einwände abzusichern.

Den politischen Interessen insbesondere der politischen Linken mag das irgendwie nützen. Einem wirklichen Verständnis dessen, was in der NS-Zeit geschehen ist, dient es aber keineswegs. Man kann heute belegen, dass der von Anfang an massive Antisemitismus im Programm der NSDAP[7] gerade nicht der Grund für ihre Wahlerfolge insbesondere ab 1929/30 war. Hitler wurde zunächst gewählt als „personifizierter Protest gegen Versailles". Grundlage seiner späteren, größeren Wahlerfolge war das Elend der Weltwirtschaftskrise ab 1929, das ein durch die Inflation von 1923 teilweise bereits verarmtes Bürgertum traf. Breite Schichten sahen wirtschaftlich schwarz für ihre Zukunft. In Verbindung mit einer eher schwachen demokratischen Tradition in Deutschland und in einem Umfeld, in dem in ganz Europa die Demokratie in die Defensive geraten war und sich bereits in vielen Ländern autoritäre Regierungsformen etabliert hatten war das eine giftige Mischung, an der 1933 die Demokratie zugrunde ging.

Dass die Deutschen die NSDAP nicht wegen sondern trotz ihres heftigen Antisemitismus wählten (soweit sie es denn taten), erkannten sogar Hitler und Goebbels selbst. In den Wahlkämpfen der drei für die NSDAP erfolgreichsten und historisch entscheidenden Reichstagswahlen (Juli und Novem-

---

6   Erschienen im Verlag Inspiration Un Limited, 2. erweiterte Auflage London/Berlin 2016. Gedruckt in Petach Tikva/Israel, ISBN 978-3-945127-100, 15,90 Euro.
7   Das wichtigste Programmdokument der NSDAP sind die „25 Punkte" vom 24. Februar 1920. In den Punkten 1 und 2 wird die Aufhebung der Verträge von Versailles und Saint Germain gefordert (in Punkt 1 implizit, in Punkt 2 explizit).

ber 1932 und – schon nicht mehr ganz frei – März 1933) hat die Partei diesen Programmpunkt darum weit in den Hintergrund gerückt. Eindeutig belegbar ist auch gerade anhand der jüdischen Zeugnisse, dass die deutsche Bevölkerung sowohl auf den Boykott jüdischer Geschäfte am 1. April 1933 als auch auf die organisierte Gewalt der sogenannten Reichskristallnacht vom 9. auf den 10. November 1938 mit jeweils sehr großer Mehrheit ablehnend reagiert hat, wiewohl in beiden Fällen nur wenig offener Protest sichtbar wurde. Das Wort „Kristallnacht" war keineswegs eine Verharmlosung der damaligen Ereignisse und schon gar kein Begriff der NS-Propaganda, vielmehr eine sarkastische Erfindung des Berliner Volksmundes angesichts der massenhaft zerstörten Schaufensterscheiben jüdischer Geschäfte. Seit einigen wenigen Jahren gilt dieser Begriff dennoch als politisch nicht mehr ganz korrekt und wird zunehmend durch den russisch-deutschen Begriff „Pogromnacht" ersetzt. Dem wollten die Autoren folgen, was der Verlag akzeptiert hat.

Nach der Lektüre dieses Buches bleibt die große, drängende Frage bestehen: Wie viel Antisemitismus hat es denn nun gegeben unter den Deutschen – vor 1933 und danach, als die NSDAP bald die Medien und Schulen zu beherrschen begann und ihre Propaganda unbegrenzt verbreiten konnte? Die Zeugnisse dieses Buches rücken vieles zurecht, was hierüber gerade seit den 1990er Jahren immer stärker verbreitet wird. Was diese Stimmen leider kaum ermöglichen, ist eine näherungsweise Quantifizierung des Antisemitismus in Deutschland während der NS-Zeit. Repräsentative Meinungsumfragen wurden in Deutschland erstmals nach 1945 von US-amerikanischen Politikwissenschaftlern durchgeführt, dann auch zum Thema Antisemitismus. Für die Zeit davor sind solche Daten nicht mehr zu gewinnen. Immerhin erlauben die in diesem Buch gesammelten Quellen zuverlässig folgende Tendenzaussagen:
- In evangelischen Regionen und Milieus gab es weitaus mehr Antisemitismus als in katholischen.
- In den Kleinstädten und auf dem Land gab es mehr Antisemitismus als den Großstädten, insbesondere in Metropolen mit großen und traditionsreichen jüdischen Gemeinden; letzteres auch dann, wenn diese Städte überwiegend evangelisch waren, wie Berlin, Frankfurt, Hamburg und Breslau.
- In den von der Weltwirtschaftskrise und/oder von den Folgen des Versailler Vertrages besonders hart betroffenen Regionen und gesellschaftlichen

Gruppen gab es mehr Antisemitismus als in anderen Landesteilen oder
Schichten.
– Unter Jugendlichen und jungen Erwachsenen gab es nach einigen Jahren
der NS-Herrschaft mehr Antisemitismus als unter den mittleren und älteren Jahrgängen. Deren Grundeinstellungen waren ja schon vor 1933 geprägt worden und sie waren der braunen Indoktrination auch „nur" über
die Medien und nicht zusätzlich an den Schulen und Universitäten ausgesetzt. Dabei hat eine wichtige Rolle gespielt, dass in jedem Medium, auf das
die NSDAP Einfluss gewann, zunächst einmal jede neutrale oder gar positive Berichterstattung über einzelne Juden oder das Judentum als Ganzes
endete. Die schlichte *Weglassung des Positiven* ist wohl bis heute das wirk-
samste Mittel jeglicher Manipulation. Und sie beeinflusst naturgemäß die
jungen Jahrgänge mehr als die älteren, weil letztere noch lange Erinnerung
an frühere positive Nachrichten haben können und generell die Grund-
überzeugungen des Menschen in jungen Jahren geprägt werden.

Diese vier Effekte werden durch die Zeugnisse dieses Buches vielfach bestätigt, womit die Frage offenbleibt, wie viele Deutsche denn nun tatsächlich
antisemitische Vorurteile hatten oder Antisemiten waren. Ein Obergrenze
dafür bildet wohl die Zahl derjenigen Deutschen, die Mitglied der NSDAP
geworden sind. Manche wurden zum Parteibeitritt gedrängt, viele standen
jedenfalls unter wirtschaftlichem Druck, als sie einen Beitrittsantrag unter-
schrieben. Aber kaum jemand wurde zur Mitgliedschaft direkt gezwungen
und bis 1943 traten immerhin 7 Millionen Deutsche und Österreicher der
NSDAP bei. Wer diesen Schritt tat, hat den offensichtlichen und erklärten
Antisemitismus[8] der Partei wenn nicht aus Überzeugung, so zumindest
widerstrebend mitgetragen. Zum Zeitpunkt der Machtergreifung 1933 war
dabei keineswegs klar, wie weit die antijüdische Politik in Zukunft gehen
würde. Insofern ist ein Beitritt im Jahre 1932 anders zu werten als einer
1935 oder 1938. Das vorliegende Buch bietet zudem Belege von jüdischer
Seite in Fülle, dass Mitglieder der NSDAP und ihrer Gliederungen verschie-
denste konkrete Verfolgungsmaßnahmen abgelehnt haben.
    Aber wenn das denn alles so war, dann stellt sich umso mehr die Frage,
wie das unvorstellbare Verbrechen der Schoah von der damaligen deut-

---

8   Das „25-Punkte-Programm" der NSDAP von 1920 enthält gleich sechs explizit antisemitische
Punkte (Nr. 4 bis 7, 23 und 24). Fünf weitere Punkte (Nr. 11 bis 13, 16 und 18) waren antisemitisch in-
terpretierbar und wurden nach 1933 auch in diesem Sinne angewendet.

schen Regierung ins Werk gesetzt werden konnte. Für das übergreifende Anliegen des „Nie wieder!" ist es unverzichtbar, die *tatsächlichen* Mechanismen von Manipulation und Täuschung der Bevölkerung und Radikalisierung innerhalb des NS-Machtapparates zu kennen und zu verstehen. Die leicht widerlegbare Behauptung eines „eliminatorischen Antisemitismus" nennenswerter Bevölkerungsteile verunmöglicht ein solches Verstehen im Ansatz.

Und ja, es ist auch eine Beleidigung der damals lebenden Menschen, die nicht mehr widersprechen können. Für Konrad Löw, dessen Vater als erklärter Nazigegner nur knapp dem KZ entgangen ist, ist dieser Aspekt ein Hauptmotiv seiner Arbeit. Mir als seinem Verleger ist die andere Fragestellung noch wichtiger: Ich möchte einfach wissen, was denn nun wirklich geschehen ist und wie viele Menschen in welcher Form und mit welchen inneren Einstellungen durch ihr Tun und Lassen das unvorstellbare Verbrechen möglich gemacht oder sogar selbst begangen haben. Relevant sind beide Anliegen und so habe ich auch diese neue Werk gerne verlegt. Es soll als möglichst umfassendes Zitatelexikon eine Art Schlusstein dieser breit angelegten Forschungen von Konrad Löw bilden.

Ein besonderer Dank gilt heute zunächst den beiden Autoren Konrad Löw und Felix Dirsch. Prof. Dirsch ist Politikwissenschaftler und Theologe, er ist u. a. Lehrbeauftragter an der Hochschule für Politik in München. Auch das Buches „München war anders. Das NS-Dokumentationszentrum und die dort ausgeblendeten Dokumente" von 2016 hat er als Co-Autor mit Konrad Löw verfasst. Er lehrt Theorie der Politik an der Hochschule für Politik in München.

Ein weiterer großer Dank gilt Herrn Dr. Ingo Resch. Leider ist er am 23. April 2020 nach schwerer Krankheit verstorben und hat das Erscheinen dieses Werkes nicht mehr erlebt. Er hat dieses Buch finanziell, ideell und verlegerisch unterstützt. Sein Verlag, in dem bereits 2002 Löws Buch „Die Schuld – Christen und Juden im Urteil der Nationalsozialisten und der Gegenwart" erschienen ist, ist Co-Verleger dieses Buches. Ebenso herzlich danke ich dem Unternehmer Dr. Ronald Berndt in Ansbach. Auch er hat dieses Werk großzügig gefördert.

Berlin, im September 2020

Konrad Badenheuer

Einleitung

In einem Brief vom 25. Januar 2017 schrieb mir Klaus von Dohnanyi (SPD), der frühere Bundesminister und Erste Bürgermeister der Stadt Hamburg[9]: *Lieber Herr Löw, vielen Dank für Ihren Brief und die Anlage; es ist heute meist anders, als es in München war, als unser gemeinsamer Freund Alfred Grosser und ich Ihr Buch[10] [...] vorstellten. Mein Rat: Fahren Sie fort mit dem Sammeln von Material ... Das alles ist sehr wertvoll in fernerer Zukunft. Und fügen Sie ein weiteres Gebiet hinzu: die Beurteilung der Gefahren durch jüdische Verfolgte selbst.[11]*

Eben das ist das Ziel der nachfolgenden Dokumentation.

1. Wie es zu diesem Lexikon gekommen ist

Die Verbrechen Hitlers und seiner Gefolgschaft in den Jahren 1933–1945 verdienen das härteste Unwerturteil. Daher ist es geboten, das Geschehen von damals mit größter Sorgfalt zu erforschen, insbesondere zu klären: wer war Hitlers Gefolgschaft, wer waren seine – willigen oder widerwilligen – Vollstrecker? Dabei verdient jeder Zeitzeuge Beachtung, insbesondere wenn er zugleich zu den Opfern zählt, aber auch die Zeugnisse neutraler Außenstehender und sogar jene, die der Mittäterschaft verdächtigt werden, wenn sie nur aussagefähig sind.

Der Anregung Klaus von Dohnanyis folgend entstand dieses Lexikon unter essentieller Mitwirkung von Felix Dirsch[12] und unter Verwendung der

---

9   Klaus von Dohnanyi, geboren am 23. Juni 1928 in Hamburg. Von 1972 bis 1974 Bundesminister. Von 1981 bis 1988 Erster Bürgermeister von Hamburg. Per E-Mail vom 18. April 2019 bekräftigte er: „Sie können meinen Brief vom 25. 1. 17 gerne verwenden." Sein Vater, Hans von Dohnanyi, wurde wegen seines Widerstandes gegen den Nationalsozialismus am 8. April 1945 im KZ Sachsenhausen hingerichtet.

10   Gemeint: Löw: *Volk,* aaO.

11   Archiv des Autors K.L.

12   Meinem langjährigen Freund und Vertrauten bin ich sehr zu Dank verpflichtet, dass er in das arbeitsintensive kühne Projekt eines über 85-Jährigen eingestiegen ist. So ist gegenseitige Kontrolle geradezu institutionalisiert und auf längere Zeit Betreuung und Verwaltung des Resultats gewährleistet. Soweit eine Abgrenzung der einzelnen Beiträge unschwer möglich gewesen ist, wurde sie kenntlich gemacht, d. h. (F.D.) bzw. (K.L.).

bisherigen Sammlungen des Autors, insbesondere in den Büchern „Das Volk ist ein Trost' Deutsche und Juden 1933–1945 im Urteil der jüdischen Zeitzeugen" (2005), „Deutsche Schuld 1933–1945? – Die ignorierten Antworten der Zeitzeugen" (2011) und „Adenauer hatte recht. Warum verfinstert sich das Bild der unter Hitler lebenden Deutschen? (2013/16)".

Die Einmaligkeit des Genozids der Jahre 1941–1945 in Deutschlands Geschichte und die große Zahl einschlägiger Lehrstühle, Forschungseinrichtungen, Museen legt nahe, dass es längst eine systematische, umfassende Sammlung dieses Materials gibt. Und in der Tat: Es gibt eine Vielzahl einschlägiger großer Projekte, die derlei eigentlich erfassen müssten, nämlich

1. das achtbändige „Handbuch des Antisemitismus. Judenfeindschaft in Geschichte und Gegenwart"[13], herausgegeben von Wolfgang Benz in den Jahren 2008 und 2015,

2. „Die Verfolgung und Ermordung der europäischen Juden durch das nationalsozialistische Deutschland 1933–1945". Von diesem umfangreichen, noch nicht abgeschlossenen Werk sind seit 2008 sechzehn Bände erschienen. Dieses Werk wird von mehreren Institutionen, darunter dem Bundesarchiv herausgegeben, was ihm einen offiziellen Charakter gibt.

3. Schließlich das im Jahre 2015 hat NS-Dokumentationszentrum München (im Folgenden auch kurz: NS-Doku-Zentrum) eröffnet. Wegen seiner besonderen Lage auf dem Gelände, auf dem früher das „Braune Haus", die Parteizentrale der NSDAP, gestanden hat, bietet es sich als Sammelort an.

Doch fehlen in diesen aufwändigen Dokumentationen ausgerechnet einige der aussagefähigsten Zeitzeugnisse von verfolgten Juden und anderen besonders glaubwürdigen Zeugen, wovon noch die Rede sein wird. Diese Lücke jedenfalls soll mit der vorliegenden Dokumentation geschlossen werden.

„Die Deutschen und Hitlers Judenpolitik" steht seit Jahren im Focus meiner Forschungen. Dafür gibt es mehrere Gründe, so eigene Kindheitserinnerungen, vier Israelaufenthalte sowie einschlägige Studien, Veröffentlichungen und Lehrangebote. Maßgeblich beeinflusst wurden meine Forschungen, wie bereits im Vorwort erwähnt, durch die Lektüre der Tagebücher von Victor Klemperer, der während der NS-Zeit in Dresden lebte und akribisch Tagebuch führte.[14] Ab 1998 wurde es veröffentlicht. Seine Einschät-

---

13 Benz: *Handbuch*, aaO.
14 Klemperer (aaO. LTI S. 320): „Ich ließ mich damals nicht irremachen. Ich stand jeden Morgen um halb vier auf und hatte den vorigen Tag notiert, wenn die Fabrikarbeit begann."

zung als verfolgter Jude vom Oktober 1941, Zitat: „Fraglos empfindet das Volk die Judenverfolgung als Sünde."[15], ist besonders aufschlussreich, fehlt aber nach unserem besten Wissen in allen der genannten Opera. Besonders aufschlussreich ist diese Aussage, denn dies schrieb Klemperer nicht etwa zu Beginn der NS-Herrschaft, als sich die Indoktrination durch die neuen Machthaber noch nicht durchgesetzt hatte, und auch nicht, als sich die Niederlage des Dritten Reiches bereits abzeichnete und auch viele Nazis aus Furcht oder Opportunismus ihre Überzeugungen verleugneten, sondern als sich Hitler im Zenit seiner Macht befand. Damals durfte Klemperer mitten in Dresden nur mit dem Judenstern am Revers seine Unterkunft verlassen, am öffentlichen Leben teilnehmen und etwa Lebensmittel einkaufen, außerdem musste er als Zwangsverpflichteter mit vielen anderen unter einem Dach zusammenarbeiten. Er hatte also reichlich Kontakt zum „Mann auf der Straße" in einer Stadt, die ausweislich der Wahlergebnisse der NSDAP für Hitlers Ideen schon früh ein offenes Ohr hatte. Mehrere sinngleiche Äußerungen Klemperers finden sich auch später in seinem Werk, wie in diesem Buch belegt wird.

Seine zentrale Einschätzung, „fraglos empfindet das Volk die Judenverfolgung als Sünde" widerspricht dem, was seit vielen Jahren herrschende Meinung in den einschlägigen Veröffentlichungen ist, nämlich dem etablierten „Narrativ" von der deutschen Schuld. Diese Lesefrucht war daher für mich eine große Überraschung. Zwar hatte ich als Kind und Jugendlicher in München diese Zeit ebenso erlebt wie er. Aber ich sprach später drüber kaum, da ich, anders als Klemperer, nicht viel herumgekommen war – nirgendwohin außer Familie, Schule und Kirche. Meinen Fall empfand ich darum lange als sehr persönlichen Glücksfall und hätte nicht gewagt, ihn zu verallgemeinern. Klemperers Tagebucheintrag gab mir den Impuls, möglichst alle Zeitzeugen, also in der Regel ihre Aufzeichnungen, zu befragen, ob ihre Erfahrungen in die selbe Richtung weisen würden.

2. Ansatz und Methode dieses Lexikons

Es wurde versucht, alle Zeugnisse der Opfer des NS-Rassismus zusammenzutragen, die zur Beantwortung der Frage beitragen, in welchem Ausmaß

---

15 Klemperer: *Tagebücher 1940–1941*, aaO. S. 173.

die Deutschen hinter Hitlers zuerst ausgrenzender, dann offen diskriminie-render und am Ende mörderischer Judenpolitik gestanden haben. Die Zeit-zeugnisse wurden ohne Voreingenommenheit zusammengetragen, die Dokumentation hat keineswegs das Ziel, irgend jemanden zu be- oder zu entlasten. Es geht vielmehr im Sinne der Ranke'schen Maxime darum, fest-zustellen, „wie es eigentlich gewesen" ist, also um ein fundiertes, möglichst umfassendes und facettenreiches Bild der Wirklichkeit, und damit um den Versuch, das Denken der nichtjüdischen Deutschen der NS-Zeit möglichst objektiv darzustellen.

Die Dokumentation versucht, alle Zeugnisse zu erfassen und dies mög-lichst ausführlich, nach dem Prinzip: im Zweifel berücksichtigen. Doch sollte ein handlicher Umfang nicht überschritten werden. Primär berück-sichtigt werden darum die jüdischen Opfer mit einschlägigen, für den je-weiligen Autor repräsentativen Verlautbarungen. Aber auch namhafte an-dere Opfer und Gegner des Regimes und beiläufig seine Anhänger werden berücksichtigt. Lebende neue Zeugen sind in den letzten Jahren kaum mehr aufgetaucht[16], aber manche bislang verborgenen Texte. Und: Es sind Zeu-gen, die aus eigener Erfahrung berichten oder eigene Erfahrungen zusam-menfassen. Da die Einstellungen der deutschen Mehrheit der Gegenstand der Untersuchung sind, bleiben Zeugnisse unberücksichtigt, die außerhalb des deutschen Sprachraumes entstanden sind, etwa in Polen oder in den baltischen Staaten.

Zweifellos sind viele Zeugnisse verloren gegangen, weil ihre Urheber die Verfolgung nicht überlebt oder ihre Erlebnisse nicht aufgezeichnet haben und zwischenzeitlich gestorben sind. Doch ein gewaltsamer Tod löscht keine Aufzeichnungen und etliches davon wird hier wiedergegeben. Man-che Zeugnisse sind erst in den letzten Jahren aufgetaucht und vermutlich wird uns auch die Zukunft noch mit Funden überraschen. Die letzten hier berücksichtigten Quellen waren ein fast verschollener Essay des Emigran-ten Hans Nawiasky, 1946 in Zürich erschienen, und die Erinnerungen von Françoise Frenkel aus dem Jahre 1943, erschienen 2016. Eine Garantie, dass alles Aufschlussreiche erfasst worden ist, gibt es trotz aller aufgewendeten Sorgfalt nicht, und so werden alle Leser hiermit gebeten, weitere Quellen den Autoren oder dem Verlag mitzuteilen.

Wie bei allen Dokumentationen gilt: Je geringer die zeitliche Distanz zwischen Erlebnis und Aufzeichnung ist, umso größer ist die Wahrschein-

---

16   Auch sie gibt es, siehe Leopold Levinger.

lichkeit, dass Erlebnis und Aufzeichnung übereinstimmen – nicht zuletzt
darin besteht der hohe Wert von Tagebuchaufzeichnungen und Briefen.

Zeugnisse rein textlicher Art sind nicht die einzige Quelle. Vielmehr hat
sich bei meinen Arbeiten gezeigt, dass beispielsweise auch das Verhalten der
in „Mischehe" Lebenden Nichtjuden sehr aussagefähig ist, außerdem die
Statistik der damals in Deutschland gewählten Vornamen, der im Alltag
möglichst vermiedene oder willig entbotene Hitlergruß, die Erfahrungen
mit dem gelben Stern. Mit dem „Anschluss" Österreichs an das Deutsche
Reich am 13. März 1938 galten auch dort alle judenfeindlichen Bestimmungen wie im Altreich. Daher kommen die dortigen jüdischen Zeitzeugen in
dieser Dokumentation ebenso zu Wort.

3. Der Aufbau der einzelnen Artikel

Die Zitate sind alphabetisch nach den Namen der Zeitzeugen angeordnet.
Auf kurze biographische Angaben folgen die Zitate selbst. Sie sind größer
gesetzt und entsprechen exakt der zitierten Quelle, obwohl sie nicht in Anführungszeichen gesetzt werden. Dies geschieht, um eine schwerer lesbare
Anhäufung von Satzzeichen, insbesondere bei Zitaten im Zitat zu vermeiden. Die Publikationen, denen die Zeugnisse entnommen sind, sind teils
vor, teils nach der Rechtschreibreform von 1996/2006 erschienen. Um hier
eine gewisse Einheitlichkeit zu bekommen, wurden die Zitate an die heute
geltenden Rechtschreibregeln angepasst. Ansonsten bleiben die Zitate unverändert, einschließlich etwaiger Verschreibungen, die bei Bedarf in Fuß-
noten angesprochen werden. Auslassungen werden möglichst vermieden
und ansonsten wissenschaftlich markiert.

Eigene Ergänzungen der Autoren stehen in eckigen Klammern. Die
Zitate werden bei Bedarf kurz erläutert. Den Abschluss bilden bei gegebe-
nem Anlass weiterführende Hinweise, die eine eigene vertiefte Beschäftigung mit dem Zeugen, seinem Zeugnis und dem Kontext erleichtern sollen.

(K.L.)

Teil 1: Die jüdischen Opfer und ihre Bekundungen

1. Abraham, Georg – Brod, Max

Georg **Abraham** wurde 1905 in Bromberg geboren. Er arbeitete in der Tabak- und Zigarettenbranche. Anfang 1939 emigrierte er nach England. Am 10. November 1938 verhaftet, wurde er in das Konzentrationslager Sachsenhausen eingeliefert. Nach seiner Freilassung war er [ab hier beginnt sein Zitat] …

… von der Befürchtung begleitet, wie sich wohl unsere Mitbürger uns Geächteten gegenüber verhalten würden. Wir wurden alle angenehm enttäuscht. Schon am Bahnhof empfingen uns freundliche Menschen, jeder sah uns an, woher wir kamen, und so mancher mitleidige Blick begegnete uns. Geld und Erfrischungen bekamen wir in die Hand gedrückt. Niemand fragte, wie es uns ergangen sei, sie alle wussten Bescheid. In unseren Heimatorten aber waren unsere Freunde die gleichen geblieben. Allgemein verurteilten sie dieses uns zugefügte Unrecht. Die Partei und der Reichsminister Goebbels waren die Hauptschuldigen, war ihre Meinung […].[17]

Solche Erfahrungen trugen zum Überleben, bis zur Emigration, bei.   (F.D.)

Blanka **Alperowitz** wurde 1883 in Finsterwalde geboren. Sie arbeitete ab den 1920er Jahren bei der jüdischen Gemeinde Berlin-Pankow und erteilte Religionsunterricht. Im November 1942 gelang es ihr (aufgrund eines Austausches mit in Palästina internierten Deutschen) ins Ausland zu kommen. Sie verbrachte ihren Lebensabend in Israel und verstarb 1958 in Haifa.

[Alperowitz über das übliche Verhalten nichtjüdischer Deutscher gegenüber Juden:] Man hat uns gerade in den ersten Zeiten des Krieges, als wir noch keinen Stern zu tragen brauchten und deshalb häufiger mit Ariern in Berührung kamen, mit den Worten zu trösten versucht: „Wir sind ja gar

---

17   Georg Abraham: *Manuskript 90 (1)*, abgedruckt bei Gerhardt/Karlauf aaO. S. 189–205, hier S. 200.

nicht so schlecht. Sonst würdet ihr ja alle gar nicht mehr leben." Ich pflegte in solchen Fällen immer zu antworten: „Nein, ihr seid ja alle nicht so schlecht. Wenn aber der Führer Euch heute den Befehl geben würde, uns den Kopf abzuschlagen, dann würdet Ihr es alle tun, allerdings mit tränendem Auge, und Ihr würdet sagen: Wir wollen es ja gar nicht. Es tut uns ja allen so leid – aber wir müssen doch, der Führer befiehlt."[18]

Was nun das Verhalten der Arier gegen die Juden betrifft, kann man kein allgemeines Urteil fällen. Es gab natürlich Arier, mit denen man früher sehr befreundet war, und die sich nun ganz und gar zurückgezogen hatten. Wenn man es auch peinlich empfand, so konnte man es doch oft verstehen. Den Ariern war der Verkehr mit Juden allgemein verboten. Sie durften Juden nicht grüßen und keinerlei Verkehr mit ihnen pflegen. Da Angeberei und Spitzelwesen überhaupt eine große Rolle spielten, traute einer dem anderen nicht, jedermann musste sich sehr in Acht nehmen, denn die Juden wurden von allen Seiten sehr beobachtet. Wenn es ruchbar wurde, dass ein Arier mit Juden freundschaftlich verkehrte oder ihnen einen Gefallen erwies, wie das oft vorkam, so war das nicht für Juden, sondern im selben Masse für Arier gefährlich, weil diese – besonders wenn sie Beamte waren – ihre Existenz oder ihr Ruhegehalt verlieren konnten. Man hat es zwar schmerzlich empfunden, wenn sich alte, liebe arische Freunde nach und nach zurückzogen, aber man konnte es verstehen. Man wollte ja auch ihnen nicht schaden, und wenn man an sie schrieb oder sie an uns schrieben, waren wir immer sehr vorsichtig, und schrieben keinen Namen, höchstens einen anderen verabredeten Namen oder einen Buchstaben. Es gab aber Fälle, wo sich arische Freunde ganz und gar zurückgezogen und sich in ihrem Denken und Fühlen vollkommen umgestellt und der Zeit angepasst hatten.[19]

Dennoch hatte fast jeder Jude doch wenigstens einen treuen arischen Freund behalten, der ganz heimlich, bei höchster Vorsicht, einem treu zur Seite stand und manche Liebestat erwies. Ich wenigstens gedenke voll Dankbarkeit meiner wenigen arischen Freunde, die mir in der Zeit des größten Hungers und der größten Gefahr halfen, in der ich mich oft befand. Ich werde sie nie vergessen. Was das Verhalten der Arier in den Straßen oder in den Verkehrsmitteln betraf, wurde man im allgemeinen nicht angerempelt. Es kam wohl mitunter vor, dass besonders Schulkinder „Jude" riefen, oder „Judensau" oder „Verdammter Jude", oder dass manchmal auch

---

18   Alperowitz aaO. S. 46 f.
19   Alperowitz aaO. S. 51 f.

in der Straßenbahn eine gehässige Bemerkung fiel, wie z. B. „Laufen denn immer noch Juden hier rum?" Das waren kleine Zufälligkeiten, denen man keine Bedeutung mehr beimaß. Im Allgemeinen aber war man in den Straßen, wenigstens bis zu meiner Abreise, noch unbehelligt geblieben. Das kann sich natürlich inzwischen geändert haben.[20]

Alperowitz' Urteil gegenüber nichtjüdischen Deutschen ist differenziert. Sie nahm nirgendwo Feindschaft wahr, wohl aber Distanz eines Teils ihres Freundes- und Bekanntenkreises. Freunde in der Not gab es aber gleichwohl. Der Autorin unterlaufen kleinere Fehler. Ein formales Gesetz, das den Kontakt mit Juden verboten hätte, wurde nie erlassen. Jedoch war der soziale Druck, die Verbindungen zu nichtjüdischen Bewohnern zu kappen, groß. Der Herausgeber ihrer Aufzeichnungen, Klaus Hillenbrand, bemerkt mit Recht, dass die Verfasserin die Mehrheit der Deutschen in Schutz nimmt und fügt mit kritischem Unterton hinzu: „trotz ihrer fehlenden Zivilcourage".[21]   (F.D.)

„**Aralk**", Pseudonym, wohl Anagramm für Klara N., geboren 1895, Unternehmergattin in München. Sie verließ 1939 ihre Heimat Richtung USA. Wenig später verfasste sie den nachfolgenden Text.

Ich muss gestehen, wenn man wie wir Juden aus der Brille der Leidtragenden die Dinge verfolgte, wirkte die Narkose erstaunlich, die die Nazis über das Volk breiteten. So viele Freunde, die wir jahrzehntelang kannten, sie alle drehten früher oder später uns den Rücken zu. Wir hatten zwar das Gefühl, dass sie absolut nicht von der Richtigkeit ihrer Handlungen überzeugt sind, doch sie lernten um. Sie lernten die Rezepte der Partei als das Richtige für Volk und Vaterland. […] Einige wenige Ausnahmen blieben standhaft und sahen tiefer und weiter mit uns.[22]

Unser Mädchen war eine Beschützerin, die sich im wahrsten Sinn des Wortes für uns opferte. […] Ich machte sie zwar wiederholt auf die eventuelle Gefahr im Dienst bei Juden aufmerksam, doch sie war eine ausgesprochene Gegnerin von Hitler, dazu gläubige Katholikin […].[23]

Da Anna sich das nicht alles merken konnte, bat sie die Männer, ihr das doch schriftlich wiederzugeben. Und sie bekam folgenden Zettel ausgehän-

20 Alperowitz aaO. S. 52.
21 So Hillenbrands Anmerkung bei Alperowitz aaO. S. 90.
22 „Aralk": *Manuskript 107*, aaO. S. 121.
23 „Aralk": *Manuskript 107*, aaO. S. 121 f.

digt, den wir heute noch in Händen haben: „Die Nationalsozialistische Partei fordert hiermit auf, innerhalb von 24 Stunden die Stadt München und Bayern zu verlassen, da für Ihre Sicherheit keine Gewehr geleistet wird.“[24]

(K.L.)

Hannah **Arendt** wurde 1906 in Linden (heute ein Stadtteil von Hannover) geboren. Sie studierte in Deutschland unter anderem bei Karl Jaspers, bei dem sie auch promovierte. Im Juli 1933 für kurze Zeit verhaftet, emigrierte sie im selben Jahr nach Frankreich und später in die USA. Sie arbeitete als Journalistin und Hochschullehrerin. 1951 nahm sie die amerikanische Staatsbürgerschaft an. Bekannt wurde sie nicht zuletzt durch ihre Berichte vom Eichmann-Prozess. Sie veröffentlichte viel beachtete Bücher, etwa über „Elemente und Ursprünge totaler Herrschaft“. Sie verstarb 1975.

[Über die Kenntnis über die NS-Verbrechen vor Kriegsende:] Alle anderen [außer der verhältnismäßig kleinen Gruppe aktiver Nazis und den ebenfalls wenigen aktiven Nazi-Gegnern] – ob Deutsche oder Nichtdeutsche – hatten die verständliche Neigung, einer offiziellen, von allen Mächten anerkannten Regierung eher zu glauben als Flüchtlingen, die als Juden oder als Sozialisten ohnehin verdächtig waren. Von diesen wiederum kannte auch nur ein verhältnismäßig kleiner Prozentsatz die volle Wahrheit; und es war natürlich ein noch kleinerer Bruchteil, der bereit war, das Odium der Unpopularität auf sich zu nehmen und die Wahrheit zu sagen.[25]

[Über Versuche der Nationalsozialisten, alle Deutsche als angebliche Kollaborateure in Geiselhaft zu nehmen:] Das deutsche Volk wäre von ihm [= dem nationalsozialistischen Terror] natürlich nicht verschont geblieben. Himmler war immer der Meinung, dass die Herrschaft in Europa einer Rassenelite, verkörpert in den SS-Truppen, zusteht, welche national nicht gebunden bleiben darf. Erst die Niederlagen haben die Nazis gezwungen, dies Konzept aufzugeben und scheinbar zu alten nationalistischen Schlagworten zurückzukehren. Hierzu gehört die aktive Identifikation des gesamten Volkes mit den Nazis. Die Möglichkeit einer künftigen Untergrundarbeit hängt davon ab, dass niemand mehr wissen kann, wer ein Nazi ist und wer nicht, dass es keinerlei äußere, sichtbare Unterscheidungsmerkmal mehr gibt,

---

24 „Aralk“: *Manuskript 107,* aaO. S. 126.
25 Arendt aaO. S. 27.

dass die Sieger vor allem davon überzeugt werden, dass es Unterschiede unter Deutschen nicht mehr gibt.[26]

[Zur Frage der Größenordnung der Zahl der Mörder, in einem Brief-wechsel an Karl Jaspers:] Zu Ihren Bemerkungen über die „Mörder": Sie sagen, höchstens 0,1 % – mir scheint, aber ich habe vielleicht ganz unrecht, dies eine sehr kleine Ziffer, sie würde 70.000 Menschen entsprechen. We-sentlicher scheint mir das Folgende: Ganz gleich, wie viele unmittelbar be-teiligt waren, dieser jedenfalls kleine Prozentsatz war nicht mehr, wie bis 1942, nur unter den überzeugten Nazis und ausgewählten SS-Truppen zu finden; man hat und man konnte einfach reguläre Truppenabteilungen ein-setzen, die jedenfalls eine cross-section [= zufällige Auswahl] des Volkes darstellen. Das ist entscheidend geworden für die Reaktion der Welt und ist auch deshalb mit genauer Berechnung geschehen.[27]

[Spekulationen über die Unterstützung Hitlers im Volk:] Dazu kommt, dass heute, da doch die ganze Bescherung der gesamten Bevölkerung be-kannt ist, immer wieder gesagt wird (und dies nicht nur von Zeitungskorre-spondenten oder Propagandisten, sondern von vielen, eigentlich allen aus Deutschland zurückkehrenden Menschen), dass der Prozentsatz derjeni-gen, die heute, sagen wir, Hitler zujubeln würden, gegen 1943 eher gestiegen ist. Dies scheint mir auch fast selbstverständlich, und es entspricht ja auch durchaus den Erwartungen der Nazis selbst. Andererseits kann das ja aber nur heißen, dass alle diese Menschen, die z. B. von Ernst Wiechert auf 60–70 % der Bevölkerung geschätzt werden, bewusst Mord in Kauf nehmen würden – was sie keineswegs zu geborenen Mördern macht; sie wurden es vielleicht sogar dann tun, wenn ihr eigenes Leben auch nicht mehr sicher ist.[28]

Da Arendt Deutschland schon zu Beginn der NS-Herrschaft verlassen hat, stammen ihre Aussagen aus zweiter Hand und sind manchmal eher spekulativ und kaum zu bele-gen. Insofern war sie daher eine eher unsichere Zeitzeugin. Es trifft beispielsweise nicht zu, dass für Verfolgungsmaßnahmen oder gar für die Vorbereitung von Massenerschie-ßungen normale Wehrmachtseinheiten verwendet wurden oder dass 1943 mehr Deut-sche Hitler zugejubelt hätten als nach den „Blitzsiegen" der Jahre 1940 und 1941. (F.D.)

---

26 Arendt aaO. S. 27 f.
27 Arendt/Jaspers aaO. S. 120.
28 Arendt/Jaspers aaO. S. 120 f.

Hans J. **Auman** wurde 1913 als Sohn einer christlichen Mutter und eines jüdischen Vaters geboren. Als „Mischmosch" – wie er sich selbst nannte –, der nach den Nürnberger Rassegesetzen als „Mischling ersten Grades" eingestuft wurde, lebte er stets in Gefahr, seine Zulassung als Anwalt zu verlieren. Dennoch konnte er als Abwehroffizier in der Wehrmacht tätig sein und hatte dabei sogar die Gelegenheit, etliche Gegner des NS-Regimes in Prozessen zu verteidigen.

[So verteidigte Auman den 1943 in Polen verhafteten deutschen Journalisten und Gefreiten Helmut Kindler vor dem Volksgerichtshof. Es stellte sich während der Unterredung mit dem Angeklagten heraus:], sein Vater sei parteilos gewesen, an Politik uninteressiert, aber aus christlicher Überzeugung über den politischen Naziterror empört und verzweifelt. „Immer wieder konnte ich, vor allem nach der ‚Reichskristallnacht', jüdische Flüchtlinge in der elterlichen Wohnung verstecken."[29]

[Selbst in der Haft stießen Kindler und Auman auf Unterstützung:] Ein weiterer hilfsbereiter Wehrmachtsangehöriger war der Unteroffizier Herbert Milkau, der Häftlingen half, soviel er konnte. Er sorgte dafür, dass Kindler mehrere Male „besuchsweise" in die Zelle von Joseph Müller gelegt wurde. Joseph Müller, Rechtsanwalt, war vor 1933 in der Bayerischen Volkspartei politisch tätig gewesen. Nach 1933 kam er als Berater kirchlicher Institutionen in enge Verbindung zu Kardinalstaatssekretär Pacelli, dem späteren Papst Pius XII. 1939 wurde er in die Abwehrabteilung des OKW berufen und sondierte als Vertreter der Widerstandsbewegung um Generaloberst Beck, Admiral Canaris und General Oster über den Vatikan die britischen Bedingungen für einen Verständigungsfrieden im Fall eines Sturzes von Hitler.[30]

[Kindler setzte sich für eine breite Front von NS-Gegnern ein:] Kommunisten, Sozialdemokraten, Liberale, evangelische und katholische Gegner des Terror-Regime müssten sich zusammenfinden und auch konservative Offiziere mit einschließen. Als ich mit Kindler die Problematik der Situation durchsprach, hatte ich das Empfinden, jetzt ballen sich neue Sorgen für mich zusammen. Kindler selbst gab meinen Erwägungen eine Stütze dadurch, dass er mir erklärte, für ihn sei seit dem 30. Januar 1933 ‚Hochverrat' ein Gebot des Gewissens und ‚Landesverrat' ein Gebot der Menschenrechte. Hitler und seine Mordkomplicen waren die Landesverräter."[31]

---

29 Auman aaO. S. 86.
30 Auman aaO. S. 92.
31 Auman aaO. S. 93.

Aumans Aufzeichnungen belegen, dass es in verschiedenen NS-Einrichtungen durchaus Menschen gab, die den Gegner gewogen waren. Josef Müller (1898–1979), auch bekannt als „Ochsensepp", versuchte 1939/40, über den Vatikan mit britischen Diplomaten einen Verständigungsfrieden nach dem angestrebten Sturz Hitlers zu vermitteln. Er wurde im Frühjahr 1943 von der Gestapo verhaftet und zunächst im KZ Dachau, dann im KZ Flossenbürg inhaftiert. Er überlebte die NS-Zeit und gehörte 1945 zu den Gründern der CSU, 1946–49 war er ihr erster Vorsitzender.   (F.D.)

Leo **Baeck** wurde am 23. Mai 1873 in Lissa (Provinz Posen) geboren. Er wirkte als Rabbiner an verschiedenen Orten Deutschlands, insbesondere in Berlin, und galt als der bedeutendste Vertreter des liberalen Judentums seiner Zeit. Nach der Befreiung aus dem Lager Theresienstadt, in das er im Januar 1943 eingeliefert worden war, ging er nach London, wo er am 2. November 1956 starb.

Die nationale deutsche Revolution, die wir durchleben, hat zwei ineinander gehende Richtungen: den Kampf zur Überwindung des Bolschewismus und die der Erneuerung Deutschlands. Wie stellt sich das deutsche Judentum zu diesen beiden? Der Bolschewismus, zumal in seiner Gottlosen-Bewegung, ist der heftigste und erbittertste Feind des Judentums. Die Ausrottung der jüdischen Religion ist in seinem Programm; ein Jude, der zum Bolschewismus übertritt, ist ein Abtrünniger. Die Erneuerung Deutschlands ist ein Ideal und eine Sehnsucht innerhalb der deutschen Juden. Mit keinem Land Europas sind Juden in jahrhundertelanger Geschichte so tief und so lebendig verwachsen wie mit Deutschland [   ][32]

1933 gab es wenige, die die volle Bedeutung von Hitlers Aufstieg begriffen, und jene wenigen wurden oft für Pessimisten und Defätisten gehalten.[33]

Grundsätzlich lehnte ich es ab, mich von den Nazis vor ihren Karren spannen zu lassen und etwas zu tun, was ihnen vielleicht hilft. Als aber später die Frage auftauchte, ob Angestellte der jüdischen Gemeinde beim Sammeln der zu deportierenden Juden behilflich sein sollten, vertrat ich die Ansicht, es wäre besser mitzuwirken, weil sie wenigstens höflicher und hilfreicher sein könnten als die Gestapo und das harte Los erleichtern könnten.[34]

---

32   Auszug aus einem Gespräch Baecks mit dem Berliner Korrespondenten des Intransigeant, das Baeck in seiner Eigenschaft als Vorsitzender des Deutschen Rabbiner-Verbandes führte. *Israelisches Familienblatt* 33/14 (1933) [6. April]. Siehe Leo Baeck Werke B.6 Gütersloh 2003 S. 210.
33   Baeck aaO. S. 284.
34   Baeck aaO. S. 288.

Manchmal gab es nur einen Weg, wie Deutsche ihre Opposition den Nazis gegenüber ausdrücken konnten, nämlich Juden zu helfen. In den letzten Jahren kam Freitag für Freitag eine Gräfin zu meinem Apartment und brachte Gemüse, das mit der Juden-Lebensmittelkarte nicht zu beziehen war. Gelegentlich fand ich eine Tasche mit Früchten, die ein anonymer Schenker an der Tür meines Apartments hinterlassen hatte. An einem Sonntag näherte sich mir in der vollen S-Bahn ein Mann und fragte: „Ist Tiergarten die nächste Station?" Und flüsternd fügte er hinzu: „Ich bin vom Land. Ich habe soeben einige Eier in Ihre Tasche gelegt." Ein andermal kam auf der Straße ein Mann auf mich zu und ließ einen Umschlag fallen. Als er ihn aufhob, gab er ihn mir mit der Bemerkung: „Sie haben ihn verloren." Es war ein Bündel Lebensmittelmarken.[35]

Ein Beamter des Innenministeriums machte mir 1941 den Vorschlag, wir sollten doch, um die in den Behörden wohlwollender Gesinnten zu stärken, eine Geschichte des Deutschen Judentums in Angriff nehmen, die ihren kulturellen Beitrag zur europäischen Zivilisation aufzeigen sollte. Sie [= die von mir Betrauten] lösten ihre Aufgabe so gut, dass uns die Beamten baten, weiterzumachen.[36]

Es war also nicht nur ein Gerücht oder dergleichen, wie ich gehofft hatte, die Illusion einer kranken Phantasie. Es war ein harter Kampf zu bestehen, als es darum ging, ob ich verpflichtet sei, Grünberg zu überzeugen, dass er vor dem Ältestenrat [des Ghettos Theresienstadt], dessen Ehrenmitglied ich war, wiederholen muss, was er gehört hatte. Schließlich entschloss ich mich, dass niemand es wissen sollte. Wenn der Ältestenrat informiert würde, wüsste es innerhalb weniger Stunden das ganze Lager. Ein Leben in der Erwartung, mit Gas vernichtet zu werden, wäre noch härter. Und dieser Tod stand nicht allen bevor: Da gab es die Selektion zu Sklavenarbeit. Und vielleicht gingen nicht alle Transporte nach Auschwitz. So kam ich zu der schwerwiegenden Entscheidung, es niemandem zu sagen. Gerüchte aller Art verbreiteten sich ständig im Ghetto, und auch das Auschwitz-Gerücht verbreitete sich. Aber wenigstens wusste niemand Sicheres.[37]

Die Aufzeichnungen Baecks sind in vielfacher Hinsicht aufschlussreich, so bezüglich der Frage, inwieweit man mit skrupellosen Machthabern zusammenarbeiten oder

---

35 Baeck aaO. S. 288.
36 Baeck aaO. S. 289.
37 Baeck aaO. S. 293. Siehe Gedenkstätte Deutscher Widerstand: *Leo Baeck und der konservative Widerstand*, Gedenkstätte Stille Helden, Berlin o. Z. S. 25 ff.

schlimme Erkenntnisse, wie drohenden Massenmord, weitergeben soll. Auch die erfahrene Hilfsbereitschaft verdient Beachtung. Wie es sich mit der „Geschichte des
deutschen Judentums" tatsächlich verhalten hat, wird bis heute kontrovers diskutiert.[38]

(K.L.)

Kurt Jakob **Ball-Kaduri,** bis 1945 Kurt Antonio Ball, wurde 1891 in Berlin geboren. Bis
1933 wirkte er an der Handelshochschule in Berlin; von 1936 bis 1938 war er Mitarbeiter der Reichsvertretung der Juden in Deutschland. 1938 siedelte er nach Israel über.
Bereits früh legte er ein Archiv mit Berichten deutscher Juden über ihre Erfahrungen im
nationalsozialistischen Deutschland an. Er starb 1976 in Tel Aviv.

[Über den Boykott am 1. April 1933:] Viele anständige deutsche Männer
und Frauen beschließen, nun erst recht ihren jüdischen Anwalt oder Arzt
aufzusuchen, obwohl sie wissen, dass sie ihm nicht helfen können. Aber sie
wollen durch diese Besuche oder dadurch, dass sie nun gerade an diesem
Tage in einem jüdischen Geschäft einen Einkauf besorgen, ihre Sympathie
und ihr Mitgefühl mit dem Betroffenen zeigen.[39]

[Aus einer Berliner Schule:] die Klasse spielte im Schulhof ein Kreisspiel.
Da sicht[40] die Lehrerin plötzlich, dass ein kleines Mädchen sich weinend
absondert. Auf ihre Frage erfährt die Lehrerin, dass die anderen Kinder ihr
nicht die Hand geben wollen, weil sie jüdisch sei. Sofort greift die Lehrerin
energisch ein und erreicht, dass das jüdische Kind wieder in den Kreis ein-
gereiht wird. Doch der Fall ist damit nicht erledigt. In der nächsten Lehrer-
sitzung der Schule erhebt sich ein junger Lehrer, schildert den „unerhörten"
Vorfall, in dem eine Lehrerin arische Kinder gezwungen habe, ein jüdisches
Kind anzufassen und mit ihm zu spielen und erklärt, dass diese Lehrerin
unwürdig sei, weiter zu unterrichten. Die Lehrerin bricht in der Sitzung zusammen. Später, unter vier Augen, spricht ihr der Schulleiter sein Bedauern
aus, erklärt ihr aber, dass dieser junge Lehrer von der NSDAP in die Schule
gesetzt wurde, und dass daher gar nichts zu machen sei.[41]

[An vielen Badeorten tauchten 1934 und 1935 Schilder mit der Auf-
schrift „Juden sind in … unerwünscht" auf:] Man wusste aber, dass an vie-

---

38   Ebenda.
39   Ball-Kaduri: *Das Leben der Juden in Deutschland im Jahre 1933,* aaO. S. 61.
40   Gemeint „sieht", Verschreibung im Original
41   Ball-Kaduri: *Vor der Katastrophe,* aaO. S. 45.

len Orten die Schilder gegen den Willen der Bevölkerung von der NSDAP erzwungen waren [...].[42]

[Sein Bruder schrieb ihm 1935 aus Calau[43] (Niederlausitz):] „Jetzt sind auch in Kalau an beiden Stadttoren die Schilder angebracht – Juden sind in Kalau unerwünscht –, aber Du kannst mit Deiner Familie, wie beabsichtigt, herkommen, am Verhalten der Bevölkerung hat sich nichts geändert."[44]

[Ein neuer nationalsozialistischer Parteileiter hatte die Aufstellung der Schilder erzwungen.] Aber die Kalauer wollten nicht. Er berief eine Versammlung, aber niemand erschien. Er berief eine zweite Versammlung, wieder erschien niemand. Da wandte er sich an seine oberste Parteistelle, und diese ließ nun einen maßgebenden Mann sprechen über das Thema: „Kann Kalau Kreisstadt bleiben?" Das traf den wirtschaftlichen Kern der Stadt, da mussten alle Kalauer hinkommen. Und dann wurde ihnen gesagt: Entweder ihr stimmt den Judenschildern zu, oder ihr verliert die Eigenschaft als Kreisstadt. Nun mussten die Kalauer zustimmen. Einige Gewährsmänner berichteten weiter, die Kalauer hätten sich inoffiziell ausbedungen, mit den Schildern seien nur jüdische Handlungsreisende gemeint, und die einheimischen Juden (d. h. die Familie Ball), dürften nicht belästigt werden.[45]

[Selbst nach 1936, als schon die Nürnberger Gesetze galten, entschied die Justiz mitunter noch zugunsten von Juden, im folgenden Beispiel zugunsten von Wandergewerbetreibenden:] Das Oberverwaltungsgericht in Berlin entschied in ständiger Rechtsprechung zugunsten der jüdischen Händler und ordnete die Rückgabe der Gewerbescheine an. In Schneidemühl und Allenstein wurden die Händler dann zur Polizei bestellt. In einem Zimmer gab man ihnen gegen Quittung den Gewerbeschein zurück. Dann wurden sie in ein anderes Zimmer geschickt, wo ein Beamter der Gestapo saß und ihnen den Schein wieder abnahm. Hiergegen gab es keine Rechtsmittel.[46]

---

42 Ball-Kaduri: *Vor der Katastrophe*, aaO. S. 48.
43 Die damalige Schreibung „Kalau" bleibt im folgenden Zitat unverändert.
44 Ball-Kaduri: *Vor der Katastrophe*, aaO. S. 48.
45 Ball-Kaduri: *Vor der Katastrophe*, aaO. S. 49.
46 Ball-Kaduri: *Vor der Katastrophe*, aaO. S. 60. Dies ist ein schönes Beispiel für die Theorie des Doppelstaates, die der jüdische Emigrant Ernst Fraenkel schon in den 1930er Jahren aufstellte. Danach liefen der Staatsapparat und die Verwaltung in den meisten Fällen auch nach der NS-Machtübernahme eine Zeitlang wie gehabt weiter; erst nach und nach wurde er zunehmend durch den „Maßnahmestaat" von SS und Gestapo ausgehöhlt, die mehr und mehr einen Staate im Staate bildeten und dabei von oben reichlich Unterstützung fanden.

[Über das Verhalten der Finanzbeamten:] Jeder Steuerpflichtige war für sie gleich. Diesem Grundsatz widersprach eine besondere Behandlung der Juden, und da es ursprünglich keine oder nur wenige Nationalsozialisten unter den Beamten gab, so widerstrebte diese Gesetzgebung dem innersten Gefühl der Beamtenschaft […] Die Aufhebung der Steuerbefreiung für die jüdischen Organisationen war offenbar von der Partei verlangt worden, aber da das Ministerium sich nicht sehr um die Durchführung kümmerte, war der Zustand eingetreten, dass die Vorschriften zunächst auf dem Papier stehen blieben, und sich erst allmählich auswirkten.[47]

[Unterschiede zwischen Österreich und dem „Altreich":] Erschütternd waren die Nachrichten, wie die Bevölkerung Wiens – im Gegensatz zu der Haltung vieler Gruppen der Bevölkerung in den reichsdeutschen Großstädten – diese Demütigungen und Misshandlungen der Juden mitmachte und mit Freuden begrüßte.[48]

[Das Verhalten der Berliner in der Pogromnacht:] Im Großen und Ganzen beteiligte sich in Berlin die Bevölkerung kaum oder gar nicht am Zerstörungswerk. Zumeist standen die Menschen stumm und staunend vor den Stätten der Zerstörung. Einzelne unter den Zuschauern, die ihrem Unwillen Ausdruck gaben, wurden festgenommen und abgeführt. – Das Volk in Berlin, das bis zu diesem Zeitpunkt niemals die brutale Misshandlung von Menschen und die anarchische Zerstörung von Sachwerten unter dem Schutz und Befehl der Staatsleitung gesehen hatte, nahm fast überall staunend und still Kenntnis von der neuen Wendung. Gewiss, der Mob half plündernd, aber die weitaus große Mehrheit der Berliner erweckte den Eindruck, als ob sie ahnte, wer einmal die Rechnung bezahlen würde.[49]

[Ernst Marcus, der als Verbindungsmann der Reichsvertretung der Juden zum Auswärtigen Amt fungierte, suchte im November 1938 in dieser Behörde den NS-Referenten Werner Otto von Hentig auf. Ball-Kaduri zitiert Marcus:] Er [Hentig] drückte mir unumwunden seinen Abscheu gegenüber den Ereignissen aus. „Ich schäme mich für mein Volk", diese herausgestoßenen Worte blieben mir im Gedächtnis. Einer der Attachés – alle gehörten der SS an – fügte hinzu: „Glauben Sie mir, wir werden diese Taten büßen müssen. Dieser Tag bleibt nicht ungesühnt. Vielleicht ist Ihnen das ein Trost". Es war in der Tat ein Trost. Denn ich empfand, dass es diesen

---

47 Ball-Kaduri: *Vor der Katastrophe,* aaO. S. 119.
48 Ball-Kaduri: *Vor der Katastrophe,* aaO. S. 128 f.
49 Ball-Kaduri: *Vor der Katastrophe,* aaO. S. 168 f.

Männern, vielleicht weil sie ihr Vaterland liebten, ernst war mit ihrer Abneigung gegen den Geist des Nationalsozialismus, des Urhebers der von ihnen
verurteilten Taten. Wie wenig ich auch überrascht war von Hentigs eigener
Haltung, dass die jungen Leute mit ihm gingen, beeindruckte mich damals
tiefer, als ich es heute, nach den Erlebnissen der Kriegszeit, zu schildern in
der Lage wäre. „Ich schäme mich für mein Volk" diese Worte Hentigs, gesprochen am 10. November 1938 fast in Reichweite der Ohren des Führers,
in einer vor Zeugen stattfindenden offiziellen Unterredung mit ihrem jüdischen Vertreter, sind ungemein charakteristisch für ihn […].[50]

Ball-Kaduri liefert viele Belege, dass selbst Mitglieder des NS-Machtapparats mit den
Geschehnissen der Reichspogromnacht nicht einverstanden waren. Erst recht gab es
viele Formen von Resistenz in der Bevölkerung.   (F.D.)

Avraham **Barkai** wurde im August 1921 in Berlin geboren. Am 1. März 1938 emigrierte
er nach Palästina. Dort studierte er Geschichte und Nationalökonomie. Er verfasste ein
Standardwerk über den Centralverein deutscher Staatsbürger jüdischen Glaubens, den
größten Interessenverband deutscher Juden von 1893 bis 1938.

Es gehörte zur vom „Judenreferat" des SS-Sicherheitsdienstes überwachten
„Judenpolitik" des Regimes, die zionistischen Gruppen und Einrichtungen,
die die Auswanderung der Juden vorbereiteten, „wohlwollend" anderen jüdischen Organisationen vorzuziehen. Polizei und Gestapo überwachten sie
zwar, aber ließen sie im Allgemeinen unbehelligt.[51]
     Als ich den Pass einige Tage später im Polizeirevier abholte, saß dort
nicht der schnauzbärtige ältere Landjäger, sondern sein jüngerer Kollege. Er
empfing mich freundlich und übergab mir – zu meiner Überraschung mit
einem Händedruck und einem „Alles Gute für Ihre Zukunft!" – meinen
Pass mit der unverlängerten Aufenthaltserlaubnis. Mir blieb vor Erstaunen,
auf gut Berlinerisch, „die Spucke weg". Es gab also auch Anfang 1938 noch
menschliche Polizisten in Deutschland!   (K.L.)

Isaak **Behar** wurde 1923 in Berlin als Sohn jüdisch-sephardischer Eltern geboren. 1933
wanderte die Familie nach Spanien aus. Jedoch kehrte sie nach kurzer Zeit zurück, weil

---

50   Ball-Kaduri: *Vor der Katastrophe,* aaO. S. 179.
51   Barkai aaO. S. 27.

die Lebensbedingungen sich dort zu diesem Zeitpunkt als schlechter als in Deutschland herausstellten. Bald wurde jedoch klar, dass diese Entscheidung ein großer Fehler war. Während Vater, Mutter und beide Schwestern Behars Anfang 1943 ermordet wurden, überlebte dieser im Untergrund von Berlin. Dort ist er 2011, als Ältester der jüdischen Gemeinde von Berlin, gestorben.

[Aus seiner Volksschulzeit:] Die Konfessionszugehörigkeit stand auf jeder Kennkarte und auch bei der Anmeldung im Kindergarten, im Sportverein oder sonst wo, wurde die Religion angegeben. Nichts folgte daraus. Wir hatten doch auch jüdische Lehrerinnen und Lehrer. Wenn mal ein Schulkamerad kam und sagte: „Bist Jude, wa!", dann war das ein Anlass so gut wie jeder andere, ihm gleich eine zu schmieren und eine Rauferei anzufangen. Damit war die Sache erledigt. Sich als Jude beleidigt zu fühlen, kam uns nicht in den Sinn […].[52]

[Noch einige Zeit nach 1933 fühlte sich die Familie sicher:] Wir nahmen zwar wahr, was die anderen Juden erleiden mussten, wie sie zunehmend in Armut, Isolation und Verzweiflung getrieben wurden, aber es berührte uns nicht in dem Maße, wie es hätte sollen, denn es schien alles so weit weg von unserem Leben. Auch schützte uns noch immer unsere türkische Staatsbürgerschaft. Selbst als in der Schule eine Quotierung jüdischer Kinder eingeführt wurde, dachte ich nicht weiter darüber nach, weil es mich nicht betraf. Ich gehörte zur ersten der drei Gruppen, die davon ausgenommen waren: ausländische Kinder, Kinder aus so genannten privilegierten oder Mischehen und Kinder von Frontkämpfern des Ersten Weltkrieges.[53]

[Bald verschlechterte sich die Lage:] Richtig weh aber tat mir das Verhalten meiner Klassenkameraden: Im Rassenkundeunterricht feixten viele und rieben sich aus Schadenfreude die Hände; keiner hatte Mitleid oder ein gutes Wort für uns jüdische Mitschüler übrig.[54]

[Auch der Wechsel auf eine jüdische Schule brachte Probleme mit sich:] Von meiner nichtjüdischen, deutschen Umgebung wurde ich gemieden und verachtet, weil ich Jude war. Und hier, in der jüdischen Schule, wurde ich gemieden und belächelt, weil ich kein richtiger Jude war. Einmal zu viel Jude, dann wieder zu wenig Jude … Nun war ich vollends durcheinander.[55]

---

52   Behar aaO. S. 45.
53   Behar aaO. S. 59.
54   Behar aaO. S. 60.
55   Behar aaO. S. 76.

[Zum Umfeld:] Unsere treuen Angers aus dem Lebensmittelladen im Parterre halfen uns mit Esswaren aus, wo sie konnten. Da dies natürlich nicht offen geschehen durfte, sprach Frau Anger meine Mutter dann betont nüchtern, fast ermahnend an: „Frau Behar, das haben sie gestern hier liegen gelassen", und übergab ihr ein in Zeitungspapier gewickeltes Päckchen.[56]

[Nach Kriegsende, über ein früheres NSDAP-Mitglied:] Eines Tages erhielt ich Besuch von Herrn Behrens. Er hatte etwas auf dem Herzen, tat sich aber schwer, es loszuwerden. Nach einigem Hin und Her „beichtete" er mir, dass er sich einer Entnazifizierungskommission stellen müsse. Er fragte mich, ob ich eventuell bereit sei, für ihn auszusagen. Ich war erschüttert: Behrens hatte mir das Leben gerettet! Und nun fiel es ihm so schwer, mich um diesen kleinen Gefallen zu bitten. Außerdem konnte ich guten Gewissens beschwören, dass Behrens, was uns Juden betraf, eine vollkommen reine Weste hatte.[57]

[Nach der Aussage zugunsten Behrens':] Wenig später berichtete mir Behrens, er habe aufgrund meines Plädoyers und anderer entlastender Aussagen einen „Persilschein" erhalten: Er war nur als „Mitläufer" eingestuft worden. Behrens dankte mir herzlich. Ich wehrte ab: Verglichen mit dem, was er für mich getan hatte, waren dies Kinkerlitzchen gewesen.[58]

Behar hat auf viele Unterstützer aus seinem Umfeld verwiesen, die ihm das Überleben im Untergrund ermöglicht haben. Einer der wichtigsten Helfer, der hier erwähnte Behrens, war sogar NSDAP-Mitglied.   (F.D.)

Else **Behrend-Rosenfeld** kam 1891 in Berlin zur Welt. 1933 zog sie nach Verlust ihrer Stelle bereits kurz nach der Machtergreifung mit Mann und Kindern nach Schönau am Königssee, von wo sie schon im Dezember 1933 aus rassistischen Gründen vertrieben wurden. Sie fanden 1934 eine Bleibe in Icking bei München. Der Mann und die Kinder konnten rechtzeitig auswandern, sie nicht. Von 1938 bis 1941 arbeitete sie in der jüdischen Gemeinde München. Danach war sie – selbst von Deportation und Ermordung bedroht – Wirtschaftsleiterin im Sammellager Berg am Laim in München (im NS-Sprachgebrauch: „Heimanlage für Juden in Berg am Laim"). Ab 1942 lebte sie versteckt, bis ihr im April 1944 über Berlin und Freiburg im Breisgau die Flucht in die

---

56 Behar aaO. S. 89.
57 Behar aaO. S. 203.
58 Behar aaO. S. 203 f.

Schweiz gelang. Nach dem Krieg wohnte sie wieder in Icking, bis sie 1960 zu ihren in England verheirateten Kindern zog. Dort starb sie 1970.

Da traf uns Mitte Dezember [1933 in Schönau] ein neuer Schlag in Gestalt eines Briefes von der Gemeinde folgenden Inhaltes: Unser Verbleib hier sei unerwünscht … Wir wussten sofort, dass der Lehrer dahintersteckte …[59]

[Die Familie begab sich nach Icking, wo sie herzlich aufgenommen wurde:]

Übrigens hat es mir wohlgetan, im Dorf deutlich die Sympathien für uns und unser Schicksal zu spüren, als ich am Tag nach Deiner Abreise bei den verschiedenen Leuten Deine Abschiedsgrüße bestellte.[60]

Unsere Kinder haben dort gute Jahre gehabt, sowohl Lehrer wie Kameraden ließen sie ihre Rassenzugehörigkeit nicht fühlen. Dann kam der 10. November 1938! Völlig ahnungslos waren wir am Morgen aufgestanden, […] als es klingelte. Unser guter Bürgermeister stand draußen, schwitzend vor Verlegenheit. „Die Kreisleitung der Partei hat mich angerufen und beauftragt, Ihnen zu sagen, Sie müssten innerhalb von drei Stunden von hier fort … Ich hoffe, es ist nur für kurze Zeit."[61]

[Als sie ihm ihre Schlüssel brachte, versuchte er, sie zu trösten:] „Rufen Sie mich von München an, ehe Sie wiederkommen, und wenn Sie sonst irgendetwas wollen. Gell, Sie wissen, dass ich alles tun werde, damit Sie bald wieder bei uns sind!"[62]

[Behrend-Rosenfeld suchte Unterkunft bei Bekannten in München. Dort erlebte sie Folgendes:] Immer wieder trafen wir auf Menschenansammlungen vor jüdischen Läden, wo man sich das Zerstörungswerk ansehen wollte … Die Menge verhielt sich ruhig, auch den Gesichtern war ganz selten einmal anzumerken, was ihre Besitzer dachten. Hier und da fielen Worte der Schadenfreude, aber auch solche des Abscheus konnte man gelegentlich hören.[63]

[Schließlich fand sie für einige Tage eine Bleibe:] Jeder Ausgang in diesen ersten Tagen nach dem 10. November [1938] kostete Überwindung.

---

59 Behrend-Rosenfeld aaO. S. 25

60 Behrend-Rosenfeld aaO. S. 15.

61 Behrend-Rosenfeld aaO. S. 61.

62 Behrend-Rosenfeld aaO. S. 62.

63 Behrend-Rosenfeld aaO. S. 64.

Wenn die Wohnungstür hinter mir zufiel, hatte ich das Gefühl, mich erst straffen und wappnen zu müssen, einer grausamen Außenwelt gegenüber.[64]

Wenn übrigens durch die Inschriften [z. B. „Kein Verkauf an Juden!"] von der Partei bezweckt worden war, den Juden den Einkauf unmöglich zu machen, sie an den dringendsten Bedürfnissen des täglichen Lebens Not leiden zu lassen, so ist dieser Zweck nicht nur nicht erreicht, sondern beinahe in sein Gegenteil verkehrt worden. Die Nachbarn und Bekannten, ja in vielen Fällen die Inhaber der Geschäfte, die jüdische Familien zu Kunden hatten, beeilten sich, ihnen alles, was sie brauchten, oft in Fülle und Überfülle, in die Wohnungen zu bringen.[65]

Die Spekulation, die Gewalttaten gegen die Juden in den Novembertagen des Jahres 1938 als spontanen Ausbruch der kochenden Volksseele hinzustellen, hatte sich als Fehlspekulation erwiesen, und in Zukunft wurde ein anderer Weg eingeschlagen. Alle Verfügungen, die sich gegen die Juden richteten, wurden außer den Betroffenen nur den unmittelbar mit ihrer Durchführung betrauten Organen bekanntgegeben und als „geheim" bezeichnet, sodass weite Volkskreise kaum etwas von all den Beschränkungen und Zwangsmaßregeln erfuhren.[66]

[Auch Behrend-Rosenfeld betrieb die Ausreise und konnte sich Hoffnungen darauf machen. Unter „Isartal, Sonntag, den 4. Mai 1941" schreibt sie:] Donnerstag feierte ich meinen fünfzigsten Geburtstag unter diesen freudigen Vorzeichen mit allen hier gewonnenen Freunden, unter denen weder die Nachbarn und die Familie Pr. noch unsere wirklich prachtvolle Lebensmittelhändlerin fehlte, die durch […] Sondereinkäufe für diesen Tag nach der Ursache gefragt hatte.[67]

[Behrend-Rosenfeld, nun zwangsweise im Sammellager Berg am Laim in München lebend, stellte sich die Frage, wie die Bevölkerung auf die Stigmatisierung der Juden mit dem gelben Stern (ab 19. September 1941) reagieren werde. Ihre Erfahrung:]

Die meisten Leute tun, als sähen sie den Stern nicht, ganz vereinzelt gibt jemand in der Straßenbahn seiner Genugtuung darüber Ausdruck, dass man nun das „Judenpack" erkennt. Aber wir erlebten und erleben auch viele Äußerungen der Abscheu über diese Maßnahme und viele Sympathiekund-

---

64 Behrend-Rosenfeld aaO. S. 67.
65 Behrend-Rosenfeld aaO. S. 67 f.
66 Behrend-Rosenfeld aaO. S. 69 f.
67 Behrend-Rosenfeld aaO. S. 97.

gebungen für uns davon Betroffene. Am schlimmsten ist es für die Schulkinder, die vom sechsten Jahr ab den Stern tragen müssen. Zwei etwa siebenjährige Buben wurden von etwa gleichaltrigen „Ariern" jämmerlich verprügelt.

Bei einem legte sich allerdings ein des Weges kommender älterer Herr ins Mittel, der die Buben mit Schimpfworten auseinanderjagte und das weinende kleine Opfer bis an seine Haustür begleitete. Einer älteren Frau aus unserm Heim schenkte ein Soldat die Marken für eine wöchentliche Brotration, einer anderen, die zur Arbeit in der Tram fuhr und keinen Platz fand, bot ein Herr mit tiefer Verbeugung ostentativ seinen Sitzplatz an. Mir erklärten unser Metzger und unser Butterlieferant, dass sie uns nun erst recht gut beliefern würden; sie schimpften kräftig auf diese neue Demütigung, die uns angetan wird… Mir scheint, dass jedenfalls in München die jetzigen Machthaber mit dieser Verfügung nicht erreichen werden, was sie bezwecken […][68]

[„Metzger" und „Butterlieferant" stehen wohl für einen Großteil der Bevölkerung. Die meisten hatten selbst nicht viel und konnten deshalb nicht wie die Händler helfen. Vier Wochen später notiert Behrend-Rosenfeld:]

Die Bevölkerung tut, als sähe sie die Sterne nicht. Viele Freundlichkeiten in der Öffentlichkeit und noch viel mehr im Geheimen werden uns erwiesen, Äußerungen der Verachtung und des Hasses uns gegenüber sind selten. Und ich glaube, gerade diese Reaktion hat eine neue, sehr unangenehme Verfügung verursacht: Kein Jude darf mehr seinen Wohnsitz (z. B. zu einem kurzen Ausflug am Sonntag!) verlassen, die Benutzung öffentlicher Verkehrsmittel ist verboten.[69]

[Nach Kriegsende:] Ich wusste, dass viele Deutsche keine Vorstellung von den Verbrechen hatten, die stattgefunden, nicht wussten, dass die Zahl ermordeter Juden, gläubiger Tatchristen und Sozialisten aller Schattierungen in die Millionen ging. Wieviel Unwissende es waren und wie viele unter ihnen nicht wissen wollten, weil das gefährlich war, wird man niemals feststellen können. Aber wir sollten niemals außer Acht lassen, dass es, solange unsere Welt besteht, immer nur eine Minderheit wirklicher Helden gegeben hat, von deren Taten oft nur ein kleiner Kreis wusste. Wir sollten nicht ver-

---

68 Behrend-Rosenfeld aaO. S. 116.
69 Behrend-Rosenfeld aaO. S. 117.

säumen, uns zu fragen, ob und wie wir selbst zu solchem Heldentum bereit und fähig gewesen wären.[70]

Der mehrfach lobend erwähnte Bürgermeister von Icking war Mitglied der NSDAP, eine Voraussetzung dafür, dass er während der NS-Ära Bürgermeister sein konnte. Auf Bitten seiner Freunde und um Schlimmeres zu verhindern, brachte er dieses Opfer der Mitgliedschaft, wie die noch in Icking lebende Tochter berichtet. Ihretwegen verfiel er nach dem Krieg dem automatischen Arrest. Kaum wieder frei, wählten ihn die Bürger erneut zum Bürgermeister – wie bereits vor 1933. (K.L.)

Schalom **Ben-Chorin** (dt. „Friede, Sohn der Freiheit") wurde am 20. Juli 1913 in München als Fritz Rosenthal (bis 1931, dann Namensänderung) geboren. 1935 wanderte er nach Jerusalem aus. Nach dem Krieg hielt er sich öfter in München zu Vorträgen auf. Er starb am 7. Mai 1999 in Jerusalem.

An der Spitze des Rates der Arbeiter, Soldaten und Bauern in Bayern stand der aus Berlin stammende jüdische Schriftsteller Kurt Eisner, der mir noch wie eine Mischung von Wotan und Prophet Elia vor Augen steht. […] Meine Mutter flüsterte mir zu, dass dies der gefürchtete Revolutionär Eisner sei. Als ihm die Würde eines Ministerpräsidenten der neuen bayerischen Regierung angetragen wurde, beschwor ihn eine Delegation der jüdischen Gemeinde …, dieses Amt nicht anzunehmen. Er schlug dieses Ansinnen selbstverständlich aus, fühlte sich als legitimer Repräsentant der Revolution und endete unter den Schüssen des Grafen Arco, der seinerseits halbjüdischer Abstammung war.[71]

Dennoch [trotz der Autorität des Schulleiters] fand in seine Anstalt der aufkommende Ungeist, der so gewaltig auf die nationale Pauke schlug, keinen legalen Einzug, und wenn die meisten von uns später sich nicht auffressen ließen von dem, was kam, so wurde der Grund dazu in der Schule gelegt …[72]

Der Münchner Publizist Erich Kuby, der wenige Jahre vor mir dieselbe Luitpold-Kreis-Oberrealschule besucht hatte, … spricht von einer Situation des Inselhaften. Sie war uns damals natürlich nicht bewusst, aber dass das Klima unserer Schule und vielleicht sogar – trotz allem – unserer Stadt

---

70 Behrend-Rosenfeld aaO. S. 264 f.
71 Ben-Chorin aaO. S. 61.
72 Ben-Chorin aaO. S. 69.

[München] anders war als in anderen Gauen Deutschlands, wurde mir in der dritten oder vierten Klasse durch einen kleinen Vorfall bewusst. In unsere vorwiegend bayerische Schulklasse kam ein fremder Schüler, ein Ruschke aus Tilsit. […] Wir sprachen alle mehr oder weniger den bayerischen Dialekt Münchens, der Ruschke völlig fremd war. Dass er dadurch etwas isoliert war, empfand ich als ein Unrecht, und so knüpfte ich in der Pause arglos ein Gespräch mit ihm an. Ruschke blieb stumm, antwortete mit keiner Silbe. Bei den Umstehenden löste das Erstaunen und Missbilligung aus: „Warum gibst du ihm keine Antwort?" Ruschke antwortete schneidend: „Mit einem Juden rede ich nicht!" Das war für die Schulklasse unfassbar.[73]

Unsere Lehrer, meist stramm national gesinnt, hielten sich von den unseligen Einflüssen der um sich greifenden Rassentheorie noch fern, was sich etwa in ihrem Verhältnis zu dem Mathematiklehrer Dr. Adolf Schaalmann, dem einzigen jüdischen Studienrat an unserer Schule, bewährte.[74]

Wir sahen das Unwetter heraufziehen und blieben doch eigentlich passiv, widmeten uns den Aufgaben des Tages, sahen unsere Pflicht in der Vermittlung geistiger Güter.[75]

Als die ersten Braunhemden im Kolleg erschienen, sah Kutscher [der Begründer der Theaterwissenschaft] sie versonnen über den Brillenrand an und bemerkte: „Meine Vorlesung ist kein Kostümfest."[76]

Im Jahr 1934 hörte ich auf, die Vorlesungen der Universität zu besuchen … Überdies war mir die Lust an einem täglichen Spießrutenlauf begreiflicherweise bald vergangen, obwohl ich keinen persönlichen Anfeindungen ausgesetzt war.[77]

Freunde und Jugendgespielen schielten feige zur Seite, wenn ich ihnen in den fremd gewordenen Gassen begegnete […]

Und dann holten sie mich und die Tür des Polizeigefängnisses schloss sich hinter mir. […] Ich hatte es einem Freund zu verdanken, einem Freund, den wahrscheinlich auch der Zweite Weltkrieg umgebracht hat, dass ich nach wenigen Tagen das Gefängnis wieder verlassen durfte.[78]

---

73 Ben-Chorin aaO. S. 69.
74 Ben-Chorin aaO. S. 70.
75 Ben-Chorin aaO. S. 77.
76 Ben-Chorin aaO. S. 79.
77 Ben-Chorin aaO. S. 86.
78 Ben-Chorin aaO. S. 103.

Die Legalität war allenthalben noch zu spüren. Auch als ich nach drei Tagen entlassen wurde (die Entlassung hatte ich wohl dem Stiefvater meines Freundes Soik, einer hohen SA-Charge, zu verdanken), musste ich unterschreiben, dass ich gut behandelt, nicht misshandelt wurde. Ich unterschrieb. Ich schäme mich dieser Lüge nicht. Durch diesen ersten Blick hinter die Kulissen des Dritten Reiches war mir klar geworden, dass die Wahrheit des Schwachen gegenüber der Gewalt nur noch das Vorrecht des Don Quixotes sein konnte. Ich muss diese Erkenntnis auch heranziehen bei der nachträglichen Beurteilung vieler Deutscher, die damals gegen ihr besseres Wissen, gegen ihr Gewissen, gegen die Stimme der Vernunft und der Menschlichkeit schwach wurden.[79]

Jacques Rosenthals Enkelin Gabriella und ich heirateten zu Pfingsten 1935. […] Auch in der Synagoge fanden sich noch manche christlichen Freunde ein. So erinnere ich mich an den Kunsthistoriker Wilhelm Hausenstein […][80]

Was Ben-Chorin über Kurt Eisner schreibt, aber auch die Schilderung des gymnasialen wie des universitären Lebens vor und zu Beginn der NS-Ära ist aufschlussreich. Wieder begegnen wir einem hilfsbereiten „Nationalsozialisten".   (K.L.)

Ezra **BenGershom** wurde 1922 in Würzburg geboren. 1929 begab sich die Familie nach Oberschlesien, wenig später nach Berlin, wo Ezra, zuletzt häufig als Hitlerjunge verkleidet, bis zu seiner Flucht1943 lebte. Über Wien und Budapest gelangte er nach Palästina. Dort studierte er Biochemie, was er später u. a. in Cambridge lehrte.

Als Hitler zum Reichskanzler ernannt wurde, marschierte ich zur Feier des Ereignisses in Reih und Glied durch abendliche Straßen, die lodernde Fackel in der Hand, ich, der Sohn eines Rabbiners.[81]

Noch habe ich vor Augen, wie viele Deutsche guten Willens vom Terror des Hitler-Regimes niedergehalten wurden. Dennoch kann ich es nicht fassen, dass Millionen Deutscher geschwiegen haben und die anderen handeln ließen.[82] [Eine (Teil-)Antwort darauf gibt er selbst am Ende seines Zeugnisses, s. u.]

---

79   Ben-Chorin aaO. S. 120.
80   Ben-Chorin aaO. S. 132.
81   BenGershom aaO. S. 7.
82   BenGershom aaO. S. 9.

„Schau, dass du ihnen aus dem Wege gehst!" rief mir Mutter. „Wenn sie dir Juden-Stinker nachrufen, antworte ihnen: ‚Ich bin der Jude, und du stinkst!' Wenn sie dich angreifen, schlag zurück und wehr dich, so gut du kannst!"[83]

Während der Pausen, auf dem Schulhof und im Klassenzimmer, hatte ich vor ihnen Ruhe. Die Gegenwart der übrigen Mitschüler, die zwischen fairem und unfairem Kampf wohl Unterscheidungen machten, genügte, sie einzuschüchtern. Mit den meisten Schulgefährten verstand ich mich recht gut; mit einigen hatte ich mich sogar angefreundet.[84]

In der kritischen Zeit häufiger Regierungswechsel stimmte Vater für die katholische Zentrums-Partei, „weil sie sich von allem Extremismus fernhält und viele gottesfürchtige Menschen in ihren Reihen zählt"[85].

Der Schlusssatz der Verordnung [= Pflicht zum Grüßen mit „Heil Hitler!", von der aber sog. „Nicht-Arier" ausgenommen waren] mochte noch so zynisch gemeint sein, mich rettete er einstweilen vor einem furchtbaren Dilemma. Die „Arier", ob Lehrer oder Schüler, mussten zehn-, zwölfmal am Tag Hitler huldigen. Wer nicht mitmachte, konnte nicht am Gymnasium bleiben. (…) Auch ein gläubiger Katholik wie Dr. Paulus lernte die zwei Wörter aussprechen. (…) Doch er musste für eine Familie mit acht Kindern sorgen.[86] [Es folgen Beispiele, wie widerwillig mehrere Lehrer ihrer Grußpflicht nachkamen.]

Auch in den Nürnberger Gesetzen erkannte Vater die erziehende Hand Gottes wieder. Für ihn entsprachen die Judengesetze des Dritten Reiches genau jenen Gesetzen der Thora, die von den deutschen Juden oft übertreten wurden. Die Juden machten am Schabbat Geschäfte; also wurden die jüdischen Geschäfte an einem Schabbat boykottiert. Sie verheirateten sich mit Andersgläubigen; also wurden die Nürnberger Gesetze erlassen. Die Einführung der Zwangsvornamen „Sara" und „Israel" im Jahre 1938 waren eine göttliche Erziehungsmaßnahme gegen Juden, die sich ihrer jüdischen Namen schämten. Mit solchen Überzeugungen im Herzen nahm mein Vater die zunehmende Entrechtung der Juden verhältnismäßig gleichmütig hin. Unser häusliches Leben in den Jahren 1934 bis 35 konnte den Anschein erwecken, als hätten die Zeitgeschehnisse bei uns keine Spur hinterlassen.

83   BenGershom aaO. S. 20.
84   BenGershom aaO. S. 21.
85   BenGershom aaO. S. 37.
86   BenGershom aaO. S. 66.

Jüdische und christliche Besucher aus aller Welt sprachen vor und wurden von Vater mit seinem herzlichen Willkommens-Ah! empfangen.[87]

[Nach dem 9. November 1938:] Ich hatte Zeuge des wüsten Treibens sein wollen; aber überall kam ich zu spät. Die Brandstifter und der beutegierige Mob hatten ihr Werk schon vollbracht (…) Ich mischte mich unter die Menge der Neugierigen, um vielleicht ihre Bemerkungen aufzufangen. Doch die wenigen Worte, die hier und dort fielen, gingen im Klirren der Scherben unter, die man auf den Bürgersteigen haufenweise zusammenschaufelte.[88]

[Über Bruder Leon schreibt Ezra:] Ein besonders gewissenhaftes Mitglied der jüdischen Gemeinde hatte von seiner Ankunft gehört und vorschriftsmäßig Meldung erstattet. Die Gestapomänner kamen auch sogleich, um Leon zu verhaften.

Unsere Arbeitgeber „übersahen" das neue Abzeichen [= den gelben Stern, den in Deutschland ab dem 19. September 1941 in der Öffentlichkeit alle Juden tragen mussten], oder sie machten darüber eine witzelnde Bemerkung, und der Fall war für sie erledigt.[89]

Vielen [Juden] stand die Schamröte im Gesicht. Ihr verlegenes Lächeln bat unablässig um Entschuldigung. Sie fühlten sich schuldig, weil in der Zeitung stand, sie seien an allem schuld (…) und sie schämten sich ihrer Scham.[90]

Die vollkommene Ungewissheit über das Vorgehen der Behörden und über das Los der Deportierten ließ den verschiedensten Mutmaßungen Raum.[91]

Die Fahrt, meine erste Eisenbahnfahrt mit dem Judenstern auf der Brust, verlief ohne Zwischenfälle. Einige Mitreisende streiften mich flüchtig mit dem Blick. Belästigt wurde ich nicht.[92]

Nun zog ich zu Leon und Toni um. Ich lebte von dem, was sie auf ihre zwei Lebensmittelkarten mit dem „J" beziehen konnten. Das wäre schwer zu ertragen gewesen, wenn uns nicht gute Menschen zur Seite gestanden hätten (…)[93]

---

87 BenGershom aaO. S. 77.
88 BenGershom aaO. S. 103.
89 BenGershom aaO. S. 173.
90 BenGershom aaO. S. 174.
91 BenGershom aaO. S. 177.
92 BenGershom aaO. S. 192.
93 BenGershom aaO. S. 234.

Wer bloß wünscht, Widerstandskämpfer zu sein, aber nicht fest dazu entschlossen ist, findet ebenso leicht wie ich damals eine Reihe respektabler Gründe. Wahrscheinlich hatte ich zum Heldentum gar nicht das Zeug. (…) Uns beherrschte der Wille zum Überleben. Und so trug ich mein Schärflein zur deutschen Rüstung bei, wie jene ungezählten Kriegsgefangenen und Fremdarbeiter, die in Fabriken „eingesetzt" waren.[94]   (K.L.)

Arthur **Berg**, München, hat die Wiener Library, Amsterdam, mit Berichten beliefert. Die Herausgeber von „Novemberpogrom 1938" (siehe Barkow u. a. aaO.) halten es für möglich, dass der nachfolgende Text von Wilhelm Neuburger und nicht von Berg stammt. Der Text selbst spricht unseres Erachtens eher für Arthur Berg als Autor.

München
Verwüstung und Plünderung von Geschäften in München … ablehnende Haltung der christlichen Bevölkerung Münchens gegenüber dem Pogrom.

22. November 1938
In München sind sämtliche offenen Geschäfte demoliert und ausgeplündert worden … Die Stimmung unter der christlichen Bevölkerung in München ist durchaus gegen die Aktion. Von allen Seiten wurde mir das lebhafteste Beileid und Mitgefühl entgegengebracht. Man hatte allgemein angenommen, dass am Freitagabend (11. November) die Wohnungen gestürmt werden sollten. Arische Unbekannte aus der Umgebung haben meiner Familie angeboten, bei ihnen zu übernachten. Die Kolonialwarengeschäfte ließen trotz des Verbotes, an Juden zu verkaufen, anfragen, ob man etwas brauche. Die Bäcker lieferten Brot trotz des Verbotes usw. Alle Christen benahmen sich tadellos. Zu meiner Frau kam eine ihr vollkommen unbekannte arische Dame der besten Gesellschaftsklasse mit dem Bemerken: „Gnädige Frau, ich schäme mich, eine Deutsche zu sein." Eine andere unbekannte Dame schickte eine Flasche Wein … Einer der ersten Bankiers von München (Arier) erklärte mir weinend: „Ich schäme mich, ein Deutscher zu sein. Erklären Sie dem Ausland, dass 90 Prozent der deutschen Bevölkerung gegen diese Missetat sind. Es ist nur eine kleine Clique, die dieses Unglück angestiftet hat."[95]

---

94 BenGershom aaO. S. 314.
95 Berg aaO. S. 479 f.

Ich bin nun einer der wenigen von Gott Bevorzugten, die dieser Hölle [= dem KZ Dachau] entronnen sind (…). Alle Lagerleute haben gelernt, dass sie sich mit ihrer Handarbeit fortbringen können. Außerdem lassen die 90 Prozent gutgesinnter Christen bestimmt kein jüdisches Kind und keine jüdische Frau verhungern.[96]

Die Quelle ist völlig glaubwürdig, die Schilderungen werden von anderen Zeitzeugen bestätigt. Doch wer diesen Text im November 1938 verfasst hat, ist nicht mit letzter Sicherheit zu ermitteln. Die Anonymisierung sollte verhindern, dass der Autor verfolgt wird, falls der Text der Gestapo in die Hände fällt. Auch die nachfolgenden Zeilen stammen wohl von Arthur Berg; siehe Barkow u. a. aaO. S. 543.   (K.L.)

Heinz **Berggruen** wurde 1914 in Berlin geboren. Im Jahre 1936 verließ er Deutschland und nahm in den USA seinen Wohnsitz, von wo er gegen Ende des Krieges als Soldat zurückkehrte. 2007 starb er in Paris. Seine letzte Ruhe fand er in Berlin.

[Interviewer: „Warum sind Sie eigentlich nach Ihrem Studium noch einmal aus Frankreich nach Berlin zurückgekehrt? Schließlich regierten hier doch inzwischen die Nazis?"] Meine Eltern sagten: „Wo wir bleiben, kannst Du auch bleiben. Das alles ist ein Spuk, das wird vorbeigehen. Der Mann [= Hitler] ist verrückt. Der wird abgesetzt werden. Bleib also, hier gehörst Du hin so wie wir."[97]

[Interviewer: „Aber Sie sind dann nach dem Krieg auch nicht in Berlin geblieben?"] Nein, ich wurde nach München abkommandiert. München hatte für mich eine sehr viel angenehmere Atmosphäre, dort war ja viel weniger zerstört. Ich wurde beauftragt, eine Zeitung namens „Heute" mit herauszugeben, die für die „Entnazifizierung" der Deutschen sorgen sollte, ein schreckliches Wort. Man war plötzlich der Eroberer, der den Deutschen beibringen sollte, wie man sich demokratisch verhält.

[Interviewer: „Wie haben die besiegten Deutschen auf Sie gewirkt?"] Ich hatte das Glück, dass die, denen ich begegnete, sehr sympathisch, sehr angenehm waren.[98]

---

96   Barkow u. a. aaO. S. 543.
97   Berggruen: *Cocktail*, aaO. S. 93.
98   Berggruen: *Cocktail*, aaO. S. 95.

Der Text zeigt, dass ein Teil der Juden selbst noch 1936 oder jedenfalls kurz davor (der Vorgang wird im Text nicht datiert) die Zustände in Deutschland für halbwegs erträglich hielt. Auch Hitlers Machtposition wurde hier falsch eingeschätzt – nicht anders als von vielen Nichtjuden. (K.L.)

[Über die Situation der Juden in Berlin in der Frühzeit der NS-Herrschaft:] Nach meiner Rückkehr nach Berlin 1935 wohnte ich in einem Viertel, in dem es, anders als in Moabit oder im Wedding, niemals Straßenschlachten oder Schießereien gegeben hatte, und noch immer war dieser Teil des Westens eine Insel des Friedens. Von Konzentrationslagern sprach niemand, und die ‚Reichskristallnacht‘ von 1938 lag in weiter Ferne.[99]

[An anderer Stelle notiert Berggruen:] So musste ich mich nur vorübergehend bei meinen Eltern niederlassen – ganz der egoistische Sohn, der seine Hemden zu Hause waschen lässt – und zog dann zu meinen Freunden Armin und Hans in die *Oase Biskra*[100], in der wir recht vergnüglich hausten. Das „Tausendjährige Reich" schien sich woanders abzuspielen.[101] (…) Auch meine Eltern hatten kein Gespür für die Gefahr, die sie umgab. Sie ahnten nicht, welches Ausmaß die Ausschreitungen noch annehmen sollten, welcher Wahn die Deutschen erfasst hatte. Meine Eltern fühlten sich vollkommen integriert, sie gehörten in Berlin „dazu". Mein Vater war aus dem Ersten Weltkrieg mit dem Eisernen Kreuz zurückgekehrt, und er war sehr stolz darauf. Alles andere würde vorübergehen.[102]

(…) Der Gedanke, dass für einen jüdischen Jungen 1935 jedes Land der Welt besser gewesen wäre als Deutschland, kam mir erst gar nicht. Mein Zuhause war an der Spree.[103]

[Im Jahre 1935 war Berggruen für kurze Zeit Mitarbeiter bei der Frankfurter Zeitung:] Soviel wusste ich inzwischen schon, dass der Antisemitismus in Deutschland eine wichtige Rolle spielte und dass es nicht leicht war, als jüdischer Autor zu publizieren. Hans fragte sicherheitshalber bei der Redaktion der Zeitung in Frankfurt zurück. Die Antwort lautete: Ja, es sei grundsätzlich möglich, aber der junge Mann solle doch besser nur mit sei-

---

99 Berggruen: *Hauptweg und Nebenwege. Erinnerungen eines Kunstsammlers,* aaO. S. 34.
100 Eine Oase im östlichen Algerien. Der Begriff wurde in den 1930er Jahren zuweilen spöttisch für Gebäude im Bauhaus-Stil verwendet wegen ihrer Flachdächer, die Kritiker des Bauhauses an Wüstenarchitektur erinnerte.
101 Berggruen: *Hauptweg und Nebenwege. Erinnerungen eines Kunstsammlers,* aaO. S. 40.
102 Berggruen: *Hauptweg und Nebenwege. Erinnerungen eines Kunstsammlers,* aaO. S. 38.
103 Berggruen: *Hauptweg und Nebenwege. Erinnerungen eines Kunstsammlers,* aaO. S. 38.

nen Initialen zeichnen. So erschienen meine Beiträge in der *Frankfurter Zeitung* mit den Initialen „h.b.".[104]

Die Erfahrungen des jungen Berggruen bestätigt die Darstellung vieler anderer jüdischer Zeitzeugen, dass bis etwa 1935 (Inkrafttreten der Nürnberger Rassegesetze im September 1935) und teilweise sogar noch danach die Dynamik der folgenden Katastrophen noch kaum absehbar war.　　　　　　　　　　　　　　　　　　(F.D.)

Erhard **Bernheim** wurde am 22. März 1923 in Augsburg geboren. Sein Vater war jüdisch, die Familie wurde in München sesshaft. Seine Erfahrungen aus einer ganzen Reihe von Schulen sind besonders aufschlussreich. Wie mehrere andere Zeitzeugen berichtet auch Bernheim von einem hilfsbereiten Gestapomann. Ab 16. Oktober 1944 musste er als „Halbjude" in ein Zwangsarbeitslager. Von dort gelang ihm die Flucht, im Untergrund überlebte er. Die Aufzeichnungen wurden wohl in den 1990er Jahren gemacht; gegen einen früheren Zeitpunkt spricht u. a. der Sprachgebrauch „Pogromnacht", der bis in die 1980er Jahre noch wenig verbreitet war. Das zitierte Buch ist im Jahr 2000 erschienen.

Wir bezogen eine Wohnung in [München-] Schwabing in der Ainmillerstraße 37 und ich kam ins Maximiliansgymnasium, ebenfalls in Schwabing. Ich erinnere mich, dass dies eine sehr feine Schule war und ich habe dort keinen Lehrer kennengelernt, der nicht nett oder sogar besonders nett zu mir gewesen wäre. Der Oberstudiendirektor Dr. Kemmer war ein ausgesprochener Gentleman, und einer unserer Klassleiter, er hieß Schwerd, war ein äußerst engagierter Katholik. Er hatte sogar den Mut, am Ende des Schuljahres zu sagen „Buben, vergesst mir Euren Herrgott nicht!"[105]
　　In dem Haus Ainmillerstraße war ein Hausmeisterpaar namens Bogensperger, fanatische Nazis, wahrscheinlich früher Kommunisten. Bogensperger war Hauswart und Blockwart, d. h. der von der Partei aufgestellte Beobachter, dass alles im Sinne der NSDAP seine Ordnung habe. Der in der Dachwohnung lebende Mieter wurde irgendwann einmal von Bogensperger und Sohn zusammengeschlagen. Merkwürdigerweise geschah uns von diesen Leuten nichts, ich hatte sogar (…) den Eindruck, dass mich die Bogensperger mochten.[106]

---

104 Berggruen: *Hauptweg und Nebenwege. Erinnerungen eines Kunstsammlers,* aaO. S. 41.
105 Bernheim aaO. S. 21
106 Bernheim aaO. S. 23 f.

Es wurde am Nachmittag vor der Pogrom-Nacht von dem Mann einer früheren Hausangestellten meiner jüdischen Großeltern gewarnt. Der Mann hieß Ritter, früherer Polizeibeamter, der, um vorwärts zu kommen, sich zur Gestapo meldete und auch dort unterkam. Herr Ritter sah meinen Vater auf dem Königsplatz in München, damals Königlicher Platz. Ohne ihn anzusehen, quasi vor sich hinsprechend, sagte er „Verschwinden Sie heute Nacht". Das rettete Vater vielleicht das Leben. Ungefähr zehn Jahre später holte er Herrn Ritter aus einem Lager für inhaftierte Nazis heraus mit der Begründung, dieser Mann habe ihm das Leben gerettet.[107]

[Nach Schulwechsel:] Ich war sehr ungern an dieser Schule und hatte dort auch mein einziges Erlebnis mit einem widerlichen Nazi-Lehrer. Er schien nach der Pogromnacht 9. November 1938 darauf gekommen zu sein, dass ich Halbjude bin. Daraufhin wurde ich sehr gemein von ihm behandelt, als einziger der Klasse geduzt, so im Stil „Maul halten, Du wirst schon noch sehen, was dir alles passiert". Leider weiß ich seinen Namen nicht mehr, er war quasi der Klassleiter, gab unter anderem kaufmännisch Rechnen. Nochmals: Er war der einzige, der sich so verhielt von sechs Oberschulen. Diese Aussage steht im Gegensatz zu den Berichten des Schriftstellers Ralph Giordano, der über seine Hamburger Schulzeit viel Grauenhaftes berichtet.[108]

[Unter der Überschrift „Beim amtlichen Bayerischen Reisebüro" berichtet Bernheim:] Nach vielleicht zwei Monaten rief mich Herr Jahn ins Büro und sagte, ich solle zu Herrn Fuß ins Hauptbüro am heutigen Promenadeplatz … kommen. Herr Jahn, den ich bis dahin für einen reinblütigen Nazi gehalten hatte, der auch nicht viele Worte machte, schaute mir in die Augen und sagte „Bernheim, Sie werden sich ja wohl denken können, warum". Ich sagte darauf „Wissen Sie Bescheid, Herr Jahn?" Er sagte „Ja, schon ein paar Tage, aber von mir kriegen's keine Schwierigkeiten, ich nehm' Sie schon wieder. Mir ham so viele Trottel hier, da wär's ja ungeschickt, so einen gscheiten Buben wegzuschicken".[109]

[Nach der Flucht aus dem Zwangsarbeitslager:] Gut, nun stand ich in München ohne Bleibe, denn meine alte Wohnung konnte ich natürlich nicht mehr aufsuchen. Mein erster Absteig war im Haus meines Freundes (…). Die Mutter hatte den Schneid, mich aufzunehmen, behielt mich aber

---

107 Bernheim aaO. S. 23 f.
108 Bernheim aaO. S. 26.
109 Bernheim aaO. S. 37.

nur wenige Tage. (…) Ich erinnere mich nicht mehr ganz genau, wie viele solche temporäre Unterkünfte ich benutzen konnte. Ich will versuchen, ein paar aufzuzählen. In der Nähe der Nymphenburger Straße wohnten die Eltern meines Mitgefangenen Werner Hess, da hauste ich ein paar Tage respektive Nächte. Dann war ich bei zwei Angestellten des Amtlichen Bayerischen Reisebüros (…), beide waren glühende Nazihasser. (…) Die Beherbergung eines halbjüdischen Flüchtlings aus einem Zwangsarbeitslager hätten z. B. die beiden zitierten Frauen sicher mit KZ bezahlen müssen.[110] Diese Aufzeichnungen, die doch zum Teil ein positives Licht auf deutsche Menschen werfen, sollen keinesfalls sagen, es wäre ja alles nicht so schlecht gewesen. Ich kann aber nur schildern, was ich selbst erlebt habe, und so ist dieser Bericht einzig und allein eine persönliche Erinnerung.[111]

(K.L.)

Friedrich **Bilski** wurde am 9. Februar 1894 in Posen geboren. Er studierte in München und Berlin Medizin und arbeitete in München als praktischer Arzt. Mit seiner Frau emigrierte er im Februar 1939 über Triest nach Palästina. 1976 starb er in Haifa. Die zitierten Erinnerungen verfasste er zwischen 1955 und 1967.

Der erste Schock nach Hitlers Umbruch [= Machtergreifung Ende Januar 1933] hatte sich gelegt. Das Leben ging zunächst für die Juden ungestört weiter. Meine Praxis wuchs und damit meine Einnahmen und ich baute sogar in meinem Landsitz, wo nur zwei Holzhäuschen standen, ein schönes Landhaus (…).[112]

Aber die Behörden waren korrekt, ja sogar entgegenkommend, und als ich den maßgebenden Beamten fragte, ob ich nicht doch einen „Transferberater" nehmen sollte, meinte er, ich hätte den Antrag ganz richtig gemacht und er hätte ihn befürwortend weitergegeben, und wirklich bekam ich meine Genehmigung. (…) So nahmen wir mit mehr Trauer als Bitterkeit Abschied von unserem schönen München.[113]

Die Praxis befand sich zuletzt am Bavariaring, wo auch Charlotte Knobloch lebte. Bilskis wirtschaftlicher Erfolg als Arzt ist ein sicherer Hinweis, dass ihm seine Patienten die

---

110 Bernheim aaO. S. 48 f.
111 Bernheim aaO. S. 55.
112 Heusler u. a. aaO. S. 212.
113 Heusler u. a. aaO. S. 215.

Treue hielten und er wahrscheinlich noch neue hinzugewann. Auch der Autor K.L. und seine heutige Ehefrau lebten in nächster Nähe zu Bilskis Praxis (in der Gotzinger- bzw. in der Oberländerstraße) und wurden von einem jüdischen Arzt betreut.   (K.L.)

Rudolf **Bing** wurde 1876 in Nürnberg geboren und wirkte dort als Vorstand der Nürnberger Anwaltskammer. 1939 konnte er nach Palästina emigrieren, wo 1963 gestorben ist.

Als am Morgen dieser Unheilsnacht [= Reichspogromnacht 9./10.11.1938] die nicht als Polizei oder SA-Mannschaft beteiligte Bevölkerung erwachte und das Zerstörungswerk erblickte, trat eine Folge ein, die die Urheber nicht erwartet hatten. Unverkennbar bemächtigte sich ein tiefes Gefühl der Depression und der Beschämung des Publikums. Zum ersten Male wagten sich Kreise der übrigen Bevölkerung heraus, um uns ihr Mitgefühl zu zeigen. „Ich schäme mich, ein Deutscher zu sein", bekam man zu hören.[114]   (K.L.)

Shlomo **Birnbaum** wurde 1927 in Tschenstochau geboren. Er wuchs in einer orthodoxen Familie auf. Nach dem Einmarsch der Deutschen in Polen 1939 wurde er als Kind im „Zwangsarbeiterlager Tschenstochau" inhaftiert. Er überlebte die Torturen. Nach dem Krieg übersiedelte er nach Deutschland und arbeitete als Kaufmann in München, wo er bis heute (Frühjahr 2020) lebt.

Zuvor wurden wir von unseren polnischen Nachbarn drangsaliert. Wir kannten es nicht anders. Doch ab September 1939, als die deutsche Wehrmacht und in ihrem Gefolge die SS-Verbrecher in Polen einfielen, herrschten Angst, Schlechtigkeit, Grausamkeit, Tod.[115]

Von klein auf hat mich Antisemitismus begleitet. „Die Polacken saugen den Judenhass mit der Muttermilch ein", meinen Vater und Aron. Dennoch kamen wir mit den Polen aus – wir kannten es nicht anders.[116]

Gleich, welche Uniform sie tragen, eines haben unsere Bewacher gemein: Sie haben sich rasch die Sprache, das Verhalten und die Grausamkeit der deutschen Befehlshaber zu Eigen gemacht.[117]

114 Bing aaO. S. 90.
115 Birnbaum u. a. aaO. S. 13.
116 Birnbaum u. a. aaO. S. 36.
117 Birnbaum u. a. aaO. S. 62.

Vater ist auf dem Weg zurück ins Ghetto. Heute hat er Mehl mitgebracht. Für die Bäckerei in der Nachbarschaft – also auch etwas für uns. Ein SS-Mann kommt Vater auf dem Fahrrad entgegen. Er steigt ab, heißt meinen Vater, das Pferd zum Stehen zu bringen. „Was hast du da?", fragt der SS-ler. „Mehl!", antwortet mein Vater. „Darfst du das?" „Ja." „Du lügst! Komm mit auf die Wache. Du weißt, was da mit dir passiert …" „Ja. Noch ein Jud. Was haben Sie davon?", fragt mein Vater. […] Der SS-Mann steigt aufs Rad und bedeutet meinem Vater, er solle sich davonmachen.[118]

Ich drücke mich ans Fenster, sehe wie der SS-Mann mit Vater redet. Er schreit nicht wie die anderen Deutschen, denen ich begegne. […] „Morgen ist eine Aktion angesetzt. Ihr werdet umgesiedelt. Birnbaum, nimm dein Fuhrwerk. Pack Weib und Kinder drauf, Haut ab! Raus aus dem Ghetto. […] Auf der Stelle! Morgen früh ist es zu spät."[119]

Wir werden von allen gejagt. Von Deutschen, von Ukrainern, Polen, sogar von der noch verbliebenen jüdischen Ghetto-Polizei.[120]

Gemeinsam gehen der SS-Mann und Vater zur Halle. Bartel nennt dem polnischen Polizisten am Eingang die Namen meiner Großmutter, meiner Geschwister und meines Cousins. „Hol die raus! Sofort! […] Der Pole tut wie geheißen, verschwindet in der Halle. Wenig später kehrt er mit Groß-mutter […] zurück. „Verschwindet!", weist Bartel meinen Vater an.[121]

Wenn nichts passiert, sind alle weg. Direktor Liedt tritt hinzu. „Was ist hier los?", fragt er ruhig, bestimmt. Ich merke, Degenhardt hat Respekt vor ihm. Er weicht unwillkürlich ein Stück zurück, dann schnarrt er: „Was brau-chen Sie das Zeug da?" Er deutet auf die Kinder. „Hungrige Mäuler … Faul-pelze …" Liedt antwortet unaufgeregt: „Sie sind flink. Mit ihren kleinen Fin-gern sind sie viel geschickter als die Erwachsenen. Die putzen die Waffen schneller als ihr sie schießen könnt. Die Kinder bleiben da!"[122] [Er setzt sich durch.]

[Nach der Befreiung] „Novak", sagt der Pole zu unserem Gastgeber und weist dabei mit dem Kopf in unsere Richtung: „Der Hitler hat einen Fehler gemacht. Er hat das Judenpack leben lassen …" […] Die Nazis sind weg, doch unsere Feinde bleiben.[123]

118 Birnbaum u. a. aaO. S. 72 f.
119 Birnbaum u. a. aaO. S. 74 f.
120 Birnbaum u. a. aaO. S. 84.
121 Birnbaum u. a. aaO. S. 89.
122 Birnbaum u. a. aaO. S. 98.
123 Birnbaum u. a. aaO. S. 112.

Die Deutschen haben verstanden, was sie angerichtet hatten – anders als die Polen, die froh waren, die Nazis los zu sein, aber die Juden weiter hassten."[124]

Jedem dieser Retter soll in Dankbarkeit gedacht werden. Es gab sie überall, die Menschen, die für das Leben von uns Juden ihr eigenes in Gefahr brachten. Auch in Polen. Hier, wie in anderen von Deutschen besetzten Ländern stand auf die Unterstützung von Juden die Todesstrafe.[125]

Aron schlägt sich nach München durch. […] Nach zwei Wochen ist er wieder bei uns. „Wie ist's dorten, Aron?", will Vater wissen. „In München sind wir zumindest sicher. Nicht wie hier, wo wir jeden Moment von den Polacken derharget [sic!] werden können!"[126]

Aber diese Frauen hatten gelernt, zu überleben. Sie ließen sich nicht unterkriegen. Und so entwickelte ich überall in München und allenthalben in den DP-Lagern jüdisches Leben.[127]

Die Deutschen mussten einen furchtbaren Preis dafür zahlen, dass sie Nazis waren und Krieg geführt haben. […] Die Menschen in München sind emsig […] Denken sie manchmal daran, dass sie selbst oder ihre Väter, Großväter, ihre Söhne, ihre Onkel und Brüder unser Volk ermordet haben?[128]

Als Kind habe ich im Thoraunterricht von Kain, dem ersten Mörder erfahren. In Kriegen werden gezielt massenhaft Menschen umgebracht. Die Shoa aber ist einzigartig. Über Jahre hinweg wurden Millionen wehrlose Männer, Frauen und Kinder systematisch ermordet. Die Täter waren keineswegs nur fanatische SS-Leute oder Nazis. Sie blieben auf Komplizen in ganz Europa angewiesen. Vor allem in Polen, wo die meisten Juden lebten. Warum haben die Polen nicht in größerer Zahl den Juden zur Flucht verholfen? Warum wurden nicht mehr Juden versteckt? Weshalb half man ihnen nicht anderweitig?[129] (…) Ich weiß und würdige, dass Tausende Polen Juden geholfen haben. Und ich habe erlebt, dass selbst einzelne SS-Männer meinen Vater gewarnt haben. Auf diese Weise haben wir überlebt. Man darf den planmäßigen Völkermord der SS und weiterer deutscher Stellen nicht mit der Kollaboration von Verbrechern in Polen, der Ukraine oder in ande-

---

124 Birnbaum u. a. aaO. S. 114.
125 Birnbaum u. a. aaO. S. 121.
126 Birnbaum u. a. aaO. S. 122.
127 Birnbaum u. a. aaO. S. 125.
128 Birnbaum u. a. aaO, S. 130f.
129 Birnbaum/Seligmann aaO. S. 169 f.

ren besetzten Ländern gleichsetzen. Die Verantwortung liegt bei den Deutschen. Den Naziwählern, den Mitmachern und Organisatoren der Shoah, aber auch den Wegsehern – in Deutschland und den okkupierten Ländern (…).[130]

Birnbaum differenziert genau bei der Verantwortung der Täter und Kollaborateure. Wenn er die Verantwortung an einer Stelle dennoch „den" Deutschen zuweist, so ist damit doch erkennbar kein Kollektivschuldvorwurf gemeint, weil er zugleich das Überleben seiner Familie der Warnung durch „einzelne SS-Männer" zuschreibt. Das Zeugnis von Shlomo Birnbaum ist ein eindrucksvolles Beispiel dafür, wie durch selektives Zitieren authentische Zeugnisse komplett verfälscht werden können: Je nachdem, *wie* gekürzt wird, verdankt im einen Falle seine Familie ihr Überleben ausgerechnet Angehörigen der SS – oder sind „die" Deutschen kollektiv verantwortlich für den Holocaust. Genau dieses selektive Zitieren lässt sich in mehreren aktuellen Publikationen belegen – heute fast immer zulasten der nichtjüdischen Deutschen in der NS-Zeit.   (F.D.)

Ergänzender Hinweis von K.L.: Birnbaums Aufzeichnungen widerlegen eine Kollektivschuld, nur die letzten drei zitierten Sätze weisen in die entgegengesetzte Richtung. Diese Sicht hat im Großraum München, wie ich aus eigener Erfahrung weiß, das deutsch-jüdische Verhältnis in den Nachkriegsjahren stark belastet. Jedoch hatten Birnbaum und seine Angehörigen keine eigenen Erfahrungen mit der Münchner Bevölkerung in der NS-Ära. Die anderen jüdischen Zeitzeugen aus München sind in diesem Punkt insofern zuverlässiger.

Mirjam **Bolle** wurde 1917 in Amsterdam als Mirjam Levie geboren. Sie arbeitete in Amsterdam während der deutschen Besatzung als Sekretärin beim Jüdischen Rat. 1943 wurde sie ins Lager Westerbork deportiert, anschließend ins Konzentrationslager Bergen-Belsen. 1944 konnte sie das Konzentrationslager in einem Austauschzug, der sie nach Palästina zu ihrem Verlobten brachte, verlassen. Sie betont insbesondere den Widerstandsgeist in der katholischen Bevölkerung der Niederlande.

Letzten Sonntag [= 26. Juli 1942] wurde u. a. in allen katholischen und evangelischen Kirchen ein Protestschreiben gegen das grausame Abholen und Deportieren von Juden sowie die umfängliche Deportation von Ariern vor-

---

130 Birnbaum/Seligmann aaO. S. 170.

gelesen[131]. Den Katholiken wird verboten, sich in irgendeiner Form daran zu beteiligen, auch nicht administrativ, es sei denn unter Zwang. Wenn sie dazu gezwungen werden, sollen sie die Arbeit so gut es geht sabotieren. Natürlich wurde Letzteres nicht wortwörtlich gesagt, aber doch deutlich genug. Das ist nicht der erste Versuch und natürlich vollkommen zwecklos, aber als Geste doch sehr mutig, denn dafür kann der Bischof von Utrecht verhaftet werden. Die Katholiken trauen sich doch sehr viel.[132] (…)

Die Bischöfe von Utrecht und Roermond bekommen jeden Tag Anrufe von Vertretern der Minenarbeiter aus Limburg, die kontrollieren, ob sie noch da sind oder geholt wurden. Man hat den Deutschen erklärt, man würde die Arbeit in den Minen unverzüglich stilllegen, falls sie die Bischöfe inhaftierten. Das ist doch phantastisch, nicht?[133] (…)

Die Deutschen tobten wegen des Protestbriefes und erklärten u. a., man habe früher [= vor der deutschen Besetzung der Niederlande im Mai/Juni 1940] mit der NSB [Nationaal-Socialistische Beweging] (die damals schlechte Karten hatte) auch kein Mitleid gehabt. Es passt ihnen nicht, dass die katholische Kirche bei der Hochzeit von NSB-Leuten Einsegnung und Sakramente verweigert, was vor allem in katholischen Gegenden wie Brabant und Limburg als sehr schlimm empfunden wird. Ich habe irgendwo eine Anzeige aufbewahrt, in der die Vermählung zwischen NSB'lern angekündigt wird. Darin heißt es, die Ehe könne aufgrund der „starren Haltung der katholischen Kirche" nicht eingesegnet werden.[134] (…)

Die Unterstützung, die wir von der christlichen Bevölkerung erfahren, ist wirklich etwas Besonderes. Dadurch fehlt es uns eigentlich an nichts, solange wir genug Geld haben. Das Verrückte ist nun, dass man sich nicht mehr vorstellen kann, dass man früher etwas zu teuer gefunden hat (…).[135] (…)

---

131 Genau genommen beteiligte sich die evangelischen Kirchen in den Niederlanden an diesem offenen Protest von den Kanzeln herab nur in abgeschwächter Form, mit einem Fürbittgebet. Die Reaktion der deutschen Besatzungsmacht auf den Hirtenbrief vom 26. Juli 1942 war drastisch, es wurden sofort mehrere hundert getaufte Juden deportiert, die bis dahin von offener Verfolgung verschont worden waren. Dies wiederum war ein maßgeblicher Grund, warum die katholische Kirche in der Folge nicht nur in den Niederlanden, sondern auch in vielen weiteren Ländern Europas von so offenem Protest gegen die weiteren Judendeportationen absah. (K.B.)

132 Bolle aaO. S. 86 f.

133 Bolle aaO. S. 87.

134 Bolle aaO. S. 87.

135 Bolle aaO. S. 103.

Im Juli 1942 sind viele Juden untergetaucht, d. h. sie haben sich bei Ariern versteckt. Es gibt Organisationen, die dies in die Wege leiten, Personalausweise fälschen – also Personalausweise ohne J und auf einen anderen Namen besorgen – usw. Auch für Marken und Lebensmittel wird gesorgt, indem Marken auf alte Lebensmittelkarten bezogen oder Lebensmittelkarten gekauft werden (…)[136] Manche haben christliche Bekannte, die bereit sind, Juden zu verstecken. Natürlich braucht man hierzu äußerst starke Nerven, denn in solchen Fällen hört man nichts von der Familie und ist gefangen, und das macht einen natürlich verrückt.[137] (…) Denn der Verrat lauert überall, und in jeder Straße wohnt bestimmt ein NSB-Mitglied, das darauf aus ist, Juden anzuzeigen. Manche Christen nehmen Juden bei sich auf, weil sie an ihnen verdienen wollen. Als z. B. die 1000-Guldenscheine eingezogen wurden, konnten viele Juden plötzlich nicht mehr bezahlen (…).[138]   (F.D.)

Moritz Julius **Bonn,** gebürtig 1883 in Frankfurt am Main, Nationalökonom. Leiter der Handelshochschule in München, 1931–1933 Rector Magnificus in Berlin. Emigration nach Österreich, England und in die USA. Gestorben 1965 in London. Die Aufzeichnungen wurden 1953 bzw. 1958 veröffentlicht.

Edgar Jaffe, den ich nach München berufen hatte, hatte eine führende Rolle in der Revolution gespielt. (…) Er war jüdischen Ursprungs, obwohl längst übergetreten, und er lieferte natürlich neuen Zündstoff zu dem plötzlich ausgebrochenen Antisemitismus, den Eisner, ein norddeutscher Jude, als Haupt der Revolution hervorgerufen hatte. Ich hatte bis dahin München recht tolerant gefunden. Wer von Fremden nach München kam und sich dem Münchener Wesen anpasste, wurde ohne weiteres akzeptiert; passte er sich nicht an und lebte er nach seiner Weise, so war das auch gut, so lange er seine Münchener Mitbürger nicht störte (…) ein echt-bayerischer Jude war in der Regel populärer als ein echt-preußischer Protestant.[139]

Bei der geringen Beliebtheit, deren ich mich bei den Nazis erfreute, wäre ich sicher nicht mit dem Leben davongekommen – in einer Nazi-Broschüre erschien eine Karikatur von mir mit der Überschrift: „Höchst gefährlich,

---

136 Bolle aaO. S. 120.
137 Bolle aaO. S. 121.
138 Bolle aaO. S. 121.
139 Bonn: *Meine Beziehungen zu München,* aaO. S. 227.

noch nicht gehängt." Die Anerkennung, die darin lag, habe ich mit Genugtuung zur Kenntnis genommen, da ich damals schon dem Zugriff der nationalsozialistischen Justiz entzogen war.[140]

Die amerikanischen Truppen, die in Frankreich gekämpft hatten und nun in Deutschland einrückten, fanden zu ihrem Erstaunen, dass ihnen die verhassten Hunnen viel näher standen als ihre geliebten französischen Alliierten. „Gott sei Dank, wir sind wieder in einem sauberen Land!" riefen zwei junge amerikanische Journalisten aus, die es geschafft hatten, unmittelbar nach dem Waffenstillstand München zu erreichen.[141]

Es ist menschlich begreiflich, dass ein Mann, der mit den Lebenswegen seines Vaters [= Morgenthau] und dessen deutschjüdischen Zeitgenossen vertraut war, in leidenschaftliche Erregung über die Nazi-Untaten geriet. Denn die Scheußlichkeiten von Auschwitz und anderen Orten waren in Amerika längst bekannt, als die große Menge der Deutschen davon noch nichts wusste; das Nichtwissen-Wollen spielte in den Vereinigten Staaten keine Rolle.[142]

Die öffentliche Meinung begann einzusehen, dass unter Amerikas Führung die deutschen Deiche unterhöhlt worden waren, die seit 1918/1919 die bolschewistische Flut von Westeuropa abgewehrt hatten, bis Hitlers Wahnwitz die ersten Breschen in sie geschlagen hatte. Sie konnten ohne Amerikas tätige Hilfe nicht mehr gefestigt werden. Die Vereinigten Staaten schickten sich an, die Politik der Zerstörung einzustellen (…).[143]

Bonn äußert Zweifel an der häufig von den Nachgeborenen aufgestellten These, die meisten Deutschen hätten von den Massenmorden gewusst („[D]ie Scheußlichkeiten von Auschwitz und anderen Orten waren in Amerika längst bekannt, als die große Menge der Deutschen davon noch nichts wusste.") Er führt diese Uninformiertheit aber auch auf Desinteresse, Verdrängung und/oder ein Nichtwissenwollen zurück.   (K.L., F.D.)

Max **Born** wurde 1882 in Breslau geboren. Nach dem Studium unter anderem der Mathematik und der Physik promovierte er und wirkte als Professor in Göttingen und Frankfurt. Nach Hitlers Machtergreifung emigrierte er nach England. 1954 erhielt er den Nobelpreis für Physik. Er verstarb 1970.

---

140 Bonn: *Meine Beziehungen zu München,* aaO. S. 229.
141 Bonn: *Meine Beziehungen zu München,* aaO. S. 373.
142 Bonn: *Meine Beziehungen zu München,* aaO. S. 399.
143 Bonn: *Meine Beziehungen zu München,* aaO. S. 401.

[Antisemitismus in der Schule in den 1890er Jahren:] In unserer Klasse war eine beträchtliche Anzahl jüdischer Jungen (etwa ein Drittel), und es machten sich bereits damals [= am König-Wilhelm-Gymnasium in Breslau, das Max Born wohl von 1892 bis 1901 besuchte, ab 1901 studierte Physik in seiner Heimatstadt] die ersten Anzeichen von Antisemitismus bemerkbar. Zu Ehren der Lehrerschaft muss ich feststellen, dass von ihrer Seite kaum ein rassisches bzw. religiöses Vorurteil zu spüren war. P. und ein paar andere waren jedoch mehr oder weniger in aller Öffentlichkeit Antisemiten und hatten ihren Spaß daran, einige nette kleine jüdische Mitschüler zu quälen, wann immer dies unbemerkt von den liberal gesonnenen Lehrern möglich war. In den oberen Klassen entwickelte P. in extremem Maß jene Art von Nationalismus, der später das ganze Land infizieren sollte (…). So bekam ich schon von den ersten Tagen meiner Schulzeit an eine Ahnung von dem, was Deutschland bevorstünde.[144]

[Unterschätzung des Aufstiegs der Nationalsozialisten:] Wir nahmen den Aufstieg Hitlers und seiner nationalsozialistischen Bewegung kaum wahr, er erschien uns einfach lächerlich, und wir weigerten uns, zu glauben, dass so ein gemeiner, niedriger Schurke vom „Volk der Dichter und Denker", wie die Deutschen sich zu nennen pflegten, ernst genommen werden konnte.[145]

Nach 1930 regierte in den Großstädten der Terror auf den Straßen, es kam häufig zu Zusammenstößen zwischen den Nazis und den Kommunisten, und die Polizei war machtlos oder nicht willens, einzuschreiten. Doch nur wenig von all dem erreichte die friedliche Stadt Göttingen, und die meisten Professoren schienen sich nicht sehr dafür zu interessieren. Das war jedoch eine Täuschung, denn nachdem Hitler die Macht ergriffen hatte, stellte sich heraus, dass viele Angehörige des Lehrkörpers der Universität Anhänger der Nazipartei waren.[146]

Heinz **Brandt** wurde 1909 in Posen als Sohn einer jüdischen Familie geboren. Er studierte Volkswirtschaft, ab 1931 engagierte er sich der KPD. In der Frühzeit der NS-Herrschaft ging er in den Untergrund und leistete Widerstand. Schon 1934 wurde er deswegen zu sechs Jahren Zuchthaus verurteilt, danach wurde er ab 1940 in den Konzentrationslagern Sachsenhausen, Auschwitz und Buchenwald inhaftiert. Nach

---

144 Born aaO. S. 37.
145 Born aaO. S. 326.
146 Born aaO. S. 326.

dem Ende der NS-Herrschaft hatte er in der DDR eine Position als SED-Funktionär inne, ehe er ab 1954 in Ungnade fiel. 1958 gelang ihm, von Verhaftung bedroht, die Flucht in die Bundesrepublik. Dort arbeitete er als Redakteur bei der IG Metall. 1979/80 wirkte er bei der Gründung der Partei „Die Grünen" mit, die er bald darauf wieder verließ. Brandt verstand sich als unabhängiger Marxist, der den realen Sozialismus heftig kritisierte. Er verstarb 1986 in Frankfurt am Main.

[Brandt 1934 über das Verhältnis der Arbeiterschaft zum Nationalsozialismus:] Die Mehrheit der Arbeiter (dafür sprachen alle Berichte, die wir aus den Betrieben erhielten) war noch nicht der faschistischen Ideologie erlegen, war immer noch verhältnismäßig immun geblieben, vom rassistischen, chauvinistischen Wahn noch nicht ergriffen. Die Arbeitermassen hätten lieber heute als morgen die Hitlerdiktatur fallen sehen – eben fallen *sehen* – denn sie selbst fühlten sich ohnmächtig, als selbständiger historischer Faktor in die Entwicklung einzugreifen und das deutsche Schicksal zu wenden.[147]

Nun können mich die politischen Kalfaktoren ungestört mit Informationen, Zeitungen und Lebensmitteln versorgen. Die Nazis haben ihre Kerker noch nicht im Griff und werden es auch später (soweit es die Strafanstalten betrifft, die der Justiz unterstehen) nie voll erreichen.[148]

[Über die Reaktionen der Deutschen, die nach Kriegsende zwangsweise durch das befreite Konzentrationslager Buchenwald geführt wurden:] Jeder von ihnen hatte gewusst, dass sich da oben auf dem Berg ein KZ befand. Göring hatte die Konzentrationslager die „Müllkästen der deutschen Nation" genannt. Es kann ihnen nicht verborgen geblieben sein, dass dort oben Schlimmes vorging. Aber was sie da mit eigenen Augen sahen, überstieg offensichtlich alles, was sie sich vorgestellt hatten.[149]

Hermann **Broch** wurde 1886 in Wien geboren. Nach dem Studium der Textiltechnik und des Textilmaschinenbaus trat er in die väterliche Textilfabrik in Teesdorf bei Wien ein. Nach dem Verkauf der Fabrik studierte er Philosophie, Physik und Mathematik. Danach wirkte als freier Schriftsteller. Größere Erfolge erzielte er unter anderem mit seiner Romantrilogie „Die Schlafwandler" sowie mit dem Roman „Der Tod des Vergil".

---

147 Brandt aaO. S. 120 f.
148 Brandt aaO. S. 128.
149 Brandt aaO. S. 169.

Kurz nach dem „Anschluss" Österreichs an das Deutsche Reich im März 1938 emigrierte er nach Großbritannien, später in die USA. Er verstarb 1951.

[In einem 1946 von ihm unterschriebenen „Appeal" zugunsten des deutschen Volkes wird das Verhalten der Deutschen im Dritten Reich folgendermaßen differenziert:] in

(1) die Gruppe der aktiven und ebenhiedurch unzweifelhaft kriminellen Nazi,

(2) die überwiegend große Gruppe der gedankenlos passiven Mitläufer, ohne deren – im Grunde unmenschliche und daher bis zu einem gewissen Grad ebenfalls strafwürdige – Gleichgültigkeit das Aufkommen der Nazi sowie ihre Untaten kaum möglich gewesen wären,

(3) die Gruppe der aktiven Anti-Nazi, also aller jener, die dem Regime direkten oder indirekten Widerstand entgegensetzten, seine Maßnahmen sabotierten und seinen Opfern Hilfe leisteten; es versteht sich, dass es sich hiebei um fließende Abgrenzungen handelt, und dass es oft unentscheidbar wird bleiben müssen, ob einer ein aktiver oder bloß passiver Nazi gewesen ist. Die – manchmal von Hass, doch weit häufiger von Bequemlichkeit geleitete – Tendenz zur unterscheidungslosen Schuldigsprechung des gesamten deutschen Volkes führt zumeist zur Vernachlässigung der beiden Randgruppen, also der eigentlichen Nazi und der eigentlichen Anti-Nazi.[150]

Broch unterzeichnete einen „Appeal" zugunsten des deutschen Volkes, den der Physik-Nobelpreisträger von 1925, James Franck, ebenfalls ein deutsch-jüdischer Emigrant in den USA, initiiert hatte. Broch wollte mit seiner Unterschrift auf die Gefahr hinweisen, mit pauschalen Vorwürfen an „die" Deutschen die Aktivitäten der deutschen Nazigegner geringer zu schätzen, als sie waren. Man kann in der Tat aufzeigen, dass nach 1945 ausgerechnet Personen, die individuell stark belastet waren, im Sinne der Schuld aller (oder zumindest eines sehr großen Anteils der) Deutschen an den Naziverbrechen argumentiert haben.[151]   (F.D.)

Max **Brod** wurde 1884 in Prag geboren. Er war Journalist, Dichter und Dramatiker. Er bediente sich bis zu seiner Flucht der deutschen Sprache („Wir sprachen ausschließlich

---

150 Hermann Broch: *Politische Schriften* (Kommentierte Werkausgabe, herausgegeben von Paul Michael Lützeler, Bd. 11), Frankfurt am Main 1978, S. 435.
151 Zwei Beispiele von vielen werden aufgezeigt in: Konrad Löw: *Adenauer hatte recht*, aaO., S. 157–160 (Reemtsma), 173f. (v. Weizsäcker)

Deutsch miteinander."[152] Deshalb findet er hier Berücksichtigung.). Die Flucht gelang ihm über Constanza nach Palästina noch am 15. März 1939, dem Tag, an dem die deutschen Truppen in die so genannte „Rest-Tschechei" einmarschierten. Am 20. Dezember 1968 starb er in Tel Aviv.

Gemildert wurde die Schrecklichkeit dieser Situation [Anfang März 1939, also unmittelbar vor dem deutschen Einmarsch], die man sich im Rückblick gar nicht mehr vorstellen kann, durch den unentwegten Illusionismus, der fast alle beherrschte. „Er" [Hitler] wird nicht einmarschieren, er denkt gar nicht daran, er hat es gar nicht nötig, da die Tschechen sich doch ohnehin bemühen, jeden seiner Wünsche zu erfüllen, noch ehe er ausgesprochen ist.[153]

Sie kamen, um von mir Abschied zu nehmen; unter ihnen auch viele Deutsche. Einige von ihnen wussten vielleicht, was sich vorbereitete: So lege ich mir nachträglich ihr wohlwollend-ängstliches Benehmen zurecht, in dem sie aber nichts von dem Geheimnis verrieten. So groß war die Angst vor dem organisierten Terror. – Sie sagten nur, diese guten Freunde: „Sie reisen also heute abends ab. Das ist gut. Das freut mich aufrichtig – in einem gewissen Sinne –, muss ich sagen. Lassen sie sich nur nicht durch irgend etwas zu einer Verschiebung bewegen."[154]

Jetzt sahen die Beamten überhaupt nichts nach. „Weiter, weiter," riefen sie, hatten für niemanden und nichts einen Blick. Auch diese ungewohnte Beamtenliberalität: ein Umstand, der an unserer Rettung mitbeteiligt war. Wenige Minuten nachher fuhr der Zug zischend ab (…)[155]

[Nach Kriegsende:] Aber man muss doch so aufrichtig sein, offen zuzugeben, dass heute führende Köpfe in Deutschland vieles tun, um derartige Strömungen, die einst zum Nazismus geführt haben, nicht wieder aufkommen zu lassen. […] Aber die Jugend in Deutschland, die ja noch ungeboren

---

152 Brod aaO. S. 11.
153 Brod aaO. S. 284.
154 Brod aaO. S. 287. – Zum zeithistorischen Hintergrund: Der deutsche Einmarsch in die sogenannte Rest-Tschechei kam fast wie ein Blitz aus heiterem Himmel. Erstes Vorzeichen war eigentlich die slowakische Unabhängigkeitserklärung am Vortag, dem 14. März 1939. (K.B.)
155 Brod aaO. S. 290.

oder doch unmündig war, als die Gräueltaten des Dritten Reiches sich ereigneten, ist jedenfalls unschuldig.[156]

Durch seine Emigration im März 1939 hat Brod keine eigenen Erfahrungen mit Deutschen in den darauf folgenden Jahren bis 1945 sammeln können.   (K.L.)

2. Cahnmann, Werner – Erlanger, Arnold

Werner **Cahnmann** kam 1902 in München zur Welt. Er studierte Soziologie und war bis 1933 der Syndikus des Central-Vereins deutscher Staatsbürger jüdischen Glaubens. Nach der Reichspogromnacht wurde er ins KZ Dachau eingeliefert. 1939 gelang ihm die Emigration über England in die USA. Gestorben ist er 1980. Die Aufzeichnungen stammen aus dem Jahre 1979.

Der Kaiser war in meiner Familie nicht beliebt, aber was Bayern betrifft, war ich Monarchist.[157] [Das bayerische Königshaus galt allgemein als judenfreundlich – Anm. K.L.] Aber dem Beobachter konnte nicht verborgen bleiben, dass jüdische Schüler in den unteren Klassen der Mittelschulen damals [vermutlich um 1920] einen schweren Stand hatten. Es kam so weit, dass ich einem um mehrere Jahre jüngeren Schüler, der in seiner Klasse der einzig Jude war, vor seinen Angreifern retten und unter Gejohle und Geschrei nach Hause begleiten musste. Dieser Vorfall hat auf mich einen bleibenden Eindruck gemacht.[158]
   In München war die Beteiligung von Juden in Vereinen […] bis 1933 möglich, von studentischen Vereinigungen freilich abgesehen. Aber die Jahresversammlung der Alpenvereinssektion München im Jahr 1924 war symptomatisch. […] Der Antrag […] ging dahin, die Neuaufnahme jüdischer Mitglieder in Zukunft zu begrenzen, so dass ein numerus clausus erreicht werden konnte. Der Hundertsatz der jüdischen Mitglieder der Sektion, so hieß es in der Begründung, dürfe jenen der Juden in der Münchner Einwohnerschaft nicht „um ein Vielfaches" übertreffen.[159] [Der Antrag wurde angenommen.]

---

156 Brod aaO. S. 328.
157 Cahnmann in Lamm aaO. (1982) S. 38.
158 Cahnmann in Lamm aaO. (1982) S. 38 f.
159 Cahnmann in Lamm aaO. (1982) S. 46.

Die Zeit zu kämpfen und Einfluss zu nehmen, war in den zwanziger Jahren, aber die Frage war, ob man Bundesgenossen finden konnte. […] Gegen Ende der zwanziger Jahre verstanden Kardinal Michael von Faulhaber und die fein gebildeten Domkapitulare, dass die Rassenlehre heidnisch, die Partei antikirchlich war und dass „Staatsrechte" für Hitler und Genossen zum Alten Eisen gehörten. Es war daher möglich, mit der Bayerischen Volkspartei ins Gespräch zu kommen.[160]

Wertvolle Mitstreiter waren der unnachahmliche Stadtbibliothekar Hans Ludwig Held und Stadtpfarrer Muhler. Stadtpfarrer Muhler half mir, einen Gesprächskreis jüdischer und katholischer Studenten einzurichten.[161] [Muhler war Pfarrer von St. Andreas, München.] Alle, die damals [ab 1933] tätig waren, wandten sich vorzugsweise an die Regierungsstellen, nicht an die Parteistellen, da wir die Hilfe der Regierungsstellen gegen die Parteistellen in Anspruch zu nehmen suchten.[162]

Die Isolierung hat eine lange Geschichte. In Wien […], in Mittelfranken […]. In München waren ähnliche Tendenzen zu beobachten, aber sie blieben vereinzelt.[163]

Das Symbol der Verfemung für die Masse der Bevölkerung war der Boykott jüdischer Geschäfte am 1. April 1933. Aber der Boykott hatte nicht den gewünschten Erfolg. Zwar wurden Hunderte von jüdischen Geschäften […] geschlossen, aber die Haltung der Bevölkerung entsprach nicht der Erwartung eines nationalen „Erwachens". […] Die nationalsozialistische Propaganda war desavouiert, aber der Glaube derjenigen, Juden wie Christen, dass der Wellenkamm nun überschritten sei, war eine grausame Selbsttäuschung. Im Gegenteil, ich bin davon überzeugt, dass gerade die passive Haltung der Bevölkerung dazu beigetragen hat, in den Spitzen der Parteileitung den Entschluss zu kräftigen, dass nur die schärfsten gesetzgeberischen und verwaltungsmäßigen Maßnahmen die Erreichung des Ziels, nämlich die Eliminierung des jüdischen Einflusses und die Ausrottung der Juden, garantieren könnten.[164]

In Anbetracht der rigorosen Isolierungspolitik ist es erstaunlich, dass einfache Menschen es trotzdem möglich machten, Juden eine hilfreiche Hand zu bieten. So konnte meine jüngere Schwester noch 1937 ihre Ausbil-

---

160 Cahnmann in Lamm aaO. (1982) S. 47 f.
161 Cahnmann in Lamm aaO. (1982) S. 48.
162 Cahnmann in Lamm aaO. (1982) S. 52.
163 Cahnmann in Lamm aaO. (1982) S. 55.
164 Cahnmann in Lamm aaO. (1982) S. 55 f.

dung im Keramikfach im Betrieb A. & E. Königsbauer beginnen und bis nach der Kristallnacht fortsetzen, obwohl ein SA-Mann und ein SS-Mann im Betrieb arbeiteten. Aber Meister und der Mehrzahl der Angestellten waren anti-nazistisch [...].[165]

An der Spitze der Gemeinde standen zwei hervorragende Juristen, Oberlandesgerichtsrat Dr. Alfred Neumeyer und der Syndikus, Justizrat Carl Oestreich. [...] Dr. Neumeyer war zudem bei allen Behörden bekannt und mit vielen leitenden Persönlichkeiten der bayerischen Bürokratie befreundet. Bis 1935 konnten diese Verbindungen gelegentlich einen retardierenden Einfluss ausüben.[166]

Am 9. November 1938 erhielt meine Mutter etwa um 7 Uhr früh den Anruf eines Familienfreundes, eines Arztes in Ruhestand, der uns sagte, dass ihn gerade ein früherer Patient, jetzt Beamter der Gestapo, gewarnt habe, Massenverhaftungen von Juden stünden unmittelbar bevor.[167]

Solche Warnungen sind vielfach bezeugt, immer wieder auch durch Gestapo-Beamte.

(K.L.)

Esther **Cohn,** geboren am 18. September 1926 in Offenburg wohnte ab 3. Oktober in 1939 in München. Von dort wurde sie am 29. Juli 1942 ins Lager Theresienstadt, am 16. Oktober 1944 weiter nach Auschwitz deportiert, wo sie ermordet wurde.

[Tagebucheintrag vom 3. November 1940:] Oh, Furchtbares ist in der Zwischenzeit geschehen! Alle Juden aus Baden sind fortgekommen. [...] Viele Leute schrieben mir, aber was hilft's mir denn? Wann werde ich meine süße Musch und meine Geschwister wiedersehen?[168]

[Tagebucheintrag vom 21.10.1941:] Inzwischen sind wir nun besternt (19.9.) worden und es ist gar nicht schlimm, im Gegenteil, die Leute sind sehr, sehr nett zu uns. Das zweite Gesetz, das nur örtlich ist, ist viel schlimmer. Wir dürfen nicht mehr in der Trambahn fahren [...].[169]

---

165 Cahnmann in Lamm aaO. (1982) S. 61.
166 Cahnmann in Lamm aaO. (1982) S. 68.
167 Cahnmann aaO.: *Dachau,* S. 18.
168 Löw, Andrea aaO. S. 302.
169 Ruch aaO. S. 85.

Zwischen dem Inkrafttreten der Verordnung und dem Tagebucheintrag lagen mehr als vier Wochen, in denen die junge Frau sicherlich Dutzenden fremder Menschen begegnet war. Ein Grund für das Straßenbahn-Verbot war offenbar, aus der Sicht der Machthaber unerwünschte Kontakte zwischen Juden und Nichtjuden zu verhindern.

Am 23. Juni 1944 wurde Theresienstadt vom Internationalen Roten Kreuz visitiert. Die Besichtigung war so perfekt vorbereitet, dass es im Bericht des IRK heißt: „Wir möchten sagen, dass unser Erstaunen ungeheuer groß war, im Ghetto eine Stadt zu finden, die ein fast normales Leben lebt, wir haben es schlimmer erwartet. Diese jüdische Stadt ist wirklich erstaunlich."[170] Das Rote Kreuz hatte sich im Vorfeld auf die Bedingung eingelassen, dass es keine Gespräche unter vier Augen mit Häftlingen geben werde. Tatsächlich starben in Theresienstadt ab der Einrichtung des Lagers Ende November 1941 bis Kriegsende 33.456 Menschen, wenn auch überwiegend nicht durch direkte Gewalt. Weitere 88.202 wurden von dort aus in Vernichtungslager deportiert und fast alle ermordet. Das Versagen des IRK angesichts des Holocaust im Allgemeinen und angesichts des Lagers Theresienstadt im Besonderen ist seit 1945 Gegenstand vieler Untersuchungen und Veröffentlichungen und kann hier nicht weiter erörtert werden.

[In „Erinnerungen an Esther" heißt es:] Da war noch ein junger Mann, etwas älter als ich. Er hatte die Juden gehasst. 1939 hat der Krieg gegen Polen angefangen. Ein paar Monate später habe ich ihn in München getroffen. Ich habe mich sehr gefürchtet, denn ich hatte meinen Stern nicht getragen. Doch von links nach rechts hat er sich umgewandt. Er war so nett zu mir und ich konnte es kaum fassen. Er hat sehr viel in Polen gesehen und hat eingesehen, wie böse die Nazis waren. Die Bevölkerung war sehr gut in unserer Umgebung [= München] Sie haben uns immer aufgemuntert und Hoffnung gegeben.[171] [Eine Freundin von Esther berichtet:] Vater ging ein wenig umher. Ein deutscher Offizier streifte ihn und flüsterte: Kopf hoch, der Krieg ist bald vorbei. Wir sagten die Worte unter uns weiter, und diese freundliche und mutige Haltung stärkte unsere Moral.[172]

[Ruth Elias, ein Mithäftling, im selben Buch:] Bei dem nichtigsten Vergehen drohte immer „Osttransport". Damit gelang es also der SS, diesen Apparat wie am Schnürchen laufen zu lassen. Jeder Ghetto-Insasse erfüllte aus Angst vor dem Osttransport alle Anordnungen nach bestem Wissen und Gewissen.[173] (K.L.)

---

170 Ruch aaO. S. 108.
171 Ruch aaO. S. 137.
172 Ruch aaO. S. 152.
173 Ruch aaO. S. 116.

Willy **Cohn** wurde 1888 in Breslau als Sohn einer wohlhabenden Kaufmannsfamilie geboren. Als Soldat im Ersten Weltkrieg wurde er mit dem Eisernen Kreuz ausgezeichnet. Statt der ursprünglich geplanten wissenschaftlichen Laufbahn als Historiker trat er 1919 eine Stelle als Gymnasiallehrer in Breslau an. Nach der Machtübernahme der Nationalsozialisten erhielt er Berufsverbot und arbeitete vornehmlich im kirchlichen Archiv. Diese Tätigkeit brachte ihn in Kontakt mit katholischen Stellen. Er und seine Frau dachten angesichts der Diskriminierungen über eine Auswanderung nach Palästina nach. Ein Besuch in diesem Land 1937 verlief jedoch für das Ehepaar so enttäuschend, dass es wieder nach Deutschland zurückkehrte. Während der NS-Herrschaft erwies sich Cohn als sorgfältiger Chronist der Judenverfolgung in seiner Heimatstadt. Nur acht Tage nach der Deportation am 21. November 1941 wurden er und seine Familie in Kaunas (Litauen) erschossen.

[Über die Unterstützung seitens der katholischen Kirche:] Heute früh im Diözesanarchiv gearbeitet […] Ein Pfarrer, den ich auch schon längere Zeit kenne, fragte mich, ob ich genug zum Essen habe. Man ist überhaupt dort sehr an mir interessiert und ich habe viel Anregung.[174]

Heute fing sie [Nonne Mater Huberta] an: wir hätten eine sehr gefährliche Nachbarschaft bekommen; dabei handelt es sich nur darum, dass uns gegenüber Sicherheits- und Hilfsdienst gelegt worden ist, wie jetzt in vielen Teilen der Stadt: die Truppe, die im Fall eines Fliegerangriffs einzuschreiten hat. Eine Nonne, die so wenig Haltung beweist, ist immerhin eine Seltenheit …[175]

[Über die erfahrene Unterstützung im Alltag]: … Heute früh war mein alter Barbier Duscha ganz aufgeregt, er war gestern Abend vor die Ortsgruppe der NSDAP geladen worden, weil er einen Juden rasiert. Der alte Mann hat mir leid getan. Nun sieht er selbst, wohin die Spitzelei führt.[176]

Ich war ganz gerührt über das Verhalten von Görlitz und auch von Oberbaurat Stein, der mich ja sehr selten gesprochen und offenbar einen günstigen Eindruck von mir erhalten hat. Schließlich, und das ist ja die größte Befriedigung für einen Gelehrten, macht objektive Forschung immer ihren Weg und findet auch heute noch in den „arischen" Kreisen Anerkennung. Vor allem habe ich mich über die menschliche Hilfsbereitschaft sehr gefreut.[177]

---

174 Cohn aaO. S. 37.
175 Cohn aaO. S. 68 f.
176 Cohn aaO. S. 60.
177 Cohn, aaO., S. 78.

[Beurteilung der Grundschrift des politischen Feindes:] […] ich lese jetzt Hitler: Mein Kampf. Es ist ein Buch, mit dem man sich unter allen Umständen auseinandersetzen muss. In vielem scheint er mir das Judentum nicht unrichtig zu charakterisieren […][178]

[Über die Reaktion von einzelnen Zeitgenossen auf Verleumdungen]: Von einem Straßenbahnwagen aus angepöbelt worden, d. h. eine Frau sagte zu einer anderen: „Ein richtiges Mördervolk, die Zeit wird noch einmal kommen, wo man niemanden von ihnen mehr sehen wird." Die andere Dame hat übrigens kein Zeichen der Zustimmung gegeben.[179]

Cohn schildert, dass er vor allem von praktizierenden Katholiken und einer katholischen Institution Hilfe bekam. Seine Zustimmung ausgerechnet zu Passagen von Hitlers Buch „Mein Kampf", die sich mit dem Judentum befassen, befremdet aus heutiger Sicht zutiefst. Es handelt sich um ein wörtliches Zitat aus seinem Tagebuch von 1941. (F.D.)

Inge **Deutschkron** wurde 1922 in Finsterwalde (Brandenburg) geboren. Sie stammt aus einer assimiliert-sozialistischen Familie und erfuhr erst 1933 von ihrer Mutter, dass sie jüdisch ist. Sie wuchs ab 1927 in Berlin auf und überlebte dort mit ihrer Mutter die Zeit des Dritten Reiches. Später arbeitete sie in Deutschland und Israel als Journalistin.

[Im Freundeskreis der Familie machte sich anfangs eine Verharmlosung der neuen Regierenden bemerkbar:] Unsere jüdischen Freunde, die nicht von den neuen Gesetzen betroffen worden waren, klopften meinen Eltern auf die Schultern und meinten, es würde sich schon irgendeine Lösung aus der Misere finden lassen. Jemand wie Hitler hätte schließlich kommen müssen, um der Arbeitslosigkeit und der Ausbeutung Deutschlands durch die Alliierten ein Ende zu machen. So hätte es doch nicht weitergehen können […].[180]

[Vielfache Distanz der Bevölkerung gegenüber dem Nationalsozialismus:] Die Lehrer, die nach 1933 gezwungen waren, mit „Heil Hitler" zu grüßen, taten dies in dieser Schule mit offensichtlicher Abneigung. Sie machten auch keinerlei Unterschiede zwischen uns und den nichtjüdischen Kindern meiner Klasse […].[181]

---

178 Cohn, aaO., S. 64.
179 Cohn, aaO., S. 83.
180 Deutschkron aaO. S. 17.
181 Deutschkron aaO. S. 24.

Zögernd begannen die deutschen Juden, die Wirklichkeit zu begreifen. Für viele war es zu spät, die Auswanderungsmöglichkeiten wurden immer geringer.[182]

[Bei Kriegsbeginn war zunächst vorgesehen, getrennte Luftschutzräume für Juden und Nichtjuden einzurichten. Als der Luftkrieg ab etwa 1941 in nennenswertem Umfang begann, konnten die noch nicht deportieren Juden aber meist nur noch in den Kellern der sog. „Judenhäuser" Schutz finden, sie in Luftschutzbunker aufzunehmen war nun verboten. Doch es gab Ausnahmen, obwohl es fast kein gemeinsames Wohnen mehr gab:] Der Luftschutzwart in seiner neuen grauen Uniform kontrollierte anhand seiner Liste, wer von den Hausbewohnern anwesend war, und tat sich wichtig, indem er Anweisungen gab, was im Ernstfall zu tun, wo das Wasser zum Feuerlöschen und wo der Notausgang zu finden sei. Uns Juden wies er eine Ecke im Keller an, in der wir schweigend saßen und unsere „arischen" Hausgenossen nicht anzusehen wagten. Als es nach etwa 30 Minuten völliger Stille Entwarnung gab, warteten wir „respektvoll", bis die „Arier" den Keller verlassen hatten.[183]

[Hilfsbereitschaft seitens nichtjüdischer Mitbürger:] Die jüdische Bevölkerung Berlins hatte fast ausnahmslos alles, was ihr nach den Lebensmittelkarten versagt bleiben sollte. Berliner Mitbürger sorgten dafür. Da waren zunächst die Inhaber der Lebensmittelgeschäfte, die ihren alten Stammkunden die „Extras" zusteckten.[184] [Der Fleischer gab] meiner Mutter die gleiche Menge Fleisch, die unsere Familie in jenen vielen Jahren pro Woche zu verbrauchen pflegte, ohne dass wir auch nur eine einzige Lebensmittelmarke hätten abgeben können […] Die Versorgung der Juden Berlins war zwar komplizierter geworden, aber das galt ja auch für die nichtjüdische Bevölkerung.[185]

Das „Hohelied" dieser braven Menschen, die ungeachtet der Gefahr, von Nazi-Mitbürgern denunziert zu werden, ihren jüdischen Kunden wenigstens auf diese Weise zur Seite standen, wird nie geschrieben werden, weil diejenigen, die es tun könnten, nicht mehr am Leben sind. Man erzählte sich damals, dass eine Jüdin Zitronen und Äpfel von ihrem Balkon auf die Straße geworfen hätte, weil sie die Gestapo vor ihrer Wohnungstür vermu-

182 Deutschkron aaO. S. 42.
183 Deutschkron aaO. S. 56.
184 Deutschkron aaO. S. 59.
185 Deutschkron aaO. S. 59 f.

tete und ihre Lieferanten nicht gefährden wollte – eine durchaus glaubhafte Geschichte.[186]

[Unterstützung seitens eines nichtjüdischen Arztes:] Als ich Dr. Damm daraufhin aufsuchte, meinte er nach einer kurzen Untersuchung lediglich: „Natürlich können Sie nicht stehend arbeiten. Ich gebe Ihnen ein Attest." Außerdem schrieb er mich krank.[187]

[Begegnung mit dem Chef einer Blindenwerkstatt, Kniepmeyer:] Als er erfuhr, dass wir nur wenige Lebensmittel zugeteilt erhielten, kam er am folgenden Tag mit einem Korb Früchte. Sie wüchsen in seinem Garten, erzählte er mir. Mehr könne er mir leider nicht bringen, ohne dass seine Frau etwas davon merke. Er traue sich nicht, ihr von mir zu erzählen. Kaffee könne er vielleicht noch unter dem Vorwand bringen, dass er ihn im Büro trinken wolle.[188]

[Erlebnisse als Trägerin des Judensterns:] Ein kleiner, untersetzter Mann erhob sich von seinem Sitzplatz in der U-Bahn. „Ich bitte Sie darum, sich sofort zu setzen!" sagte er sehr laut und energisch, indem er mit seiner linken Hand auf den Sitzplatz wies, den er mir anbot. Die meisten anderen Fahrgäste taten so, als hörten sie nichts […] Sicherlich hätte der Mann nicht gerade mir seinen Platz angeboten, wenn ich nicht an jenem Morgen das erste Mal einen „Judenstern" getragen hätte.[189]

Ich erinnere mich, wie Unbekannte in der Untergrundbahn oder auf der Straße, meist im dichten Gewühl der Großstadt, ganz nahe an mich herantraten und mir etwas in die Manteltasche steckten, während sie in eine andere Richtung schauten. Manchmal war es ein Apfel, ein anderes Mal Fleischmarken, Dinge, die Juden offiziell nicht erhielten […].[190]

[Gespräch mit Käthe Schwarz, der Frau eines Jura-Professors:] „Inge, ich habe eine Jüdin versteckt. Könnten Sie ihr nicht von nun an an meiner Stelle helfen?" Käthe Schwarz sah mich forschend an. Ihr Gesicht verriet die Spannung, vielleicht auch ein klein wenig Angst […] „Wenn Sie nun schon so offen mit mir sprechen, dann muss ich Ihnen wohl die Wahrheit sagen – Ich bin auch eine versteckte Jüdin." Käthchen setzte sich vor Überraschung hin. Sie starrte mich völlig sprachlos an. „Aber Fräulein Inge, warum haben Sie

---

186 Deutschkron aaO. S. 60.
187 Deutschkron aaO. S. 73.
188 Deutschkron aaO. S. 76.
189 Deutschkron aaO. S. 81.
190 Deutschkron aaO. S. 83.

mir das nicht früher gesagt? Warum nicht? Ich hätte Ihnen doch auch geholfen."[191]   (F.D.)

Edith **Dietz,** geborene Königsberger, wurde 1921 in Bad Ems an der Lahn als Tochter
von Gewerbetreibenden geboren. Nach dem Ende der Schule absolvierte sie eine Ausbildung als Kindergärtnerin. Sie war von 1940 bis 1942 in jüdischen Kindergärten und
Horten tätig. 1942 gelang ihr die Flucht in die Schweiz. Nach ihrer Internierung kehrte
sie 1946 nach Westdeutschland zurück. Lange Zeit lebte sie in Karlsruhe. Ab 2004 als
Schriftstellerin tätig verstarb sie 2015.

[Eindrücke von der Beisetzung des Vaters 1933:] Dennoch wurde es eine
Beerdigung, wie sie Bad Ems selten erlebt hatte. Alle, die ihn gekannt hatten, schickten Kränze und Blumen. Es war wie eine Demonstration gegen
die Nazis. Ein gemeinsamer Widerstand, indem einem Juden die letzte Ehre
erwiesen wurde.[192]

[Bericht über Diskriminierungen am Gymnasium:] Es gab Lehrer, die
uns nicht mehr drannahmen; meine Schwester und ich waren die einzigen
Juden auf dem Gymnasium. Es machte keinen Spaß mehr zu lernen. Meistens erhielten wir schlechtere Noten, als wir es verdient hatten. Unsere
Bänke waren beschmiert. Überall stand „Jude", „Judenschwein" und ähnliches. Wir konnten uns nicht beschweren, denn wir wurden nicht einmal
angehört. Aber wir hatten auch Lehrer, die in Ordnung waren. Ein Dr. Müller, der Deutsch und Geschichte lehrte, nahm mich immer wieder dran und
gab mir auch gute Noten. Ein Lichtblick, wenn wir Unterricht bei ihm hatten.[193]

[Erfahrungen nach der Reichspogromnacht:] Nie in meinem ganzen
Leben hatte ich solche Hemmungen, auf die Straße zu gehen. Und trotzdem
beobachtete ich die Leute, die mir begegneten. Viele Berliner reagierten anders, als es die Nazis wahrscheinlich erwartet hatten. Die Volkswut, mit der
sie ihre Verbrechen vom 10. November 1938 begründeten, blieb aus. Die
Menschen auf der Straße schienen erstaunt, einige wandten sich ab, anderen
sah man an, dass sie diese neueste Verordnung empörte. Keiner wagte jedoch, seine Missbilligung zu äußern.[194]

191 Deutschkron aaO. S. 134.
192 Dietz aaO. S. 10.
193 Dietz aaO. S. 10; 12.
194 Dietz aaO. S. 31.

[Erlebnisse als „Sternträgerin":] Eines Abends fuhren eine Kollegin und ich vom Betrieb mit der Stadtbahn nach Hause. Wir gingen ins Raucherabteil, obwohl wir keine Zigaretten besaßen. Auf diesen Luxusartikel hatten Juden keinen Anspruch. Auf unserer linken Brustseite prangte der Judenstern. Unser Gespräch dreht sich um sehr prosaische Dinge. Wir beratschlagten, wie man es am besten anstellte, um mit den rationierten Nahrungsmitteln einen ganzen Monat auszukommen. Ein deutscher Soldat saß uns gegenüber und rauchte. Plötzlich mischte er sich in unsere Unterhaltung und fragte, ob wir nicht die gleiche Zuteilung wie die anderen erhielten. „Oh nein", entgegneten wir beide, „für uns sind Gemüse, Obst, Kaffee, Tee, Hülsenfrüchte und vieles andere verbotene Genüsse. Von Zigaretten und Schokolade gar nicht zu sprechen." Der Soldat sah sich nach allen Seiten um. Wir dachten schon, er suchte eine geeignete Person, uns zu denunzieren. Unser Gespräch zählte ja zur „Verbreitung von Greuelmärchen". Diesmal irrten wir. Als er sich überzeugt hatte, dass wir uns allein im Abteil befanden, schob er uns ein Paket Zigaretten zu und verschwand bei der nächsten Station.[195]

Auch die Kinder im Hort erschienen häufig mit Bonbons oder Obst, das ihnen jemand in der überfüllten Bahn oder auf einsamer Straße zugesteckt hatte. Öfters aber kamen sie mit zerrissenen Kleidern und blutig geschlagen an. Sie waren viel zu schwach, um sich einer Horde von Hitlerjungen zu erwehren. Dazu kam, dass ihnen selbst Notwehr nicht erlaubt war.[196]

[Freunde in der Not:] Nicht nur Gestapo, Juden und Halbarier gab es für uns in Deutschland, es existierten immer noch Deutsche, die von der nationalsozialistischen Seuche nicht angesteckt waren […] Frau Dr. Fränkel half mir und vielen anderen durch ihren außerordentlich guten und lebhaften Unterricht, alles, um uns für Stunden vergessen zu lassen. Von Verbotsvorschriften nahm sie wenig Notiz. Es machte ihr nichts aus, mit Juden über die Straße zu gehen, obwohl darauf strenge Strafen standen. Sie half den Leuten, die untertauchen mussten und keine Lebensmittelkarten mehr beziehen konnten. Sie selbst war mit einem Juden verheiratet, der kurz vor Kriegsausbruch mit den Kindern ausgewandert war. Man gab ihr automatisch die jüdische Kennkarte. Wir rieten ihr, die Sache sofort richtigzustel-

---

195 Dietz aaO. S. 31 f.
196 Dietz aaO. S. 32.

len. Wozu sollte sie alle die Schwierigkeiten auf sich nehmen, wenn es nicht nötig war. Außerdem konnte sie als Arierin mehr tun.[197]

[Eindrücke bei der Zwangsarbeit im jüdischen Krankenhaus:] Der größte Teil unserer Leute kümmerte sich nicht um diesen Eid [den alle Bediensteten vor Antreten des Arbeitsverhältnisses leisten mussten]. Ein Bekannter erzählte mir, dass ein deutscher Helfer beim vorherigen Transport zu ihm sagte: „Warten Sie nur, es kommt auch einmal anders. Diese Menschenschinder werdet ihr noch draußen an den Laternen aufhängen. Und wir helfen euch dabei." Der Jude erwiderte erstaunt: „Das sagen Sie mir und arbeiten trotzdem hier?" Der Deutsche entgegnete: „Was soll ich tun? Ich bekam den Befehl von oben. Weigere ich mich, dann sperrt man mich ein. Ich habe Frau und Kinder. Wer soll für sie sorgen?"[198]

Dietz hebt an etlichen Stellen ihrer Aufzeichnungen die Hilfen hervor, die sie von Nichtjuden erhalten hat. Diese waren nicht unbeträchtlich. Über negative Erfahrungen berichtet sie nur aus ihrer Schulzeit, danach keine mehr.   (F.D.)

Ida **Ehre** wurde 1900 in Prerau (Mähren) geboren. Sie erhielt eine Ausbildung als Schauspielerin. In der Folgezeit trat sie in mehreren mitteleuropäischen Theatern auf. Die Arztgattin überlebte die Kriegszeit in „privilegierter Mischehe". Ihr deutschnational eingestellter Ehemann ging auf Distanz zu seiner jüdischen Frau, verließ die Familie aber nicht. Ein Auswanderungsversuch misslang. 1943 inhaftierte man sie kurzzeitig im Gefängnis Fuhlsbüttel. 1945 eröffnete sie in Hamburg die Kammerspiele. Sie wirkte in vielen Fernseh- und Theaterstücken mit, ebenso in Hörspielen. Ihre Leistungen wurden mit zahlreichen Auszeichnungen gewürdigt. Ida Ehre verstarb 1989 in Hamburg.

[Erfahrungen aus Württemberg:] Dann kam die „Kristallnacht", ich war schon im Schlafzimmer, und plötzlich fiel ein Stein durch das Fenster. Wir hatten vorher nie etwas gespürt von der Feindschaft gegen Juden in Böblingen. Als der Stein hereinflog, ist mein Mann mit einem Freund, der gerade da war, hinuntergelaufen, um den Mann zu erwischen [...][199]

[Über Hilfe von kirchlicher Seite beim Versuch, Papiere für die Auswanderung zu erhalten:] Wir sind also noch einmal zum chilenischen Konsulat. „Sind sie beide Christen?"

---

197 Dietz aaO. S. 43 f.
198 Dietz aaO. S. 46.
199 Ehre aaO. S. 112.

„Ja"

„Haben sie ihre Taufzeugnisse?"

„Oh Gott im Himmel, die haben wir vergessen." Wir fuhren nach Stuttgart, wo mein Mann vor Böblingen Oberarzt an einem katholischen Krankenhaus gewesen war. Dort gab es natürlich auch einen Pfarrer, zu dem sind wir hin: „Sie müssen uns helfen, Hochwürden. Meine Frau ist doch keine Christin, das wissen Sie. Bitte stellen Sie ihr einen Taufschein aus."

„Ja, selbstverständlich." Als Christen sind wir wieder nach Hamburg gefahren, aufs Konsulat. Und wir bekamen ein Visum für Chile.[200]

Am Hafen hatte man uns gesagt, es gebe das Raphaelsheim, das sei von katholischen Schwestern geführt. Eigentlich war das ein Auswandererheim für diejenigen, die von Hamburg mit dem Schiff weg wollten. Unsere großen Kisten blieben im Hafen, mit einem kleinen Köfferchen sind wir dorthin gegangen in die „Große Allee", heute Adenauerallee. Mein Mann sprach mit der Schwester Oberin.

„Selbstverständlich bleiben Sie hier. Wir geben Ihnen ein Zimmer und dann werden wir weitersehen, was geschieht."

„Wir können Ihnen im Moment aber kein Geld geben, wir haben keins." Wir bekamen das Zimmer, es war winzig. Zwei Betten, ein Sofa, ein Tisch. Aber wir hatten erstmal ein Zuhause. Ich durfte kochen in dem Zimmer, auf einem kleinen Spiritusflämmchen, ich durfte meine Wäsche dort waschen. Die Nonnen waren außerordentlich lieb und sehr, sehr gütig […][201]

Wie viele andere Verfolgte und Bedrohte rühmte Ehre die Hilfsbereitschaft von kirchlicher Seite.   (F.D.)

Lucille **Eichengreen** wurde als Lucille Landau in Hamburg 1925 geboren. Nach einer unbeschwerten Kindheit bekamen sie und ihre Familie die staatlichen Repressionen immer härter zu spüren. 1941 kam ihr Vater im Konzentrationslager Dachau um. Mit ihrer Schwester und ihrer Mutter lieferte man sie in das Ghetto Lodsch (damals offiziell: „Litzmannstadt") ein, wo die Mutter verhungerte. Ihr Leidensweg führte sie nach Auschwitz und von dort in die Konzentrationslager Neuengamme und Bergen-Belsen. Nach der Befreiung half sie, ehemalige SS-Wachmannschaften ausfindig zu machen. Schließlich wanderte sie in die USA aus, wo sie im Februar 2020 verstarb.

---

200 Ehre aaO. S. 113.
201 Ehre aaO. S. 125 f.

[Über die Unterschiede jüdischen Lebens in Deutschland und Polen nach 1933, genauer Zeitpunkt unklar:] Manchmal bekam ich ganz zufällig mit, wenn sich Großmutter mit meinen Eltern unterhielt. Ich konnte zwar nicht jedes Wort verstehen, begriff aber, dass Großmutter uns darum beneidete, dass wir in Deutschland lebten, dem Land mit guten Schulen und den komfortableren Lebensbedingungen. Dies sei mit der Armut der polnischen Juden gar nicht vergleichbar, meinte sie.[202]

„Wir leben damit [= mit dem Antisemitismus] doch schon seit Jahren", begann sie, „wir kennen doch nichts anderes. Ihr werdet euch auch noch daran gewöhnen und merken, dass es sich damit leben lässt." Großmutter klang ganz sicher und überzeugend. Nur ich hatte immer noch Fragen.[203]

„Warum ist Judenhass in Polen üblich? Warum müssen wir uns in Deutschland daran gewöhnen?" fragte ich mit Großmutters Worten. Aber ich wurde mit dem Satz „Dies ist kein Thema für Kinder!" abgewiesen.[204]

[Über die Veränderung der politischen Atmosphäre zwischen 1933 und 1938:] Vor fünf Jahren war Antisemitismus nur ein Wort für mich gewesen, jetzt war es eine Macht, die unser Leben bestimmte. War es richtig gewesen, als Vater damals sagte, dass Dumme antisemitisch seien? Und was machte es schon aus, dass sie dumm waren?[205]

Noch nach 1933 herrschte in Eichengreens Familie zunächst das Gefühl vor, in Deutschland als Juden besser leben zu können als in Polen.   (F.D.)

Johanna **Eichmann**, geboren am 24. Februar 1926 als Ruth Eichmann in Münster, verlebte ihre frühe Jugend in Recklinghausen. Ihr Vater war katholisch, der ganze Rest der Familie jüdisch und so wurde sie auch erzogen. 1933 wurde sie dennoch katholisch getauft, um sie vor der heraufziehenden Verfolgung zu schützen und ihr insbesondere den Schulbesuch zu ermöglichen. Nach einer Ausbildung zur Dolmetscherin 1943 arbeitete sie im französischen Konsulat in Berlin. Ab November 1944 wurde sie als „Halbjüdin" zur Zwangsarbeit herangezogen. Nach Kriegende kehrte sie ins Ruhrgebiet zurück und trat 1952 in den Ursulinenorden ein, der ihr in der NS-Ära Schutz geboten und den Besuch des Gymnasiums ermöglicht hatte. Sie starb im Dezember 2019.

---

202 Eichengreen aaO. S. 21.
203 Eichengreen aaO. S. 21.
204 Eichengreen aaO. S. 21.
205 Eichengreen aaO. S. 25.

Als sie es erfuhr, war es zu spät. Wahrscheinlich ist es meiner hochherzigen Großmutter zu verdanken, dass meine Mutter den Goj [= Nichtjuden] heiraten durfte. Mein Großvater Albert Rosenthal tat sich dagegen schwer mit seinem gojischen Schwiegersohn.[206]

Bis 1933 fühlten wir uns trotz des latenten Antisemitismus in der Gesellschaft dazugehörig. Die Distanz zwischen Juden und Nichtjuden schien uns kaum größer als die zwischen Katholiken und Protestanten. Unter den spielenden Kindern auf der Straße gab es zwar Feindschaftsrituale, aber sie führten noch nicht zur Ausgrenzung.[207]

In allen Jahrhunderten war die Taufe ein Schutz gewesen. So wird es auch diesmal sein, hoffte man. Er [= der jüdische Großvater] hielt sich also zurück. Nur die Kreuze und Kreuzesbilder ertrug er nicht. Vielleicht empfand er sie als Vorwurf und Bedrohung. Viele Jahrhunderte hindurch ist es so gewesen. Jedes Kreuz eine Anklage gegen die Juden, die als „Gottesmörder" beschimpft wurden. „Der Tote da!" sagte er abweisend, wenn er ein Kreuz sah. Der „Gehenkte" heißt das. Für mich war das ein unverständliches und nichtssagendes Wort, aber ich spürte, dass Verachtung damit verbunden war.[208]

Endlich war ich wieder Kind unter Kindern. Hinter den Klostermauern gab es keinen Risches [Antisemiten]. Der Einfluss des Nationalsozialismus beschränkte sich auf kleine lächerliche Pflichtübungen. Zu Beginn des Unterrichts war der Hitler-Gruß Pflicht. Die Schwestern hoben unter dem großen gestärkten Kragen ihrer Hauben etwas linkisch den rechten Arm, und danach wurde gebetet.[209]

Die Klosterschulen waren jedoch schon längst ins Visier der Nationalsozialisten geraten. Klöster wurden geschlossen, Ordensleute vertrieben […]. Mater Maris Viktoria Hopmann war wegen irgendeiner kritischen Aussage denunziert worden und wurde deswegen als Schulleiterin abgesetzt. […] Mater Aloysia wurde denunziert, weil sie eine jüdische Schülerin lobend als Beispiel genannt hatte. […] Trotz dieser Repressalien zögerte Mater Petra nicht, jüdische Kinder und nun auch eine „Halbjüdin" aufzunehmen.[210]

In der Pogromnacht hatten Braunhemden Siegmund und seine Frau überfallen und verprügelt. Sie ließen sie eine Grube ausheben, um sie zu

---

206 Eichmann aaO. S. 12.
207 Eichmann aaO. S. 13.
208 Eichmann aaO. S. 19 f.
209 Eichmann aaO. S. 32.
210 Eichmann aaO. S. 32 f.

begraben. Aber ein katholischer Arzt konnte beide retten und brachte sie zur Pflege in ein katholisches Krankenhaus.[211]

Unter dem Titel „Gerechter Volkszorn" äußerte sich am 11. November die „Recklinghauser Zeitung" zu den Ereignissen der Pogromnacht. […] „Um die ansässige Bevölkerung vor dem begreiflichen Volkszorn zu bewahren, nahm die Polizei alle auftreibbaren Angehörigen dieser Rasse […] in Schutzhaft." Wie äußerte sich der „begreifliche Volkszorn"? Anders als die Partei es wünschte.[…].[212]

Und eine andere Stimme des „Volkszorns" erzählte: „Ich kann mich noch gut erinnern, wie mein Vater mich mit zum Polizeipräsidium nahm. Dort stand eine große Menschenmenge, jedenfalls kam sie mir damals wie eine große, schweigende Menschenmauer vor. Wir standen mit dem Rücken zum Polizeipräsidium und sahen die brennende Synagoge. Mein Vater sagte in die Stille hinein: ‚Das ist der Anfang vom Ende', und drückte meine Hand. Das hat mich tief beeindruckt."[213]

Eines Tages nahm meine Klassenlehrerin mich beiseite. Mater Birgitta Stüber spürte meine Unsicherheit: „Lies das Alte Testament", sagte sie. „Das ist das Buch des auserwählten Volkes, und das ist Dein Buch!"[214]

Warum hat er [Bischof August Graf von Galen] nicht die Deportation und den Mord an den Juden verurteilt? Damals wussten wir noch nicht, dass er schwieg, weil er von jüdischer Seite darum gebeten worden war. Grund für diese Bitte war die berechtigte Angst des münsterschen Rabbiners, es würde „alles noch schlimmer" werden, wenn der Bischof sich einmischte.[215]

Langsam begriff ich, dass etwas Außergewöhnliches geschehen sein musste. Dann die Nachricht: Ein Attentat auf den Führer! Der Führer ist tot …! Irgendwo eine kreischende Stimme. Die meisten Gesichter unbewegt, ohne Signal. Zuhause dann, am Volksempfänger, die Gegennachricht: Der Führer lebt. Im Hinterhof brach sich der Jubel einer einzelnen Stimme, die aus einem geöffneten Fenster kam.[216]

Zuhause versuchte er [mein Vater] herauszufinden, was mit seiner Frau geschehen war. Man hatte sie zusammen mit anderen Frauen und deren

---

211 Eichmann aaO. S. 36.
212 Eichmann aaO. S. 37.
213 Eichmann aaO. S. 37.
214 Eichmann aaO. S. 42.
215 Eichmann aaO. S. 61 f.
216 Eichmann aaO. S. 78.

Töchtern aus den sogenannten privilegierten Mischehen nach Gelsenkirchen gebracht, von wo aus sie weitertransportiert werden sollten. Mein Vater packte in Eile alles an Lebensmitteln zusammen, was er im Hause fand. Die Hülser Kaufleute steckten ihm Delikatessen zu, die es im Handel schon längst nicht mehr gab.[217] [Anmerkung: Gegen Ende der NS-Zeit wurden teilweise auch Juden aus sogenannten „privilegierten Mischehen" deportiert.]

Aber wieder traf ich auf jemanden, der sich völlig anders verhielt, als zu erwarten war. Der zuständige Beamte bot mir einen Stuhl an. Das war ein Zeichen. Dann fragte er mich, weshalb ich mich erst nach der zweiten Aufforderung meldete und ob mir bewusst sei, dass er das melden müsste. Ich spürte, dass ich da offen reden konnte, und antwortete, dass ich Angst gehabt hätte.[218]

Es seien „zahlreiche Zeugenaussagen überliefert, wonach die Dorfbevölkerung den Frauen aus dem Lager [meist Jüdinnen aus „Mischehen"] half, wenn und so gut es die Umstände erlaubten." Das bestätigten auch meine Mutter sowie ihre Freundin Edith Hillbrenner und ihre Cousine Friedel Prüfke.[219]   (K.L.)

Albert **Einstein** wurde am 14. März 1879 in Ulm geboren. Als er ein Jahr alt war, zog die Familie nach München, wo er auch die Schulen besuchte. Der Biograph berichtet: „In seiner Klasse war Albert der einzige Jude unter etwa siebzig Mitschülern. Er nahm am katholischen Religionsunterricht teil und wurde sogar vom Religionslehrer besonders gemocht."[220] Als herausragender Physiker wirkte er zunächst in Berlin. Einstein war Pazifist. 1923 nahm er an der Gründung einer „Gesellschaft der Freunde des neuen Russland" teil. Doch die Sowjetunion hat er nie besucht. Von einer Auslandsreise kehrte er 1933 nicht nach Deutschland zurück. Er starb am 18. April 1955 in Princeton.

[München in den 1880er Jahren:] Die Lehrerschaft der Volksschule war liberal und machte keine konfessionellen Unterschiede.[221] […]

---

217 Eichmann aaO. S. 80.
218 Eichmann aaO. S. 81.
219 Eichmann aaO. S. 97.
220 Fölsing aaO. S. 28
221 Fölsing aaO. S. 28. Dazu Fölsing: „Zu dieser Haltung hatten die humanitären Bestrebungen damaliger Reformpädagogik ebenso beigetragen wie die fortschrittliche Einstellung weiter Teile des Münchner Bürgertums."

[Befragt zur Reichstagswahl vom 14. September 1930:] Ich sehe in der nationalsozialistischen Bewegung einstweilen nur eine Folgeerscheinung der momentanen wirtschaftlichen Notlage und eine Kinderkrankheit der Republik. Solidarität der Juden halte ich immer für geboten, aber eine besondere Reaktion auf das Wahlergebnis für ganz unzweckmäßig.[222]

[1933, am Tag vor einer Auslandsreise:] Solange mir eine Möglichkeit offensteht, werde ich mich nur in einem Land aufhalten, in dem politische Freiheit, Toleranz und Gleichheit aller Bürger vor dem Gesetz herrschen […] Diese Bedingungen sind gegenwärtig in Deutschland nicht erfüllt […] Ich hoffe, dass in Deutschland bald gesunde Verhältnisse eintreten werden […][223]

[Die zivilisierte Welt forderte er zur] „moralischen Intervention" [gegen die Hitlerei auf], aber es wäre ein großer Fehler, in eine generell anti-deutsche Agitation [zu verfallen].[224]

[An Max Planck:] Jetzt aber hat mich der Vernichtungskrieg gegen meine wehrlosen jüdischen Brüder gezwungen, den Einfluss, den ich in der Welt habe, zu ihren Gunsten in die Waagschale zu legen.[225]

[An Max Born:] Du weißt, dass ich nie besonders günstig über die Deutschen dachte (in politischer und moralischer Beziehung). Ich muss aber gestehen, dass sie mich doch einigermaßen überrascht haben durch ihre Brutalität und – Feigheit.[226]

Ich war aber dabei, wie sie [viele Deutsche] jahrelang die Schlange an ihrem Busen genährt haben, und als der Teufel losging, verkrochen sie sich in ihren Mauselöchern. Sie werden aber die Folgen ihres Mangels an Pflichtgefühl bald am eigenen Leibe zu spüren bekommen. […] Mich hatten sie nie enttäuschen können, denn ich hatte für sie niemals Achtung und Sympathie – abgesehen von einigen feinen Persönlichkeiten.[227]

Die Deutschen als ganzes Volk sind für diese Massenmorde verantwortlich und müssen als Volk dafür bestraft werden, wenn es eine Gerechtigkeit in der Welt gibt. Wenn sie vollends besiegt sind, und, wie nach dem letzten Kriege, über ihr Schicksal jammern, soll man sich nicht ein zweites Mal täuschen lassen, sondern sich daran erinnern, dass sie die Menschlichkeit

---

222 Fölsing aaO. S. 85.
223 Fölsing aaO. S. 743.
224 Fölsing aaO. S. 744
225 Fölsing aaO. S. 748.
226 Fölsing aaO. S. 751.
227 Fölsing aaO. S. 751 f.

der anderen voll bewusst benutzt haben, um ihr letztes und schwerstes Verbrechen gegen die Menschheit vorzubereiten.[228]

Dazu sein Biograph Fölsing: „Zwar war Einstein bekannt, dass sich viele Deutscher ihrer Regierung und ihrer verbrecherischen Handlungen schämten, jedoch verbot er sich jegliche Sympathie, geschweige denn Mitleid mit ihnen.“[229] Nie hat sich Einstein von Hitler täuschen lassen, jedoch von Stalin.

[Einstein 1930 über die Schauprozesse in Moskau:] Ich bin sehr traurig, dass diese Entwicklung, auf welche wir mit hoffenden Blicken geschaut haben, nun zu so furchtbaren Dingen führt.[230] [Ein Jahr später:] Es kam mir damals nicht genügend zum Bewusstsein, dass unter den besonderen Verhältnissen der Sowjetunion Dinge möglich sind, die unter den mir vertrauten Verhältnissen vollständig undenkbar sind.[231]

Von seinem Pazifismus hat Einstein sich also später getrennt, nicht aber von Hitlers zeitweiligem kongenialen „Freund" Stalin! Wenn Einstein die Deutschen pauschal be- und verurteilt, abgesehen von „einigen feinen Persönlichkeiten", so ist zu berücksichtigen, dass er nicht in Deutschland gelebt hat, also „die" Deutschen während der NS-Zeit nicht aus eigener Erfahrung und Anschauung beurteilen konnte. Die ohnehin wenigen jüdischen Stimmen, die „den" Deutschen während der NS-Zeit (pauschal oder in großer Mehrheit) Versagen vorwarfen, haben nach meiner bisherigen Kenntnis nach nunmehr fast zwanzig Jahren Forschung zu diesem Themenkreis *ausnahmslos* nicht im Lande gelebt.

(K.L.)

Ernst **Eisenmann** kam im Dezember 1910 in Nördlingen zur Welt. Seine Jugendzeit verbrachte er überwiegend in München. Das Medizinstudium musste er auf Weisung von oben abbrechen. 1935 emigrierte er nach Palästina. Gestorben ist er am 23. Dezember 2000. Die Aufzeichnungen stammen aus den 1990er Jahren.

In einer Kleinstadt gibt es keine Grenzen selbstverständlich. Jeder wusste, dass wir Juden waren. Man hat uns akzeptiert, genau wie die Protestanten und Katholiken auch zusammengelebt haben. Wir waren eben die Juden in Nördlingen. In der gleichen Klasse wie ich [in München] war ein Sohn des

---

228 Fölsing aaO. S. 806.
229 Fölsing aao. S. 751.
230 Fölsing aaO. S. 727.
231 Fölsing aaO. S. 727.

Politikers Frick. Dessen Vater war damals Innenminister in Thüringen, später Hitlers Reichsinnenminister. […] Ich, der Jude, war der beste Sportler in der Klasse und er ein miserabler. Ich wurde sein Vorturner, habe mich aber geweigert, Frick junior Hilfestellung zu leisten, weil er mich dauernd angriff. […] Ich war auch der schnellste Läufer. Das Resultat war, dass Frick sagte: „Die Juden sind immer vorne dran." Bei einem Ausflug zum Ammersee dagegen bin ich als letzter der Gruppe gegangen. Da hieß es: „Schau, die jüdischen Drückeberger!" Das sind so einige Erfahrungen aus der Schulzeit, in der ich sonst nicht gelitten habe.[232]

Das politische Klima im Hamburg des Jahres 1931 sagte mir mehr zu als das im brodelnden München.[233] [Ab 1933 war er dann in München.] In unserer Familie sagte man nach der Machtergreifung Hitlers: „Bald werden die Nazis abgewirtschaftet haben." Und: „Gegen uns hat man nichts, nur gegen die Ostjuden."[234] Nach meinem Ausschluss aus dem deutschen Volk und nach Gesprächen mit glaubwürdigen Partnern während meines zweiten Studiums erinnere ich mich an meine Vergangenheit. Ich glaube, dass viele Deutsche der Nazi-Partei beitreten mussten, aber nie ihre Doktrin annahmen; dabei schließe ich keineswegs eine spätere Beeinflussung aus.[235]

Frick senior wurde 1946 als Kriegsverbrecher in Nürnberg hingerichtet.   (K.L.)

Ruth **Eisner** wurde als Tochter eines Geschäftsinhabers 1922 in Berlin geboren. 1939 verließ sie Deutschland im Rahmen eines Kindertransports nach Holland. Im gleichen Jahr übersiedelte sie nach England. Dort verblieb sie während des Krieges. Sie verdiente sich unter anderem als Sozialarbeiterin ihren Lebensunterhalt. Nach dem Krieg kehrte sie eine Zeitlang in das zerstörte Berlin zurück. Danach wanderte sie in die USA aus, wo sie als Krankenschwester arbeitete. Später führte ihr Weg zurück nach Deutschland.

[Eisners Eindruck über die „Reichskristallnacht" in Berlin:] So hörte ich, dass zufällige Passanten und Besucher des Bahnhofes Zoo beim Anblick des Elends und der Verzweiflung jüdischer Eltern, die ihre Kinder ins Ungewisse schickten, angesichts des Weinens und Jammerns dieser kleinen unschuldigen und hilflosen Wesen, die nicht begriffen, was ihnen nun geschah,

---

232 Eisenmann aaO. S. 58 f.
233 Eisenmann aaO. S. 25.
234 Eisenmann aaO. S. 23.
235 Eisenmann aaO. S. 41.

so empört gewesen wären und laut und erregt protestierten, dass die Nazis gezwungen waren, die Bahnhöfe bei diesen Transporten für alle zu sperren. […] Und Minna [eine Bekannte] sagte: „Es sind nicht alle Deutschen schlecht, Ruthchen, glauben Sie es mir doch. Sie haben alle nur Angst vor der SS und SA. Und was können einzelne Personen auch helfen? Ich kann es doch auch nicht, und wie gern täte ich es. Ich kann oft nachts nicht schlafen, wenn ich an all das Böse denke, was jetzt geschieht."[236]

[Über das Wissen der Bevölkerung vom Judenmord:] „Ich habe es nicht gewusst." Der Mann sagte es mit Heftigkeit. „Woher sollten wir es wissen? In der Zeitung stand es nicht, fremde Rundfunksender hörten wir nicht ab aus Furcht vor Hausobleuten und Spitzeln. Die aus den Konzentrationslagern Entlassenen durften nicht über das Erlebte sprechen, weil sie sonst sofort wieder ins KZ gekommen wären. Woher sollten wir es wissen? Sie mögen es nun glauben oder nicht, es ist die Wahrheit […]."[237]

„Ich kann es nicht verstehen", brach ich los, „wir alle, wir in der Emigration, haben es doch gewusst und gehört, und ihr hier im Lande sollt nichts davon erfahren haben?" – „Sie vergessen die perfekt funktionierende Organisation hier", entgegnete er. „Sie hörten es wohl durch Flüchtlinge, die aus dem KZ entkamen und ins Ausland flohen. Die konnten berichten. Aber hier im Lande? Wenn einer das Glück hatte, dem Grauen durch eine Begnadigung oder durch Fürsprache irgend eines Bonzen zu entrinnen, wurde ihm unter Androhung sofortiger Wiederinhaftierung untersagt, draußen von dem zu erzählen, was er erlitten und gesehen hätte. Genauso lautete auch der Befehl für die Wachmannschaften. Keiner verstieß gegen dieses Verbot, aus Furcht und Schrecken, dass man ihn bestrafen würde […]"[238]

[Über Solidarität der Bevölkerung gegenüber Juden und anderen verfolgten Gruppen:] Bei aller Skepsis und allem Misstrauen muss ich aber feststellen, dass ich auch in England von Emigranten immer wieder gehört habe, irgendein arischer Freund oder Nachbar habe ihnen und wenn auch nur mit einer kleinen Geste geholfen. Manches Mal war die Hilfe in Form einer Warnung vor einer neuen Maßnahme der Gestapo erfolgt. Oder es handelte sich auch nur um den Beamten eines Finanzamtes, der durch seinen persönlichen Einsatz letzte Abwicklungsformalitäten vor der Abreise beschleunigte, die in diesem Fall nicht unwesentlich waren. Zum Beispiel

---

236 Eisner aaO. S. 18 f.
237 Eisner aaO. S. 105.
238 Eisner aaO. S. 145.

im Falle meiner Eltern hatte ein Zollbeamter beim Versiegeln ihrer Kisten ein Auge zugedrückt, und dadurch waren Dinge mitgekommen, die nach den damaligen Bestimmungen nicht mehr ausgeführt werden durften. Gerade diese Dinge aber halfen meinen Eltern in den ersten Monaten im fremden Land, sich über Wasser zu halten, indem sie etwas Wertvolles zu verkaufen hatten. Mag also zu verstehen sein, dass mancher Deutsche seine jüdischen Freunde gerade zu diesem Zeitpunkt an solche Dinge erinnert, insgesamt stehe ich diesen Treuebekundungen in der Masse doch immer noch ablehnend gegenüber [...].[239]

[Über angebliche und tatsächliche Schuldige im NS-Regime aus der Sicht nach 1945:] Später sprach ich mit meiner Tante darüber und fragte sie, warum sie sich ausgerechnet so einen unverbesserlichen Nazi als Arzt geholt hätte. „Nicht so voreilig mit deinem Urteil, Ruthchen", sagte sie. Und dann erzählte sie mir: „Dieser junge Arzt war drei Jahre mit einer Halbjüdin verlobt. Er hat sie bei seinen Eltern versteckt gehalten und auch ihre Mutter vor der Deportation nach Polen gerettet. Anderen jüdischen Familien hat er mit Lebensmitteln geholfen. Man hat ihn deshalb angezeigt, und nur der Zusammenbruch Deutschlands hat ihn davor bewahrt, von einem Kriegsgericht verurteilt zu werden ..."[240]

Auch davon werde ich erzählen, dass es nicht nur böse Nazis in Deutschland gegeben hat, sondern auch aufrechte, mutige und hilfsbereite Menschen, die auf eigene Gefahr hin den Verfolgten geholfen haben, so gut sie konnten und es in ihrer Macht stand. Und von einer Jugend werde ich erzählen, von einer betrogenen und missbrauchten Jugend, die gleichermaßen leiden musste und muss. Nein, nicht nur wir allein![241]

Die Emigrantin Eisner ist zwar kritisch gegenüber den Deutschen eingestellt, die in Hitler-Deutschland lebten, ebenso gegenüber nachträglichen Rechtfertigungsversuchen. Und doch wendet sie sich gegen pauschale und kollektive Urteile.   (F.D.)

Arnold **Erlanger** wurde am 22. Juli 1916 in Ichenhausen, nahe Günzburg, geboren. Er überlebte Auschwitz und wanderte nach Australien aus, wo er am 11. Februar 2007 starb.

---

239 Eisner aaO. S. 106 f.
240 Eisner aaO. S. 129.
241 Eisner aaO. S. 193.

In der Chronik wird der erste [Jude] für das Jahr 1541 erwähnt! Längst hatte die übrige Bevölkerung gelernt, dass wir Juden nicht anders als sie waren […] Kurzum: Die meisten Ichenhäuser respektierten uns und wir respektierten sie.[242] Während der ersten Wochen nationalsozialistischer Herrschaft wurden Ichenhausens katholischer Priester und Dekan Heinrich Sinz sowie weitere Seelsorger […] ins Günzburger Gefängnis gesperrt. Ich habe den Eindruck, als ob viele Juden in kleinen Orten wie Ichenhausen auch die Nürnberger Rassengesetze von 1935 noch nicht allzu ernst nahmen […] Nun also durften wir keine Nichtjuden mehr heiraten. Wir jüdischen Ichenhauser hatten das doch immer schon für einen der schwersten Verstöße gegen die Tora gehalten.[243] [Zunächst blieb das Leben noch ziemlich normal. Doch] je stärker die Nazis in Ichenhausen wurden, desto mehr mussten sich die Juden […] von ihren nichtjüdischen Freunden und Bekannten fernhalten […][244] Wir erfuhren, dass Juden in den Osten transportiert worden waren, konnten uns aber nicht vorstellen, dass das ihren Tod bedeutete.[245]

Erlanger floh vor der Verfolgung zunächst in die Niederlande. Dort wurde er nach der Besetzung des Landes verhaftet und kam nacheinander in die KZ Auschwitz, Buchenwald und Flossenbürg. Dank seiner Jugend und Vitalität und mit sehr viel Glück hat er überlebt.   (K.L.)

3. Feuchtwanger, Edgar – Hoberg, Ingeborg

Edgar **Feuchtwanger** wurde am 28. September 1924 als Sohn des Juristen und Lektors Ludwig Feuchtwanger in München geboren, wo er auch die Schulen besuchte, zuletzt das Max-Gymnasium. Nach sechswöchiger Haft des Vaters im KZ Dachau nach der Reichspogromnacht konnte die Familie im April 1939 nach England emigrieren, der 14-jährige Edgar war schon im Februar vorausgefahren. Er studierte später in Cambridge Geschichte und lehrte ab 1963 in Southhampton, 1981/82 zeitweilig auch in Frankfurt am Main.

---

242 Erlanger aaO. S. 19.
243 Erlanger aaO. S. 27.
244 Erlanger aaO. S. 29.
245 Erlanger aaO. S. 45.

Ein anderer häufiger Ausflug nach Oberbayern während meiner Kindheit, der mit literarischen Reminiszenzen verbunden ist, führte auf die Konradshöhe bei Baierbrunn im Isartal. Dort wohnte Gertrud von le Fort, auch Baronin le Fort oder „die Baronin" genannt. Sie war die bedeutendste katholische Dichterin im Deutschland jener Jahre.[246]

Wir schreiben und zeichnen jeden Tag. Fräulein Weikl sagt, ich habe eine der schönsten Handschriften in der Klasse. […] Ich bin wirklich glücklich in dieser Schule.[247]

Der Lehrer hat uns heute [= Anfang März 1935] erklärt, dass das Saargebiet nun endlich wieder an Deutschland angegliedert ist […] Mehr als 90 Prozent der Saarländer wollten wieder Deutsche sein, endlich also ging ihr Wunsch in Erfüllung. […] Ich bin stolz auf mein Land. – Unser Führer hat ein Land erobert, ohne dass ein Schuss fiel, hat der Lehrer gesagt. Dann hat er noch gesagt, wir sollten den Hitlergruß machen. Wir sind alle aufgestanden und haben „Heil Hitler!" gerufen.[248]

Ralph und seine neuen Freunde ignorieren mich. Sie sind nur eine kleine Gruppe dummer Jungen. Die anderen spielen nach wie vor mit mir.[249]

Wir, die Feuchtwangers, sind Deutsche, was auch immer sie sagen, und das seit 1555, als unsere Vorfahren sich in Fürth, in der Nähe von Nürnberg, niedergelassen haben […] Dieser Irrsinn wird vorübergehen wie alles, was die Feuchtwangers überlebt haben.[250]

Ich fahre zum ersten Mal nach Berlin. […] Von hier, von Berlin aus, bedroht Hitler die Welt. Trotzdem kam mir Berlin weniger nationalsozialistisch vor als unsere kleine Stadt München. Die Gehsteige sind nicht so bevölkert mit SS-Männern und Kindern in Uniform. Ich habe keine Karikaturen von Juden an den Bussen gesehen und auch keine rassischen Plakate.[251]

Dann schreibt er [Vater Ludwig Feuchtwanger] an alle, die er kennt, auch an seine Brüder, deren Ältester, Lion, vor kurzem Joseph Stalin getroffen hat. – Ich habe sein Stalin-Interview gelesen, und ich weiß genau, was er

246 Feuchtwanger, Edgar aaO.: *Als Hitler …*, S. 107
247 Feuchtwanger, Edgar aaO.: *Erlebnis und Geschichte*, S. 52
248 Feuchtwanger, Edgar aaO.: *Als Hitler …*, S. 134.
249 Feuchtwanger, Edgar aaO.: *Als Hitler …*, S. 135.
250 Feuchtwanger, Edgar aaO.: *Als Hitler …*, S. 150.
251 Feuchtwanger, Edgar aaO.: *Als Hitler …*, S. 168 f.

in seinem Buch schreiben wird, sagt Papa lautstark zu Mama. Aber Lion irrt sich. Stalin ist kein Landesvater, wie naiv, so etwas zu denken.[252]

Nach dieser Darstellung war der Nationalsozialismus in Berlin im Straßenbild weniger präsent als in der „kleinen Stadt München" (sic!), jedenfalls sei es dem Zeitzeugen so vorgekommen. Bei dieser Darstellung ist zu berücksichtigen, dass Adolf Hitler in München direkter Nachbar der Familie Feuchtwanger war (vgl. den Titel des zitierten Buches: „*Als Hitler unser Nachbar war. Erinnerungen an meine Kindheit im Nationalsozialismus.*"). Hitlers Wohnhaus am Prinzregentenplatz war für seine Anhänger eine Attraktion, was zu überdurchschnittlicher Präsenz von Nazi-Uniformen usw. in Feuchtwangers Nachbarschaft geführt haben dürfte. Ausweislich der Wahlergebnisse waren übrigens weder München noch Berlin Hochburgen der NSDAP, im Gegenteil. Zu meiner eigenen Erfahrung: Weder ich noch mein Bruder noch eine meiner Schwestern noch meine heutige Ehefrau trugen jemals die HJ-Uniform, weil wir alle nicht Mitglied waren. Dennoch fühlte sich keiner von uns diskriminiert, weil wir damit in München nicht die große Ausnahme waren. Zwar war die Mitgliedschaft in der HJ seit dem 1. Dezember 1936 an sich obligatorisch, dies wurde aber nicht überall mit letzter Konsequenz durchgesetzt. (K.L.)

Ludwig **Feuchtwanger** wurde 1885 in München geboren. Er war Bruder des bekannten Literaten Lion Feuchtwanger und Vater von Edgar Feuchtwanger. Der Jurist arbeitete kurze Zeit als Rechtsanwalt. Danach war er als Lektor beim Verlag Duncker & Humblot und als Autor tätig. Nach einer Inhaftierung im November 1938 im KZ Dachau gelang ihm mit seiner Familie 1939 die Emigration nach England. 1947 starb er in Winchester (England).

[Über die Herkunft der nationalsozialistischen Ideologie (mit Berufung auf den Publizisten und Hitler-Biographen Konrad Heiden)]: Sehr interessant, die Herkunft des nationalsozialistischen Antisemitismus, den der Deutschrusse Alfred Rosenberg importiert hat.[253] [Feuchtwanger ist von der Vorläufigkeit] „dieses noch nie dagewesenen Spuks" [überzeugt; diese Einschätzung bezieht sich auf den Zeitraum zwischen 30. Januar 33 und 5. März 1933 – Anm. K.L.].[254]

[Feuchtwanger zu Vorurteilen der politischen Rechten einschließlich der Nationalsozialisten]: Gibt es eine ursprüngliche, unverlierbare, etwa

---

252 Feuchtwanger, Edgar aaO.: *Als Hitler …*, S. 174 f.
253 Feuchtwanger, Ludwig aaO. S. 202 (zitiert im Nachwort Rieß).
254 Feuchtwanger, Ludwig aaO. S. 202 (zitiert im Nachwort Rieß).

vom Wesen des Judentums herrührende Neigung des deutschen Juden zu Demokratie, Sozialismus, Pazifismus und zur liberalen Staatstheorie, also zu den dem aufsteigenden „Europäischen Faschismus" ausgesprochen feindlichen Prinzipien?[255]

[Zum Potenzial des Judentums für den Aufbau des Staates:] Die Grundeinstellung des Juden nach seiner Herkunft und der Lehre seiner Väter ist eine durch und durch konservative. Wo praktisch Juden in Westeuropa, besonders in Deutschland, zur aufbauenden Tätigkeit für Volk und Staat herangezogen wurden, haben sie sich als die besten und uneigennützigsten Kräfte bewährt.[256]

[Zu alten jüdischen Vorstellungen angesichts der neuen Herausforderungen]: Wie steht es mit dem alten, unverbrüchlichen jüdischen Grundsatz „Jedes Gesetz der Regierung ist für die Juden vorbehaltlos verbindlich" […] unter einer Regierung, die ausschließlich von Parteien geführt wird mit dem Prinzip, die deutschen Juden nicht als gleichberechtigte Volksgenossen anzuerkennen?[257] [Eine Antwort nennt Feuchtwanger nicht.]

[Zu pro-nationalsozialistischen Stellungnahmen, wie der des Oberrabbiners Dr. Elie Munk]: Diese Publikation ist auch ein bedeutendes historisches Dokument, da hier zum ersten Mal von autoritativ jüdischer Seite die geistigen Grundlagen der neuen staatlichen deutschen Mächte mit ganzer Überzeugung bejaht werden.[258]

Feuchtwanger erinnert an die „andere Dimension" des Judentums, die konservative, die treu zu Volk und Vaterland stand. Die Angriffe der Nationalsozialisten auf die Verfemten hielt er zumindest in der Frühzeit der NS-Herrschaft für einen Irrtum, den zu korrigieren er mithelfen wollte.   (F.D.)

E. **Fischer**, Ende 1938 aus dem KZ Dachau entlassen. Über diesen Zeitzeugen nennt die zitierte Quelle weder den vollen Vornamen noch jegliche weitere Details. Er berichtete:

Während der Nacht wurden wir aus den Wohnungen in die Synagoge getrieben. Dort zwang man unseren Rabbiner, aus dem Buch Hitlers „Mein Kampf" von der Kanzel herunter einige Kapitel vorzulesen. Dann wurden

---

255 Feuchtwanger, Ludwig aaO. S. 202 (zitiert im Nachwort Rieß).
256 Feuchtwanger, Ludwig aaO. S. 203.(zitiert im Nachwort Rieß).
257 Feuchtwanger, Ludwig aaO. S. 202 (zitiert im Nachwort Rieß)
258 Feuchtwanger, Ludwig aaO. S. 204 (zitiert im Nachwort Rieß).

Proben abgehalten und schließlich durch alle Anwesenden einschließlich der Juden das Horst-Wessel-Lied gesungen.[259]

Bezeichnend für die Situation und das Verhältnis der Beziehungen zwischen den braunen Gesellen und der Polizei ist, zu vermerken, dass den Unglücklichen im Polizeipräsidium durch menschliche Beamte zugeflüstert wurde: „Bei uns könnt ihr ruhig sein, hier passiert euch nichts!"[260]   (K.L.)

Heinrich **Fraenkel** wurde 1897 in Lissa (einer Stadt im Süden der preußischen Provinz Posen) geboren. Beim Ausbruch des Ersten Weltkriegs hielt sich der damals noch nicht ganz 17-Jährige zufällig in Großbritannien auf, weswegen er festgenommen wurde und die folgenden vier Jahre in einem britischen Internierungslager verbrachte. Nach Kriegsende studierte er in Deutschland und wirkte zunächst als Filmkorrespondent und Drehbuchautor, später als Journalist. Deutschland verließ er bereits Ende Februar 1933, in der Nacht des Reichstagsbrandes, nachdem er vor der ihm drohenden Verhaftung gewarnt worden war. Bekannt wurde er nicht zuletzt durch Biografien führender Nationalsozialisten, wofür er mehrfach geehrt wurde. Er verstarb 1986 in London.

Es war schwierig, aber wichtig, einer damals [= nach Kriegsende in Großbritannien] sehr ungläubigen Mitwelt zu erklären, warum die Mehrheit des deutschen Volkes an den unfassbar grauenhaften Verbrechen der vom Hitler-Regime beamteten Mordmechaniker keinen Anteil hatte; und gerade weil es heute wie damals von eminenter Wichtigkeit ist, sich darüber klar zu werden, dass eben jene grauenhafte und der Normalfantasie unverständliche Mechanik des Massenmordes nicht aus dem nebulösen Begriff des „Volkscharakters" entspringt, sondern aus der unerbittlich mitleidlosen Dynamik eines totalitären Machtwahns, eben darum muss ich mich in diesem Rechenschaftsbericht damit befassen.[261]

Es gehört offenbar zu den besonders schwer begreiflichen Binsenwahrheiten, dass der Eindruck von zehntausend Hurraschreiern zwar optisch sowohl wie akustisch ungemein wirkungsvoll ist, dass man aber weder in der Presse noch im Film und Rundfunk die viel bedeutungsvollere Tatsache offenbaren kann, dass für jeweils zehn geräuschvoll demonstrierende Hur-

---

259 Barkow u. a. aaO. S. 439.
260 Barkow u. a. aaO. S. 439.
261 Fraenkel aaO. S. 37.

raschreier zwanzig oder dreißig daheim geblieben sind und die Faust in der Tasche ballen.[262]

Man braucht nur weiter zu bedenken, dass trotzdem Hunderttausende von deutschen Juden noch jahrelang in Deutschland lebten, dass die erheblichen Anfechtungen, Demütigungen und Schikanen, denen sie ausgesetzt waren, ausnahmslos von der Obrigkeit befohlen und von ihren Vollzugsorganen durchgeführt wurden, dass aber umgekehrt unzählige Fälle bekannt sind von Deutschen, die ihren jüdischen Mitbürgern nicht nur Freundlichkeiten erwiesen, sondern auch praktische Hilfe, um die von der Obrigkeit befohlenen Schikanen zu umgehen. Ich selbst kenne aus meinem persönlichen Bekanntenkreis einige solcher Fälle, auch solche von Juden, die von ihren Mitbürgern dadurch vor den Gasöfen gerettet wurden, dass man sie für tot erklärte und jahrelang heimlich durchschleuste. Wenn man bedenkt, dass in jedem einzelnen dieser Fälle mindestens zwei oder drei der Helfer täglich Leben und Freiheit riskierten, und dass viele andere ins Vertrauen gezogen werden mussten, Lebensmittel spendeten und sonstige persönliche Opfer brachten, um so einen Todeskandidaten dem Zugriff einer erbarmungslosen Obrigkeit zu entziehen, dann wird man meine damals so absurd klingende Behauptung vom Philosemitismus des deutschen Volkes verständlicher finden.[263]

[Kritik am sog. Vansittartismus, der die Schuld aller Deutschen behauptete:] Vansittarts historische Irrtümer und Einstellungen waren leicht genug zu ironisieren und zu widerlegen; schwieriger und erheblich wichtiger war es, in meiner Antwort den glaubhaften und überzeugenden Gegenbeweis der These zu führen, Hitler habe die überwiegende Mehrheit des Volkes für sich begeistert. Glaubhaftes Material hatte ich ja für meine Gegenthese in Hülle und Fülle ...[264]

Kaum einer der Zeitzeugen hat sich nach 1945 so sehr für eine ausgewogene Beurteilung des deutschen Volkes eingesetzt wie Fraenkel, der kurz nach Kriegsende sogar ein Buch unter dem Titel „The German People versus Hitler" (Das deutsche Volk contra Hitler) veröffentlichte. Den Vorwurf der Kollektivschuld bekämpfte er vehement. (F.D.)

---

262 Fraenkel aaO. S. 40.
263 Fraenkel aaO. S. 38.
264 Fraenkel aaO. S. 57.

Annelies Marie „Anne" **Frank** wurde 1929 in Frankfurt am Main geboren. 1934 emigrierte die Familie in die Niederlande, um der beginnenden Verfolgung zu entgehen. Während des Krieges versteckte sie sich mit ihrer Familie und mit anderen Verfolgten in einem Amsterdamer Hinterhaus. Am 4. August 1944 flog das Versteck auf und die Untergetauchten wurden verhaftet. Anne, die ihr später berühmtes Tagebuch vom 12.6.1942 bis zum 1.8.1944 geführt hatte, lieferten die Nazis mit ihrer Schwester Margot ins KZ Bergen-Belsen ein. Dort ist sie an Typhus erkrankt und im Februar oder Anfang März 1945 umgekommen.

[Über die Zunahme des Antisemitismus in Amsterdam:] Zu unserem großen Leidwesen und zu unserem großen Entsetzen haben wir gehört, dass die Stimmung uns Juden gegenüber bei vielen Leuten umgeschlagen ist. Wir haben gehört, dass Antisemitismus jetzt auch in Kreisen auftaucht, die früher nie daran gedacht hätten. Das hat uns tief, tief getroffen. Die Ursache von diesem Judenhass ist verständlich, manchmal sogar menschlich, aber trotzdem nicht richtig […][265]   (F.D.)

Bruno **Frank** wurde am 13. Juni 1887 in Stuttgart geboren. Ab 1926 lebte er als Schriftsteller und Schauspieler in München. Unmittelbar nach dem Reichstagsbrand emigrierte er Ende Februar 1933 zunächst in die Schweiz, danach lebte er abwechselnd in Salzburg, London, Paris und Südfrankreich 1937 folgte er einem Angebot aus Hollywood. Er starb in seiner neuen Heimat Kalifornien am 20. Juni 1945. Kurz vor Kriegsbeginn 1939 verfasste er das Buch „Lüge als Staatsprinzip". Daraus die folgenden Texte:

Es gibt […] nicht einen Staatsmann auf Erden mehr, […] der nicht wüsste, wie die berühmte Einigkeit des deutschen Volkes beschaffen ist, jene Geschlossenheit, mit der es hinter seinem Führer steht. Wie stürmisch sein Angriffsgeist ist, wie brennend sein Wunsch, dem rasend gewordenen Schwindler in die Katastrophe zu folgen. „Versehen mit Vorräten für drei Monate, mit moralischer Rückhaltskraft für drei Wochen", wie ein in Berlin amtierender Diplomat den Zustand charakterisiert hat. Man ist hellhörig geworden in diesen Zirkeln, hellhörig sogar für das Schweigen. Für das eisige Schweigen zum Beispiel, mit dem am vergangenen 27. September [= 1938] die Panzerwagendivision begrüßt wurde, die da durch Berlin zog, um am nächsten Morgen an die tschechische Grenze zu gehen. Ja, nun wissen es sogar die, die sich jahrelang Augen und Ohren zugehalten haben, dass er es

---

265 Frank, Anne aaO., S. 284.

trotz Gewalt und Betrug mit dem deutschen Volk nicht geschafft hat. Jenes Wort des großen Lincoln ist zuletzt doch wahr geworden:

„Man kann einige auf die Dauer belügen oder alle auf einige Zeit, aber nicht alle auf die Dauer."[266]

Keine chinesische Mauer hat geholfen, nicht die allstündlich hämmernde Propaganda durchs Mikrophon, nicht die Berge von schmutzigem Schwindelpapier, die seit zweitausend Tagen die Pressen des Goebbels morgens und abends ausspeien. Kein Denunziantensystem, keine Drohung, kein Schrecken. Es wird nichts mehr geglaubt. Der Umstand, dass eine Behauptung von diesem „Führer" oder seinen Kreaturen kommt, genügt, damit sie verlacht wird. Jede heimlich verbreitete Aufklärungsschrift geht durch Ketten von Händen, jede Nachricht der Freiheitssender wird gierig abgelauscht.

Aber es ist nicht die physische Verelendung, es ist nicht einmal die weltpolitische Todesgefahr, die von den Deutschen am tiefsten empfunden wird. Das alles, so grauenvoll es sein mag, bleibt sekundär. Was völlig unerträglich ist, worunter ein ganzes Volk sich bäumt wie im Sterbekrampf, das ist die Stickatmosphäre von gemeiner Verleumdung, Erpressung, giftiger Spitzelei. Dem Volk geht der Lebensatem aus in diesem Stank.

Auch das weiß die Welt. Nach der Erfahrung dieser sechs Jahre, nach ungezählten Gesprächen mit den Angehörigen vieler Nationen, aus den Äußerungen von Männern der Staatsverwaltung und Wirtschaft, der Wissenschaften und Künste, aller Gewerbe und Stände, steht Eines mir fest: nirgends wird das deutsche Volk verwechselt mit dem tollwütigen Fälscher, der versucht, es in den Abgrund zu führen, oder mit seinen Brotgängern, die für ihn stehlen und foltern. Man weiß, dass es immer dasselbe Gesindel ist, das ihm allerorten sein „Heil" ins Gesicht brüllt, die gleichen paar Hunderttausend, die wie die Statisten auf einer Schmierenbühne links abgehen und rechts wieder hereinkommen.[267]

Ein Volk, so ist die Meinung der Welt, darf nicht beurteilt werden nach den Schlammexistenzen, die eine wilde Epoche aus Grundwässern heraufwirbelt. Ein Volk, so ist die Meinung der Welt, wird gewürdigt nach dem Hohen, das es hervorgebracht hat, nach seinem Beitrag zur Versittlichung und Kultur.

Die Deutschen sind für die Welt nicht das Volk eines Hitler. Sie sind das Volk ihrer Philosophen und Forscher – mit ihnen begriffen auf dem weiten

---

266 Frank, Bruno aaO. S. 24.
267 Frank, Bruno aaO. S. 25.

Weg nach der Erkenntnis. Sie sind Beethovens Volk, Holbeins und Grüne-
walds – all der dauernden Geister, denen Eines gemeinsam ist: leidenschaft-
licher Trieb zur Wahrhaftigkeit. Sie sind das Volk ihrer großen Literatur,
von Goethe zu Thomas Mann, die nichts anderes ist als unerbittliche Selbst-
ergründung, nicht zu stillender Durst nach der im eigenen Herzen verborgenen Wahrheit.

Der Tag wird kommen, er ist nahe, an dem das deutsche Volk, befreit
von jener Spottgeburt aus Lüge und Rachebrunst, seinen ehrenvollen Platz
wieder einnehmen wird im Ring der Nationen.[268]

Dieses Zeugnis ist in vielen Punkten inhaltlich fragwürdig. Kurz vor Kriegsausbruch
genoss Hitler durchaus Ansehen unter den Deutschen, keineswegs nur unter den damals etwa 5 Millionen Mitgliedern der NSDAP. Grund dafür waren eine Reihe verblüf-
fender Erfolge wirtschaftlicher und außenpolitischer Art, namentlich die Beseitigung
der Arbeitslosigkeit und die weitgehend gewaltlose Angliederung Österreichs, des
Sudetenlandes und des Memellandes, was von sehr vielen Deutschen begrüßt wurde. Es
gab zu diesem Zeitpunkt also ganz sicher mehr als ein paar Hunderttausende, die begeistert „Heil!" – wenn auch nicht unbedingt „Heil Hitler!" – gebrüllt haben. Generell
urteilt Bruno Frank mehrfach kollektiv über „die" Deutschen und solche Urteile sind
auch dann kaum je richtig, wenn sie positiv ausfallen. Das Zeugnis bleibt bemerkenswert, weil hier fast ein Jahr nach der Reichspogromnacht ein in die USA emigrierter
deutscher Jude extrem positiv über die Deutschen urteilt. Einen solchen Text zu diesem
Zeitpunkt dort zu veröffentlichen erforderte jedenfalls Mut.   (K.L./K.B.)

Walter **Frankenstein** wurde 1924 in Flatow (Westpreußen) geboren. 1936 Umzug nach
Berlin. Ab 1938 Maurerlehre. Ab 1941 musste er Zwangsarbeit leisten, bedroht von der
Deportation. 1942 heiratete er 18-jährig in Berlin eine jüdische Frau Leonie, 1943 wurde
der erste Sohn geboren. Fünf Wochen später musste die junge Familie untertauchen, um
nicht deportiert zu werden. 1944 Geburt des zweiten Sohnes im Versteck in Berlin. Die
Familie überlebte mit viel Glück. Nach der Befreiung lebte er ab 1947 in Israel, seit 1956
Schweden.

[Bei Maurerarbeiten in einer SS-Kaserne:] Am nächsten Tag ging ich noch
vor Arbeitsbeginn direkt ins Zimmer seines Vorgesetzten. Zu ihm sagte ich:
„Herr Sturmbannführer, ich kann so nicht arbeiten. Untersturmführer
Hahn droht mir ständig. […]" Der Vorgesetzte rief daraufhin Untersturm-

---

268 Frank, Bruno aaO.S. 25 f.

führer Hahn zu sich und hielt ihm eine Standpauke. Er drohte mir nie wieder. Natürlich war es auch leichtsinnig von mir. Ich, ein kleiner Jude, Zwangsarbeiter, schwärzte einen SS-Offizier an. Doch es war genau die Chuzpe, die mich und meine Familie die nächsten Jahre retten sollte.[269]

Meine Schwiegermutter war in zweiter Ehe mit einem Christen verheiratet. Theo Kranz war ein überzeugter Gegner der Nationalsozialisten und ein mutiger Mann. Durch seine Heirat mit einer Jüdin blieb ihm der berufliche Aufstieg versperrt. Er fand nur eine Stelle als Hilfsarbeiter beim Brückenbau. […] Sogar einen Fluchtweg hatte er für uns finden wollen. Er war an die Ostsee gefahren […]. Die Küste war aber streng bewacht.[270]

Ein junger Leutnant, Mitte 20, tritt an meinen Tisch. Er fragt mich nach meinem Ausweis. […] Ich durchsuche noch immer meine Manteltasche. Da zwinkert er mir zu und sagt lächelnd: „Lassen Sie es gut sein. Und sich nicht mehr ohne Ausweis erwischen." Bis zum heutigen Tag denke ich über diesen Leutnant nach. […] Er hatte mich klar durchschaut. Warum ließ er mich trotzdem laufen?[271]

Als sie [die Gattin] für die Geburt [1944, bereits im Versteck] ins Krankenhaus musste, blieb Peter-Uri bei der Bäuerin, bei der sie in Briesenhorn untergebracht worden waren. Leonie sorgte sich wegen seiner Beschneidung. Sie erklärte der Bäuerin, dass er als Baby eine Harnröhrenentzündung gehabt habe und operiert worden sei. Leonie sah, dass die Bäuerin ihr nicht glaubte. Aber sie hatte einen Sohn und einen Mann, die beide an der Front standen. […] Vielleicht dachte die Bäuerin, wenn ich jetzt etwas Gutes tue […].[272]

Vielleicht weil er etwas Väterliches hat, wage ich es, alles auf eine Karte zu setzen. Ich sage ihm einfach die Wahrheit: „Hören Sie, ich bin ein illegal lebender Jude. Mein Name ist Frankenstein. Lassen Sie mich bitte laufen." Ich zeige ihm meine Geburtsurkunde, die ich bei mir trage. Er überlegt lange, schließlich antwortet er: „Hau ab! Ich suche Deserteure, keine Juden!"[273]

Im April 1945, kurz vor Kriegsende, biege ich um eine Ecke in der Nähe der Wohnung. In diesem Moment kommt mir ein Oberscharführer vom Sicherheitsdienst der SS entgegen […]. Sofort zieht er mich in einen Haus-

---

269 Frankenstein aaO. S. 92.
270 Frankenstein aaO. S. 96.
271 Frankenstein aaO. S. 102.
272 Frankenstein aaO. S. 103.
273 Frankenstein aaO. S. 103 f.

flur und drückt mich gegen die Wand. „Frankenstein, warum lebst du noch?" […]. „Weißt du", fährt er fort, „warum ich dich hereingezogen habe? Hinter mir kommt Untersturmführer Hahn. Der erschießt dich auf der Stelle, wenn er dich sieht."[274]

Paradox: Die meisten der von Frankenstein genannten Helfer standen beruflich dem Kreis der Täter näher als dem der Opfer. Ferner: ohne diese Position wäre die Hilfe nicht oder kaum möglich gewesen. Der Biograph Klaus Hillenbrand zitiert die beiden Frankensteins: Walter Frankenstein sagt: „Es fehlte den Deutschen Courage und Mut." Sie ergänzt: „Wer hat denn damals geweint, als sie Uri [Sohn] und mich 1943 auf den Lastwagen zur Sammelstelle für die Deportation verladen haben? Niemand. Die Deutschen haben zugeschaut." Sie wissen andererseits um die Hilfe, die sie in der Illegalität von Deutschen erhalten haben. „Wir sind absolut dankbar", sagt er.[275]   (K.L.)

Hans **Frankenthal** wurde 1926 in Schmallenberg/Sauerland geboren. Den Sohn eines Viehhändlers zwangen die Nationalsozialisten mit 14 Jahren zu Straßenbauarbeiten. Es folgte die Deportation nach Auschwitz. Nach der Befreiung 1945 und der Rückkehr in seine Heimatstadt betrieb er eine Metzgerei und arbeitete als Viehhändler. Im Ruhestand engagierte er sich in mehreren Organisationen, die Verfolgung und Vernichtung des Judentums erinnerungspolitisch aufarbeiten, unter anderem für den Zentralrat der Juden in Deutschland. Er verstarb 1999.

[Begrenzte Wirkung nationalsozialistischer Boykottaufrufe:] Nach dem Boykott 1933 ging der Viehhandel enorm zurück, obwohl sich einige Menschen durch die antisemitischen Aufrufe nicht davon abhalten ließen, weiterhin in den jüdischen Geschäften einzukaufen. In jedem Ort gab es einen Ortsgruppenleiter und einen *Ortsbauernführer,* und die Bauern, die noch mit uns handelten, bekamen Probleme – sie wurden zum Beispiel bei den Sonderzuteilungen für Saatgut benachteiligt.[276]
    Trotzdem sahen sich die regionalen Nazipropagandisten gezwungen, immer wieder auf die für sie unbefriedigende Situation hinzuweisen. So erschien am 15. August 1935 in ihrer Zeitung „Rote Erde" ein Artikel unter dem Titel „Meidet die Juden! Noch immer will man nicht schlau werden", in dem gedroht wurde, die Namen aller Bürger, die weiterhin geschäftliche

---

274 Frankenstein aaO. S. 105.
275 Hillenbrand aaO. S. 221.
276 Frankenthal aaO. S. 24.

Verbindung zu Juden pflegten, zu veröffentlichen. Sie wurden als „Judenknechte" und „Verräter an Volk und Staat" beschimpft.[277]

[Zunehmende Distanzierung der nichtjüdischen Umgebung, vor allem aufgrund des wachsenden Drucks:] Nur wenige Menschen in Schmallenberg ließen sich trotz alledem nicht einschüchtern und hielten weiter zu uns. Unser Nachbar Daniel Marburger zum Beispiel, der als Bauunternehmer meinem Vater half, die Kanalisation unseres Hauses, das vorher ein Drei-Kammer-System hatte, in einer nächtlichen Aktion an die neugebaute Reichsbahnkanalisation anzuschließen. Dabei wurden sie von Ferdinand Hütemann, einem städtischen Angestellten und NSDAP-Parteimitglied, beobachtet und angezeigt. Die Anschlüsse mussten wieder herausgerissen werden, aber Marburger erledigte das so geschickt, dass es hinterher trotzdem noch funktionierte. Er hatte nichts gegen Juden, und dies bescherte ihm sogar einen Artikel im Stürmer, in dem er als „Judenfreund" denunziert wurde.[278]

[Eher geringe Unterstützung der Juden durch die „arische" Bevölkerung während der Verfolgungen im November 1938:] Die nichtjüdische Bevölkerung der Stadt hatte die Geschehnisse um den 10. November einfach hingenommen, niemand hatte protestiert, mit einer Ausnahme: die Mutter des Fabrikanten Franz Falke, Dina Falke, hatte auf der Straße gestanden und geschimpft, was denn die Juden den Leuten angetan hätten. Sie war von ihren Angehörigen ganz schnell ins Haus geholt worden. Die meisten verhielten sich entweder abwartend oder begrüßten und unterstützten die Aktionen, wie der Viehhändler Robert Krämer, der – so wurde erzählt – der SA das Stroh zum Anzünden der Synagogen geliefert hatte […].[279]   (F.D.)

Viktor E. **Frankl** wurde am 26. März 1905 in Wien geboren. Er studierte Medizin und erlangte weltweite Reputation als Neurologe, Psychiater und Psychologe. Ein 1941 beantragtes Visum für die USA wurde ihm ausgestellt, doch er verzichtete dann auf die Emigration und zog es vor, das Los seiner Eltern zu teilen. Als Juden wurden er, seine Frau und seine Eltern im September 1942 ins Ghetto Theresienstadt deportiert. Sein Vater starb dort 1943, seine Mutter und sein Bruder wurden in Auschwitz vergast, seine Frau starb im KZ Bergen-Belsen. Er selbst wurde im Oktober 1944 von Theresienstadt nach Auschwitz gebracht, überlebte aber die Selektion und wurde schließlich Ende

277 Frankenthal aaO. S. 24.
278 Frankenthal aaO. S. 28.
279 Frankenthal aaO. S. 32.

April 1945 in einem Außenlager des KZ Dachau von der US-Armee befreit. Am 2. September 1997 starb er hoch dekoriert in seiner Vaterstadt.

Daraus ersieht man eines: mit der Kennzeichnung eines Menschen als Angehörigen der Lagerwache oder, umgekehrt, als Lagerhäftling ist nicht das Geringste gesagt. Menschliche Güte kann man bei allen Menschen finden, sie findet sich also auch bei der Gruppe, deren pauschale Verurteilung dir gewiss sehr nahe liegt. Es überschneiden sich eben die Grenzen! So einfach dürfen wir es uns nicht machen, dass wir erklären: die einen sind Engel und die andern sind Teufel. […] Wenn ich mich z. B. daran erinnere, wie mir ein Vorarbeiter (also ein Nicht-Häftling) eines Tages ein kleines Stück Brot reichte – von dem ich wusste, dass er es sich von seiner Frühstücksration abgespart haben musste –, dann erinnere ich mich auch daran, dass es bei weitem nicht dieses Stück Brot als materielles Etwas war, das mich damals buchstäblich zu Tränen rührte, sondern es war das menschliche Etwas, das dieser Mann mir damals gab, und das menschliche Wort sowie der menschliche Blick, der die Gabe begleitete […]

Aus all dem können wir lernen: es gibt auf Erden zwei Menschenrassen, aber auch nur diese beiden: die „Rasse" der anständigen Menschen und die der unanständigen Menschen.[280]

Aus tiefer Bewunderung heraus habe ich mein 1991 erschienenes Buch „Im heiligen Jahr der Vergebung. Wider Tabu und Verteufelung der Juden" (aaO.) Viktor Frankl gewidmet. Er hat mir dafür schriftlich seine Billigung erteilt.   (K.L.)

Françoise **Frenkel** wurde 1889 in Petrikau (Russisch-Polen) geboren. Nach einer Musik-Ausbildung in Leipzig studierte sie Literaturwissenschaften an der Sorbonne in Paris, wo sie auch promoviert wurde. 1921 eröffnete sie in Berlin zusammen mit ihrem Mann Simon Raichenstein eine französische Buchhandlung. Ihr Mann emigrierte bereits 1933 nach Paris, wurde aber dennoch später deportiert und in Auschwitz ermordet. Sie selbst emigrierte Ende August 1939 ebenfalls nach Paris. 1940 flüchtete sie nach Südfrankreich und tauchte eine Zeitlang unter. 1943 gelang ihr der illegale Grenzübertritt in die Schweiz. Ende 1945 kehrte sie nach Nizza zurück wo sie 1975 verstarb.

---

280 Frankl aaO. S. 137 f.

[Widmung ihrer Aufzeichnungen:] *Es ist Pflicht der Überlebenden, Zeugnis abzulegen, damit die Toten nicht vergessen, noch Hilfsbereitschaft und Aufopferung Unbekannter missachtet werden.*[281]

[Lob christlicher NS-Gegner:] Mutige erhoben die Stimme, unter ihnen Pfarrer Niemöller, Pater Mayer, Monsignore von Galen, Bischof von Münster, Kardinal Faulhaber in München und viele andere. Fast alle verschwanden oder füllten, darin den Juden gleich, die Konzentrationslager.[282]

[Erfahrungen der Solidarität seitens der französischen Bevölkerung gegen antisemitische Agitation:] Und hier noch ein Vorfall, der seinen Reiz hatte. In einem kleinen Restaurant der Rue de France palaverte ein sehr gut gekleideter, blonder Kerl um die dreißig mit lauter Stimme, sich an den ganzen Gastraum wendend: „Wir haben die Nase voll von all diesen Ausländern" schrie er „von all diesen Ausländern und vor allem von all diesen Juden!" Ein Arbeiter, dunkler Teint, lachende Augen, Blaumann, rief ihm zu: „He! Du! Landsmann! Kommst du gerade aus Deutschland? Gib uns ´ne Runde aus. Du hast doch sicher einen Batzen Geld gekriegt, damit du uns deine Märchen auftischst." Schallendes Gelächter. Der Provokateur beeilte sich, seine Rechnung zu zahlen und wohlweislich in Richtung Ausgang zu verschwinden. „Ah! Geh nur, du Saukerl!" rief ihm der Arbeiter trocken hinterher, „bist ja bloß gekauft!"[283]

Frenkel unterstreicht, dass ihr die meisten Franzosen – trotz der drakonischen Strafen, die die Besatzungsmacht dafür androhte – halfen, sie zeitweise versteckten und mit Lebensmitteln unterstützten. Antijüdische Propaganda fand in ihrer Umgebung kaum Widerhall. (F.D.)

Elisabeth **Freund** wurde am 16. September 1898 in Breslau geboren. Nach Zwischenstationen übersiedelte sie 1924 nach Berlin. Im Frühjahr 1941 wurde sie zu Zwangsarbeit verpflichtet. Im Oktober 1941 konnte sie mit ihrem Mann Deutschland Richtung Kuba verlassen. 1944 durften sie in die USA einwandern, wo sie am 4. November 1982 starb. Den folgenden Bericht schrieb sie im Hebst 1941 unmittelbar nach ihrer Ankunft in Havanna.

---

281 Frenkel aaO. (Vorbemerkung, Kursivsetzung wie im Original)
282 Frenkel aaO. S. 46.
283 Frenkel aaO. S. 96.

Deutschland besteht nicht nur aus Hitlerleuten. Es sind viele im Gegensatz zu der Partei und sind selbst in schweren Gewissenskonflikten, als Katholiken, als ehemalige Logenbrüder oder als Mitglieder der Bekennenden Kirche. Sie missbilligen die Grundsätze der Partei und können doch nicht anders als mitmachen. Der Mann, den wir aufgesucht haben, war ehrlich und tief erschüttert, als wir ihm erzählten, weswegen wir seine Hilfe brauchten. Er sitzt in einer hohen Regierungsstelle (Staatssekretär) und wusste von nichts, was uns betrifft. Das ist typisch. […] Aber er entschuldigt sich mit einem trüben Lächeln: „Wissen Sie, diese ganze Judenfrage ist so beschämend und schrecklich, es bleibt uns nur die Vogel-Strauß-Politik, gar nicht mehr hinzusehen."[284]

[Zwangsarbeit:] Endlich kommt der Fabrikangestellte, der auf dem Arbeitsamt zu uns gesprochen hatte. Er entschuldigt sich, er wäre so lange aufgehalten worden. Es ist rührend, wie wir glücklich aufatmen, dass er nicht unfreundlich zu uns spricht, sondern so, wie es eigentlich für jeden Mann, selbst den einfachsten, selbstverständlich sein müsste.[285]

[Neue Arbeit:] Die Vorarbeiterin ist nett.[286] Der Abteilungsleiter kommt an einem der Tage zum Kontrollieren vorbei. Ich kann ca. 700 Kittel vorweisen und bedanke mich kurz, dass er mich von der Dampfpresse fortgeholt hat. „Reden Sie lieber nicht darüber!" sagt er und geht schnell weiter.[287]

Eigentlich ist es schade, dass unsere Dampfpressengruppe schon wieder auseinander kommt. Wir haben uns gut vertragen. Natürlich hat es daneben auch Zank gegeben. Wir hatten da eine arische Einarbeiterin, die sich gleich mit der einen von uns anfreundete. Natürlich gab es darüber Streit […] Mich amüsiert es hauptsächlich, wie schnell die jüdische und die arische Arbeiterin sich befreundeten.[288]

Aber die ganze Stimmung gegen uns ist schlechter geworden. Die arischen Vorarbeiterinnen, mit denen wir doch immer ganz nett gestanden haben, grüßen uns nicht mehr, wenn wir sie auf dem Wege zur Fabrik treffen. Es muss eine Anordnung von der Arbeitsfront gekommen sein. Sie gehen auf die andere Seite der Straße hinüber, wenn wir kommen, und sehen weg. Manchen ist es ganz sichtlich peinlich.[289] Wir singen manchmal

---

284 Freund aaO. S. 42.
285 Freund aaO. S. 47.
286 Freund aaO. S. 55.
287 Freund aaO. S. 56.
288 Freund aaO. S. 59.
289 Freund aaO. S. 77.

in der letzten Schicht, wenn die Dicke nicht die Aufsicht hat. Nach zehn Uhr abends sind wir mit der anderen Aufseherin ganz allein … […] Der arische Nachtportier hörte einmal zu, und es gefiel ihm offenbar.[290]

„Ich schicke Sie jetzt in eine Abteilung, wo Sie im Sitzen arbeiten können. Melden Sie sich bei dem Obermeister!" Auch dieser Obermeister ist freundlich, wieder dieselben Fragen: Ich soll in einer Abteilung arbeiten, wo Kontrollarbeiten gemacht werden. „Stellen Sie sich nichts Großartiges darunter vor. Es ist unbeschreiblich stumpfsinnig. Wann wollen Sie antreten?" Ich weiß gar nicht, ob ich recht gehört habe. Wann ich antreten will? Ich habe doch einfach anzutreten.[291]

Ich werde jetzt so oft gefragt: „Wie ist denn die Stimmung in der Arbeiterschaft. Sie müssen es doch wissen, wenn Sie täglich mit arischen Arbeitern zusammen arbeiten?" Ich kann die Frage nicht beantworten. Die Hauptsache ist eben doch, dass man nur selten eine wirkliche Meinung zu hören bekommt. Die Angst vor der Gestapo ist so groß, dass trotz allen Schimpfens sich jeder hüten wird, zu viel von seiner Meinung laut werden zu lassen.[292]

Seit der letzten Woche [= 19. September 1941] tragen wir den Judenstern. Die Wirkung auf die Bevölkerung ist anders, als die Nazis erwarteten. Berlin hat vielleicht 80.000 Juden […] Die Bevölkerung in ihrer Mehrzahl missbilligt diese Diffamierung. Alle Maßnahmen gegen die Juden sind bisher im Dunkeln vor sich gegangen. Jetzt kann niemand daran vorbeisehen. Es gibt natürlich verschiedenartige Erfahrungen. Ich höre es von anderen Leuten und erlebe es selbst, dass ich von wildfremden Menschen auf der Straße mit besonderer Höflichkeit gegrüßt werde […] Aber es werden mir auch mal von Straßenjungen Schimpfworte nachgerufen […]. Die Judensterne sind nicht populär. Das ist ein Misserfolg der Partei, und dazu kommen die Misserfolge an der Ostfront.[293]

[Vor dem Ende der Zwangsarbeit] „Hier sind Ihre Papiere, Sie sind entlassen. Gehen Sie aufs Arbeitsamt und lassen Sie Ihr Arbeitsbuch schließen!" Zum letzten Mal werde ich von dem arischen Begleiter an den Fabrikausgang gebracht. „Ist das wirklich wahr, kommen Sie weg? Wo liegt denn Kuba eigentlich? Und dort ist wirklich kein Krieg?" Er sieht sich vor-

---

290 Freund aaO. S. 81.
291 Freund aaO. S. 107.
292 Freund aaO. S. 138 f.
293 Freund aaO. S. 145.

sichtig um. „Dann wünsche ich Ihnen Glück, dann haben Sie es besser als wir alle hier."[294]

Einer unserer arischen Freunde kommt zu uns, um sich zu verabschieden. [...] Vergessen Sie nicht, dass es Menschen gibt, die sich schämen über das, was hier in Deutschland vorgeht."[295]

Ich gehe aufs Postamt, um dort in einer Telefonzelle zu telefonieren. Kaum bin ich in der Zelle drin, als eine Frau die Tür aufreißt und mich kreischend herauszerrt: „Wir Arier müssen hier warten, immer sind die Juden in den Zellen! Raus mit den Juden, raus!"[296]   (K.L.)

Margot **Friedländer** wurde am 5. November 1921 in Berlin geboren. Vater, Mutter und Bruder wurden Opfer der NS-Judenpolitik. Bis zu ihrer Festnahme 1944 lebte sie im Verborgenen in Berlin, versteckt von Nichtjuden, die sehr viel für sie riskierten, aber teilweise auch ihre Notlage ausnutzten. Um nicht erkannt zu werden, trug sie statt des Gelben Sterns eine Kette mit Kreuz, färbte ihre schwarzen Haare und ließ sich sogar die Nase operieren. Verhaftet wurde sie im Frühjahr 1944 in Berlin von einem Trupp jüdischer „Greifer", die – selbst von Ermordung bedroht – im Auftrag der SS untergetauchte Juden suchen mussten. Sie wurde im Lager Theresienstadt inhaftiert, wo sie ihren späteren Mann kennenlernte und mit Glück das Kriegsende erlebte. Nach Jahren in den USA kehrte sie im Jahre 2010, bereits 88-jährig, dauerhaft nach Berlin zurück. Bis heute (Anfang 2020) tritt sie als Zeitzeugin vor Schulklassen auf.

Am 1. April 1933 organisierten die Nazis den ersten Boykott jüdischer Geschäfte. Wenig später folgte das Berufsverbot für jüdische Beamte und Staatsangestellte. Mein Vater war selbständig, das Berufsverbot betraf uns also nicht, unsere Existenz war noch nicht bedroht. Es gab keinen Grund zu reagieren. Wir warteten ab und versuchten, so normal wie möglich weiterzuleben.[297]

Es war nicht der Mut, der uns fehlte, sondern die Vorstellungskraft. Selbst wenn wir tatsächlich Hitlers „Mein Kampf" gelesen hätten – wir hätten es nicht ernst genommen. Wir fühlten uns nicht gemeint.[298]

Auch die jüdischen Organisationen in den USA schienen uns nicht ernst zu nehmen. Die amerikanischen Juden wären die Einzigen gewesen, die uns

---

294 Freund aaO. S. 146.
295 Freund aaO. S. 148
296 Freund aaO. S. 149.
297 Friedländer aaO. S. 49 f.
298 Friedländer aaO. S. 54.

Rückhalt und Unterstützung hätten geben können, aber sie unternahmen nichts, um uns die Ausreise aus Nazideutschland zu erleichtern, vielleicht aus Gleichgültigkeit, vielleicht aus Furcht, den eigenen bescheidenen Wohlstand teilen zu müssen.[299]

[Nach der Verhaftung:] Auf dem Weg zur Wache erfuhr ich, dass sie jüdische Greifer waren. Im Dienst der Gestapo durchkämmten sie die Straßen, fuhren U-Bahn, trieben sich in Cafés und Kinos herum und hielten nach Menschen Ausschau, die sie von früher kannten oder die ihrem Aussehen nach jüdisch sein könnten. […] Zum ersten Mal hörte ich davon, dass es Juden gab, die andere Juden denunzierten, um sich selbst vor der Deportation zu retten.[300]

Robert Wachs war Halbjude. Sein christlicher Vater hatte sich nicht von seiner jüdischen Frau trennen wollen und war dafür ins KZ gekommen.[301]

Viele Züge waren gefahren, dorthin, wo ich auch meine Mutter und meinen Bruder vermutete. Anfangs hatten wir noch geglaubt, dass dort Zwangsarbeit und Hunger auf die Deportierten warteten, aber nicht unbedingt der Tod. Später wurde die Angst vor der Deportation immer größer, denn niemand kehrte je von dort zurück.[302]

Meine Geschichte war anders als die der meisten Überlebenden. Sie war komplizierter. Deutsche hatten mein Leben zerstört, Deutsche hatten es gerettet. Deutsche hatten mich versteckt, Juden mich ausgeliefert.[303] (K.L.)

Heinz **Galinski** wurde 1912 in Marienburg (Westpreußen) geboren. Er erlernte nach dem Abitur den Kaufmannsberuf. In der NS-Zeit wurde er zunächst zur Zwangsarbeit verpflichtet und dann in verschiedene Konzentrationslager eingeliefert, die er überlebte. Nach dem Zweiten Weltkrieg stand er der jüdischen Gemeinde von Berlin vor. Bekanntheit erlangte er als erster Vorsitzende des Zentralrates der Juden in Deutschland (1954 bis 1963). Im Sommer 1975 entkam er unverletzt einem bis heute nicht aufgeklärten Paketbombenanschlag auf ihn. 1988 wurde er nochmals an die Spitze des Zentralrats gewählt, diesmal als Präsident. Er verstarb 1992.

---

299 Friedländer aaO. S. 71.
300 Friedländer aaO. S. 192.
301 Friedländer aaO. S. 227.
302 Friedländer aaO. S. 239.
303 Friedländer aaO. S. 285.

[Gemischte Erfahrungen über Akzeptanz und Ablehnung vor 1933:] In Erinnerung ist mir das Jahr 1927, ich war damals 15 Jahre alt. Hier kam es zu ersten Distanzierungen in meiner Schulklasse. Viele Söhne von den sogenannten Rittergutsbesitzern ließen mich spüren, dass gewisse Vorurteile mir gegenüber bestanden, wenn auch keine ausgesprochen antisemitischen Äußerungen getan wurden. Das Lehrerkollegium war im Großen und Ganzen überwiegend positiv. Aber ich spürte die Distanzierungen an beiläufigen Kleinigkeiten: Während man vorher zu den Familien eingeladen wurde, zum Beispiel an Geburtstagen, ließ dies auf einmal merklich nach. […] Zunächst war der Umgang mit den nichtjüdischen Bürgern von Marienburg unproblematisch, ja, eine Selbstverständlichkeit. Erst Ende der 20er, Anfang der 30er Jahre [= Zeit der Weltwirtschaftskrise von 1929–32, in Deutschland und zumal Ostpreußen begleitet vom Aufstieg der NSDAP] bekam man die Distanzierung der nichtjüdischen Bürger zu spüren, und die jüdischen Menschen in Marienburg schlossen sich enger zusammen.[304]

[Reaktionen auf die „Reichskristallnacht" vom 9./10. November 1938:] Ich hörte viele Menschen, die ihrem Erschrecken Ausdruck gaben, ich sah aber auch andere, die mit hochgeschlagenem Mantelkragen an der brennenden Synagoge vorbeigingen ohne ein Wort. Sie wollten nichts wahrnehmen, während andere wiederum ihrer Empörung Ausdruck gaben, dass man selbst vor Gotteshäusern nicht haltmache. Es war viel mehr als nur Kristall, was in dieser Nacht zerschlagen wurde: Menschen wurden erschlagen und deportiert. Gleichwohl war es „nur" ein gefährliches Vorspiel zu dem, was später eingetreten ist […][305]

[Erfahrungen im KZ Auschwitz:] Bei der Arbeit im Lager habe ich einen nichtjüdischen Meister kennengelernt, der im Leuna-Werk von Halle aus tätig war. Der war natürlich frei! Irgendwie hat er Mitleid mit mir gehabt und des Öfteren an einer gewissen Stelle ein Stück Brot mit Margarine in eine Einbuchtung der Kanäle gelegt. Das war neben den Röhren, wo das Methanol durchfloss, denn wir haben damals künstliches Benzin hergestellt. Eines Tages passierte dann Folgendes: Ich war gerade in den Kanal heruntergesprungen, um das Brot und die Margarine zu mir zu nehmen, als auf einmal oben ein SS-Mann stand. Der musste natürlich annehmen, dass ich dort Sabotage treiben wollte, und mein Leben hing eigentlich an dem Bruchteil einer Zehntelsekunde: „Was machst du da?" Und ich habe im

---

304 In einem Interview anlässlich seines 70. Geburtstages 1982, zitiert nach Berndt aaO. S. 23.
305 Zitiert nach Berndt aaO. S. 28.

Bruchteil einer Sekunde, die einem zum Leben bleibt, ihn ganz scharf angesehen und geantwortet: „Abkommandiert zum Röhrennachsehen!" Er warf den scharfen Blick zurück und brüllte: „Weitermachen!"[306]   (F.D., K.L.)

Peter Jack **Gay** wurde 1923 unter dem Namen Peter Joachim Fröhlich in Berlin als Sohn einer Kaufmannsfamilie aus Schlesien geboren. Er wuchs als assimilierter Jude mit antireligiöser Grundhaltung auf. Bis 1939 lebte er in Berlin, dann emigrierte er mit seinen Eltern über Kuba in die USA (1941). Dort studierte er Geschichte, was er später als Professor an der Yale-Universität lehrte. Er starb im Jahr 2015.

[Erlebnisse als Schüler nach Hitlers Machtergreifung:] Aber während meine Ängstlichkeit niemandem wehtat, hatte Schmidt [ein Schulkamerad] einen Hang zur Heimtücke; er suchte zu kränken, ohne die Verantwortung zu übernehmen. Bei den wenigen Malen, wo es unter meinen Klassenkameraden zu antisemitischen Äußerungen kam, war er der Hauptanstifter; er drängte andere, die schmutzige Arbeit für ihn zu tun, allerdings – wenn mich meine Erinnerung nicht trügt – oft ohne Erfolg.[307]

Ich weiß noch, dass eines Tages ein junger Vertretungslehrer unsere Klasse übernahm; sichtlich nervös ob seiner Aufgabe, war er das ideale Opfer. Mit der Grausamkeit der Jugend spürten wir seine Schwäche, fingen an herumzutoben, brüllen wie die Verrückten, warfen klitschnasse Schwämme durch die Klasse und nutzten die seltene und daher umso willkommenere Gelegenheit, einmal alle Hemmungen fallen zu lassen. Ich kann mich nicht erinnern, dass ein jüdischer Schüler am Goethe-Gymnasium jemals so mitleidlos traktiert worden wäre wie dieser junge Lehrer.[308]

Wir wurden auch nie gezwungen, das Horst-Wessel-Lied oder andere Nazihymnen zu singen. Viele Jahre später ereiferte sich eine amerikanische Interviewerin darüber, dass meine Eltern es nicht fertiggebracht hätten, mich auf eine jüdische Schule zu schicken, und wollte wissen, wie mir zumute war, als ich den schauerlichen Vers „wenn jüdisch' Blut vom Messer spritzt" mitsingen musste. Ich konnte ihr nur erwidern, dass ich dieses Lied während meiner Schuljahre am Goethe-Gymnasium nicht einmal gehört hatte, geschweige denn gezwungen gewesen wäre, es zu singen. Im Großen und Ganzen waren unsere Lehrer frei von politischem Eifertum und hat-

---

306 Berndt aaO. S. 34.
307 Gay aaO. S. 78f.
308 Gay aaO. S. 80.

ten es nicht darauf abgesehen, ihren jüdischen Schülern das Leben schwerer zu machen als den nichtjüdischen.[309]

[Unterschiedliche Erfahrungen jüdischer Schüler:] Der Druck, der am Goethe-Gymnasium auf die jüdischen Schüler ausgeübt wurde, blieb selektiv: Soweit ich mich erinnern kann, bin ich nie ausgelacht, belästigt oder angegriffen worden, nicht einmal hinterlistig. Mein Vetter Edgar dagegen wurde mehrfach zum Opfer, man drohte, ihn vor einen ausliegenden *Stürmer* zu zerren und zum Vorlesen zu zwingen.[310]

[Fortbestehende deutsche Identität vieler Juden in Deutschland auch unter der NS-Herrschaft:] Selbsternannte Kommentatoren hatte es, zumal Jahrzehnte nach dem Geschehen, nur allzuleicht, die deutschen Juden kollektiv zu tadeln: „Und ihr habt wirklich, selbst nach den Nürnberger Gesetzen und anderen Greueln, immer noch geglaubt, ihr wäret Deutsche?" Aber wir *waren* ja Deutsche. Deutschland, das waren nicht die Verbrecher, die die Herrschaft an sich gerissen hatten – *wir* waren es.[311]

[Gründe für den Verbleib in Deutschland bis 1939:] Aber Hitlers Drohungen waren so unfasslich, dass wir in ihnen keine vertrauenswürdige Orientierung für zukünftiges Handeln erblicken konnten. Sie waren buchstäblich unglaublich. Immerhin war Deutschland ein hochzivilisiertes Land; nach den Vereinigten Staaten war es der beliebteste Zufluchtsort der jüdischen Emigranten aus Osteuropa, die eine tolerante Gesellschaft mit vergleichsweise wenig Antisemitismus suchten […][312]   (F.D.)

Ralph **Giordano** wurde als Sohn einer Musikerfamilie 1923 in Hamburg geboren. Seit 1935 galten er und seine Geschwister als „Halbjuden". 1940 musste er aufgrund der Bestimmungen der Nürnberger Rassegesetze das Johanneum, ein angesehenes humanistisches Gymnasium verlassen. Zu seinen Mitschülern dort gehörte Walter Jens. Seine jüdische Mutter war in den Kriegsjahren ständig von Deportation bedroht. In Hamburg-Alsterdorf überlebte die Familie im Untergrund die NS-Herrschaft. Bald nach Kriegsende trat er 1947 in die KPD ein und gehörte ihr über ihr Verbot im Jahre 1956 hinaus bis 1957 an. 1955 übersiedelte er in die DDR, die er neun Monate später desillusioniert wieder verließ. Dem Stalin-Kult entsagte er erst nach einiger Zeit. Der Journalist und Schriftsteller starb 2014.

---

309 Gay aaO. S. 81.
310 Gay.aaO. S. 79.
311 Gay aaO. S. 129 (Hervorhebung in der Vorlage).
312 Gay aaO. S. 130.

[Über die Haltung gegenüber Juden in der Frühzeit der NS-Herrschaft:] Von Antisemitismus oder persönlicher Abneigung gegen uns war in dieser Frühzeit weder in der Schüler- noch in der Lehrerschaft etwas zu spüren. Die Stigmatisierung zu Nichtariern hatte also zunächst keine spürbaren Folgen. Was tatsächlich geschah, und zwar durch Dr. Ernst Fritz, war eher das krasse Gegenteil. Nicht etwa, dass er die Juden seiner Sexta bevorzugte oder ihnen gegenüber stärkere Sympathien als gegenüber anderen sichtbar wurden. Er zeigte sie auf *seine* Weise, weit über das Lokale hinaus ins Epochale, das man nie vergessen wird, wenn man es erlebt hat. Dr. Ernst Fritz hat mir etwas eingeflößt, was mich von vornherein immun machte gegen alle Einflüsterungen und Versuchungen durch Agitation und Propaganda: seine sichtbare Verachtung für die Machthaber, mit untergründigen Spitzen und abschätzigen Bemerkungen gegen den „Führer". Dabei denke ich auch an einen geradezu exhibitionistischen Auftritt, bei dessen Rekonstruierung mir heute noch heiß und kalt wird.[313]

[Erfahrungen auf seinem humanistischen Gymnasium, dem Johanneum:] Zu antisemitischen Äußerungen oder Handlungen gegen die *Nichtarier* kam es selten in der Klasse. In Erinnerung habe ich nur einen Vorfall. Da hatte ein Schüler namens Ruth[314] einen anderen, Fritz Wiegelmesser, laut einen „Judenlümmel" geschimpft. Ich stand der Szene ziemlich nah, ohne den Anlass der Beschimpfung mitgekriegt zu haben. Darauf stürzte Fritz Wiegelmesser auf mich zu und umarmte mich laut weinend. Man kann aber nicht sagen, dass die Attacke exemplarisch war. Was nicht bedeutete, dass der Zeitgeist etwa spurlos an den Mitschülern vorbeigegangen war. Was hier waltete, war vielmehr häufig zu beobachten: nämlich die Spaltung von Juden in „gute", also einem persönlich bekannte, und in „schlechte", das heißt, nichtbekannte Juden (also ihre anonyme Mehrheit).[315]

[Bericht über schlechtere Erfahrungen im Umgang mit ihm:] Auch Schulleiter Dr. Werner Puttfarken nutzte fast jede Begegnung in der Anstalt oder auf dem Schulhof zu persönlichen verbalen Angriffen auf meinen Bruder und mich, während ein älterer Geschichtsprofessor, Dr. Struck, seine Ressentiments eher heimlich, sozusagen hinterrücks, absonderte.[316]

---

313 Giordano aaO. S. 90 f (Hervorhebung in der Vorlage).
314 Offenbar der Nachname dieses Schülers.
315 Giordano aaO. S. 126 f (Hervorhebung in der Vorlage).
316 Giordano aaO. S. 129.

[Über die schrittweise Veränderung des Klimas an der Schule:] Heinemanns [eines Mitschülers] Diktum „Ralle, mit dir spielen wir nicht mehr, du bist Jude!" zeigte keine allgemeine Wirkung – befolgt wurde es nur von ihm selbst, wenn auch konsequent.[317]

[Erlebnisse auf der höheren Handelsschule, die er ab 1941 besuchte:] Die Materie, der Lehrstoff, das Soll und Haben des Kaufmännischen, blieben mir zwar fremd und fern, aber nach dem Johanneum fiel mir die Schule einfach leicht. Ich habe sie und die Mitschüler in guter Erinnerung, ohne jeden Misston, obwohl alle wussten, dass ich unter die Nürnberger Rassegesetze fiel.[318]

[Über seinen Freundeskreis:] Der Freundeskreis hatte allen bisherigen Belastungen standgehalten. Besonders vertieft hatte sich die Beziehung zwischen Fiete und mir, hatte sich in einen geistigen Austausch verwandelt, in dem er, der Volksschüler, sich autodidaktisch in Musik, Kunst, Geschichte vertieft und mich, den „Studierten", mit Fragen zu löchern pflegte, die ich oft genug nicht beantworten konnte. Aber hier wuchs etwas über das Übliche hinaus – gar nicht abzuschätzen in seiner Wichtigkeit, da die Zeit im Zeichen von Freundschafts- und Liebesverlust stand.[319]   (F.D.)

Margareta **Glas-Larsson** wurde 1911 als Tochter von Kaufleuten in Wien geboren. Sie wurde als Kosmetikerin ausgebildet. Mit ihrem Mann und ihrer Mutter übersiedelte sie 1938 nach Prag. Auswanderungspläne konnten nach dem Einmarsch der Deutschen im März 1939 nicht in die Tat umgesetzt werden. 1941 verhaftete man sie mit ihrem Mann Georg Glas. Das Ehepaar überlebte das Ghetto von Theresienstadt und das Konzentrationslager Auschwitz-Birkenau. Glas-Larsson verbrachte ihren Lebensabend in Wien.

[Über ihre anfängliche Weigerung, die Gerüchte über Auschwitz zu glauben:] „Herr Kommandant, wohin kommen wir, wenn wir von hier verschickt werden?" Da hat er mir aufrichtig gesagt: „Nach Auschwitz". Und hat mir dasselbe gesagt, wie der SS-Mann mir in diesem Auto gesagt hat, auf dem Weg nach Theresienstadt: „Euch werden die Haare geschoren werden, und ihr werdet noch viel weniger zu essen bekommen und ihr werdet geschlagen werden. Ihr werdet …, manche werden ins Gas geschickt".[320]

---

317 Giordano aaO. S. 104.
318 Giordano aaO. S. 164.
319 Giordano aaO. S. 139 f.
320 Glas-Larsson aaO. S. 120.

Ich hab' mich selbst getröstet. Ich hab' gesagt, alle Geschichten, die man erzählt, sind nicht wahr. Es kann nicht wahr sein, dass Menschen umgebracht werden, in einem Krieg, wo jeder gebraucht wird [...].[321]

Da war in der Zelle eine Frau, die hat Andulka Pollertova geheißen und eine Tschechische war, eine politische Tschechin, klein und rothaarig, immer mit der Außenwelt in Verbindung. Wie sie das gemacht hat, weiß ich nicht. Und der hab' ich gesagt: „Weißt du, ich glaube nicht an die Vernichtung in den Gaskammern. Das gibt es nicht. Wir werden irgendwohin nach Russland verschickt werden und zu Straßenarbeiten gebraucht." Ich konnte, ich wollte es nicht wahrhaben [...] Ich hab' mir selbst den Blümelbären vorgemacht. „Und man verständigt unsere Leute, dass wir tot sind, weil sie nicht wissen sollen, wo wir uns befinden." Das war meine Auslegung. Ich hab' es nicht geglaubt. Ich wollte es nicht glauben.[322]

[Über einen SS-Hauptsturmführer, der Dienstgrad entspricht einem Hauptmann:] Und da hab' ich gesagt: „Herr Hauptsturmführer, ich hab' erfahren, dass mein Mann nach Auschwitz gekommen ist, bitte, bitte, helfen Sie mir oder ich bring' mich noch heute um." Und da hat er angefangen zu lachen und hat gesagt: „Was willst du?" Und da hab' ich gesagt: „Bitte, darf ich ihm mein Brot bringen und meine Zahnbürste?" Und er hat faktisch die Zahnbürste genommen und das Brot genommen, ist am Abend ins Lager Auschwitz, ins Männerlager gegangen, hat sich Georg Glas herausrufen lassen. Mein Mann hat mir dann noch erzählt, er ist furchtbar erschrocken, wie dieser große SS-Mann vor ihm gestanden ist und ihm gesagt hat: „Ihre Frau lebt und sie lässt Sie grüßen und schickt Ihnen das."[323]

Glas-Larsson berichtet, dass es selbst für die Verfolgten anfangs kaum zu glauben war, als sie vereinzelt Gerüchte über Massenvergasungen hörte. Erst recht kann man annehmen, dass zahlreiche nicht Verfolgte – sprich: nichtjüdische Deutsche – solchen Mitteilungen, so sie denn zu ihnen drangen, keinen Glauben schenkten.   (F.D.)

Fritz Gustav **Goldberg,** geboren 1898 in Stettin, seit 1920 in Berlin als Dramaturg wirkend, emigrierte 1939 über London nach New York. Er starb 1974 im Bundesstaat New York als Frederick Goldberg.

---

321 Glas-Larsson aaO. S. 121.
322 Glas-Larsson aaO. S. 123 f.
323 Glas-Larsson aaO. S. 155.

Die arischen Nachbarn der Straße, die mich alle seit vielen Jahren kannten, bereiteten mir [nach der Entlassung aus dem KZ Ende 1938] einen beinahe herzlichen Empfang. Der Briefträger, der Gemüsehändler, der Drogist, alle bekundeten sie mir ihre Sympathie. Auch unsere Portierfrau, das frechste und zänkischste Weib des Bezirks, erklärte mir unter Tränen, dass sie mit all diesen Dingen nichts zu tun haben wollte.[324]

Nahum **Goldmann** wurde 1895 in Wischnewa (Gouvernement Wilna, damals Russland, heute Weißrussland) geboren. 1901 übersiedelte er mit seiner Familie nach Frankfurt am Main. Nach juristischer Ausbildung wirkte er in der Weimarer Republik als Publizist und Journalist. Später engagierte er sich für internationale zionistische Organisationen, unter anderem für den von ihm mitbegründeten Jüdischen Weltkongress. Zeitweise war er für die *Jewish Agency for Israel* beim Völkerbund in Genf tätig. Hohes Ansehen erwarb er sich als Vermittler bei den Wiedergutmachungsverhandlungen Israels mit der Bundesrepublik Deutschland. Er verstarb 1982 in Bad Reichenhall.

[Unterschätzung des Nationalsozialismus:] Ich gehörte von Anfang an zu denjenigen, die – leider als Minorität – das Phänomen Hitler viel ernster nahmen als die meisten Juden, sowohl in Deutschland wie auch in anderen Ländern. Ihnen fehlte die Fantasie, sich im zwanzigsten Jahrhundert einen so bestialischen Antisemitismus wie den nationalsozialistischen mit allen seinen Folgen auszumalen. Sie hielten Hitler für eine vorübergehende Erscheinung, und besonders die deutschen Juden, im Bewusstsein ihrer wirtschaftlichen und kulturellen Stellung in der Weimarer Republik, weigerten sich, Hitlers Gefährlichkeit voll zu sehen. Männer wie Wise[325] und ich, die schon 1932 und 1933 das Weltjudentum, vor allem aber die deutschen Juden warnten – wurden als Panikmacher und nervenschwache Hysteriker verlacht. Hätte das jüdische Volk Hitler von Anfang an ernster genommen, so wären Hunderttausende, möglicherweise Millionen Juden gerettet worden. Ich behaupte nicht, Dachau und Auschwitz vorausgesehen zu haben; dazu reichte auch meine Vorstellungskraft nicht aus. Aber dass ein großangelegter Angriff auf das ganze jüdische Volk vorbereitet wurde, das spürte ich,

---

324 Goldberg aaO. S. 312.
325 Stephen S. Wise (1874–1949), Rabbiner und Zionist, Mitgründer und von 1936–1949 erster Präsident des Jüdischen Weltkongresses.

und schon deswegen hielt ich den Augenblick für gekommen, eine Weltorganisation der Juden zu schaffen.[326]

[…] ungenügende[n] Reaktion des Weltjudentums auf die Nazigefahr verbunden mit dem Glauben, Hitler werde seine Drohungen nicht in die Tat umsetzen, […][327]

Wie weite Teile der nichtjüdischen Bevölkerung Deutschlands und erst recht Europas neigten Goldmann zufolge auch sehr viele Juden dazu, die Gefährlichkeit des Nationalsozialismus zu unterschätzen. (F.D.)

Moses **Goldschmidt** wurde 1873 in Hamburg geboren. Nach dem Studium der Medizin wirkte er in seiner Heimatstadt Jahrzehnte lang als Arzt. In streng orthodoxem Elternhaus aufgewachsen, kehrte er später dem Glauben seiner Vorfahren den Rücken, ließ sich aber im orthodoxen Ritus beisetzen. In den Jahren vor seiner Emigration lebte er im Ruhestand. 1939 wanderte er nach Brasilien aus. Dort ist er 1943 verstorben.

[Zur Reaktion auf die ersten Verfolgungen 1933:] Nicht eine Stimme deutscher Professoren erhob sich zu Gunsten der Juden. Die Zivilcourage war in Deutschlands Männer erstorben, und alle waren Sklavennaturen geworden. Wie anders war es in den vierziger Jahren des vorigen Jahrhunderts, als deutsche Professoren laut ihre Stimmen gegen politische Unterdrückung erhoben und lieber auf ihre Stellungen verzichteten, als Mitläufer zu sein.[328]

[Zum Boykott am 1. April 1933]: Als ich am frühen Morgen in meine Praxis ging, sah ich an vielen Schaufenstern und Schildern das Wort „Jude" in großen roten Buchstaben aufgemalt, und überall standen Kerle in braunem Hemd, die die Käufer am Betreten der jüdischen Geschäfte hindern wollten. In Hamburg war der Erfolg dieser Boykottmaßnahmen sehr gering, denn die Majorität der Hamburger Bevölkerung war sozialdemokratisch und hasste die Nazis. Die Mitglieder der SA-Truppe waren fast ausschließlich besoldete arme Teufel, die sich für freie Kost und Logis und das Hemd, das sie auf dem Leibe trugen, verkauft hatten. Nur die Führer selbst der kleinsten Abteilungen waren fanatische Nazis. Die meisten Anhänger hatte die Partei im Kleinbürgertum, dem seine Felle in der Inflation davon-

---

326 Goldmann aaO. S. 236.
327 Goldmann aaO. S. 309.
328 Goldschmidt aaO. S. 177.

geschwommen waren und das sich jetzt goldene Berge von der versprochenen Ausschaltung der Juden erhoffte [...][329]

Mein Schild war am 1. April nicht beschmiert worden, ich wurde auch sonst nicht belästigt. Meine Stimmung war aber doch sehr bedrückt, denn man wusste nicht, was noch kommen konnte [...][330]

[Kollektivschuldvorwurf gegen die Deutschen:] Das ganze deutsche Volk mit verschwindend geringen Ausnahmen ist an diesen Greueltaten, die alles übertreffen, was die blutrünstigste Fantasie im tiefsten Mittelalter ersinnen konnte, mitschuldig, denn es schwieg dazu oder billigte sie sogar. Als der Krieg 1939 ausgebrochen war und die Nahrungsmittel knapp wurden, begannen die Nazis systematisch, alle nicht mehr arbeitsfähigen alten Männer und Frauen, die in Asylen untergebracht waren und keine Angehörigen mehr hatten, als unnütze Esser durch Giftgase in eigens dafür eingerichteten Zellen zu töten. Schon vorher hatten sie alle Geisteskranken und Schwachsinnigen auf die gleiche Weise beseitigt. In den okkupierten Ländern beraubten sie die Bevölkerung der notwendigsten Lebensmittel und ließen sie zu Tausenden an Hunger sterben [...][331]

Goldschmidt Behauptung, nach Kriegsbeginn seien in Deutschland „alle nicht mehr arbeitsfähigen alten Männer und Frauen, die in Asylen untergebracht waren und keine Angehörigen mehr hatten, als unnütze Esser durch Giftgase" ermordet worden, trifft nicht zu. Auch seine Behauptung, schon bald nach Kriegsbeginn seien die Nahrungsmittel knapp geworden, ist unrichtig. Nicht zuletzt infolge rücksichtsloser Requirierungen in den besetzten Ländern verschlechterte sich die Versorgung in Deutschland erst ab etwa 1943 deutlich und erst ab Herbst 1944 gab es echte Knappheit. Goldschmidt ist zugleich einer der ganz wenigen Zeitzeugen, die kollektiv das ganze deutsche Volk beschuldigen.

(F.D.)

Alfred **Grosser** wurde 1925 in Frankfurt am Main geboren. 1933 verließ er mit seinen Eltern seinen Geburtsort und emigrierte nach Frankreich. 1937 erhielt er die französische Staatsbürgerschaft. Nach dem Krieg engagierte er sich (mit seiner Mutter) für die Aussöhnung zwischen Franzosen und Deutschen. 1975 wurde ihm der Friedenspreis des deutschen Buchhandels zuteil, 1986 verlieh ihm Stadt Frankfurt die Goethe-Plakette. Er lebt in Paris, wo er lange Zeit als Professor für Politikwissenschaft lehrte.

---

329 Goldschmidt aaO. S. 177.
330 Goldschmidt aaO. S. 178.
331 Goldschmidt aaO. S. 159.

Im Gegensatz zu dem, was zu jener Zeit und auch später behauptet wurde, enthielt der Prozess [gemeint: die Nürnberger Kriegsverbrecherprozesse der Jahre 1945–49] keinen Kollektivschuldvorwurf gegen das deutsche Volk. Die Haltung der Sieger war lediglich durch einen Widerspruch gekennzeichnet. Einerseits hieß es: „Ihr wusstet von den Verbrechen" und andererseits: „Schaut nach Nürnberg um zu erfahren, welche Verbrechen begangen worden sind!" Nicht einmal Mitglieder krimineller Organisationen wurden kollektiv schuldig gesprochen. War jemand Mitglied der Gestapo oder der SS gewesen, so durfte er zwar vor Gericht gestellt werden, aber dort musste man ihm erst einmal eine persönliche Schuld nachweisen.[332]

Warum dann der Eindruck einer kollektiven Anklage? Weil sich alle Deutschen einer Prüfung unterziehen mussten. Ausgenommen wurden die jungen Leute, die nach 1919 geboren, also 1933 erst vierzehn waren. Die Entnazifizierung teilte die Bevölkerung in fünf Kategorien ein: Ganz oben standen die (wenigen) „Hauptschuldigen", unten die „Mitläufer" und die „Entlasteten" – nicht etwa die Unschuldigen.[333]

[Kritik an der Ausblendung der Unterstützung von Juden durch nichtjüdische Deutsche:] Man hat viel länger warten müssen, bis man sich ein klareres Bild davon machen konnte, wie viele nichtjüdische Deutsche Juden geholfen haben. Die Tatsache, dass gegen das Werk von Konrad Löw „Das Volk ist ein Trost". Deutsche und Juden 1933–1945 im Urteil jüdischer Zeitzeugen nach seinem Erscheinen 2006 heftig polemisiert wurde, gehört in ein anderes Kapitel. Nicht aber die Frage, was die Deutschen über das Schicksal der Juden wussten. Gewiss hatten die meisten keine Kenntnis davon, welche erschreckenden Verbrechen beabsichtigt waren und dann durchgeführt wurden; in jüngster Zeit hat unter anderem Peter Longerich diese Politik der Vernichtung (1998) dargestellt, zuletzt 2008 in seinem tief beeindruckenden [Buch[334]] Heinrich Himmler.[335]

Grosser hat in seinem sehr umfangreichen Werk immer wieder die Schwierigkeiten von Kollektividentitäten behandelt, auch in der neuesten Schrift „Le Mensch. Die Ethik der Identitäten" von 2017. Stets wird er hellhörig, wenn es heißt „die" Deutschen, „die"

---

332 Grosser: Von Auschwitz nach Jerusalem, aaO. S. 46 f.
333 Grosser aaO. S. 47.
334 Das Wort fehlt im Original.
335 Grosser aaO. S. 52 f.

Juden und so fort. Als ein Spezialthema gilt ihm die angebliche deutsche Kollektiv-schuld, deren Existenz, ja deren Möglichkeit er heftig bestreitet.   (F.D.)

Ernst Julius **Gumbel** wurde 1891 in München geboren, wo er Mathematik und Natio-nalökonomie studierte. 1914 Kriegsfreiwilliger fand er seinen Weg in die USPD. Als Pazifist war er massiven Angriffen ausgesetzt, denen er sich stellte. Als Hitler Kanzler wurde, befand sich Gumbel im Ausland, von wo er erst nach Kriegsende zurückkehrte. Am 10. November 1966 starb er in New York.

[Juli 1933:] Dieser Ausrottungskampf der Faschisten, mit ihrem Anspruch auf Totalität, geht in jeder Richtung, Intensität wie Ausdehnung, weit über den Rahmen einer antisemitischen Bewegung hinaus. Denn es handelt sich um einen Kampf gegen die gesamte deutsche Arbeiterklasse und alle libera-len und humanitären Traditionen der deutschen Kultur.[336]

[September 1933:] Diese Regierung hat, als eine der ersten Handlungen, ihren eignen Reichstag angezündet. Ihre bloße Existenz schließt den dau-ernden, offenen Krieg gegen die Mehrzahl der eigenen Bürger in sich.[337]

[Aus einem offenbar von Gumbel verfassten Manifest, Februar 1936:] Die gegenwärtige deutsche Regierung hat durch das undeutsche System der Willkür, der Gewalt, des Gewissenszwanges und der persönlichen Bereiche-rung der Machthaber eine tiefe und einheitliche Sehnsucht nahezu aller Deutschen, ausgenommen der direkten Nutznießer des Systems, nach dem Ende dieses Terrors und nach Wiederherstellung der elementarsten Men-schenrechte ausgelöst.[338]

[Ebenfalls 1936:] Gegenüber diesem gewaltsamen Einbruch haben die Heidelberger Professoren, genau wie ihre Kollegen im ganzen Reich, keinen Charakter gezeigt. Kein Wort des Protestes gegen die Absetzung so vieler verdienter Gelehrter wurde laut.[339]

Gumbel war ein Freund der UdSSR unter Lenin und Stalin und sah die Zustände dort in mildem Licht. – Nach dem Prinzip „Cui bono?" („Wem nützt es?") hat Gumbel im September 1933 den Reichstagsbrand vom Februar 1933 den Nazis in die Schuhe ge-schoben. Während feststeht, dass diese aus dem Ereignis politisch Kapital geschlagen

---

336 Gumbel aaO. S. 197.
337 Gumbel aaO. S. 199.
338 Gumbel aaO. S. 204 f.
339 Gumbel aaO. S. 216.

haben, gilt heute (wieder) als gesichert, dass van der Lubbe als Einzeltäter diesen Brand
gelegt hat.   (K.L.)

Hans **Habe** wurde als János Békessy 1911 in Budapest geboren. Sein Vater Imre Békessy
war Verleger und Journalist, beide Eltern waren jüdischer Herkunft, aber zum Protes-
tantismus konvertiert und so wurde auch János evangelisch getauft. Seine Familie zog
nach dem Ersten Weltkrieg nach Wien. Nach der Matura 1929 studierte er Jura und
deutsche Literatur in Heidelberg, kehrte aber angesichts des zunehmenden Antisemitismus bald nach Wien zurück. Ab 1930 arbeitete er dort, ab 1935 auch in Prag und Genf
als Journalist. 1931 wurde er mit nur 20 Jahren Herausgeber der Österreichischen
Abendzeitung. Nach dem Anschluss Österreichs 1938 emigrierte er nach Frankreich,
wo er 1940 als Freiwilliger in der Fremdenlegion gegen Deutschland kämpfte. Nach
deutscher Kriegsgefangenschaft gelang ihm noch im selben Jahr die Flucht in die USA.
Bald nach Kriegsende war er für die Neubegründung des Zeitungswesens in Deutschland zuständig. Als Schriftsteller konnte er große Erfolge feiern. Ab 1955 lebte der insgesamt fünf mal geschiedene und sechs Mal verheiratete Habe in Österreich, ab 1960 in
der Schweiz. Gestorben ist er 1977 in Locarno.

[Aus seiner Autobiographie von 1986:] Über die Frage der Kollektivschuld
und meiner Stellung zu ihr werde ich an geeigneterer Stelle sprechen müssen, aber so viel will ich jetzt schon sagen, dass mir keine Schuld abscheuli-
cher erscheint als die der Kollektivbeschuldigung. Meine jüdische Abstammung; das Grauenvolle, das sich in Deutschland ereignete; mein Blick für
die Kriegsschuld Hitlers und für die Begeisterung und Passivität, mit der
das deutsche Volk das Unrecht zur Kenntnis nahm; nicht zuletzt aber auch
die allen humanitären Prinzipien und dem Völkerrecht Hohn sprechende
Behandlung, die uns in den Lagern zuteil wurde – das hätte mich mit jener
Blindheit schlagen können, die ich nicht nur als ein Malheur, sondern auch
als ein Verbrechen empfinde. So aber ist der Mensch beschaffen, dass ihn
persönliche Erlebnisse nicht nur zu ungerecht negativen Verallgemeinerungen verleiten, sondern dass ihn solche persönliche Erlebnisse zuweilen auch
vor barbarischen Verallgemeinerungen retten. Dieses Erlebnis personifizierte sich aber in der Gestalt des jungen Mannes, den die Bewohner von
Dieuze[340] „Sergeant Charmant" nannten und der, seine soldatischen Pflich-

---

340 Eine Kleinstadt in Lothringen, 52 Kilometer südöstlich von Metz, im Deutschen auch als „Duß"
(mit kurzem „u") bekannt. Der Ort verlor mit der Dezimierung seiner Einwohnerschaft im Dreißig-
jährigen Krieg seine angestammte Deutschsprachigkeit und blieb auch während der Zugehörigkeit zum
Deutschen Reich von 1871 bis 1918 überwiegend frankophon (K.B.).

ten keinesfalls vergessend, ein Patriot im nobelsten Sinn des Wortes, dem zur verallgemeinernden Verdammung Neigenden bewies, dass es zweierlei Deutsche gab, wie es eben zweierlei Menschen gibt.[341]

Ich habe an eine deutsche Kollektivschuld nie geglaubt und den fatalen Morgenthau-Plan mit allen Mitteln bekämpft: deshalb ist es mir vielleicht doppelt schmerzlich, wenn ich, nach der deutschen Renaissance seit 1949, mehr als einmal als „Morgenthau-boy" bezeichnet wurde.[342]

Die Idee der Kollektivschuld widerspricht meiner religiösen Auffassung und meinem ganzen geistigen Gehabe. Kein auch nur halbwegs religiöser Mensch kann annehmen, dass es ein von Gott verlassenes Volk geben könnte: kein Individualist kann annehmen, dass eine Eigenschaft überhaupt kollektiv sein könnte. Wer überdies die Weltgeschichte auch nur beiläufig studiert hat, der weiß, wie selten die Völker jemals für ihr eigenes Schicksal verantwortlich waren […] Gewiss gibt es Völker, die – aus Gründen, die mit dem Klima, in dem sie leben, den wirtschaftlichen Verhältnissen, die sie umgeben, und der Geschichte, die sie geformt hat, zusammenhängen – eher bereit sind, ethischen Prinzipien nachzuleben, während andere eher dazu neigen, den Einflüsterungen des Verführers ein Ohr zu leihen. Im großen und ganzen gibt es aber kein Volk, das nicht auf den richtigen Weg oder auf die falsche Bahn geführt werden könnte; noch gibt es ein Volk, das aus anderen als richtig oder falsch verstandenen egoistischen Motiven seine Führer oder Verführer stürzen würde. Wenn es Länder gibt – und ich könnte außer England kaum an ein anderes denken –, in denen sich die Greuel des Hitlertums nie hätten ereignen können, dann sind dies Länder mit einer echt aristokratischen Tradition, in denen nicht etwa das Volk so besonders „gut" ist, sondern in denen sich im Laufe der Jahrhunderte eine so verantwortungsvolle Führerschicht herauskristallisiert hat, dass sie und nicht das Volk eine derartige Entwicklung stets verhüten würde.[343]

Da ich nie an die deutsche Kollektivschuld geglaubt habe, musste ich mich auch naturgemäß dem Morgenthau-Plan widersetzen. Dass dieser Plan von einem Juden stammte, erschien mir weniger deshalb schmerzlich, weil er die Keime eines neuen Antisemitismus in sich trug – in Wirklichkeit war der Morgenthau-Plan ebenso wenig das individuelle Werk des jüdischen Finanzministers wie der Marshall-Plan das Werk eines einzelnen Au-

---

341 Habe aaO. S. 362.
342 Habe aaO. S. 472.
343 Habe aaO. S. 472 f.

ßenministers –, sondern weil ich Juden, die von einer deutschen Kollektivschuld sprachen, weniger verstand als sogenannte Arier. Der ganze Antisemitismus, der rassische im besonderen, basiert auf einer Kollektivschuldlüge, und wenn es in den Jahren des Hitlertums oder nach der deutschen Kapitulation besonders viel Juden gab, die „Kollektivschuld!" schrien, da es nun ausnahmsweise einmal nicht um sie ging, dann beweist das nur die abgrundtiefe Dummheit der Völker, von der auch die Juden keine Ausnahme bilden […].[344]

Habe durchschaute klarer als mancher Zeitzeuge, dass die nach 1945 oft zu hörende Kollektivbeschuldigung des deutschen Volkes im Kern den Vorwürfen der Nationalsozialisten ähnlich war. Diese betrachteten „die" Juden pauschal als „Tätervolk". Für Habe wurden diese Anschuldigungen trotz der ungeheuerlichen Verbrechen des Nationalsozialismus nicht plausibler, als man sie nach Ende des Zweiten Weltkrieges auf „die" Deutschen anwendete.   (F.D.)

Fritz **Haber** wurde am 9. Dezember 1868 in Breslau geboren. Ab 1886 studierte er Chemie in Heidelberg und Berlin, wo er 1891 promoviert wurde. 1898 Professur in Karlsruhe. 1908 meldete er das Patent auf das sogenannte Haber-Bosch-Verfahren an, mit dem Ammoniak aus atmosphärischem Stickstoff und Wasserstoff gewonnen wird. Die industrielle Nutzung begann 1913 durch die BASF und ermöglichte es dem Deutschen Reich im Ersten Weltkrieg, trotz der britischen Seeblockade genug Stickstoff für Düngemittel und Sprengstoff zu produzieren. Ohne diese Innovation hätte Deutschland mangels ausreichender Salpetervorkommen den Krieg vermutlich nur wenige Monate lang führen können. Haber war ein glühender deutscher Patriot, meldete sich 1914 freiwillig und machte der Obersten Heeresleitung noch im selben Jahr Vorschläge zur Entwicklung von Gaswaffen, zunächst auf der Basis von Chlor, dann Phosgen. Den ersten Einsatz der Gaswaffe im Februar 1915 bei Ypern überwachte er an persönlich vorderster Front. Haber gilt international als „Vater des Gaskrieges". Nach dem Ersten Weltkrieg wurde er deswegen zeitweilig von den Ententemächten als Kriegsverbrecher gesucht, die seine Pionierrolle im Gaskrieg als Verstoß gegen die Haager Landkriegsordnung bewerteten. Haber floh deswegen vorübergehend in die Schweiz. 1919 wurde ihm dann dennoch der Nobelpreis für Chemie für das Jahr 1918 zugesprochen für die 1908 zur Einsatzreife gebrachte Ammoniaksynthese. 1933 als Jude entlassen, emigrierte er nach England. Er starb am 29. Januar 1934. Seinen dort lebenden deutschen Kollegen wurde die Teilnahme an den Trauerfeierlichkeiten untersagt.

---

344 Haber aaO. S. 473 f.

[Aus einem Brief an den preußischen Kultusminister am 2. Mai 1933] Sie werden verstehen, dass ihm [= dem Briefschreiber Fritz Haber] der Stolz, mit dem er seinem deutschen Heimatland sein Leben lang gedient hat, jetzt die Bitte um Versetzung in den Ruhestand vorschreibt.[345]

Es gibt keine Veranlassung, daran zu zweifeln, dass Habers Vaterlandsliebe nicht nur und nicht in erster Linie dem Völkerrechtssubjekt Deutschland gegolten hat, sondern auch dem Volk, ohne das kein Staat denkbar ist. Seine zweite Ehefrau Charlotte Haber geb. Nathan schreibt in ihrer Autobiographie von 1970:

Fritz Habers Vaterlandsliebe war aber so groß, dass gar nicht darüber nachdachte, dass er als Wissenschaftler bei der Wissenschaft hätte bleiben sollen. Als er noch, nach seines Vaters Ausspruch, ein „Windhund" war, wäre er am liebsten Berufsoffizier geworden. Allein als geborener Jude konnte er es nicht weiter als zum Offizier-Aspiranten bringen[346]. – Seine Haltung im Ersten Weltkrieg rechtfertigte er mit den Worten: „Die Briten halten sich gern an ihr ‚right or wrong, my country', auch dann, wenn ihre Regierung sich zu Handlungen hergibt, die keineswegs mit Menschenrechten vereinbar sind. Genauso habe ich es in Bezug auf die Verletzung der belgischen Neutralität gehalten und auf verschiedene andere Vorkommnisse."[347] [Und weiter schreibt seine Frau:] Allerdings – und das erwähnte Fritz nicht – ist der Engländer immer bereit, seine Fehler einzugestehen, und es gibt viele Briten, die sich nur an ‚right' und nicht an ‚wrong' halten. In Bezug auf den Gaskrieg hat Fritz Haber seine Verfehlung sehr bald eingesehen. Das Verbot aller chemischen Waffen wurde durch das Internationale Komitee vom Roten Kreuz unter Mitwirkung von Marie Curie, Albert Einstein, Fritz Haber, Paul Langevin und anderen einstimmig und vorbehaltlos ausgesprochen.[348]

---

345 Haber aaO. S. 283.

346 Diese Aussage trifft für die preußische Armee bis zum Ersten Weltkrieg tatsächlich zu. Bis 1885 gab es dort immerhin noch jüdische Reserveoffiziere, danach nicht einmal mehr das. Hier wurde die Judenemanzipation ausnahmsweise „zurückgedreht", nachdem es in Preußen bereits in den Befreiungskriegen die frühen 19. Jahrhunderts eine kleine Zahl jüdischer Offiziere gegeben hatte. Ebenso gab es jüdische Offiziere in anderen deutschen Staaten des 1871 gegründeten Deutschen Reiches, darunter in Bayern, und so dienten in der kaiserlichen Armee insgesamt doch etwa 3.000 jüdische Offiziere. (Quelle: Michael Berger: *Grausame Täuschung*, in: *Der Spiegel* vom 18.1.2008.)

347 Haber aaO. S. 157f.

348 Haber aaO. S. 157f.

Das Engagement Fritz Haber vor, im und nach dem Ersten Weltkrieg bleibt ein eindrucksvolles Beispiel des nach 1945 weithin vergessenen deutsch-jüdischen Patriotismus. Bemerkenswert bleibt, dass Habers jüdische Frau noch im Jahre 1970 keine Bedenken hatte, der gesamten britischen Nation kollektiv eine Charaktereigenschaft zuzuschreiben, wenn auch eine positive („Der Engländer … ist immer bereit, seine Fehler einzugestehen."). Dieses „kollektive" Denken war bis vor wenigen Jahrzehnten in ganz Europa noch viel verbreiteter als heute.   (K.L., K.B.)

Hannelore **Hahn** wurde am 9. November 1926 als Kind einer assimiliert-jüdischen Unternehmerfamilie in Dresden geboren. 1937 floh ihre Familie in die Tschechoslowakei, von Prag aus gelang 1938 die Emigration in die USA. Im September erreichte die Familie New York.

[Vom Verlassen des Reichsgebietes berichtet sie:] Ebenfalls wussten wir, dass wir den Gruß „Heil Hitler" erwidern mussten[349], denn dieser Gruß wurde zum „Hallo", zum „Auf Wiedersehen", zum „Danke", zum „Bitte" […] Wenn jemand es nicht sagte, so konnte er nicht passieren. Sitterich [der Chauffeur] erwiderte für uns alle den Gruß und setzte die Fahrt vorsichtig fort. Gott sei Dank! Niemand von uns konnte den rechten Arm erheben oder den Gruß herausbringen. […] Wenn wir katholisch gewesen wären, hätte das Symbol des Kreuzes vielleicht geholfen, die Wut und die Angst zu mildern.[350]

Lili **Hahn** wurde 1914 als Lili Schröder in Frankfurt am Main geboren. Ihre Mutter war eine getaufte Jüdin, ihr Vater ein nichtjüdischer Arzt. Nach einem Studium der Musikwissenschaften war die als „Halbjüdin" eingestufte als Journalistin tätig, erhielt aber von den Machthabern bald Berufsverbot. Bis zum Kriegsende arbeitete sie als Laborantin und Sekretärin. Nach dem Krieg wanderte sie mit ihrem Mann in die USA aus.

[Indoktrination und Krieg als vermutete Ursachen der Brutalisierung „der" Deutschen:] Der moralische und ethische Zerfall sickert von der Spitze zum Boden wie ein giftiges Gas und betäubt die Massen. Da die Bevölkerung mehr oder weniger das Produkt ihrer Regierung ist, verloren die Deutschen

---

349 Noch im selben Jahr 1937 wurde es Juden dann allerdings sogar verboten, den Hitler-Gruß zu entbieten.
350 Hahn: *„Auf dem Weg zu den Schwänen". Autobiographische Erinnerungen einer Dresdner Jüdin*, aaO. S. 56.

völlig die Achtung für Menschenleben. Es wurde ihnen beigebracht, dass Juden, Polen, Zigeuner und Kommunisten Untermenschen sind und dass es absolut richtig ist, diese zu misshandeln und umzubringen. Diese Einstellung führte zu der Schlussfolgerung, dass ein Menschenleben nicht zählt. Das Volk wurde einfach brutaler und zügelloser – die Erbschaft eines jeden Krieges.[351]

[Differenzierte Bewertung des Verhaltens der Bevölkerung:] Jedoch – ich will nicht jene Deutschen vergessen, deren Abstammung und politische Vergangenheit völlig intakt waren, die aber genauso verfolgt wurden wie die Juden, denn sie ließen ihr Gewissen sprechen. Nicht alle diese Deutschen wurden erfasst und nur wenige von denen, die für ihre Überzeugungen starben, wurden berühmt wie die Geschwister Scholl, Bürgermeister Gördeler, Graf Stauffenberg und wie sie alle hießen. In meiner Erinnerung aber leben sie fort. Und sie lehrten mich, dass keine Nation nur gut oder schlecht ist.[352]

[Einzelne Akte von Resistenz:] Durch gepresste Lippen sagte er [Dr. Strüder, ein Hahn bekannter Arzt]: „Ich bin mit sofortiger Wirkung meines Amtes enthoben worden …" „Herr Doktor! Warum?" „Weil ich als Beamter keine NS-Zeitung gehalten habe und an den Nazi-Feiertagen keine Hakenkreuzfahne heraushängte." Ich sah ihn entgeistert an. „Was werden Sie nun tun?" „Ich weiß es nicht." Er ballte die Fäuste. „Ich habe eine Frau und zwei kleine Mädchen. Bei meiner Dienstzeit ist die Pension so gering, dass wir davon weder leben noch sterben können. Wenn ich meine eigene Praxis aufmache, werde ich natürlich keine Zulassung zu den Krankenkassen bekommen."[353]

Während Hahn mit vielen Deutschen, insbesondere mit Katholiken, an einigen Stellen ihrer Erinnerungen scharf ins Gericht geht, distanziert sie sich an anderen wiederum von pauschalen Urteilen und erkennt jene an, die sich nonkonformistisch verhalten haben. (F.D.)

Edith **Hahn Beer** wurde am 24. Januar 1914 in Wien geboren. Nach der Einverleibung Österreichs ins Reich 1938 musste sie ihr Jura-Studium abbrechen und 1939 zusammen mit der Mutter ins „Wiener Ghetto" einziehen. Mit den Papieren einer Freundin tauchte

---

351 Hahn: *Bis alles in Scherben fällt. Tagebuchblätter 1933–1945*, aaO. S. 5 f.
352 Hahn: *Bis alles in Scherben fällt. Tagebuchblätter 1933–1945*, aaO. S. 6.
353 Hahn: *Bis alles in Scherben fällt. Tagebuchblätter 1933–1945*, aaO. S. 142.

sie in München unter, wo sie ein langjähriges Mitglied der NSDAP kennen lernte und ehelichte. Er wusste über ihre wahre Identität Bescheid. Die Ehe wurde 1947 geschieden. Aus der Ehe ist ein Kind hervorgegangen. Zuletzt lebte Edith in London in einem Altersheim, wo sie am 17. März 2009 starb.

Verstanden die übrigen Österreicher, was mit uns Juden geschah? Verstanden sie, dass wir enteignet wurden und zu hungern anfingen? Lassen Sie mich als Antwort eine Geschichte erzählen. Nach dem Anschluss wurde ich einmal von einem Polizisten angehalten, weil ich vorschriftswidrig die Straße überquert hatte. Er wollte mir eine saftige Verwarnung aufbrummen. „Aber ich bin Jüdin", sagte ich. Mehr brauchte er nicht zu hören, um zu wissen, dass ich keinen Pfennig besaß, dass ich unmöglich bezahlen konnte, und er ließ mich laufen.[354]

Frieda […] begann zu heulen: „Wozu leben wir, nur um hier zu leiden! Der Spargel ist ja viel wichtiger als das Leben von Menschen!" Dieser Verzweiflungsausbruch schien den Verwalter doch auf wundersame Weise zu berühren, denn nun erlaubte er uns endlich, in die Unterkunft zurückzukehren. Man sieht, selbst die Unmenschen waren nicht immer unmenschlich. Diese Lektion sollte ich immer wieder lernen – […][355]

Im Laufe der Zeit hatte sie [die „Nazifrau"] die beiden lieb gewonnen und weiterbeschäftigen wollen. Aber die Gestapo hatte andere Pläne gehabt.[356]

„Sie dürfen keine Kartoffeln mehr nach Wien schicken", sagte die Postbeamtin sehr laut damit ihr Vorgesetzter im Hinterzimmer auch hörte. „Warum nicht?" „Weil es schon nicht mehr genug Kartoffeln gibt, um die Deutschen zu ernähren. Die Juden werden den Regen essen müssen." Ich wandte mich ab. Da packte sie mich am Arm und flüsterte mir ins Ohr: „Schreiben Sie ‚Kleidungsstücke' auf das Paket, dann geht es durch."[357]

Die Polizisten sagten, wir müssten uns die gelben Sterne aus Wien schicken lassen, und wenn sie da wären, müssten wir die jederzeit tragen. Hätten wir das aber getan, wären wir in keinem Laden im Ort mehr bedienst worden. Also trugen wir die Sterne nicht. Unsere Aufseher schien das nicht zu stören.[358]

(K.L.)

---

354 Hahn Beer aaO. S. 69
355 Hahn Beer aaO. S. 89.
356 Hahn Beer aaO. S. 93.
357 Hahn Beer aaO. S. 95.
358 Hahn Beer aaO. S. 99.

Werner **Halle** wurde am 29. April 1924 in Werl geboren, wo er bis Ende November 1938 die Schule besuchte. Am 13. Dezember 1938 konnte er mit einem Kindertransport über Holland nach England ausreisen. Dort starb er am 27. April 2005.

Es kann gesagt werden, Max Halle [Werners Vater] führte ein zufriedenes, ja vielleicht glückliches Leben in Werl. Bis zur Machtübernahme der Nationalsozialisten darf dies wohl uneingeschränkt gesagt werden. Die Jahre, die dann folgen, empfand er sehr wohl als bedrohlich [...][359]

Die Schule war zum Schluss schon sehr unangenehm. Die Jungen liefen in HJ-Uniformen herum, aber sie waren alle sehr anständig zu mir. Aber weißt du, wenn du diese Uniformen jeden Tag siehst ... Ja, und dann hat der Schuldirektor mich zu sich gerufen und gesagt: „Du bist der einzige Jude hier an der Schule. Du passt hier nicht rein. Am besten du gehst." [360] Auch wenn ich mich beklagte, ich musste zur Schule gehen. Immer.[361]

Wenn du abends im Bett liegst und hörst sie anmarschieren, erst leise, dann immer lauter, „Kameraden, Soldaten, stellt die Juden, stellt die Pfaffen an die Wand!" Und ich lag im Bett und hatte Angst, schreckliche Angst.[362]

(F.D.)

Martin **Hauser** wurde 1913 in Berlin als Sohn einer Kaufmannsfamilie geboren. Er verbrachte Kindheit und Jugend in seiner Heimatstadt. Bereits früh betätigte er sich als Chronist zeitgeschichtlicher Ereignisse. 1933 emigrierte er nach Eretz Israel, damals noch Palästina. Auf Seiten der Alliierten kämpfte er während des Zweiten Weltkrieges in Nordafrika und als Mitglied der Jüdischen Brigade in Italien.

[Geschichtsphilosophische Erwägungen über den Antisemitismus:] Antisemitismus, Not und Elend sind scheinbar unumgänglich. Gäbe es z. B. keinen Antisemitismus, würden wir Juden uns schon längst aufgelöst haben unter den Völkern. So ist der Antisemitismus gleichsam ein Wächter für uns.[363]

Wäre der Antisemitismus nicht gewesen, so hätten wir keine Dreyfus-Affäre gehabt; und hätten wir keine Dreyfus-Affäre gehabt, so hätten

---

359 Hans-Jürgen Zacher aaO. S. 149.
360 Hans-Jürgen Zacher aaO. S. 169.
361 Hans-Jürgen Zacher aaO. S. 169 f.
362 Hans-Jürgen Zacher aaO. S. 170.
363 Hauser aaO. S. 8.

wir höchstwahrscheinlich keinen Zionismus in der Gestalt und der Aus-
breitung gehabt, wie er heute ist, denn diese Dreyfus-Affäre war der erste
starke Anstoß und die nachdrückliche Mahnung für Herzl, seine zionistischen Ideen zu veröffentlichen.[364]

[Erfahrungen mit dem Antisemitismus in der Schulzeit, das Zitat ist von
1929:] Ich trage nämlich das Abzeichen des Bar-Kochba [...] Das ist das
erste Mal, dass ich so öffentlich belästigt wurde, denn in der Schule hatte ich
sehr wenig unter Antisemitismus zu leiden.[365]

[Bemerkungen zur NS-Judenpolitik in den Jahren vor der Machtübernahme:] Meiner Meinung nach und wie der Führer der Hauptrichtung in
der Nationalsozialistischen Partei, Adolf Hitler, selbst sagte, dient der Antisemitismus ihnen nur als Lockmittel und in dem Moment, wo sie wirklich
die Zügel in die Hand bekämen, würde dieser Punkt eine sekundäre oder
tertiäre Rolle spielen.[366]

Hausers Aufzeichnungen offenbaren einen interessanten Blick auf den Antisemitismus,
besonders auf dessen Ausprägung vor 1933. Die Einschätzung im letzten Satz hat sich
später als ganz unrichtig erwiesen: Im Wissen um den eher geringen Antisemitismus in
der deutschen Bevölkerung haben die Nazis diesen Teil ihres Programms vor den drei
für sie erfolgreichsten Reichstagswahlen zwischen Juli 1932 und März 1933 eher versteckt – es war eben gerade kein Lockmittel. Um dann aber nach der Machtergreifung
und der vollen Konsolidierung ihrer Macht, als sie die Zügel fest in der Hand hatten,
umso radikalere Taten folgen lassen. Wie in diesem Buch mehrfach belegt wird, war die
Reaktion der Bevölkerung auf die Gewalt der Pogromnacht vom November 1938 so
negativ, dass auch die weiteren, radikalsten Maßnahmen wieder soweit möglich ver-
deckt durchgeführt wurden.   (F.D.)

Ingeborg **Hecht** wurde 1921 in Hamburg als Tochter eines jüdischen Anwalts und einer
nichtjüdischen Deutschen geboren. Sie erlebte nach 1933 als „Halbjüdin" vielfältige Diskriminierungen. Sie durfte weder ein Gymnasium besuchen noch studieren. Die Ehe
der Eltern wurde 1933 geschieden, ihr Vater ab 1935 verfolgt und schließlich 1944 in
Auschwitz ermordet. Als Ingeborg Hecht von einem deutschen Soldaten während des
Krieges ein Kind erwartete, wurde ein Heiratsverbot verhängt. Nach 1945 arbeitete sie
als freie Schriftstellerin und wirkte in Presse und Rundfunk. Sie starb 2011 in Freiburg
im Breisgau.

---

364 Hauser aaO. S. 8.
365 Hauser aaO. S. 10.
366 Hauser aaO. S. 22.

[Bericht über einzelne Helfer in der Not:] Eines Tages erfuhr Frau Flügge [= eine frühere Lehrerin von Ingeborg Hecht] durch einen jüdischen Anwalt, dass die Mutter einer ihrer Schülerinnen deportiert werden sollte. „Da bin ich zur Gestapo gegangen, mit zitternden Knien", sagte sie [Frau Flügge] bei einem Interview mit dem *Hamburger Abendblatt*. Der Gestapobeamte machte sie darauf aufmerksam, dass sie einen Beamten vor sich habe[367]. Ihre Antwort: „Sie auch!" Und sie erlebte ein Wunder. Der Mann ihr gegenüber schüttete sein Herz aus. Er sagte, dass er sich stets bemüht habe, ehrlich seine Pflicht zu erfüllen. Und rief dann verzweifelt aus: „Nun muss ich für diesen Teufel die Todeslisten zusammenstellen". Er hat Frau Flügges Schützling aus seiner Liste gestrichen, aber ein Kollege hat das später wieder in die linientreue Ordnung gebracht.[368]

Eine Pflicht zur Ablieferung von „Kostbarkeiten" aller Art aus jüdischem Besitz, auch Pelze und Kunstgegenstände (später Schreibmaschinen, Radios, Elektrogeräte – die Liste lässt sich fortführen), machte es den Auswanderern schwer, in fremden Ländern für sich selbst zu sorgen; denn Geld konnte man gar nicht mitnehmen. Frau Flügge begann – wie übrigens viele Deutsche, Risiken auf sich nehmend –, dergleichen ins Ausland zu schmuggeln. Ein Freund half ihr. So wurde etwa Schmuck im Schornstein der „Monte Rosa", einem deutschen Passagierschiff, versteckt, das nach Rio de Janeiro fuhr. Dort holten die Besitzer ihr Eigentum ab. Frau Flügge hat auch hier ihr Leben riskiert.[369]

[Warum es trotz aller Hilfe nur recht wenig direkten Widerstand gegeben hat:] Man würde sich's zu leicht machen mit der Frage: Warum gab es so wenig oder jedenfalls viel zu wenig – Mut, den Verfolgten wirksamer zu helfen? Ich jedenfalls weiß von mir, dass ich niemals geschafft hätte, was die so jungen Widerstandskämpfer Sophie und Hans Scholl („Die weiße Rose") für unserer aller Freiheit zu tun versucht haben – und wofür sie 1943 so tapfer gestorben sind, dass sogar die Gefängnisbeamten und die Scharfrichter das vermerkten.[370]

---

367 Offenbar wollte er damit ausdrücken, dass er Abweisungen auch dann auszuführen habe, auch wenn sie ihm nicht gefallen. Unklar ist, wann und warum Frau Flügge später vom *Hamburger Abendblatt* interviewt wurde, vielleicht als Zeitzeugin.
368 Hecht aaO. S. 56.
369 Hecht aaO. S. 57.
370 Hecht aaO. S. 57.

Hecht berichtet über Hilfen von Nichtjuden, besonders durch eine ihrer früheren Lehrerinnen. Sie anerkennt auch, dass offener Widerstand den Mut erfordert hätte, sein Leben zu riskieren und deswegen selten war.   (F.D.)

Konrad **Heiden** kam am 7. August 1901 in München zur Welt. Seine Mutter war Jüdin, er Sozialdemokrat. Einer seiner Kommilitonen an der Ludwig-Maximilians-Universität war der spätere „Stellvertreter des Führers" Rudolf Heß. Neben dem Studium arbeitete Heiden als Journalist, der den Aufstieg Hitlers aus nächster Nähe beobachtete.[371] Von ihm stammt die erste Hitler-Biographie (1936). Schon im Mai 1933 floh er nach Frankreich, 1940 in die USA, wo er 1966 starb. Die nachfolgenden Zitate stammen aus dem Jahre 1938.

Das Buch wünscht objektiv zu sein; es wünscht, einen sachlichen Beitrag zur Naturgeschichte der Bestialität zu liefern.[372]

Es wird und soll die Erinnerung daran bleiben, wie sie[373] plötzlich schwiegen, logen und die Schuld dem „Volk" zuschoben.[374]

Alles hat das harmlose Volk getan. Dabei hat dieses Volk doch gesehen, wer es wirklich getan hat. Was mag dieses Volk im Stillen denken, wenn es in seinen Zeitungen liest: die Rolle der S.S. und der S.A. habe darin bestanden, das Feuer der brennenden Synagogen eindämmen zu helfen?[375]

Wenn man von den Nationalsozialisten, ihrer Herrschaft über Deutschland und von ihrem unerbittlichen Willen zur Vernichtung spricht, soll man nie an jene Millionenschar durchschnittlicher Parteigenossen denken, unter denen sich wie in jeder zufällig zusammengewürfelten Riesenmasse gerechte und ungerechte, brutale und gutmütige […] Zeitgenossen befinden.[376]

Die Massen sollen in den Taumel des antisemitischen Handelns hineingerissen werden, damit sie auf diese Weise antisemitisch fühlen lernten. Und das ist nicht gelungen. Eine Fülle von Zeugnissen spricht es aus. Die breiten Massen des deutschen Volkes haben sich an den Verbrechen des

---

371 Aust aaO. S. 77. Kommunisten und Nationalsozialisten galten ihm gleichermaßen als ‚Totengräber der Republik', die es mit allen vorhandenen Mitteln […] zu bekämpfen gelte."
372 Heiden aaO. S. 36.
373 Bezug nicht ganz klar, gemeint sind wohl Deutsche im Exil.
374 Heiden aaO. S. 50.
375 Heiden aaO. S. 50 f.
376 Heiden aaO. S. 85.

9. und 10. November – von örtlichen Ausnahmen abgesehen – nicht beteiligt:[377]

Das bleibt ein Trost in den Gräueln dieses Novembers. Die Mehrheit des deutschen Volkes empfand diese Gräuel so, wie die übrige Welt sie empfand.[378]

Zahlreiche öffentliche und private Zeugnisse berichten von dem geheimen Protest der Bevölkerung, der sich in Worten wie in Taten ausdrückte. So erzählt der Münchner Korrespondent des „Daily Telegraph": „There is great indignation today among Bavarians at the savage treatment of the Jews. I have spoken to many Munich residents and all of them, with the exception of Nazis, have expressed the utmost horror at the brutality of the mob" […] Ein englischer Journalist stellte in München fest: „Many shopkeepers and, indeed, the greater part of the population, feel nothing but sympathy for the persecuted Jews." […] Wenn irgendwo, dann wird man gerade in dieser Frage auch die Stimme der unglücklichen Opfer hören müssen. In den uns vorliegenden Berichten überwiegt durchaus der Eindruck, dass die nicht uniformierte, nicht von der Partei erfasste Bevölkerung zum größten Teil die Ausschreitungen nicht mitgemacht und zum größeren Teil sie missbilligt hat. […] Dass christliche Familien verfolgte Juden versteckten, wird unter anderem auch aus München berichtet […][379]

Zwar war Heiden kein direkter Zeuge der Pogromnacht. Er sah vielmehr im Exil aber seine Hauptaufgabe darin, Informationen aus Deutschland zusammenzutragen, die Reisende und Emigranten ihm lieferten. Es ist kein Grund ersichtlich, warum er sein Urteil über das deutsche Volk hätte geschönt haben sollen.

Bemerkenswert ist, dass Heiden als Verfolgter sogar eine „Millionenschar durchschnittlicher Parteigenossen" in Schutz nimmt. Allerdings ist seine Logik hier nicht nicht eben zwingend, denn die Mitglieder der NSDAP waren ja gerade keine „zufällig zusammengewürfelte Riesenmasse", wie hier überraschenderweise ein Sozialdemokrat schreibt, sondern sie haben sich durch die Willensentscheidung des Beitritts zu dieser Partei zusammengefunden.   (K.L, K.B.)

Moritz **Henschel**, geboren 1879 in Breslau, war der letzte Vorsitzende der jüdischen Gemeinde Berlin in der NS-Ära. Am 16. Juni 1943 wurde er mit seiner Frau nach The-

---

377 Heiden aaO. S. 92.
378 Heiden aaO. S. 98.
379 Heiden aaO. S. 94 f.

resienstadt deportiert, wo er überlebte, aber über die Befreiung hinaus bleiben musste. Dann Auswanderung über Deggendorf nach Palästina. Es starb 1947 in Tel Aviv.

Die Abhaltung von Gottesdiensten war in Berlin auch nach dem November 1938 niemals verboten. Die Zahl der Gemeindemitglieder verringerte sich nicht so, wie man hätte denken können, denn Berlin galt mit Recht als ein verhältnismäßig günstiger Platz. Das Bestreben ging dahin, aus den anderen Orten, namentlich aus den kleineren Gemeinden, nach Berlin zu ziehen, denn Berlin war wegen der Botschaften geschützter […].[380]

Im Jahr 1940 hatte die Gemeinde noch 80.000 Mitglieder. Bei den Gottesdiensten war die Schwierigkeit, dass uns die Rabbiner und Vorbeter zum großen Teil verlassen hatten. Sie sind von London aus mit Permits [= Genehmigungen zur Einreise nach Großbritannien] besonders bedacht worden und haben meist davon Gebrauch gemacht. Eine Ausnahme Leo Baeck, der nicht gegangen ist, obwohl er hätte gehen können.[381]

[…] die Juden galten als zuverlässige und gewissenhafte Arbeiter, und man beschäftigte sie viel lieber als die ausländischen Arbeiter. Dadurch blieb die wirtschaftliche Lage einigermaßen erträglich, weil jeder Arbeit hatte.[382]

Eine ausgiebige Kenntnis haben wir davon bekommen, dass die Taktik der Nazis die einer vollständigen Verschleierung war. Auch innerhalb der Nazis war die Verschleierung so groß, dass niemand einem anderen von den Befehlen etwas mitteilen durfte, und der Befehl Ausführende erhielt immer nur diesen einen Befehl. Oft wussten die Nazis im selben Amt nicht, was nebenan vorging.[383]

Am 1. Oktober 1941 hieß die Mitteilung der Evakuierung so: Teilevakuierung, nicht schlimmer Charakter, nicht ins Generalgouvernement, sondern nach Litzmannstadt (Lodsch). […] Dort war ein Getto. Es gab Nachrichten, Pakete, Geld, Gepäck war erlaubt, erste Transporte in Personenwagen.

Man kann fragen: Wie konntet Ihr Euch dazu hergeben, hierbei irgendwie mitzuarbeiten? Wir können nicht entscheiden, ob wir es richtig gemacht haben. Aber der Gedanke, der uns geleitet hat war: Wenn wir diese Dinge machen, werden sie immer besser und milder ausgeführt, als wenn sie die anderen machen, und das war richtig. Direkte Transporte durch die Nazis

380 Henschel aaO. S. 1.
381 Henschel aaO. S. 2.
382 Henschel aaO. S. 2.
383 Henschel aaO. S. 2 f.

waren immer ungeheuer roh. […] Die Haltung der Deportierten war überraschend tapfer und ehrenwert. Natürlich dachte man bei diesen ersten
Transporten noch nicht, dass es so schlimm werden würde, wie es wirklich
war.[384]

Aber es ging den Nazis immer noch nicht schnell genug, da die Industrie
die Juden nicht hergeben wollte […] und die Industrie war zunächst stärker
als die Gestapo. […] Im Jahre 1942 (oder 1943?) setzte auch der Abbau der
Angestellten der Gemeinde ein. Bis dahin hatten sie das Privileg, nicht deportiert zu werden. […] Es war zuletzt nur noch ein kleiner Kreis von Juden
in Berlin übrig geblieben. Am 10. Juni 1943 erschienen bei der Reichsvereinigung und bei uns Kommissare der Gestapo und erklärten unsere Tätigkeit für abgeschlossen. Ich war der letzte, der das Büro der Gemeinde und
das Grundstück verließ.[385]

Die Befreiung [von Theresienstadt] war nicht gut. Es brach sofort ein
czechischer Nationalismus los, der die deutsche Sprache vollkommen unterdrückte. Die deutschen Juden konnten nicht bleiben, nur die Russen ret-
teten uns vor den nationalistischen Czechen. Jetzt kam die Frage der Repa-
triierung. Es gab 5000 Reichsdeutsche. 4000 wollten zurück. Sie sind
tatsächlich zurückgekehrt. 1000 wollten nicht zurück. Man stellte uns die
Schweiz in Aussicht. Aber das verwirklichte sich nicht. Dann kamen wir ins
Lager Deggendorf in der amerikanischen Zone in Bayern.[386]

Der Text ist in vielfacher Hinsicht bemerkenswert, insbesondere hinsichtlich der Tar-
nung des Massenmordes durch das NS-System und hinsichtlich der Frage der jüdischen
Kooperation mit dem NS-Regime. Zu den Aussagen über den tschechischen Nationalismus: Tatsächlich wurde das Lager Theresienstadt nach Kriegsende von den tschechischen Machthabern in Prag nun als Lager für Deutsche, insbesondere Sudetendeutsche,
weitergenutzt. – Die Internet-Enzyklopädie Wikipedia bemerkt über Moritz Henschel
wörtlich und mit genauer Quellenangabe: „Henschel bezeugte glaubhaft, bis 1945 nie
etwas vom Judenmord gehört zu haben.“[387]   (K.L., K.B.)

---

384 Henschel aaO. S. 3.
385 Henschel aaO. S. 4 f.
386 Henschel aaO. S. 5.
387 Aufgerufen am 22.4.2020. Die dort genannte Quelle ist: Beate Meyer: *Das unausweichliche Dilemma: Die Reichsvereinigung der Juden in Deutschland, Deportationen und die untergetauchten Juden*,
in: Beate Kosmala/Claudia Schoppmann (Hrsg.): *Überleben im Untergrund*, Berlin 2002, S. 291.

Renate **Hersh,** geboren 1919 in München, wuchs als Tochter des Kinderpsychothera-
peuten Erich Benjamin im Isartal (Ebenhausen-Zell) auf. Später zog sie mit ihrer Familie nach München. 1938 emigrierte sie in die USA. Hersh verfasste im Rückblick den
Roman „Die drei Ohren Gottes" (deutsche Fassung 1995) über ihr Leben und das ihrer
Familie, insbesondere in der Zeit des Dritten Reiches. Sie betont, dass sich das von ihr
berichtete Geschehen eng an der Wirklichkeit orientiert, darum wird das Werk hier als
Quelle zitiert. Renate Hersh starb 1999 oder kurz danach in Murnau.

[Hersh beschreibt das Verhalten der bäuerlichen Bevölkerung an ihrem
Wohnort gegenüber ihrer Familie – ihre Familie erhält in der Erzählung den
Namen „Auerbach", ihr Vater den Vornamen „Moritz":] […] Die Partei
[NSDAP] in Zell hatte sich äußerst ungehalten gezeigt, als bekannt gewor-
den war, dass einige ihrer Mitglieder der Familie Auerbach ein Ständchen
gebracht hatten. Sie hatte die Bauern gewarnt und mit strenger Bestrafung
gedroht, wenn sie sich eines weiteren Verstoßes schuldig machen sollten.
Offenbar war die Warnung nicht klar genug verstanden worden. Eines
Abends kam ein Bauer in großer Aufregung in das Büro von Moritz. Sein
Gesicht war gerötet, der Schweiß stand ihm auf der Stirn. „Entschuldigen
Sie, Professor, dass ich Sie störe." Er zögerte und drehte seinen Hut verlegen
in den Händen. „Vielleicht hätte ich nicht kommen sollen, aber…" „Und
warum nicht?" unterbrach ihn Moritz „Bist du nicht immer gekommen,
wenn eines deiner Kinder krank war?" Der Bauer nickte. „Ja, Sie haben
recht. Aber jetzt sagen sie mir, dass ich ein Arier bin, und dabei hab' ich
immer gemeint, ich bin ein Bayer." Der Bauer machte eine Pause, dann
sagte er nicht ohne Mühe: „Aber ganz gleich, was ich bin, Sie kommen doch,
nicht wahr, Professor?"[388]
  [Auerbach, also Erich Benjamin, begründet den anfänglichen Erhalt seiner Stellung an der Universität:] „Mein Status als Kriegsteilnehmer war es
nicht, der mir meine Position an der Universität erhalten hat", hatte er
gesagt. „Ich kenne die Einstellung der Verwaltung. Dort verabscheut man
Hitler ebenso wie ich das tue." Papa hatte sich gegen skeptischere Freunde
verteidigt. „Beweist nicht dieser Band aus Goethes Werken, ein Jubiläums-
geschenk meiner Studenten, dass sie weiter zu mir halten?"[389]

---

388 Hersh aaO. S. 84.
389 Hersh aaO. S. 93.

Erich Benjamin alias Auerbach bemerkt immer wieder die Unterstützung, die er aus seiner Umgebung erhält, wenngleich seine Tochter Renate (im Roman „Sylvia") diese Perspektive als Wirklichkeitsverdrängung abtut.   (F.D.)

Albert **Herzfeld** wurde 1865 in Düsseldorf als Sohn eines vermögenden Textilunternehmers geboren. Nach Ausbildung an der Kunstgewerbeschule Düsseldorf und Militärdienst arbeitete er bis 1905 im eigenen Familienbetrieb. Danach widmete er sich der Malerei und führte ein Leben als Privatier. Am Ersten Weltkrieg nahm er in vorgerücktem Alter teil. Seine Tagebücher aus den Jahren 1935 bis 1939 geben genaue Einblicke in die zunehmende Verfolgung der Jüdischen Gemeinde in seiner Heimatstadt. 1938 wurde ihm das Malen verboten und 1942 wurde er (bereits erkrankt) mit seiner Frau nach Theresienstadt deportiert, wo er am 12. Februar 1943 verstarb. Seine Tochter Annemarie, geboren 1903, war schon 1941 nach Minsk deportiert worden, wo sie offenbar ermordet wurde.

[Differenzierte Eindrücke von der Verbreitung des Antisemitismus in der Bevölkerung:] Aber das große Publikum ist durchaus nicht antisemitisch, denn keiner meiner arischen Freunde hat sich von mir zurückgezogen und, ganz im Gegenteil, alle, auch absolut Ferner stehende bekunden mir ihre Sympathie u. verabscheuen den Antisemitismus, der, wie mir mehrfach von Kaufleuten gesagt wurde, auch uns in geschäftlicher Beziehung durchaus schädigt, da er dem Ausland nicht nur ganz unverständlich ist, sondern auch sie zur Ächtung Deutschlands veranlasst.[390]

Wie ich heute von einem „Schicksalsgenossen" hörte, wissen die deutschen Arier gar nicht, in welcher seelischen Stimmung die „Nichtarier" in Deutschland leben. Die gebildeten Arier verabscheuen genauso wie die Judenstämmlinge [sic] die grob antisemitischen Hetzblätter wie der „Stürmer", „Das schwarze Korps" und den „Judenhammer", aber die Jugend und das Volk lesen diese Schmachblätter[391] und glauben alles, was ihnen darin über die Juden gesagt wird.[392]

[Reaktionen auf die Zerstörungen in der Reichspogromnacht:] Nicht nur bei den Juden, sondern in der ganzen Stadt bei der anständigen christlichen Bevölkerung, ja bei den engagiertesten Antisemiten, haben diese

---

390 Herzfeld aaO. S. 47.
391 Gemeint offenbar: Schmähblätter
392 Herzfeld aaO. S. 66.

eines gebildeten Volkes unwürdigen Gräuelszenen den tiefsten Abscheu erregt.[393]

Natürlich waren sofort ausländische belgische u. holländische Autos hier
u. haben photographische Aufnahmen von den Trümmerhaufen, die z.T.
noch die Straße bedeckten, gemacht, die in ihren Zeitungen veröffentlicht u.
in den Kinos gezeigt wurden. Aber auch in Deutschland selbst wurden, wie
mir gesagt wurde, von 4/5 der Parteimitglieder eine derartige Rohheit, wie
sie dieser Progrom[394] zeigte, nicht gebilligt, sondern verabscheut. Mich besuchten Leute, die zweifelsohne gezwungen oder freiwillig Parteimitglieder
sind, die ihren Abscheu in drastischster Weise aussprachen. Das Volk in
seiner Gesamtheit ist in Deutschland viel zu kultiviert u. anständig, als dass
es solche Gräuel ausführte, sondern sie geschehen von einer Schicht von
Parteizugehörigen, die vor Jahren noch Kommunisten waren u. damals in
ihrem blinden Hass gegen die Besitzenden derartige Hausplünderungen
und Zerstörungen vornahmen, aber niemals in solch sinnloser Weise, wie
es dieses Mal geschah.[395]

Herzfeld beschreibt, dass der Großteil der nichtjüdischen Bevölkerung in seinem Be-
kannten- und Freundeskreis und darüber hinaus die Maßnahmen gegen die Juden abgelehnt hat. Auf der anderen Seite schreibt er, dass „die Jugend und das Volk alles …
glauben" würden, was in Hetzblättern wie dem „Stürmer" über die Juden gesagt wurde.
(F.D.)

Oskar **Hirschfeld** aus Wien war von 1933 bis 1938 Chefredakteur der 1885 gegründeten
jüdischen Wochenzeitung „Die Wahrheit". Um die Jahreswende 1938/39 hat er das Folgende von Egon Trachtenberg erfahren, der selbst am 10. November 1938 verhaftet worden war:

Die Reaktion der christlichen Wiener Bevölkerung bei der „Aktion" am 10.
November [1938] war verschiedenartig: Die Intellektuellen haben nicht
mitgetan, konnten aber ihrem Abscheu über die Ereignisse nicht anders
Ausdruck verleihen, als indem sie sich ostentativ abwandten; zahlreich sind
die Fälle, wo Juden bei Ariern Versteck vor der Verfolgung fanden, die –
man kann dies ruhig behaupten – allen Juden im Alter von 20–60 Jahren

---

393 Herzfeld aaO. S. 117.
394 Verschreibung „Progrom" im Original.
395 Herzfeld aaO. S. 117 f.

drohte. Der Mob, insbesondere Jugendliche von 16 bis 17 Jahren, hat begeistert mitgetan.[396]

Über die Stimmung der arischen Bevölkerung befragt, erklärte der Berichterstatter, dass diese wohl sehr viel – mehr oder minder offen – schimpfe, insbesondere über den manchmal fühlbaren Lebensmittelmangel, dass aber mit einer Entladung dieser offensichtlich bestehenden Unzufriedenheit in irgendeiner revolutionären Weise nicht so bald zu rechnen sei, dies ist schon der schweren Unterdrückungsmethoden wegen nicht anzunehmen, viel mehr ist eine gewisse Resignation überall zu verzeichnen.[397]   (K.L.)

Ruth **Hermges** geborene Vergosen wurde 1932 in Mönchengladbach geboren, wo sie noch heute (2020) lebt. Da ihre Mutter jüdisch war, musste auch sie den gelben Stern tragen. Ihr Vater war katholisch und Ruth Hermges berichtet, dass er gedrängt wurde, der NSDAP beizutreten und sich von seiner Frau scheiden zu lassen, was er aber beides nicht tat.

Einigen Hundert Mönchengladbacher Juden gelang es auszuwandern, nur ganz wenige überlebten in der Stadt. Wir gehörten dazu. Dafür bin ich einigen unserer Nachbarn in der Brunnenstraße sehr dankbar, und auch meinen anderen Helfern. Sie alle waren Helden in einer dunklen Zeit.[398]

Auf dem Schulweg trug ich meinen Tornister vor der Brust, um den Stern zu verdecken. Damit war ich langsamer, aber ich fühlte mich besser.[399]

Die Lebensmittelhändler auf unserer Straße schnitten normalerweise, wenn sie die Waren aushändigten, das entsprechende Kästchen auf der Karte mit der Schere ab. Bei mir unterließen sie es öfters, damit ich nochmals gehen konnte. Eine Bekannte meiner Eltern arbeitete für das Amt, auf dem die Karten ausgeteilt wurden. […] Im Flur des Amtes wartete ich, bis die Bekannte mich sah. Im Vorbeigehen sagte sie leise: „Setz dich da hin, ich gebe dir ein Zeichen, wenn du zu mir rein kannst."[400]

Ich hatte blaue Augen, kleidete mich unauffällig und ohne Stern. Mit der Karte lief ich in der ganzen Stadt herum, von Quelle zu Quelle, um sie einzulösen. In der Brunnenstraße wohnten viele gute Leute, die uns manchmal

---

396 Hirschfeld aaO. S. 812.
397 Hirschfeld aaO. S. 844.
398 Hermges aaO. S. 209 f.
399 Hermges aaO. S. 213.
400 Hermges aaO. S. 216.

etwas zusteckten. Jeder wusste, dass wir Juden waren. […] Andere Nachbarn sagten: „Passt auf, der von den Nummer 9 ist in der Partei. Vor dem müsst ihr euch in Acht nehmen." Wieder andere schnitten uns, schwärzten uns aber nicht an. Am Ende der Straße lag eine katholische Mädchenschule. Der Lehrer war ein Parteigenosse, seine Reithose mit schwarzen Stiefeln legte er nie ab. […] Als die jüdische Schule geschlossen wurde, bot er meiner Mutter an, ich könne ruhig zu ihm in die Klasse kommen. Meine Mutter bedankte sich und lehnte ab, weil es nicht nur für uns, sondern auch für ihn zu gefährlich sei.[401] […]

Nachbarn kamen im Dunkeln und brachten uns Essen. Von ihnen erfuhren wir, was draußen vor sich ging: […] Wenig später kriecht ein Nachbar zu uns in den Bunker, der uns mit Essen versorgt hatte. „Die Amerikaner sind da!, ruft er.[402]

Mein Vater ist eines von Hitlers späten Opfern. Er starb mit 58 Jahren, zehn Jahre nach dem Krieg. […] Als wir verfolgt wurden, ist er über sich hinausgewachsen. Er hat sich geweigert, in die Partei einzutreten, sich von meiner Mutter scheiden zu lassen, hatte immer neue Verstecke für uns gefunden. […] nur ganz wenige überlebten in der Stadt. Wir gehörten dazu. Dafür bin ich einigen unserer Nachbarn in der Brunnenstraße sehr dankbar, und auch meinen anderen Helfern. Sie alle waren Helden in einer dunklen Zeit. Mein Vater war ein Katholik aus Viersen, meine Mutter eine Jüdin […][403]

Als gleichaltriges nichtjüdisches Kind kam ich, K.L., nie in den Genuss solcher Vergünstigungen seitens der Kartenstelle, obgleich ich zusammen mit meiner Schwester Gabriele auch schon Lebensmittelkarten austrug. Damit soll gesagt sein, dass es ganz außergewöhnliche Akte der Nächstenliebe waren, die langjährige Freiheitsstrafen zur Folge gehabt hätten, wenn sie aufgeflogen wären. Doch Warnungen vor Gefolgsleuten der Partei waren auch bei unserer Nachbarschaft in München unter Nachbarn selbstverständlich.

(K.L.)

Inge **Hoberg** wurde 1930 in Köln geboren. Ihre Mutter war jüdischer Herkunft, ihr Vater „Arier". Damit galt sie als in der Terminologie der Nürnberger Gesetze „Mischling ersten Grades". Die Eltern ließen Inge evangelisch taufen. Sie überlebte in mehreren

---

401 Hermges aaO. S. 216 f.
402 Hermges aaO. S. 223.
403 Hermges aaO. S. 209 f.

Verstecken die Zeit des Dritten Reiches. Nach der Mittleren Reife wäre sie gerne Journalistin geworden, doch die Verhältnisse der Nachkriegszeit ließen das nicht zu. So absolvierte sie eine Klempnerlehre im väterlichen Betrieb und legte 1950 die Gesellenprüfung ab. Ab 1954 arbeitete sie aus gesundheitlichen Gründen im Bankgewerbe. Sie lebt in Köln.

[Hilfen aus dem Umfeld nach der Flucht aus der Kölner Wohnung 1944/45:] Unsere Flucht hatte zur Folge, dass wir ab dem nächsten Monat keine Lebensmittelkarten mehr erhalten würden. Im Keller lagerten zwar die von Mama fleißig gefüllten Einweckgläser mit Obst und Gemüse, das reichte jedoch nicht zum Überleben aus. Die im Laufe der Jahre gewachsene Freundschaft bestand jetzt ihre Bewährungsprobe. Der Wirt erklärte sich bedingungslos bereit, uns täglich mit ausreichend Essen zu versorgen. Nun musste noch eine sichere Unterkunft herbeigezaubert werden.[404]

Mama sagt zu Frau Schmitz: „Nun kann ich ja ohne Gefahr darüber sprechen. Auch uns hat dieses Schicksal gedroht, denn ich bin als Jüdin geboren." Da erwiderte unsere Wirtin etwas ganz Erstaunliches. Sie, die wir immer als ausgesprochen parteitreu gekannt hatten, sagte: „Das ist für mich keine Neuigkeit. Das ganze Dorf wusste von Anfang an über euch Bescheid. Was hat denn eine andere Glaubenszugehörigkeit mit einem Verbrechen zu tun? Von uns allen hätte euch niemand verraten." Fassungslos starrten wir sie an. Konnte das stimmen, was wir da gerade gehört hatten? Selbst in unseren optimistischsten Träumen wäre uns das nicht in den Sinn gekommen. Wieder einmal wurde uns von anständigen Menschen bewiesen, dass die Zugehörigkeit zur Partei Hitlers nicht unbedingt eine niedrige Gesinnungsart voraussetzte. So manch einer hatte sich in gutem Glauben und Begeisterung dem Teufel verschrieben. Später ließ purer Pragmatismus die Menschen vieles nach außen hin bejahen, das sie im Innersten längst ablehnten. Doch wichtig war allein, wie sie schließlich handelten. Es gehörte nicht geringer Mut dazu, so zu tun, als sei alles so, wie es sein sollte und gleichzeitig uns durch Stillschweigen zu beschützen. Wäre es durch einen unglücklichen Zufall ans Licht gekommen, hätten viele Menschen unser Schicksal teilen müssen.[405]

---

404 Hoberg aaO. S. 79.
405 Hoberg aaO. S. 123 f.

Bemerkenswert am Zeugnis von Inge Hoberg ist, in welchem Umfang sie sogar vielen Mitglieder der NSDAP Aufrichtigkeit und Integrität auch gegenüber Juden zuschreibt.

(F.D.)

4. Iske, Ina – Krüger, Helmut

Ina **Iske** wurde 1931 in Frankfurt am Main als Tochter eines estnischen Juden und einer deutschen Christin geboren. 1936 emigrierte die Familie nach Tallinn, das damals im Deutschen noch fast ausnahmslos wie seit dem Mittelalter Reval genannt wurde. Nach dem Einmarsch der Wehrmacht im August 1941 Verhaftung und Ermordung des Vaters und der gesamten Familie; 1944 gelang Iske mit gefälschten Papieren die „Evakuierung" ins Deutsche Reich, faktisch war es eine neuerliche Flucht, diesmal vor den Sowjets. Bis Kriegsende fand sie Unterschlupf bei Verwandten in Traunstein und überlebt so. Sie lebt heute in ihrer Geburtsstadt.

Meine Mutter [...] hatte große Angst vor den Russen. Vor der Invasion der Deutschen fürchtete sie sich dagegen nicht. Es gab zwar viele Gerüchte, was die Deutschen Juden machten. Meine Mutter wollte aber nicht glauben, dass Deutsche grundlos Juden ermordeten.[406]

Draußen steht ein deutscher SS-Mann, der von einem estnischen Polizisten begleitet wird. Ich sehe, dass der Polizist traurig ist, seine Augen sind feucht, er sieht mich nicht an. Ich blicke ihn an. Stumm beobachte ich, wie er und der SS-Mann meinen Vater zwischen sich nehmen und abführen.[407]

[Nach Iskas geglückter Flucht:] Das katholische Oberbayern war für meine Mutter und mich ein Glücksfall. Die meisten Leute, vor allem auf dem Land, waren gläubige Katholiken und standen den Nazis eher ablehnend gegenüber. [...] Nur zwei Leute im Ort verhielten sich uns gegenüber misstrauisch. Sie blickten meine Mutter und mich komisch an, sagten aber nichts.[408]

(K.L.)

Gisela **Jacobius** wurde 1923 als Tochter eines Ladenbesitzers in Berlin geboren. Als Jüdin durfte sie nicht das Gymnasium besuchen und besuchte stattdessen eine jüdische

---

406 Iske aaO. S. 115.
407 Iske aaO. S. 116.
408 Iske aaO. S. 121.

Mittelschule, die sie aber noch vor der Mittleren Reife verließ. Anschließend begann sie eine Ausbildung zur Schneiderin und Modezeichnerin. Mit der Namensänderungsverordnung vom 17. August 1938 wurden Juden in Deutschland gezwungen, ab 1. Januar 1939 als zusätzlichen Vornamen „Sarah" bzw. „Israel" anzunehmen, soweit sie nicht bereits als jüdisch erkennbare Vornamen trugen. Gisela Jacobius umging diese Anordnung, indem sie ihren Vornamen in „Zilla" änderte, der im Sinne dieser Verordnung als jüdisch galt. Versuche der Emigration nach Luxemburg (1940) und Kuba (1941) scheiterten. 1941 wurde sie in Berlin zur Zwangsarbeit herangezogen, im Januar 1943 tauchte ihre Familie getrennt voneinander in Berlin unter, um der Deportation zu entgehen, was mit der Hilfe von 15 bis 20 Helfern auch gelang. Jacobius und ihre Familie gehören damit zu den rund 1400 Berliner Juden, die die NS-Zeit in Verstecken überlebt haben, was kaum weniger als 15.000 nichtjüdische Helfer erfordert hat, die alle ihr eigenes Leben riskierten. Da die Familie zum Überleben zuletzt auch gefälschte schwedische Pässe benutzt hatte, wurde sie nach Kriegsende nach Moskau verschleppt und durchlief dann bis zur Rückkehr nach Berlin 1946 drei sowjetische Lager, obwohl Schweden gar keine Einwände gegen die Fälschung erhoben hatte. 1949 emigrierte Jacobius mit ihrem Vater nach Israel, kehrte aber bereits 1953 nach Berlin zurück, wo sie bis zu ihrem Tod am 18. Dezember 2011 lebte.

[Als Dienstverpflichtete:] Manchmal legte er [der Vorarbeiter] mir ein paar Lebensmittelmarken in den Stapel [der zu bearbeiten war.] Dass Menschen mir etwas zusteckten, passierte ein paar Mal. Zur Arbeit fuhren Mutter und ich mit der U-Bahn. Als Sternträger hatten wir von der Polizei Fahrausweise abholen müssen, auf denen genau festgelegt war, welche Linien wir vom Wohn- zum Arbeitsort benutzen durften. Auch mussten wir in der Bahn stehen. […] Ich spürte, wie mir jemand in die Manteltasche griff. Reflexartig fasste ich an die Stelle. Doch jemand neben mir flüsterte: „Pst. Bitte nichts sagen." Als ich ausstieg, sah ich nach: Es waren Lebensmittelmarken, sogar ein paar Fleischmarken darunter. […] Einmal packte mir ein Herr an der Kasse ein Tütchen Puddingpulver umsonst in die Tüte. Ein anderes Mal […][409]

Solche Erlebnisse waren wichtig. Sie machten Mut, zeigten mir, dass nicht alle mit dem Naziterror gegen uns einverstanden waren. […] Dennoch waren es zu wenige. Zu viele Deutsche schauten weg. […] Die Deportationen fanden nur anfangs im Dunkeln statt, später für jedermann sichtbar.[410]

---

409 Jacobius aaO. S. 161.
410 Jacobius aaO. S. 162.

Viele Menschen sehen an diesem Tag zu: unsere Nachbarn, die Kunden am Zigarettenstand. Keiner unternimmt etwas.[411]

Zweieinhalb Jahre werden wir leben, weil andere uns helfen, werden leben, weil wir manchmal Mut, manchmal Glück haben. Ich bin froh, dass wir es nicht ahnten. Meine Eltern hätten es nicht getan.[412]

Die Zeitzeugin schreibt, dass die Deportationen von Berlin aus „nur anfangs im Dunkeln" stattgefunden hätten und „später für jedermann sichtbar". Dagegen stehen andere Zeugnisse aus vielen Städten in Deutschland, wonach die Deportationen auch noch später durch eine Reihe von Maßnahmen getarnt wurden, etwa indem die Betroffenen aus ihren – damals schon von Nichtjuden getrennten – Wohnhäusern („Judenhäusern") zunächst in Übergangsheime gebracht wurden. In Berlin war es so, dass die meisten Deportationen vom entlegenen Bahnhof Grunewald aus durchgeführt wurden. Man kann aufzeigen, dass nur ein Bruchteil der nichtjüdischen Berliner eine Deportation mit eigenen Augen gesehen hat. Allgemein bekannt war, dass auf jegliche Widerstandsakte gegen diese Politik für Nichtjuden die Einlieferung ins KZ und für Juden die Todesstrafe stand.   (K.L, K.B.)

Rolf **Joseph** wurde 1920 in Berlin geboren. Dort arbeitete er als Schreiner. Ab 1942 Zwangsarbeit, dann untergetaucht. Im Juni 1942 holte die Gestapo seine Eltern aus der gemeinsamen Wohnung im Wedding, seinem Bruder Alfred und ihm gelang es, nach einigen Tagen und Nächten in Wäldern und auf Bahnhöfen, ein Versteck in Kellerwohnung zu finden. Er benutzte dabei den Ausweis eines toten Wehrmachtssoldaten, was ihm bald zum Problem wurde, weil ein gleichnamiger Soldat als Deserteur gesucht wurde. So wurde er verhaftet und nach sechs Wochen im Bunker nach Auschwitz deportiert. Während der Fahrt gelang ihm die Flucht aus dem Waggon, doch er wurde erneut verhaftet und der Gestapo übergeben. Ihr entkam er, indem er eine Scharlach-Erkrankung simulierte. Nach zwei Wochen Aufenthalt im Jüdischen Krankenhaus warnte ihn eine Schwester vor neuerlicher Verhaftung, der er sich durch einen Sprung aus dem Fenster im zweitem Stockwerk entzog. Mit angebrochenem Rückenwirbel kehrte er zur Kellerwohnung im Wedding zurück, wo er zuerst versteckt worden war. Hier konnte er wieder unterkommen, bis das Haus einen Bombentreffer erhielt. Nun versteckte ihn seine Retterin zusammen mit seinem Bruder Alfred und einem jüdischen Freund auf einem verwilderten Grundstück, wo sie überlebten[413]. Rolf Joseph blieb nach Kriegsende in seiner Heimatstadt, wo er am 29. November 2012 verstarb.

---

411 Jacobius aaO. S. 164.
412 Jacobius aaO. S. 165.
413 Karolin Seinke: Rolf Joseph (geb. 1920) Er überstand die Schläge der Gestapo, ohne sein Versteck preiszugeben, in: *Der Tagesspiegel*, 22.02.2013 – [Aufgerufen am 25.4.2020.]

Kurz vor unserer Wohnung biegen wir an einer Kneipe um die Ecke. Ein grauer Möbelwagen parkt vor unserem Hause. Wir bleiben stehen, beobachten ihn. In diesem Moment zerren zwei uniformierte Männer unsere Eltern vom Haustor in den Wagen [...]. Wir können nichts tun.[414] [...]

Dreieinhalb Jahre dauerte meine Lehrzeit. Ich hatte viele Kollegen. Nach und nach sprach es sich bei ihnen herum, dass ich Jude bin. Sie mochten mich. Die meisten von ihnen waren Kommunisten. Meine praktische Prüfung hatte ich bestanden. Jetzt kam der theoretische Teil. Dafür musste ich zur Handwerksinnung. Sie legten mir einen Bogen vor. Im ersten Feld musste ich ankreuzen, ob ich arisch bin. Was sollte ich tun? Ich taute mich nicht zu lügen. Ich kreuzte „Nein" an. Nicht nur für mich hatte das schlimme Folgen. Sie nahmen meinem Meister den Betrieb weg. Nur dadurch, dass sein Sohn in die SA eintrat, konnten sie den Familienbetrieb retten.[415] [...]

Mit dem Stern war mir jeder Weg verhasst. Ich schämte mich. Ein paarmal wurde ich auf der Straße von Kindern verspottet. Ich spürte, wir Juden waren zum Abschuss freigegeben.[416] [...]

Diesem Arzt verdanke ich mein Leben. Er sieht sofort, dass ich mich selbst so zugerichtet habe, lässt sich aber nichts anmerken. Er bestätigt: „Der Mann hat Scharlach." Sie tragen mich auf einer Bahre ins jüdische Krankenhaus. Meine fünf Kameraden werden erschossen.[417] [...]

Als ich mittags bei ihm ankomme, sitzen zwei Männer in der Küche. Ich habe keine Chance zu fliehen. Sie nehmen mich zwischen sich und führen mich ab. Auf den letzten 200 Metern zur Polizeiwache setze ich alles auf eine Karte. Ich bleibe einfach stehen: „Wissen Sie", sage ich, „Sie können mich jetzt hier auf der Stelle erschießen. Das, was ich durchgemacht habe, schaffe ich nicht noch einmal." Die beiden sprechen leise miteinander. Schließlich wendet sich einer der beiden mir zu: „Hau ab! Verschwinde, so schnell wie möglich." Sie lassen mich laufen. Zufall, Glück?[418]   (F.D., K.L.)

Josef Heinz **Kahlberg** wurde am 23. Dezember 1917 in Halle geboren. Sein Vater Dr. Albert Kahlberg (1883–1966) war dort Rabbiner. Nach dem Abitur 1935 studierte er in Italien, da ihm in der Heimat ein Studienplatz verweigert wurde. In der Pogromnacht

---

414 Joseph aaO. S. 176.
415 Joseph aaO. S. 178.
416 Joseph aaO. S. 180.
417 Joseph aaO. S. 188.
418 Joseph aaO. S. 190.

wurden beide Eltern verhaftet, die Mutter nur für einen Tag, der Vater kam ins KZ Buchenwald. Mit Glück erhielt die Familie eine Einreiseerlaubnis nach Schweden, daraufhin wurde der Vater entlassen, mit der Vorgabe, Deutschland binnen einer Woche zu
verlassen. 1939 Entzug der deutschen Staatsangehörigkeit, 1948 erhielt die Familie die
schwedische Staatsbürgerschaft. 1962 zogen die Eltern Hamburg, Josef Kahlberg selbst
zog (zu einem unbekannten Zeitpunkt) nach Israel, wo er am 14. Juni 2006 starb.

In der Klasse war ich der Jüngste, der Kleinste, der Schwächste, der schlech-
teste Sportler – daneben aber ein Vorzugsschüler, im Allgemeinen immer
der Zweitbeste in der Klasse. Und dabei, wie gesagt, der einzige Jude. Alle
Voraussetzungen schienen gegeben, mich zum Objekt von Hänseleien oder
sogar Misshandlungen zu stempeln. Es lässt sich nicht leugnen, dass ich in
den ersten Jahren von einigen Mitschülern schlecht behandelt wurde, wenn
auch nur mit Worten und nicht mit Taten. Andere wiederum waren wirklich meine Freunde von Anfang an. […] Bei den meisten Lehrern war ich
durchaus beliebt.[419] […]

Unterdessen waren am 30. Januar 1933 die Nazis an die Macht gekommen. Den meisten Juden, einschließlich meiner Familie und mir selbst, war
keineswegs klar, was das bedeutete. Wir betrachteten uns als Deutsche, die
eben nur eine andere Religion hatten, das war alles. Hatte nicht mein Großvater 1870–71 für Deutschland gekämpft?[420]

Bemerkenswert ist die Tatsache, dass nun alle meine Mitschüler noch
netter zu mir waren als bis dahin. Das mag unlogisch erscheinen, aber Jugend ist gern in Opposition, und während der Antisemitismus offizielle Politik wurde, galt es nun als „chic" (heute würde man sagen „in"), mein Heim
zu besuchen und mich in ihres einzuladen. Sehr bald mussten sie alle der
Hitlerjugend angehören, aber das änderte nichts an ihrem Benehmen mir
gegenüber. Ich erinnere mich an einen Schulausflug 1935. Wir wanderten
durch die Dübener Heide und kamen gegen Mittag zu einer Waldschänke.
Es war geplant, dass wir uns dort etwas zum Trinken bestellen und dazu
unsere mitgebrachten Brote verzehren. An der Tür hing ein Schild „Juden
unerwünscht". Ich setzte mich auf einen Baumstumpf vor der Tür, packte
meine Brote aus und begann zu essen. Nach einer Weile kam einer von der
Klasse und fragte mich: „Ja, was machst Du denn da? Wir haben eben erst
gemerkt, dass Du fehlst. Ich wies auf das Schild hin. „Ach, Quatsch", sagte

---

419 Kahlberg aaO. S. 10.
420 Kahlberg aaO. S. 12.

er. „Du gehörst zu uns, komm schon rein!" Ich weigerte mich: „Ich gehe nicht hin, wo ich nicht erwünscht bin." Daraufhin ging er wieder hinein, sprach offenbar mit den anderen. Danach kam er dann mit seinen Broten wieder und setzte sich neben mich. Nach etwa zehn Minuten löste ihn ein anderer ab, nach weitere zehn Minuten ein dritter, und dann war die Pause zu Ende und wir wanderten alle weiter.[421]

Im Oktober 1939 wurden meine Eltern und ich aus Deutschland ausge-bürgert[422], und alles, was noch in Halle von unserem Eigentum verblieben war, wurde beschlagnahmt.[423]   (K.L.)

Bruno **Kirschner** wurde 1884 in Berlin geboren. Er war ein deutscher Sachbuchautor u. a. zur Numismatik, promovierter Judaist und Mitbegründer der von 1927 bis 1930 erschienenen deutschsprachigen Enzyklopädie *Jüdisches Lexikon*. 1937 wanderte er nach Palästina aus. Nach der Emigration arbeitete er mit dem Leo Baeck Institut an der Germania Judaica. Er starb 1964 in Jerusalem.

Die doppelte innige Verknüpfung mit München […] ist mir schönste Le-benserinnerung geblieben [Kirschners Onkel, Emanuael Kirschner, war Komponist und Kantor der Münchner Jüdischen Gemeinde]. An der Liebe zu München können auch die Schandtaten der Bestien, die die Stadt mehr als zwölf Jahre lang vergewaltigen konnten, nichts ändern.[424]   (K.L.)

Max **Kirschner** wurde am 7. März 1886 in München geboren. Bei Beginn des Ersten Weltkrieges musste er sich zur Reichswehr melden und erhielt ein Jahr später als erster Mediziner und als erster Jude in der bayerischen Armee das Eiserne Kreuz. Nach dem Krieg ließ er sich als Arzt in Heddernheim bei Frankfurt am Main nieder. Während des Pogroms vom November 1938 wurde er zusammen mit seinem Sohn Fred ins KZ Buchenwald eingeliefert. Am Monatsende entlassen, ergatterte er mit Glück Visa für Groß-britannien. Später emigrierte er weiter in die USA, wo er am 16. August 1975 starb.

---

421 Kahlberg aaO. S. 13.
422 Gemeint ist offenbar der Entzug der deutschen Staatsangehörigkeit, die damals von der deutsche Staatsbürgerschaft unterschieden wurde. Letztere war den Juden in Deutschland bereits im September 1935 mit den Nürnberger Gesetzen genommen worden.
423 Kahlberg, aaO, nach S. 13 (genaue Fundstelle verlegt).
424 Kirschner in Lamm (Hrsg.) S. 303 f.

Geboren bin ich in der bayerischen Hauptstadt München, einer der schönsten und liebenswertesten Städte, die ich kenne. [...][425] Wir hatten in Bayern keine Rassenprobleme.[426] [...] Ich habe nie, weder in der Volksschule noch im Gymnasium und auch danach nicht, etwas wirklich Unangenehmes erlebt... Die Juden sahen sich als festen Bestandteil dieser aufblühenden Gesellschaft. Die Westjuden waren überzeugt, dass Krieg und Verfolgung für immer vorüber seien, dass sie am Beginn einer Ära ewigen Friedens und allgemeinen Wohlbefindens stünden.[427] [...]

Wenn ich zurückdenke, gab es zwischen Ost- und Westjuden immer einen Riss, und ich kann nicht leugnen, dass wir uns ihnen überlegen fühlten.[428] [...]

[Im Ersten Weltkrieg:] Ich war stolz, Offizier zu sein, ich hatte so oft von meinen Männern verlangt, ihren kleinen Wehwehchen nicht nachzugeben, aber am Wichtigsten war mir mit, dass ich als einziger Jude des gesamten Haufens nicht als Feigling gelten wollte. [...] Solange ich mit ihnen zusammen war, hatte ich mit keinem von ihnen jemals Schwierigkeiten.[429] [...]

Man hörte damals und hört auch heute noch so viel über die deutschen Grausamkeiten während des Ersten Weltkrieges – aber ich bekam eine Belobigung, weil ich französisches Leben gerettet hatte. Dazu möchte ich auch sagen, dass ich nie irgendwelche Gräueltaten, Plündereien oder Vandalismus gesehen habe.[430] [...]

Als Beweis für unser gutes gegenseitiges Verhältnis muss ich erwähnen, dass wir gestern Abend Duzbrüderschaft getrunken haben, nachdem oder vielleicht weil ich am Tage zuvor offen und mit voller Absicht über meine Religion gesprochen hatte. Das ist ein schöner Ausdruck von Verstehen und Kameradschaft.[431] [...]

Ich finde, die Gefangenen werden zu milde behandelt. „Menschlichkeit" ist in Ordnung. Diese Männer haben für ihr Land gekämpft, wie wir für das unsere. Viele von ihnen wollten den Krieg nicht, wie viele von uns ihn eigentlich auch nicht wollten. Aber einseitige Überlegungen sind ein Fehler. Schließlich hören wir nichts über die Behandlung und das Leiden unserer

425 Kirschner, Max aaO. S. 15
426 Kirschner, Max aaO. S. 17.
427 Kirschner, Max aaO. S. 7 f.
428 Kirschner, Max aaO. S. 11 f.
429 Kirschner, Max aaO. S. 46.
430 Kirschner, Max aaO. S. 73 f.
431 Kirschner, Max aaO. S. 76.

Soldaten in Frankreich, England oder Russland. Wir haben kein Sibirien, kein Algerien.[432] […]

Kurt Eisner, ein jüdischer Schriftsteller, der während der Revolution bayerischer Ministerpräsident geworden war – ein fähiger Politiker war er nicht –, wurde am 21. Februar 1919 von einem reaktionären Grafen ermordet. Ich notierte in jener Zeit: „Die sogenannten Spartakisten, eine kommunistische Gruppe, haben die Regierung übernommen. […] Ständig werden die Häuser durchsucht, manchmal geplündert, auf der Suche nach versteckten Waren, Geld wird konfisziert, Geiseln werden genommen, viele von ihnen getötet. Ein Terrorregime brandet über die sonst so friedliche und schöne Stadt München. […] Gegen weitere kommunistische Aufstände bildete sich eine freiwillige „Bürgerwehr", der ich mich im Juni 1919 anschloss."[433] […]

Wie wir durch diese Notzeit [letzten Jahre des Ersten Weltkrieges und die Nachkriegszeit] kamen, wie wir es schafften, dass wir und unsere Kinder gesund blieben und satt wurden – ich weiß es nicht. Mir kommt das immer noch wie ein Wunder vor.[434]

[Über den 1. April 1933 in Heddernheim bei Frankfurt:] Der Boykott-Tag verlief wie geplant. An jedes jüdische Geschäft und jedes jüdische Büro wurde ein gelbes Plakat mit schwarzem Davidstern angebracht, in dessen Mitte in großen, fetten Buchstaben das Wort JUDE prangte. So geschah es auch am Zaun vor meiner Praxis. Doch viele treue Patienten schickten uns Blumen, einige statteten uns am Nachmittag einen privaten Besuch ab. Ein junger Mann, Sohn eines Polizeibeamten, der in unserem Haus wohnte, kam nach Hause, riss angewidert das Plakat ab und warf es fort. Wir sahen das und bewunderten seinen Mut.[435] […] Immer mehr Leute hatten Angst, beim Betreten unseres Hauses gesehen zu werden. Kein Wunder also, dass es nicht lange dauerte, bis meine Ausgaben meine Einnahmen überstiegen.[436] […]

[Den Polizisten, die ihn und seine Leidensgenossen in der Pogromnacht 1938 bewachten, bescheinigt Kirschner:] „Die Wachen waren sehr nett, offenbar gefielen ihnen ihre momentanen Pflichten nicht im geringsten."[437]

432 Kirschner, Max aaO. S. 89.
433 Kirschner, Max aaO. S. 118
434 Kirschner, Max aaO, S. 135
435 Kirschner, Max aaO. S. 140 f.
436 Kirschner, Max aaO. S. 146.
437 Kirschner, Max aaO. S. 160.

[Sehr kritisch beurteilt er dagegen das Verhalten der Menschen am Straßenrand, als er und seine Schicksalsgenossen abtransportiert wurden:] Es war zutiefst widerwärtig, die Straße entlangzugehen und zu sehen, wie all diese Menschen grinsten, lächelten, winkten und den Arm zum Hitlergruß streckten … Indem ich in die meisten Gesichter sah, wusste ich, dass die Masse dieser Menschen ebenso verdorben war wie ihre Herren und dass gewiss nur eine winzige Minderheit die menschliche Würde wahrte.[438]

Unter den Bewertungen des Verhaltens der nichtjüdischen Passanten in der Pogromnacht steht diese Einschätzung weitgehend isoliert da. Fühlten die Polizisten wirklich menschlicher als der durchschnittliche Frankfurter? Womöglich war es eine negative Auslese, die den Zug der Verhafteten begleitete.   (K.L.)

Victor **Klemperer** wurde 1881 in Landsberg an der Warthe als Sohn des Reformrabbiners Wilhelm Klemperer (1839–1912) geboren. Er studierte Germanistik, Romanistik und Philosophie. Noch vor dem Studienabschluss arbeitete er von 1905 bis 1912 als Journalist und Schriftsteller in Berlin. Im Jahre 1906 heiratete er die protestantische Pianistin und Malerin Eva Schlemmer. 1912 setzte Klemperer sein Studium erfolgreich fort, konvertierte selbst zum evangelischen Glauben und wurde noch im selben Jahr zum Dr. phil. promoviert. Nach seiner Habilitation 1914 wirkte er bis Herbst 1915 als Lektor an der Universität Neapel. Dann meldete er sich als Kriegsfreiwilliger und diente von November 1915 bis März 1916 als Artillerist an der Westfront, dann als Buchprüfer der Militärzensur in Kaunas und Leipzig. 1920 wurde er Ordinarius für Romanistik an der TU Dresden. 1935 Entlassung aus dem universitären Dienst. Danach bis 1945 umfangreiche Notizen und Tagebuchaufzeichnungen über das Dritte Reich im Verborgenen. Dass diese Schriften erhalten blieben ist vor allem das Verdienst seiner Frau Eva, die Klemperer durch ihr Festhalten an der Ehe auch vor der Deportation bewahrte. Ab 1940 Einweisung des Ehepaars aus dem 1934 erworbenen Haus in verschiedene „Judenhäuser" in Dresden. Den großen Luftangriff am 13./14.2. überstand das Paar mit leichten Verletzungen. Das entstandene Chaos bewahrte Klemperer wie etwa 70 weitere in der Stadt verbliebene Juden, soweit sie deren Zerstörung überlebt hatten, vor der für den 16.2. vorgesehenen Deportation. Das Ehepaar versuchte zunächst die Flucht in Richtung Osten zu den sowjetischen Truppen, dann weiter durch Sachsen und Bayern bis zur Rückkehr nach Dresden im Juni 1945, wo Klemperer Haus und Professur zurückbekam. Von 1945 bis 1960 lehrte er an mehreren Universitäten in der SBZ bzw. DDR. Bald nach Kriegsende war das Ehepaar trotz Distanz zum Marxismus der KPD

---

438 Kirschner, Max aaO. S. 161.

beigetreten, von 1950 bis 1958 gehörte Klemperer der DDR-Volkskammer an. Klemperer verstarb 1960 in Dresden.

[Reflexionen während der NS-Herrschaft über persönliche Erfahrungen mit angeblichem Antisemitismus früherer Jahrzehnte, die zum Vergleich anregen:] September 1900 oder 1901 in Landsberg. Wir waren in der Unterprima vier Juden unter 16, in der Oberprima drei unter acht Klassenschülern. Von Antisemitismus war weder unter den Lehrern noch unter den Schülern Sonderliches zu spüren. Genauer rein gar nichts […].[439] […]

[Urteile und Diskussionen über den Antisemitismus in der deutschen Bevölkerung:] Vox populi zerfällt in zahllose voces populi. […] – Ich frage mich oft, wo der wilde Antisemitismus steckt. Für meinen Teil begegne ich viel Sympathie, man hilft mir aus, aber natürlich angstvoll. Die Frauen im Fischgeschäft, Vogel, Berger, Frau Häselbarth. – […] Gestern traf ich oben den Gemüsehändler Moses, der nur noch selten herkommt – Mangel an Ware. „Wenn Sie sich nicht schämen, einen Sack zu tragen?" Ich schämte mich nicht und erhielt einen unerfrorenen Weißkohl, eine Kohlrübe und Möhren – lauter seltene Delikatessen. Dazu eine Brotmarke geschenkt. Moses hat Eva schon wiederholt Kartoffeln gegeben. Es ist bekannt, dass uns Marken knapper zugeteilt werden als den „Volksgenossen".[440] […]

Fraglos empfindet das Volk die Judenverfolgung als Sünde.[441] […]

Zum ersten Mal antisemitische Bemerkung eines jungen Passanten: „Lasst die nur arbeiten! Gut, dass sie auch mal arbeiten." – Immer wieder wird Magnus von vorübergehenden Arbeitern angesprochen, die er operiert hat.[442] […]

Lewin, der gutmütige Süddeutsche, erzählt, ein „besserer Herr", gut gekleidet, habe ihm morgens vor die Füße gespuckt und dann einen ostentativen Bogen um ihn gemacht. Mir selber rufen oft Kinder nach. Im Betrieb ständige Diskussionen, wieweit das Volk antisemitisch sei. Lazarus und Jacobowicz behaupten den absoluten Antisemitismus *aller* deutschen Klassen, den eingeborenen, allgemeinen, unausrottbaren; ich bestreite ihn, entschlossener, als ich selber glaube, und finde da und dort Unterstützung. Konrad: „Wäre das Volk wirklich judenfeindlich, dann wäre bei dieser Hetze

439 Klemperer: *Tagebücher 1937–1939*, aaO. S. 48 f.
440 Klemperer: *Tagebücher 1940–1941*, aaO. S. 9.
441 Klemperer: *Tagebücher 1940–1941*, aaO. S. 173.
442 Klemperer: *Tagebücher 1942*, aaO. S. 28.

längst kein einziger von uns mehr am Leben." Frank: die Arbeiter nicht –
nur die Akademiker. [443] [...]
Den sieben Frauen im Saal des dritten Stockwerks wurde solch eine Zeitung, wohl von der DAF, übergeben. Ich sprach ihnen von meiner Kalen-
dernot, und sie schnitten mir ein Exemplar aus und zogen es sorgfältig auf
Pappe. Ich war wirklich gerührt, auch ein bisschen gehoben: Ich nahm es als
neuen Beweis für die geringe Verbreitung des Antisemitismus im Volk. –
Das war gestern.[444]
[...] Einzeln genommen sind fraglos neunundneunzig Prozent der
männlichen und weiblichen Belegschaft in mehr oder minder hohem Maß
antinazistisch, judenfreundlich, kriegsfeindlich, tyranneimüde..., aber die
Angst vor dem einen Prozent Regierungstreuer, vor Gefängnis, Beil und
Kugel bindet sie.[445] [...]
[Erfahrungen von Unterstützung seitens der nichtjüdischen Bevölkerung:] [...] Meine gute Frau Scholz schenkte mir heute zwei Pfund Brotmarken, sie könne sie entbehren, sie habe in den Feiertagen bei der Schwie-
gertochter in Pulsnitz gegessen. Einzeln ist die überwiegende Mehrzahl der
Arbeiterinnen und Arbeiter so. Aber überall die Angst. „Zeigen Sie's niemandem, sagen Sie's niemandem!" Ebenso meinerseits. Frau Scholz: „Am
besten war's, als wir den Kaiser und den König hatten, da war Ruhe, und es
gab satt zu essen." Ich: „Frau Scholz, ich habe gar kein Misstrauen gegen Sie,
aber wenn's der Teufel will, kostet mich ein politisches Gespräch mit Ihnen
den Kopf [...]".[446] [...]
[Erfahrungen von Diskriminierungen seitens einzelner „Volksgenossen":]
Wirken Hitlers Reden doch? Ein älterer Arbeiter (*älter* und *Arbeiter* aller
Wahrscheinlichkeit nach) rief mir vom Rade herab zu: „Du Judenluder!" So
etwas macht mich schwankend in meiner Zeitangabe 11.59 Uhr.[447]

Dass Klemperer in seinen Tagebüchern auch einzelne Diskriminierungen und Ver-
leumdungen festhält, macht seine Einschätzung, der Antisemitismus sei Sache einer
kleinen Minderheit gewesen, umso glaubwürdiger. Klemperer quantifiziert diese Einschätzung in seinem Werk an zwei Stellen: In seinem Tagebucheintrag vom 15.2.1942 zu
seinem Schneeschippen auf den Straßen Dresdens als „Sternträger" am Tag zuvor meint

443 Klemperer: *Tagebücher 1943*, aaO. S. 81 (Hervorhebung im Original).
444 Klemperer: *Tagebücher 1944*, aaO. S. 7.
445 Klemperer: *Tagebücher 1944*, aaO. S. 39.
446 Klemperer: *Tagebücher 1944*, aaO. S. 43.
447 Klemperer: *Tagebücher 1942*, aaO. S. 75 (Hervorhebungen im Original).

er, „nicht einer von Fünfzig" befürworte die antijüdische Politik des Regimes.[448] Und der Belegschaft eines Unternehmens, in dem er Zwangsarbeit leisten musste, bescheinigt er, sie sei sogar „zu neunundneunzig Prozent … in mehr oder minder hohem Maß antinazistisch, judenfreundlich, kriegsfeindlich, tyranneimüde" (siehe oben).   (F.D.)

Ruth **Klüger** wurde 1931 in Wien geboren. Während des Krieges verschleppte man sie in die Konzentrationslager Theresienstadt, Auschwitz-Birkenau und Christianstadt. Auf einem Todesmarsch 1945 konnte sie noch vor Kriegsende fliehen. Nach dem Notabitur in Deutschland begann sie 1946 als 15-Jährige mit einem Studium in Regensburg. 1947 emigrierte sie in die USA, setzte ihre Studien fort und brachte es zur Professorin für Germanistik und Literaturwissenschaft u. a. in Princeton. Für ihr schriftstellerisches Werk erhielt sie etliche Literaturpreise.

[Gegensätzliche Grußformeln in Wien:] Ich kenne die Stadt meiner ersten elf Jahre schlecht. Mit dem Judenstern hat man keine Ausflüge gemacht, und schon vor dem Judenstern war alles Erdenkliche für Juden geschlossen, verboten, nicht zugänglich. Juden und Hunde waren allerorten unerwünscht, und wenn man doch einen Laib Brot kaufen musste, dann betrat man den Laden an dem Schild vorbei, auf dem zu lesen war: „Trittst als Deutscher du hier ein,/soll dein Gruß Heil Hitler sein." Kleinlautes „Grüß Gott" meinerseits, die Bäckerin grußlos, nur ein grobes „Was willst du?" Ich war immer erleichtert, wenn die beiden schlichten Grußworte auf ein Echo stießen und meinte, wohl mit Recht, es läge auf arischer Seite ein leiser, aber deutlicher Protest darin, etwa: „In Gottes Hand begeb ich mich, nicht in Hitlers".[449] […]

Einmal, als wir schon den Judenstern trugen, aber noch die öffentlichen Verkehrsmittel, wenn auch nicht die Sitzplätze, benutzen durften, tappte jemand in der Straßenbahn im Tunnel nach meiner Hand. Mein erster Gedanke war, ein Mann, der mich belästigen will, mein zweiter, ein Taschendieb. Ich hielt also meine Tasche fest. Aber nein, dieser Mann drückte mir etwas in die Hand, ein Geschenk. Offensichtlich wollte er so sein Mitleid mit mir bekunden, dem Kind mit dem Judenstern. Ich verstand das sofort. Juden zu beschenken war aber verboten, darum hatte er's im Tunnel getan […].[450]

---

448 Klemperer: Tagebücher 1942, aaO. S. 38.
449 Klüger aaO. S. 18.
450 Klüger aaO. S. 50 f.

Das Geschenk war eine Orange. Als der Zug aus dem Tunnel herausfuhr, hatte ich sie schon in die Tasche gesteckt und sah dankbar zu dem Fremden auf, wie er wohlwollend auf mich herunterschaute. Meine Gefühle waren aber gemischt, wie beim Zuckerl vom Weihnachtsbaum, und ich gefiel mir nicht in dieser Rolle. Ich wollte mich als oppositionell statt als Opfer sehen, daher nicht getröstet werden [...].[451]   (F.D.)

Charlotte **Knobloch** wurde am 29. Oktober 1932 in München als Sohn des jüdischen Anwalts Fritz Neuland geboren. Ihre Mutter Margarethe – nichtjüdischer Abstammung – konvertierte ihrem Mann zuliebe zum Judentum, ließ sich aber 1936 scheiden. Dies brachte Fritz Neuland in Lebensgefahr, war aber auch für die Tochter sehr gefährlich, denn als „Mischling 1. Grades" in der Diktion der Nürnberger Gesetze wäre sie wie eine „Volljüdin" behandelt worden, wenn sie in einem jüdischen Haushalt aufgewachsen wäre. Dies war anfänglich auch der Fall, denn nach der Scheidung wurde Charlotte zunächst von ihrer Großmutter Albertine Neuland erzogen, die am 24. Juli 1942 nach Theresienstadt deportiert und später dort ermordet wurde. Fritz Neuland gelang die Rettung seiner Tochter, indem er sie im Sommer 1942 in Mittelfranken in einem katholischen Dorf namens Arberg bei seiner früheren Haushälterin Kreszentia „Zenzi" Hummel unterbrachte. Über mehrere Details dieser Rettung hat Charlotte Knobloch später widersprüchliche und lückenhafte Angaben gemacht. Beispielsweise mutmaßten im Dorf zwar offenbar Einzelne, Charlotte könne die uneheliche Tochter der frommen Zenzi Hummel sein, das wurde aber kaum geglaubt – und es war vor allem gerade nicht die „Legende", mit der sie in Arberg „versteckt" wurde. Vielmehr nannte ihr Vater als Grund für die Unterbringung die zunehmenden Luftangriffe auf München. Vor allem aber gibt es inzwischen Belege dafür, dass Charlotte Knobloch unter ihren damaligen echten Namen Charlotte Neuland in Arberg lebte und nicht unter dem Alibinamen Charlotte Hummel. Zentraler Punkt der Ungenauigkeiten ist, dass die damals zehnjährige Charlotte als Tochter einer „arischen" Mutter 1942 gar nicht versteckt werden musste, um sie vor der Deportation zu schicken, es genügte vorläufig, dass sie nicht mehr in einem jüdischen Haushalt lebte. Erst gegen Kriegsende drohte auch den „Mischlingen ersten Grades" Deportation und Ermordung. Tatsächlich wurde dann auch Charlotte – wie sie selbst berichtet – noch einmal gesucht, was indirekt bestätigt, dass sie zuvor nicht im eigentlichen Sinne versteckt worden war und dass ihre Identität in Arberg auch kein Geheimnis war.[452] – Nachdem auch ihr Vater mit viel Glück den Krieg

---

451 Klüger aaO. S. 51.
452 Diese Korrekturen an der Geschichte der Rettung von Charlotte Knobloch habe ich in meinem Buch *Adenauer hatte recht* (2. Auflage 2016), auf S. 64–77 mit vielen Details belegt. Mein Verleger hat das Buch Frau Knobloch am 24. April 2017 mit der höflichen Bitte um Stellungnahme und ggf. Widerspruch zugeschickt. Charlotte Knobloch hat die Darstellung unwidersprochen gelassen.

überlebte, konnte sie nach München zurückkehren. Seit 1985 ist sie Präsidentin der Israelitischen Kultusgemeinde in München und Oberbayern. Zeitweise stand sie dem Zentralrat der Juden in Deutschland vor. Ihre Aufzeichnungen fügen sich nahtlos in die Bilder, die die anderen Juden hinterlassen haben, insbesondere zu den Ereignissen Boykott und Pogrom.

Viele seiner jüdischen Freunde und Bekannten, so erzählte Vater mir später, wollten die Bedeutung dieses Tages [= 30. Januar 1933] nicht erkennen. Sie trösteten einander und redeten sich ein, dass Hitler eine vorübergehende Erscheinung, ein Phänomen sei: Ebenso rasch, wie er aufgetreten sei, werde er auch wieder verschwinden.[453]

Die Aktion [Boykott vom 1. April 1933] wurde allerdings abgebrochen, weil die Machthaber enttäuscht feststellen mussten, dass die Bevölkerung ihrem Aufruf, die Juden zu ächten, nicht im gewünschten Umfang nachgekommen war. Noch konnten die meisten zwischen Recht und Unrecht unterscheiden. Doch das Gift des Hasses träufelte bereits in ihre Herzen.[454]

Am Abend des Mittwoch, 9. November [1938], Vater heißt mich, sofort meinen Mantel anzuziehen. Wir müssen unsere Wohnung verlassen. Zu dieser Stunde? Vaters Gesicht lässt keine Zeit für Fragen. Später erzählt er mir, er habe eine Warnung erhalten, man würde ihn in dieser Nacht „holen". Als ich meine Augen endlich von der Zerstörung abwende und mich umdrehe, schaue ich den Menschen in die Gesichter, die ebenfalls die Verheerung betrachten. Ihre Mienen sind ernst, sie wirken traurig und bedrückt. Von der Zerstörungslust, die ich in der vergangenen Nacht gesehen hatte, ist bei ihnen nichts zu spüren. Vielleicht, so versuche ich mich zu trösten, waren es doch nur einige wenige gewesen, die mitgetan hatten. Gleichzeitig kann ich den Gedanken nicht loswerden, dass ich niemanden gesehen hatte, der gegen die Verwüstungen eingeschritten war.[455]

In späteren Jahren habe ich oft über die Tätigkeit des Herrn Koronczyk [damals Vorsitzender der jüdischen Gemeinde Münchens] nachgedacht. Es ist eine der unzähligen Niederträchtigkeiten, dass die Gestapo die jüdischen Gemeinden zwang, als ihre Helfershelfer zu fungieren. Denn nach den Angaben der Gemeinde wurden die Deportationslisten zusammengestellt. Warum gibt man sich für eine solche Arbeit her, fragte ich mich. Doch auch diese Menschen litten Todesangst. Sie versuchten, durch ihr unheilvolles

---

453 Knobloch aaO. S. 13.
454 Knobloch aaO. S. 35.
455 Knobloch aaO. S. 59

Tun, sich und ihre Familie zu retten. Man soll nicht über Menschen richten, die aus Verzweiflung handeln.[456]

Zenzi [in Arberg] und die Familie Hummel haben alles für mich riskiert. Die Entdeckung meiner wahren Identität hätte für die Familie fatale Konsequenzen gehabt. Einen Juden zu verstecken konnte den Tod bedeuten.[457]

Wenn Knobloch schreibt: „Noch konnten die meisten zwischen Recht und Unrecht unterscheiden", so impliziert dies eine nachfolgende Radikalisierung der Bevölkerung, bei der den meisten diese Unterscheidung nicht mehr gelungen wäre. Dafür bietet dieses Buch freilich viele Gegenbelege, und auch Charlotte Knoblochs eigene Retter haben bis zuletzt alles für sie riskiert, in den letzten Kriegsmonaten sogar mehr als zuvor[458].

(K.L.)

Jiří **Kosta** wurde 1921 als Heinrich Georg Kohn in Prag geboren, seine deutschen Vornamen nutze er auch in den Jahren der Zwischenkriegszeit neben dem tschechischen Namen Jiří trotz der massiven antideutschen Stimmung und Politik in der Tschechoslowakei. Er besuchte ab Herbst 1931 das deutsche Stephansgymnasium in Prag, dann ab Herbst 1938 das tschechische Athenäum-Gymnasium, wo er im Juni 1939 – kurz nach der deutschen Besetzung des Landes – das Abitur ablegte. Das angestrebte Studium der Volkswirtschaftslehre blieb ihm wegen der Schließung der tschechischen Hochschulen im November 1939 verwehrt. 1941 wurde er als Jude zur Zwangsarbeit verpflichtet. Von Theresienstadt wurde er am 28. Oktober 1944 mit dem letzten Transport nach Auschwitz deportiert und am 20. Januar 1945 von der Roten Armee befreit. Nach verschiedenen Tätigkeiten, unter anderem als Direktor einer Luftfahrtgesellschaft, unterrichtete er an einer tschechischen Ingenieurschule Betriebs- und Volkswirtschaft und erhielt 1966 den tschechischen Doktorgrad (CSc). Im Anschluss an den Prager Frühling von 1968 emigrierte er in die Bundesrepublik und erhielt nach der Promotion (1973) einen Ruf als Professor für sozialistische Wirtschaftssysteme an die Universität Frankfurt. Er verstarb 2015.

[Differenzierte Schilderung der Atmosphäre im „Deutschen Staatsrealgymnasium" in Prag:] Nicht nur in unserer Klasse, sondern am gesamten Gymnasium herrschte eine Atmosphäre, die frei war von religiösen oder nationalen, geschweige denn rassistischen Vorurteilen. Dies galt jedoch

---

456 Knobloch aaO. S. 68 f.
457 Knobloch aaO. S. 95.
458 Siehe dazu *Adenauer hatte recht,* S. 67 und 77.

weitgehend auch für die restlichen etwa zehn deutschen „Volks-, Bürger-
und Mittelschulen" in Prag.[459] […]

All die angedeuteten Unterschiede konfessioneller, nationaler und sozi-
aler Zugehörigkeit spielten, soweit ich mich erinnere, keine beobachtbare
Rolle. Und was mir nach all meinen späteren Erfahrungen besonders wichtig ist: Ich kann mich an keinerlei Form einer chauvinistisch oder antisemitisch motivierten Ausgrenzung einzelner Mitschüler erinnern.[460] […]

Von meinem Vater wusste ich, dass es unter seinen Kollegen zwar wech-
selseitige Sympathien und Antipathien gab, dass die Beziehungen zwischen
den Lehrern jedoch ebenfalls frei blieben von sichtbarem Antisemitismus.
Dennoch war es ein offenes Geheimnis, dass einige der Kollegen deutsch-
nationaler Gesinnung waren. Ob dies bereits eine latent antisemitische
Einstellung implizierte, vermag ich nicht zu sagen. Die Vermutung liegt
allerdings nahe, dass diese Gesinnung einzelner Lehrer die spätere Gleichschaltung durch die Nazis zumindest erleichtert hat.[461]

Zu Kostas Zeugnis kann ein interessantes Detail ergänzt werden: Laut der Enzyklopädie
Wikipedia sei der Grund für Kostas Schulwechsel 1938 die „zunehmend antijüdische
Stimmung in der deutschen Bevölkerung der Tschechoslowakei"[462] gewesen. Diese Ein-
schätzung wird allerdings durch sein obiges, eigenes Zeugnis widerlegt.   (F.D.)

Heinrich David **Kronstein** wurde am 12. September 1897 als Kind einer angesehenen
und vermögenden Familie in Karlsruhe geboren. Als Soldat im Ersten Weltkrieg wurde
er schwer verwundet. Nach Kriegsende Jurastudium in Heidelberg und Berlin, mit Promotion 1924. 1935 emigrierte er in die USA, dort weitere Jurastudien, zweite Promotion
1940 und Tätigkeit als Jurist. Ab 1936 war er für das US-Justizministerium als Gutachter
und Übersetzer tätig, außerdem ab 1941 Lehrtätigkeit in Washington, ab 1946 als or-
dentlicher Professor. Später kehrte er nach Deutschland zurück und lehrte von 1951 bis
1965 an der Universität in Frankfurt am Main. Dort starb Heinrich Kronstein am 26.
September 1972.

[Aus einem seiner „Briefe an einen jungen Deutschen":] Wenn in späteren
Jahren die Zugehörigkeit zu diesen Menschen, zu dieser sozialen Gruppe in
Frage gestellt worden ist, so hätte ich es den vielen gleichtun können, die

---

459 Kosta aaO. S. 37.
460 Kosta aaO. S. 38.
461 Kosta aaO. S. 38.
462 Wikipedia (deutsch) „Jiří Kosta", aufgerufen am 30.4.2020

dann nachträglich konstruierten, dass sie sich eigentlich nie ganz dazugehörig gefühlt hätten. Doch ich habe dazu gehört zu der Stadt Karlsruhe, zu den
freundlichen Lausbubenbanden in der Mathystraße, zu den Liebeleien und
Träumereien im Hardtwald und zum Schwarzwald. In dieser Gruppe ist es
nie oder zumindest nie feindlich vermerkt worden, dass ich Jude war. Hier
waren wir einfach richtige Jungens. Und dass ich das bei meinem überintel-
lektuellen Herkommen sein durfte, gehört zu den positivsten Elementen in
meiner Entwicklung.[463]

[Über die NS-Ära bis zur Emigration 1935:] Was meine Familie nach
1933 an Freundschaft und Treue aus diesem Kreis erfahren hat […], ist
nicht zu beschreiben. Es ist einfach groß und aufrichtig! Überhaupt habe
ich nach 1933 nicht eine einzige menschliche Enttäuschung durch meine
Freunde erlebt. […] auch alle die, die selbst bedroht waren, […] standen
ohne jede Einschränkung zu uns.[464]   (K.L.)

Helmut **Krüger** wurde 1913 als Sohn einer jüdischen Mutter und eines „deutschblütigen" Vaters geboren. Gemäß der Nürnberger Rassegesetze galt er als „Mischling ersten
Grades". Er erlebte eine „Kindheit ohne Rassenprobleme". An der Technischen Hochschule in Charlottenburg absolvierte er ein ingenieurwissenschaftliches Studium als
Werkstudent. Am Anfang des Krieges diente er als Soldat, ehe er (wie andere „Halbjuden") 1940 als „wehrunwürdig" aus der Wehrmacht entlassen wurde. Nach dem Zweiten
Weltkrieg arbeitete er in leitender Funktion im Baugewerbe.

[Erfahrungen über den Umgang von Wehrmachtsangehörigen mit Juden
während des Krieges gegen Polen 1939:] Besonders gefragt in unseren Offi-
zierskreisen waren jüdische Schneider- und Schuhmacherarbeiten. Die
Schuhmacher stellten nach Maß innerhalb weniger Stunden aus feinem,
weichem Leder Stiefel her. Die jiddisch sprechenden Juden wurden auch als
Dolmetscher herangezogen. Ich erinnere mich an keinen Fall, bei dem zu
dieser Zeit ein deutscher Soldat ausfallend gegen einen Juden geworden
war. Einmal rollten in einer bereits von anderen verwüsteten Synagoge her-
umstreunende Kameraden Gebetsrollen wie Luftschlangen auf dem Fußbo-
den aus und stießen mit den Füßen rituelle Gerätschaften vor sich her. Ich

---

463 Heinrich Kronstein: *Briefe an einen jungen Deutschen,* München 1967, S. 50 f.
464 Kronstein 1967: 132 f.

wies sie vorsichtig darauf hin, dass sie sich in einem Gotteshaus befänden, worauf sie alle, zwar etwas erstaunt über mich, ihr Treiben einstellten.[465]

[Zunehmende Unsicherheiten der „Mischlinge":] Nach der Pogromnacht vom 9./10. November 1938 wurde die Judengesetzgebung schlagartig verschärft. Wenn auch die Mischlinge durch ihre Bindung an das Judentum mittelbar physisch und psychisch von dem neuen Leid betroffen waren, verschlechterte sich ihr bisheriger Status aber nicht. Soweit sie kriegsdiensttauglich oder schon zuvor zum Wehrdienst eingezogen waren, ergingen an sie die Stellungsbefehle am ersten Tag der Mobilmachung [...].[466]   (F.D.)

5. Lamm, Hans – Neumeyer, Alfred

Hans **Lamm** wurde am 6. Juni 1913 in München geboren. 1932 begann er ein Jurastudium, nach der Machtergreifung 1933 wechselte er zum Journalismus, weil er damit rechnen musste, später kaum als Jurist arbeiten zu können. 1938, noch vor dem Pogrom, emigrierte er in die USA. Nach dem Krieg kehrte er zurück und war unter anderem als Übersetzer bei den Nürnberger Prozessen und als Vertreter der *Jewish Claims Conference* tätig, außerdem als Publizist. 1951 Promotion zum Dr. phil. durch die Universität Erlangen. 1955 endgültige Rückkehr nach Deutschland. Lamm wurde 1970 Präsident der Jüdischen Kultusgemeinde München und Oberbayern. Er starb am 23. April 1985 in München.

Von 1933 bis zu meiner Emigration lebte ich..., ich würde nicht gerade sagen glücklich, aber ich würde auch nicht sagen unglücklich. Man lebte eben, und man schrieb und studierte, ohne zu merken, dass man auf einem Vulkan saß.[467]

Die ersten Äußerungen jüdischer Blätter nach der Bildung des Kabinetts Hitler hatten einen fast einheitlichen Grundton. Die Erklärung des Präsidenten des Central-Vereins [deutscher Staatsbürger jüdischen Glaubens], die unmittelbar nach der Machtübernahme veröffentlicht wurde, lautet: „Wir stehen einem Ministerium, in dem Nationalsozialisten maßgebendste Stellungen einnehmen, selbstverständlich mit größtem Misstrauen gegenüber, wenn uns auch bei der gegebenen Lage nichts anderes übrig bleibt, als

---

465 Krüger aaO. S. 66.
466 Krüger aaO. S. 74.
467 Sinn aaO. S. 26.

seine Taten abzuwarten. Wir sehen als den ruhenden Pol in der Erscheinung Flucht den Herrn Reichspräsidenten an… Aber auch abgesehen davon sind wir überzeugt, dass niemand es wagen wird, unsere verfassungsmäßigen Rechte anzutasten. Jeder nachteilige Versuch wird uns in entschiedener Abwehr auf dem Posten finden. Im übrigen gilt heute ganz besonders die Parole: Ruhig abwarten!"[468]

Fest steht jedoch, … dass sich während der ersten Phasen der nationalsozialistischen Judenpolitik nicht selten eine Situation entwickelte, in welcher es den Nationalsozialisten angebracht erschien, eine pro-zionistische Haltung einzunehmen oder vorzugeben.[469] [Zur Begründung nennt Lamm, dass] Nationalsozialismus und Zionismus davon ausgingen, dass das Bestimmende am Judentum ein rassisches oder nationales und nicht ein religiöses Element sei.[470]

Am 19. September [1941] war die Anordnung über das Sternetragen herausgekommen. Ich war sehr neugierig, wie sich die Berliner Bevölkerung dazu stellen würde. Am Morgen ging ich früh zu Selichaus und beobachtete, wie entgegenkommende Passanten auf die Sterne reagieren würden. Sie schauten alle beiseite und taten, als ob sie die Sterne nicht sähen; auch die HJ hatte anscheinend den Befehl bekommen, von den Sternen keine Notiz zu nehmen, und die Befürchtung, dass jüdische Passanten von der HJ belästigt werden würden, erwies sich als grundlos. Ein Mitarbeiter beim Hilfsverein erzählte folgendes: Als er am ersten Tage mit dem Stern geschmückt das Büro verließ, kam ein kleines Mädchen auf ihn zu, gab ihm die Hand und sagte: „Heil Hitler, Herr Jude!". Als dieser Herr das Mädchen fragte, was das bedeuten solle, sagte sie, der Lehrer hätte ihr streng angesagt, gegen die Leute mit Sternen recht höflich zu sein […] Im Ganzen kann man sagen, dass 80 Prozent der Bevölkerung gleichgültig war oder wenigstens seiner Abneigung gegen die ganze Judenverfolgung keinen Ausdruck gab. 15 Prozent waren anständig und zeigten offen ihre Unzufriedenheit und etwa 5 Prozent waren bösartig und taten alles, was sie konnten, um die ohnehin schwere Situation noch weiter zu verschärfen. So wenigstens war das Verhältnis nach meiner Erfahrung.[471]

---

468 Lamm aaO. S. 137 f.
469 Lamm aaO. S. 149.
470 Lamm aaO. S. 149.
471 Lamm aaO. S. 313 f.

[Weiter heißt es in der Einleitung:] Aus dieser Sicht ist die fehlende Anteilnahme gegenüber dem Schicksal der Menschen, die nicht zur Volksgemeinschaft gerechnet wurden, das vielleicht wichtigste Verhaltensmuster der deutschen Gesellschaft gewesen…

Wie die Juden den politischen Umschwung bewerteten, schildert Lamm in seiner Dissertation aus dem Jahre 1951. Die Zionisten und die Nationalsozialisten hatten *ein* Ziel zunächst gemeinsam: Auswanderung der Juden aus Deutschland, wobei den Zionisten natürlich Palästina vorschwebte. Bis kurz vor der Reichspogromnacht war demnach das Leben in Deutschland für Lamm erträglich. Offenbar war Lamm 1941 vorübergehend nach Deutschland zurückgekehrt, sonst hätte er nicht im September in Berlin die zitierten Beobachtungen machen können. Dies ist eine seltene Ausnahme, zumal zu diesem Zeitpunkt der Holocaust bereits begonnen hatte. (K.L.)

Gustav **Lask,** geboren 1876, war der Inhaber eines Geschäfts in Kiel, Mitglied im Vorstand der dortigen Jüdischen Gemeinde und Vorsitzender der Kieler Ortsgruppe des Reichsbundes jüdischer Frontsoldaten. Am Morgen des 10. November 1938 wurde er in Kiel zusammen mit einem jüdischen Bekannten von der SA überfallen, misshandelt, mit zwei Schüssen schwer verletzt und dann liegengelassen. Beide überlebten den Anschlag und konnten emigrieren, Lask wanderte nach England aus. Er starb im Jahre 1961.

Da ich schon lange Jahre in meiner Vaterstadt ansässig war, so wurde ich bei meinen Gehversuchen von vielen christlichen Freunden und Bekannten zu meiner Genesung beglückwünscht. Von Unbekannten wurden mir Blumen ins Haus geschickt, und ich erhielt anonyme Briefe, die mir Beweise von Sympathie brachten. Eine mir bekannte, der NSDAP angehörige Dame wollte gegen die Schandtat protestieren, indem sie der zuständigen nationalsozialistischen Zeitung ein „Eingesandt" zuschickte. Nur die Tatsache, dass sie eine alte Nationalsozialistin war, bewahrte sie vor üblen Folgen. Ein mir bekannter Ingenieur (Seeoffizier) und dessen Sekretärin wurden verhaftet, weil sie angeblich sich zu meinen Gunsten geäußert hatten.

Da die Gestapo beobachtete, dass mein Aufenthalt Anlass zu der Partei abträglichen Stimmungen und Berichten gab, so erhielt ich den Befehl, am 16. Januar meine Heimatstadt zu verlassen.[472] (K.L.)

---

472 Lask aaO. S. 291.

Anita **Lasker-Wallfisch** wurde 1925 in Breslau geboren. Als Jüdin wurde sie 1942 deportiert. In Auschwitz wurde die Cellistin in die Lagerkapelle aufgenommen und wohl deshalb überlebte sie. 1946 emigriert sie in die USA und lebt heute in London.

[Vor dem 9. November 1938:] Ich erinnere mich auch, dass Kinder mich auf der Straße anspuckten und mich „dreckiger Jude" nannten […] Von diesen Unannehmlichkeiten abgesehen, schien das Leben aber durchaus angenehm, und es war unvorstellbar, dass es nicht so weitergehen sollte.[473]

[Herbst 1941:] Trotz allem hatte das Leben für uns immer noch den Anschein relativer Normalität. Ich kann wirklich sagen, dass ich eine sehr glückliche Kindheit hatte.[474] Wir waren nicht so verzweifelt, wie wir es hätten sein sollen. Man ahnte nicht, was alles bevorstand.[475]

[Im Zuchthaus:] Manchmal fand ich ganz unten in den Kartons, in denen die noch unbemalten Soldaten lagen, etwas Brot und einmal sogar einen Kuchen, den ihre [der Aufseherin] Mutter für mich gebacken hatte.[476]

Als ich dort war, saßen fünfzig Frauen in Einzelzelle, die auf ihre Hinrichtung warteten. Sie hatten sich politische Vergehen zuschulden kommen lassen, Sabotage, Verteilen von Flugblättern, Verbreiten von defätistischen Gerüchten oder sie hatten einen gesuchten politischen Flüchtling beherbergt.[477]

[Nach Auschwitz und dem Ende der NS-Herrschaft:] So wie ich das deutsche Volk hasse, ja, AUSNAHMSLOS[478] hasse, wenn ihr nur irgend begreifen könnt, was hassen heißt. Es geht so weit, dass ich (und in meiner Eigenschaft als Dolmetscherin passiert mir das öfter) mich umdrehen muss, um ihnen nicht ins Gesicht zu schlagen. Jedem einzelnen, auch die mir persönlich nichts getan haben[479] und die von dem Gräueln der Konzentrationslager nicht gewusst haben.[480]

Wir sehen die Menschen um uns herum, obwohl sie alle schrecklich nett zu uns sind, manchmal durch eine mitleidlose Brille, denn vor allem haben wir im KZ eins gelernt: Menschenkenntnis! Wir haben feststellen müssen,

473 Lasker-Wallfisch aaO. S. 24
474 Lasker-Wallfisch aaO. S. 43.
475 Lasker-Wallfisch aaO. S. 46.
476 Lasker-Wallfisch aaO. S. 87.
477 Lasker-Wallfisch aaO. S. 113.
478 Hervorhebung wie im Original.
479 Unterstreichung wie im Original.
480 Lasker-Wallfisch aaO. S. 175.

dass fast alle Menschen in der Stunde, wo sie sich bewähren müssen und zeigen, dass sie „Menschen" sind, zu Tieren werden.[481]

Als ich durch Hamburg fuhr, habe ich mich geschämt. Nicht für mich, nicht für Deutschland, denn ich fühle nicht mit Deutschland, aber für die Menschen, für alle Menschen habe ich mich geschämt.[482]

In Anita Lasker-Wallfischs Aufzeichnungen über das Verhalten der Nichtjuden in den Jahren vor ihrer Deportation begegnet dem Leser Erfreuliches wie Unerfreuliches. Beides in der Gesamtschau lässt nicht darauf schließen, dass ihr Hass schon in dieser Zeit grundgelegt worden wäre. Wenn sie gegen Ende schreibt, dass sie sich für „alle" Menschen schämt, drängt sich die Frage auf, ob sie damit sogar sich selbst meint. Bemerkenswert auch ihre Widmung: „Zum Gedenken an meine Mutter und meinen Vater und die Millionen, die zum Schweigen gebracht wurden und deren Geschichte niemals erzählt werden wird."[483]   (K.L.)

Edwin **Landau** wurde 1890 in Deutsch-Krone (Westpreußen) als Sohn eines Klempners geboren und zu den „deutschen Tugenden" erzogen. Als Soldat des Ersten Weltkriegs mehrfach ausgezeichnet, gehörte er zu den Mitgründern des Reichsbundes jüdischer Frontsoldaten, deren Vorsitzender in Deutsch-Krone er wurde. Der Boykott jüdischer Geschäfte am 1. April 1933 war für ihn als deutschen Patrioten ein Schock, über den er zum Zionisten wurde. Im November 1934 wanderte Landau nach Palästina aus, wo er wieder eine Klempnerei betrieb. 1975 ist er in Ramat Gan/Israel gestorben.

Besonders erwähnenswert ist aber die Tatsache, dass fast sämtliche Beamte des Finanzamtes bis hinauf zum Regierungsrat vorbildlich korrekt und entgegenkommend waren. Hingegen ging der Erste Bürgermeister von der DNVP ins Nazilager über. Auch einige Katholiken hielten schon die Zeit für gekommen, aus der Zentrumspartei auszutreten. Sie wollten den Zeitpunkt nicht versäumen, wenn es neue Posten gäbe.[484]

Vielfach hörte man in den anderen Parteien, sogar von vielen Juden sagen, es wäre vielleicht gut, wenn Hitler in die Regierung eintreten würde, denn er würde bald seine radikalen Ideen ablegen, zumal die anderen Rechtsparteiten ihn hemmen würden […].[485]

---

481 Lasker-Wallfisch aaO. S. 180.
482 Lasker-Wallfisch aaO. S. 175.
483 Lasker-Wallfisch aaO. S. 17.
484 Landau aaO. S. 102.
485 Landau aaO. S. 103.

So näherte sich der 1. April [1933], der Tag des Judenboykotts. Bereits am frühen Morgen des Freitag[486] sah man die SA mit ihren Transparenten durch die Stadt ziehen. „Die Juden sind unser Unglück", „Gegen die jüdische Gräuelpropaganda im Ausland." [...] Mir schien das Ganze unbegreiflich [...] Und doch war es bittere Wahrheit, dass da draußen vor der Tür zwei Jungen in braunem Hemd standen, die ausführenden Organe Hitlers. Und für dieses Volk hatten wir jungen Juden einst im Schützengraben ... gestanden.[487] „Trotz alledem kamen auch noch an diesem Tage eine Anzahl Kunden zu mir, besonders Katholiken, und es war so mancher dabei, der mich nur aus Protest gegen das Treiben da draußen besuchte. Auch der Bürodirektor des Landrats kam, um, wie er so schön sagte, mir nur die Hand zu drücken... Am Nachmittag wurden zwei jüdische Gutsbesitzer verhaftet, der katholische Landrat abgesetzt.[488]

So ging er [ein jüdischen Lehrer, den SA-Leute aus dem Unterricht heraus vertrieben hatten], und die Kollegen sahen ihm nach. Aber eine Freude sollte er noch erleben. Am Nachmittag erschienen in seiner Wohnung viele Schülerinnen mit Blumen und anderen Aufmerksamkeiten. Es war die Kritik einer noch unverdorbenen und unbeeinflussten Jugend.[489]   (K.L.)

Melvin **Lasky** kam am 15. Januar 1920 in New York als Kind immigrierter polnischer Juden zur Welt. Schon in jungen Jahren wandte er sich dem Trotzkismus zu und blieb zeitlebens ein antistalinistischer Linker. Er studierte Geschichte und war danach als Feuilletonredakteur tätig. Als Militärhistoriker sammelte er im Auftrag der US-Army von 1944 bis 1946 in Frankreich und Deutschland Eindrücke und insbesondere Einlassungen Deutscher zur politischen Lage. Allmählich wurde Berlin zu seiner Heimat, wo er als Publizist tätig war am 19. Mai 2004 gestorben ist.

[Ende April 1945] Als amerikanische Truppen [in München] die Lindwurmstraße runterkamen, wurden sie „begrüßt", Hochrufe, Mädchen mit Blumen. Die GIs warfen Zigaretten in die Menge. Die Leute waren sehr glücklich. Befreiung. „Vielleicht verstehen die Amerikaner nicht, wie sehr

---

486 Der 1.4.1933 war ein Samstag. Es kann aber durchaus Freitag, der 31.3. gemeint sein, zumal der *Völkische Beobachter* und weitere, damals schon staatlich gelenkte Zeitungen bereits am 29.3. für „Samstag 10 Uhr" zum Boykott aller jüdischen Geschäfte aufgerufen hatten.
487 Landau aaO. S. 104.
488 Landau aaO. S. 104 f.
489 Landau aaO. S. 106.

wir unterdrückt waren. Wir konnten nichts tun außer warten und hoffen. Bayern war kein Naziland."[490]

[Nach dem Krieg:] Dass man in Deutschland auf der Straße eine Pistole tragen müsse (in Frankfurt, Heidelberg, Mannheim, Augsburg oder München), ist absurd, geradezu lächerlich. Es gibt keine deutschen Rebellen, und was den Nazismus unter den Mädchen betrifft, so ist auch das nur ein Witz. Die Politik und besonders die alten Fragen sind erst einmal passé.[491]

Ja, natürlich laufen hier auch ein paar kriminelle Halbnazicharaktere, ehrgeizige Geschäftsleute […] und viele skrupellose junge Gangster herum. Aber das hat nichts mit dem zu tun, was wir ein Gesamtbild nennen würden; das ist nicht das Volk, die Masse. Die ist geschlagen, zerlumpt, gelehrig, fügsam – und heutzutage Gott sei Dank auch ein wenig unabhängiger […][492]

Lasky hat nie in Hitlers Machtbereich aufgehalten und war insofern selbst kein NS-Verfolgter. Doch als naher Angehöriger von Verfolgten und wegen seiner speziellen Aufgabe im Krieg ist sein Urteil besonders wertvoll bei dem Versuch, die Meinung der damaligen Deutschen über Hitlers Judenpolitik richtig einzuschätzen.

Im Nachwort des Herausgebers Wolfgang Schuller zu Laskys zitiertem Tagebuch von 1945 (erschienen 2014, aaO. S. 470) steht: „Das Verhalten der deutschen Bevölkerung wird mit einiger Überraschung wahrgenommen. Wie die alliierte Führung hatte anscheinend auch Lasky damit gerechnet, dass es in Übereinstimmung mit den letzten Zuckungen der hysterischen NS-Propaganda noch eine Art Partisanenkrieg geben werde. Stattdessen wurden die Amerikaner manchmal sogar freundlich, im Allgemeinen eher müde-resigniert empfangen. Dass besonders Kinder ohne Scheu waren, schildert Lasky häufig mit unüberhörbarer Sympathie."

(Eines dieser Kinder, damals 13 Jahre alt, war der Autor K.L.)

Robert **Lawrence** kam in Wien zur Welt. Dort wirkte er als Anwalt. Anfang Februar 1939 emigrierte er in die USA.

Ich hatte mich nie politisch betätigt, hatte niemals Nationalsozialisten angezeigt oder sonstwie beleidigt, hatte keine Steuerschulden, keine Waffen, kein großes, verlockendes Vermögen, kein Geld ins Ausland verschoben, keine Feinde und folglich keine Angst.[493]

---

490 Lasky aaO. S. 237.
491 Lasky aaO. S. 376.
492 Lasky aaO. S. 377.
493 Lawrence aaO. S. 45.

[Unmittelbar nach dem Anschluss Österreichs am 12. März 1938 mussten Juden in Wien in der sog. „Reibpartie" Parolen von der Straße schrubben. Darüber berichtet Lawrence:] Ich sah Frauen und alte Männer, aber auch jüngere Burschen knien und den Boden mit Bürsten, Wasser und Seife bearbeiten und fragte einen Zuschauer, was sich da abspiele. „Das sind nur ein paar Saujuden", meinte er wegwerfend, „die müssen die blöden Schmierereien abwaschen, die der Kurti", gemeint war Schuschnigg, „hat hinmalen lassen. Es geschieht ihnen recht, diesen Dreckjuden. Sollen auch mal arbeiten!"[494]

Am nächsten Tag wurde eine ähnliche Prozedur in einem der schönsten Wiener Parks, dem Prater, mit einer Teilnahme von annähernd 10.000 Leuten durchgeführt.[495]

[Nach dem Attentat von Paris vom 7. November 1938:] Die Zeitungshetze wurde immer ärger. Nun forderte der *Völkische Beobachter* offen zum Pogrom auf. Die Leute waren absolut gleichgültig. Ich hatte noch nie eine derartige Passivität beim Wiener Publikum bemerken können. Das Volk kümmerte sich absolut nicht darum.[496]

Ich kam in diesen Tagen nicht mit allzu vielen Leuten in Kontakt, aber wen immer ich traf, ich meine nur die Arier, beneidete mich um die Möglichkeit, Deutschland zu verlassen.[497]   (K.L.)

Grete **Leibowitz** war mit Jeshajahu **Leibowitz** verheiratet und hat an dem Interview, aus dem hier zitiert wird, teilgenommen. Die Antworten gehen ineinander über. Jeshajahu Leibowitz wurde 1903 in Riga geboren. 1919 ging er nach Deutschland und studierte in Berlin Chemie und Philosophie. 1934 wanderte er nach Palästina aus, wo er als akademischer Lehrer tätig wurde. Er starb 1994.

[Aus einer Antwort von Grete L.] Ich erinnere mich an meinen letzten Besuch in Bonn. Das war schon zur Zeit des Hitlerregimes. Der jüdische Sportverein nahm keine galizischen Juden als Mitglieder auf. Ich sprach mit dem Vereinsvorsitzenden und sagte ihm: „Wissen Sie – jetzt sind die deut-

---

494 Lawrence aaO. S. 46.
495 Lawrence aaO. S. 50.
496 Lawrence aaO. S. 60.
497 Lawrence aaO. S. 62

schen Juden in London die Ost-Juden in den Augen der englischen Juden."
Er war sehr erschrocken.[498]

[Frage (sinngemäß): Akzeptieren Sie die These Gershom Scholems, es
sei ein Selbstbetrug der Juden Deutschlands gewesen, zu glauben, sie seien
ein Teil des deutschen Volkes?, Antwort von Jeshajahu L.:] Ich weiß nicht,
ob das völlig richtig ist. Die Juden waren auf jeden Fall sehr tief im deutschen Volk verwurzelt [...]. Tatsache ist, dass sie es akzeptierten. Sie verletz-
ten die Juden nicht und hinderten sie an nichts. Es fällt mir schwer, das Bild,
das Scholem zeichnet, zu beurteilen.[499]

[Frage: Sie kamen bereits 1934 nach Eretz Israel. Sahen Sie damals schon,
was in Deutschland geschehen würde?] Niemand ahnte das, selbst im
Traum nicht.[500]

[Frage: Wenn man heute die Dokumentarfilme über die Massenver-
sammlungen der Nazis und die dortigen Parolen sieht – so erwecken die
Gesichter doch Furcht und Schrecken.] Richtig, aber auf allen Massenauf-
märschen und wo auch immer vergriff man sich nicht an den Juden!

[Ergänzung Grete L.] Das ist nicht richtig. In Heidelberg wohnten wir
gegenüber dem Braunen Haus, dem SS-Quartier, und jeden Morgen er-
wachten wir um fünf durch die Marschmusik und die anti-jüdischen Lieder.
Trotzdem griff man keinen Juden an [...]. Solange noch nicht der ausdrück-
liche Befehl der Obrigkeit vorlag, das auszuführen, was man die „Kristallnacht" (1938) nannte, kam es aus der deutschen Bevölkerung fast nicht zu
Gewalttätigkeiten gegen Juden. Deshalb sind vom geschichtsphilosophi-
schen Aspekt alle Theorien, die behaupten, der Nazismus sei eine konse-
quente Fortsetzung der deutschen Geschichte, einfach falsch.[501]   (K.L.)

Toni **Lessler,** geboren 1874 in Bückeburg, wirkte bis zu ihrer Emigration 1939 in Berlin
als Pädagogin. Sie starb 1952 in ihrer neuen Heimat New York.

Als ich etwa sechs Wochen vor meiner Ausreise bei alten Freunden war,
machte ich die Bemerkung: „Auswandern ist doch furchtbar schwer!"

---

498 Leibowitz aaO. S. 94.
499 Leibowitz aaO. S. 95.
500 Leibowitz aaO. S. 96
501 Leibowitz aaO. S. 96 f.

Der alte Herr antwortete mit Tränen in den Augen: „Hierbleiben ist noch schwerer!"[502]

Der Kellner, der uns bediente, hatte so viel Mitleid, dass er beim Abschied sagte: „Ick vastehe nicht, dat die jüdischen Herrschaften alle sitzen und weinen, weil sie fort müssen, sie sollten froh sein, aus diesem Saustall herauszukommen. Ick wäre froh, wenn ick mit Ihnen wandern könnte, ick habe es satt bis hier", und dabei machte er eine Handbewegung bis unterhalb des Halses.[503]

Dieses Zeugnis bestätigt das obenstehende von Robert Lawrence, dass viele Auswanderer beneidet wurden. Es wären gewiss noch viel mehr gewesen, wenn die weitere Zukunft bis etwa 1948 vorhersehbar gewesen wäre.   (K.L.)

Heinz David **Leuner** wurde 1906 in Breslau geboren, wo er auch den Machtantritt Hitlers erlebte. Seine berufliche Tätigkeit als Journalist hatte ihn angreifbar gemacht, weshalb er noch im März 1933 seinen Wohnsitz nach Prag verlegte. Die Entwicklung zwang ihn, im März 1939 die Flucht fortzusetzen, und zwar nach Schottland, wo er konvertierte und Pfarrer wurde. Nach dem Krieg reiste er viel in kirchlichen Angelegenheiten. Er starb im September 1977. Autobiographisches hat er nicht hinterlassen. Doch hat er in Wort und Schrift gegen Kollektivschuld-Agitation angekämpft, so auch mit dem Buch „Gerettet vor dem Holocaust. Menschen, die halfen". Es endet mit den Sätzen:

Wie unermüdlich auch die Propagandamaschine arbeitete, wie geschickt auch die Partei die Juden und andere Feinde des Dritten Reiches als ekelhaft hinstellte, wie blutig auch die Herrschenden an denen Rache nahmen, die sich nicht unterwarfen – ihr Erfolg war nie vollkommen. Ein Bruchteil des Volkes widerstand allen Bemühungen, es gefühllos zu machen für die Leiden seiner Mitmenschen. [...] Lange bevor die alliierten Armeen Hitlers Herrschaft zerbrachen, war er von denen geschlagen, deren Menschlichkeit und Mitleid er nicht hatte zersetzen können.[504]

Leuner bietet zahlreiche beachtliche Belege, doch nicht als eigene Erlebnisse oder Beobachtungen, weshalb sie hier nicht wiedergegeben werden.   (K.L.)

---

502 Lessler aaO. S. 102.
503 Lessler aaO. S. 104 f.
504 Leuner aaO. S. 197 f.

Leopold **Levinger** kam am 2. Oktober 1927 in München zur Welt, wo er noch heute (2020) lebt (München-Land). Sein gleichnamiger Vater war schwerkriegsbeschädigt. Da sich seine Frau nicht von ihm scheiden ließ, lebte er in einer so genannten privilegierten Mischehe, was ihn vor dem Schlimmsten bewahrte. Am 25. Februar 2015 gab sein Sohn dem Autor K. Löw ein Interview.

Frage: Herr Levinger, wie schon Ihr Name vermuten lässt, sind Sie jüdischer Abstammung und gehörten damit zu jenem Personenkreis, der während der Hitlerherrschaft auf vielfältige Weise verfolgt wurde. Wo und wie haben Sie damals gelebt?

Levinger: Mein Vater war Jude, meine Mutter nicht. Eine der Schwestern meines Vaters, Clementine Krauser, geb. Levinger, hat im Verborgenen in Nürnberg überlebt, die verwitwete Schwester Therese Rappl, geb. Levinger, wurde deportiert und gilt als in Riga verschollen. Mein Vater wurde auch mehrmals verhaftet, da er sich systemkritisch geäußert hatte, kam aber jeweils rasch wieder frei.

Frage: Ihre Erfahrungen mit den Nachbarn?

Levinger: Während der gesamten NS-Ära wohnte ich bei meinen Eltern in München-Nymphenburg, Richildenstr. 11. Da ich etwa ab dem 8. Lebensjahr den Nachbarn meine Dienste als „kleiner Hausmeister" anbot, lernte ich alle Anwohner der kurzen Straße kennen. Nicht selten hatte ich mehr Aufträge, als ich bewältigen konnte. Beim Bäcker Paul Isaak, trotz des Namens nicht „rassistisch belastet", verrichtete ich fünf Jahre lang vor Schulbeginn Hilfsdienste. Niemand hat mich wegen meiner Abstammung geschmäht oder geschnitten. Im Gegenteil: Ich glaube, ich war beliebt. Eine Frau, Helene Babel, galt als fanatische Hitleranhängerin. Doch mir hat sie nichts getan.

Besonders bemerkenswert erscheint mir, dass mich der Ortsgruppenleiter der NSDAP in Nymphenburg, ein Herr Dietrich, Romanstraße 102, damit beauftragte, nach Fliegerangriffen durch die dortigen Straßen zu radeln und ihm Schäden zu melden, was ich auch tat. So meldete ich ihm die Beschädigung seines Wohnhauses, in dem sich Frau und Tochter befunden hatten. Sie waren unversehrt geblieben.

Frage: Wie erging es dem Schüler Leopold?

Levinger: Als der Übertritt an eine höhere Schule anstand, 1938, ging mein Vater, der kriegsblinde Leopold Levinger (1877–1959), mit mir zu mehreren höheren Schulen. Doch als „Halbjude" wurde ich zunächst überall abgewiesen. Der Schulleiter des Wittelsbacher Gymnasiums gab jedoch den Rat, wir sollten uns an die Rupprecht-Oberrealschule wenden. Der Leiter dieser Anstalt, Dr. Otto Lankes, könne sich als Träger des Goldenen Parteiabzeichens Privilegien herausnehmen. Und so geschah es. Sofort willigte er ein. Jahr für Jahr konnte ich unter seinem Schutz die Schule besuchen. Auch die Lehrer respektierten diese Protektion. 1947 konnte ich dort das Abitur machen.

Frage: Und die Mitschüler?

Levinger: Meine Abstammung war kein Thema. Alle waren anständig. Nur ein Schüler hat mich gemieden. Doch er hat mich nicht angegriffen. Sein Vater war ein höherer Nazi.

Frage: Sie erwähnten Verhaftungen Ihres Vaters, und dass er jeweils rasch wieder frei kam. Wie erklären Sie sich das?

Levinger: In unserer Umgebung gab es mehrere einflussreiche Leute des herrschenden Systems, die sich für meinen Vater verwendet haben, so einen ranghohen SS-Mann namens Meffert. Seine Tochter hat sich für meinen Vater mit Erfolg eingesetzt. Ferner sei der Kriminalkommissar Gehring erwähnt. Auch Dietrich, von dem schon die Rede war, gehört hierher. Zumindest erklärte er sich für den Fall des Falles hilfsbereit. Nach dem Krieg hat mein Vater – seinen Erlebnissen gemäß – „Persilscheine" ausgestellt an Bittsteller, die schon zu einer Zeit hilfsbereit waren, als sich das Ende des Krieges noch nicht abzeichnete.

Oberstudiendirektor Lankes steht für jene Nationalsozialisten, die nicht zugleich harte Antisemiten gewesen sind.   (K.L.)

Hanni **Lévy** wurde am 16. März 1924 als Hanni Weissenberg in Berlin geboren. Als sie im Februar 1943 deportiert werden sollte, konnte sie untertauchen und überlebte die Verfolgung. Sie lebte ab 1946 in Paris, wo sie am 22. Oktober 2019 starb.

Nach 1933 ermahnte mich mein Vater des Öfteren, auf Sticheleien anderer Kinder am besten nicht zu reagieren, aber mir auch nichts gefallen zu lassen und mich zu wehren, wenn man mich angriff. [...] Für mich existierte noch eine heile Welt.[505]

---

505 Lévy aaO. S. 19.

Ich glaubte meinen Augen nicht zu trauen, was ich da sah! Mein Schwarm war dabei, meinen Angreifer regelrecht zu verprügeln.[…] Auf diese Weise begann eine wirkliche Freundschaft zwischen dem Jungen und mir, allen Gesetzen und dem späteren gelben Stern zum Trotz. Der Name des Jungen war Kurt Pralat, genannt Kutti. […] Kutti kam aus einer katholischen Familie und war meines Wissens nicht in der Hitler-Jugend.[506]

Als er gegangen war, fand meine Mutter zwei Mark auf dem Tisch. Von da an kam Kutti jeden Abend, bis die Sirenen zu heulen begannen, und jedes Mal ließ er etwas da: Obst oder Schokolade oder etwas Geld.[507]

Eines Tages aber, es muss im Herbst 1943 gewesen sein, bekam Helga Besuch von Rolf Isaaksohn, der mit uns in der „Spinne" gearbeitet hatte. Er gab sich als Untergetauchter aus und plauderte scheinbar harmlos mit ihr. Dabei versuchte er, sie über verschiedene Kameraden und deren Verbleib auszuhorchen. Helga wurde zum Glück rechtzeitig misstrauisch[508].

Zu unserem Glück gab es in der Nachbarschaft Frau Nöske, die in der Solmsstraße 9 einen Milch- und Lebensmittelladen führte. Diese Frau verstand unsere Situation und steckte uns immer wieder Nahrungsmittel zu.[509]

Ich grübelte ständig darüber nach, was der bevorstehende Abtransport einer 79-jährigen Frau eigentlich zu bedeuten hatte. Sollte sie tatsächlich noch irgendwo zur Arbeit eingesetzt werden? Wenn nicht, was bezweckte ihre Deportation dann? Sollte dies ein Abschied für immer werden?[510]

Mit klopfendem Herzen läutete ich an ihrer Tür. Wie würden sie [= der Buchrevisor und Steuerberater Günther Brüsehaber, ein Mitglied der NSDAP, und seine Frau Elsbeth] reagieren? Wurden sie bei meinem Anblick vor mir zurückschrecken? Mich wegschicken? Doch zu meiner großen Erleichterung nahmen sie mich mit offenen Armen auf; ihre Einstellung hatte sich tatsächlich nicht geändert. […] Sie machten mir aber schnell klar, dass ich leider nicht für länger Zeit bei ihnen unterkommen könne, denn sie hielten schon andere geflüchtete Juden bei sich versteckt[511].

Mit diesem Papier war ich für den Rest des Krieges etwas sicherer. Heute denke ich mir, dass der Postbeamte, der mich aufmerksam betrachtete, sich

---

506 Lévy aaO. S. 33.
507 Lévy aaO. S. 44
508 Lévy aaO. S. 46
509 Lévy aaO. S. 55
510 Lévy aaO. S. 60.
511 Lévy aaO. S. 69.

so seine Gedanken machte, sich aber dann entschloss, mir das Dokument auszustellen.[512]

Inzwischen hatte ich wirklich alle kennengelernt, auch Fritz Most, der auf Heimaturlaub kam, und einige engere Freunde der Familie, darunter „Muttel Freitag", eine Freundin von Friedel Most, außerdem [...] Alle ohne Ausnahme waren reizend zu mir und damit einverstanden, dass Arthur Most mich beherbergte.[513]

Günther Brüsehaber trug wesentlich zur Rettung von Hanni bei, unter anderem indem er einen Friseur organisierte, der ihre schwarzen Haare in mehreren Sitzungen rotblond bleichte. Trotz dieser mutigen Tat wurde er als Mitglied der NSDAP nach Kriegsende einer langwierigen Entnazifizierung unterzogen (siehe Lévy, aaO. S. 130 ff.). In der Todesanzeige, die am 9.11.2019 in der *FAZ* erschienen ist, heißt es: „1946 emigrierte Hanni Lévy nach Paris. Dennoch hat sie Deutschland immer im Herzen getragen. ‚Weil es auch Menschen gab, die nicht wegguckten, sondern ihre Türen öffneten und halfen.'" (K.L.)

Joseph **Levy** wurde 1870 in Kiew geboren. Er wirkte als Kantor in Frankfurt am Main und Hamburg. Zugleich fungierte er als Lehrer an einer jüdischen Schule. 1939 emigriert er in die USA und starb 1950 in New York.

Es darf nicht vergessen werden, dass das Verhalten eines großen, vielleicht des größten Teils der christlichen Bevölkerung der jüdischen gegenüber im ganzen freundlich, oft gütig und mitfühlend war. Nicht selten wurden Äußerungen der entschiedenen Missbilligung, ja starker Ablehnung der behördlichen und parteilichen Maßnahmen uns und unseren Freunden gegenüber laut.[514]

Lieferanten von Lebensmitteln kamen heimlich ... und brachten die Ware ins Haus, die man im Laden nicht mehr bei ihnen kaufen und holen konnte. Solche Beispiele könnte ich aus dem täglichen Erleben eine Menge erzählen. Das Gegenteil, die Verweigerung von Lieferungen, kam in den seltensten Ausnahmen vor.[515]

Ich hatte in meiner ehrenamtlichen Tätigkeit häufig mit einem christlichen Notar ... zu tun. [...]. Als ich aber kurz vor meiner Auswanderung

---

512 Lévy aaO. S. 78.
513 Lévy aaO. S. 86
514 Levy aaO. S. 178.
515 Levy aaO. S. 179.

sein Büro betrat, … und ihm so zum Bewusstsein kam, dass auch ich zur Auswanderung gezwungen sei, da schloss er die Verbindungstür zu seinem Vorzimmer …, schlug mit der Faust auf seinen Schreibtisch und rief mit erhobener Stimme und mit rotem Kopf: „Diese Schufte, diese Gauner, diese Mordbrenner! Einen Mann, wie Sie, den ich wahrhaftig als Ehrenmann kenne, aus seinem Vaterland zu vertreiben! O, dass doch diese Zeit ein Ende nähme!"[516]

Solche nicht seltenen Sympathiebeweise mussten uns verstohlen gebracht, in der Öffentlichkeit aber verheimlicht, ja geleugnet werden. Selbst unsere offenbaren Freunde fürchteten sich voreinander und täuschten gegenseitig judenfeindliche Gesinnung vor … – der Terror, die Angst beherrschte das Innen- und Außenleben des einfachen Mannes, der sonst in naiver Harmlosigkeit und freundlicher Geselligkeit und Menschenliebe dahingelebt hatte.[517]

Aber keiner von uns hat so pessimistisch sein können anzunehmen, dass auch die großen und größten Geister Deutschlands, abgesehen von ganz wenigen Ausnahmen, so wenig Mut aufbringen und nicht durch ein Wort zu all dem Grausigen, das vor ihren Augen sich ereignete und noch ereignet, ihren Abscheu zum Ausdruck bringen würden. Stillschweigend ertragen sie, wie deutsches Recht, […] deutsche Menschenwürde mit Füßen getreten, vernichtet werden. Wir glauben nicht, dass die Mehrheit des deutschen Volkes nationalsozialistisch ist, aber wir hätten mehr Mut, mehr Aufrichtigkeit von den Intellektuellen erwartet.[518]   (K.L.)

Wilhelm **Liebermann von Wahlendorf,** geboren 1863 in Berlin, studierte Chemie und arbeitete als Kaufmann. Seiner 1936 in Meran verfassten Autobiographie gab er den spöttischen Titel „Mein Kampf (Lebenserinnerungen eines Juden)". Sie ist 1988 unter dem Titel „Lebenserinnerungen eines deutschen Juden 1863–1936" erschienen. Der Verfolgung wegen emigrierte er nach England, wo er 1939 starb.

Und nun ging ich mit zwei von diesen getauften Freunden an diesem ersten Apriltag in Berlin spazieren und sah mir das Stadtbild an. Es war verhältnismäßig ruhiger und würdiger auf den Straßen, als man hätte denken sollen; nur selten gab es kleine Ansammlungen: Es war, als ob sich das Volk in

---

516 Levy aaO. S. 181.
517 Levy aaO. S. 181.
518 Levy aaO. S. 181 f.

dankbarer Erinnerung an alles, was es den Juden verdanke, der Handlungen, die ihm jetzt von oben zugemutet wurden, sozusagen schäme, und verschiedene christliche Freunde, die ich jetzt traf, taten das auch, sie schämten sich.

Nach diesem Rundgang ist mir persönlich der Antisemitismus nicht mehr begegnet. Im Gegenteil, man war in den guten christlichen Kreisen allgemein eher aufmerksamer und rücksichtsvoller gegen die jüdischen Freunde geworden [...].[519]

[Von einem Corpsbruder hatte man sich getrennt, weil er eine Jüdin geheiratet hatte:] An alledem war übrigens mein eigenes Corps gänzlich unschuldig gewesen, ich muss es durchaus in Schutz nehmen. Aber der Druck von oben wurde eben völlig unausweichlich.[520] Sonst ist mir persönlich damals eigentlich nichts weiter passiert, als dass mir in Kassel, wo ich ein Zimmer mieten wollte, von vornherein gesagt wurde, der Vermieter sei Beamter und es wäre ihm deshalb keinesfalls möglich, an Nichtarier zu vermieten.[521]

Übrigens war die Ehrenhaftigkeit meiner früheren Corpsbrüder über allen Zweifel echt, die selbst durch die jetzt gültige Gesinnung, der sie sich anpassen mussten, und durch den furchtbaren äußeren Druck, dem sie preisgegeben ist, niemals ganz untergehen kann. – Ich stehe nicht auf dem Standpunkt, auf dem leider so manche Juden stehen, die sagen: „Was geht's mich an. Ich selbst werde ja nicht belästigt?", sondern ich meine, dass gerade wir Bevorzugteren, die wir die Verfolgungen nicht am eigenen Leibe zu fühlen haben, die verfluchte Pflicht und Schuldigkeit haben, mit den armen Opfern doppelt und dreifach mitzufühlen [...].[522]   (K.L.)

Jakob **Littner** wurde am 17. April 1883 in Budapest geboren. 1912 übersiedelte die Familie nach München, wo er seit 1911 Inhaber einer Briefmarkengroßhandlung in der Nähe des Stachus (Karlsplatz) war. Im Zuge der Ausweisung polnischer Juden im Oktober 1938 sollte Littner nach Polen deportiert werden. Polen verweigerte jedoch die Einreise, so dass er nach München zurückkehren konnte. In der „Kristallnacht" wurden Littners Geschäft verwüstet. Seitdem lebte er im Versteck, bis er München am 1. März 1939 nach Prag verlassen konnte, dann floh er weiter nach Polen. Dort vegetierte er in Ghetto und Versteck. 1944 wurde Littner befreit und kehrte 1945 nach München zu-

---

519 Liebermann aaO. S. 262,
520 Liebermann aaO. S. 263.
521 Liebermann aaO. S. 263.
522 Liebermann aaO. S. 265 f.

rück. Im Juli 1947 wanderte er zu seiner Tochter nach New York aus, wo er am 6. Mai 1950 gestorben ist.

[Abschiebung im Oktober 1938:] Auf dieser Fahrt ins Graue kam ich mit dem neben mir sitzenden Polizisten ins Gespräch. Er gab mir zu verstehen, dass er mit uns allen Mitleid habe. Dieser menschlich fühlende Polizist versprach mir auch, nach seiner Rückkehr in München Christine [eine Freundin und Mitinhaberin seines Geschäfts] zu besuchen und ihr zu berichten [...].[523]

Überhaupt zeigte sich wieder das goldene, unverdorbene Herz vieler Münchner. Wie viel heimliche Hilfsbereitschaft wurde da bewiesen. Von nicht wenigen Juden konnte man erfahren, dass sie vor ihren Türen heimlich dorthin gelegte Lebensmittel, Milch, Brot usw. gefunden haben. So und auf ähnliche Weise wurde geholfen. Dies sei hier ausdrücklich festgestellt zur Ehrenrettung des anständigen Teiles der Münchner.[524]

1. März 1939: Abschied von München. Für mich war es nicht nur ein Abschied von der schönen Stadt, sondern auch von Menschen, die mir im Laufe dieser langen 26 Jahre etwas bedeutet hatten, von denen ich wusste, dass ihnen die Trennung nicht weniger nahe ging, als mir selbst, bei denen ich sicher war, dass sie trotz aller Diskriminierungen, die ich erleiden musste, zu mir hielten und solche Gewaltakte verabscheuten. Aber was konnte das bedeuten in einem „totalitären Staat"![525]

Die deutschen Soldaten waren alle durchwegs sehr anständig und menschlich [...] Ich möchte betonen, dass sich die Soldaten der Wehrmacht uns gegenüber stets korrekt, ja direkt menschlich benommen haben. Unwillkürlich musste ich an den alten Münchner Spruch „leben und leben lassen!" denken. Wie konnte es nur kommen, dass sich diese Menschen, die alles andere als Untiere waren, für so grausame Ziele einsetzen ließen? Das wird wohl ein psychologisches Rätsel bleiben. Die Soldaten waren meist Bayern und Österreicher, sie tranken mit uns, ja sie ließen uns beim Reihumgehen der gefüllten Feldbecher zuerst trinken. Für kurze Augenblicke versetzte ich mich fast nach München zurück. Ich konnte ja mit den Soldaten im bayerischen Dialekt plaudern.[526] Schon damals war wohl für diese

---

523 Littner aaO. S. 19.
524 Littner aaO. S. 24
525 Littner aaO. S. 27 f.
526 Littner aaO. S. 50.

unverdorbenen Soldaten die SS ein Gräuel, denn sie sprachen nicht gut davon und warnten uns davor. [527]

[Ende 1945, bevor eine Rückreise möglich war:] München! Was mag wohl aus dieser schönen Stadt und den mir liebgewordenen Menschen dort geworden sein? Einen großen und nicht den hässlichsten Teil meines Lebens durfte ich in dieser Stadt des Gemütes und des Frohsinns verbringen. Bis 1933 hörte man dort nicht ein Wort von religiösen Anfeindungen. Wann und wie werde ich München wiedersehen?[528]

Den Bericht verfasste Littner kurz nach seiner Rettung. Er verließ München, weil er krank und die Tochter bereit war, ihn in den USA aufzunehmen.   (K.L.)

Ernst **Loewenberg,** geboren 1896 in Hamburg, unterbrach 1916 sein Studium, um als Kriegsfreiwilliger im Ersten Weltkrieg zu kämpfen. Nach dem Krieg Studienabschluss (Pädagogik, Romanistik und Literaturwissenschaften) und 1921 Promotion. Von 1921 bis 1934 Tätigkeit als Gymnasial- und Hochschullehrer in Hamburg. Obgleich Frontkämpfer wurde er 1934 wegen des Gesetzes „zur Wiederherstellung des Berufsbeamtentums" aus dem Staatsdienst entlassen. Bis zu seiner Emigration im Oktober 1938 in die USA lehrte er an einer jüdischen Schule in Hamburg. In den USA wirkte er bis 1965 als Hochschullehrer. Er verstarb 1987 in Brookline (Massachusetts).

Nach meiner zwangsweisen Pensionierung wanken die Schüler der Lichtwark-Schule nicht in ihrer Anhänglichkeit. Im ersten Sommer treffe ich öfter einige, die mir erzählen, wie standhaft die Klasse als ganze sich weigert, in die HJ einzutreten. Noch 1935 gibt es Klassen, in denen keiner HJ-Mitglied ist. Es scheint, als ob der alte Geist der jungen Schule aus den Wänden ausstrahle. Die neuen Leute sind unfähig, die Schule gleichzuschalten.[529]

Zwei Jahre nach meiner Entlassung bringen mir Mädchen aus meiner letzten Klasse Blumen zum Geburtstag. Nur eine – unser Dummerling – ist im BDM […] Draußen an der Alster unterhalte ich mich stundenlang mit den Eltern. Dort, wo wir unbeobachtet sind, sind auch sie wie früher.[530]

---

527 Littner aaO. S. 50.
528 Littner aaO. 146 f.
529 Loewenberg aaO. S. 244.
530 Loewenberg aaO. S. 245.

Im November 1934 kommen acht bis zehn Primaner [...] und fragen mich, ob ich mit ihnen Deutsch arbeiten könnte. [...] Aber ich lehne ab. „Ich kann nicht mit Euch arbeiten, wenn ich weiß, dass ich Euch gefährde. Keiner von uns würde mehr frei sein."[531]   (K.L.)

Karl Otto **Löwenstein** wurde 1916 in Wien geboren, wo er Medizin studierte. Im Sommer 1938 musste er wie sein Vater, der Bakteriologe Prof. Ernst Löwenstein (1878–1950), und sein älterer Bruder, der Arzt Hans Georg Löwenstein (1914–1988), die Universität Wien verlassen. In der Pogromnacht wurde er kurzzeitig verhaftet. Er konnte danach über England in die USA emigrieren, wo er seinen Nachnamen in Lenert änderte. Er starb 1955 in Sacramento, Kalifornien. Nach seiner Entlassung am 18. November 1938 berichtete er:

Einmal hat sich ein Polizist eingemischt, als es zu schlimm wurde. Ältere Polizeibeamte weinten, konnten aber nichts tun.[532]   (K.L.)

Gerhard **Löwenthal** wurde 1922 als Sohn eines jüdischen Kaufmanns und einer zum Judentum übergetretenen Mutter in Berlin geboren. Er und sein Vater waren vorübergehend im KZ Sachsenhausen, seine Großeltern wurden ermordet. Mit viel Glück überlebte Löwenthal in Berlin zunächst als Mitarbeiter in einem kriegswichtigen Betrieb, dann im Versteck. 1946 begann er ein Medizinstudium an der Friedrich-Wilhelms-Universität im sowjetischen Sektor der Stadt, währenddessen war er bereits als Redakteur für den RIAS („Rundfunk im amerikanischen Sektor") tätig. Von 1968 bis 1987 gehörte Löwenthal als Leiter des ZDF-Magazins zu den bekanntesten Fernsehjournalisten in Deutschland. Mit unbeugsamem Antikommunismus hielt er energisch am Ziel der Wiedervereinigung Deutschlands fest. Die letzten Jahrzehnte lebte er in Wiesbaden, wo er 2002 gestorben ist.

In den Schulpausen gab es immer mehr Prügeleien, bei denen es nicht mehr um das übliche Kräftemessen unter Gleichaltrigen ging, sondern Jungvolk und HJ-Mitglieder auf ihre jüdischen Mitschüler eindroschen und dabei antisemitische Beschimpfungen ausstießen.[533]

---

531 Loewenberg aaO. S. 245.
532 Barkow u. a. aaO. S. 787
533 Löwenthal aaO. S. 25.

An die Schulzeit habe ich trotz allem überwiegend positive Erinnerungen. Der Direktor sowie die Mehrzahl der Lehrer waren anständige Menschen und gute Pädagogen, so dass wir wirklich etwas lernten […].[534]

Ich war, als [beim Pogrom im November 1938] der Tumult auf der Straße begann, sofort hinuntergelaufen, um zu sehen, was los sei. Da wir noch keinen Judenstern tragen mussten, kam mir gar nicht die Idee, dass ich mich in große Gefahr begab. Das wurde mir erst klar, als ich beim Anblick meiner brennenden Synagoge in Tränen ausbrach. Obwohl viele Menschen stumm und betroffen, einig offenbar in ohnmächtiger Wut, die Feuersbrunst beobachteten, war es doch nicht ausgeschlossen, dass mich fanatische Nazis erwischt und an Ort und Stelle entsprechend „behandelt" hätten.[535]

Die Tatsache, dass wir bei aller Grausamkeit der Nazis gegenüber den Juden und bei allen Härten des Krieges […] immer ein vertrautes Heim behielten und in einer uns freundschaftlich gesinnten Nachbarschaft weiterleben konnten, war für uns das deutlichste Zeichen der Gnade unseres Gottes.[536]

Das erste Kapitel seiner Erinnerungen trägt die bezeichnende Überschrift: „Unbeschwerte Kindheit 1922–1933"[537]. Antisemitismus wurde von ihm in diesen Jahren nicht wahrgenommen. „Ausgestoßen 1933–1939" lautet die Überschrift des nächsten Kapitels. In seiner Klasse stammte etwa die Hälfte der Schüler aus jüdischen Elternhäusern. Erst nach dem Pogrom von 1938 mussten sie die Schule verlassen. Löwenthal schildert, wie die antisemitische Hetze „bei der jungen Generation" verfing. Ansonsten stellt er fest: „Die Mehrzahl der Lehrer waren anständige Menschen."   (K.L.)

Karl **Löwith** wurde am 9. Januar 1897 in München geboren, wo er protestantisch getauft wurde und auch aufwuchs. 1923 Promotion in Philosophie. Ab 1925 lehrte er zunächst in Marburg. 1933 bewahrte ihn nur das sogenannte „Frontkämpferprivileg" vor der Entlassung aus dem Staatsdienst. 1934 ging er als Rockefeller-Stipendiat nach Italien, doch seine Lage blieb unsicher, denn das Stipendium war auf ein Jahr befristet. Schließlich er konnte weiter emigrieren und lehrte von 1936 bis 1941 in Sendai/Japan, danach in den USA. 1952 kehrte er nach Deutschland (Heidelberg) zurück. Gestorben ist er am 26. Mai 1973.

---

534 Löwenthal aaO. S. 25.
535 Löwenthal aaO. S. 41.
536 Löwenthal aaO. S. 22.
537 Löwenthal aaO. S. 15.

Als mich [1914] der Krieg während unseres Sommeraufenthalts am Starnberger See in meinem 18. Lebensjahr überraschte, war ich ein Schüler der vorletzten Klasse des Münchner Realgymnasiums. Im Oktober meldete ich mich freiwillig zum Heer.[538] […] Einen Unterschied der Rasse habe ich während meines ganzen Frontlebens weder von der Mannschaft noch vom Offizierskorps jemals zu spüren bekommen.[539]

[Nach Inkrafttreten des „Gesetzes zu Wiederherstellung des Berufsbeamtentums" im April 1933:] Wir andern schienen damals gesetzlich gesichert und setzten unsere Vorlesungen [in Marburg] fort, ohne – wie andernorts – von Seiten der Studenten einen Skandal zu erleben. […] Der wiederholten Versicherung der obersten Führung, dass die jüdischen Kriegsteilnehmer „in allen Ehren" in ihren Ämtern verbleiben sollten, wurde allgemein Glauben geschenkt.[540]

So kam es, dass ich unter besonders günstigen Umständen zu dozieren begann und in meiner ersten Vorlesung[541] an die 150 Hörer hatte. Nicht einem von ihnen wäre es damals eingefallen, mich als einen „artfremden" Eindringling anzusehen, von dem man die Universität zu „säubern" habe.[542]

Gegenüber den politischen Verhältnissen war ich indifferent. Auch las ich all die Jahre hindurch keine Zeitung, und erst sehr spät nahm ich die drohende Gefahr von Hitlers Bewegung wahr. Ich war politisch so ahnungslos, wie die meisten meiner Kollegen.[543]

1931 hatte ich noch die Freude, meinen Vater [der Kunstmaler Wilhelm Löwith (1861–1932), er war bereits Protestant] kräftig und heiter im Künstlerhaus zu seinem 70. Geburtstag geehrt zu sehen. Der bayerische Kultusminister und der Bürgermeister von München waren nebst vielen hervorragenden Persönlichkeiten der Stadt zu diesem Fest erschienen. Er war geschätzt, beliebt und hoch angesehen […][544]

Im katholischen Bayern war die Abneigung gegen Hitlers Partei so stark, dass ich erwog, mich im Notfall nach München umzuhabilitieren. Ich erkundigte mich darüber bei einem mir nahestehenden Mitglied der philoso-

---

538 Löwith aaO. S. 1.
539 Löwith aaO. S. 3.
540 Löwith aaO. S. 10.
541 Immer noch in Marburg. Gemeint war offenbar die erste Vorlesung nach Inkrafttreten des Gesetzes zur Wiederherstellung des Berufsbeamtentums vom 7. April 1333.
542 Löwith aaO. S. 65.
543 Löwith aaO. S. 66
544 Löwith aaO. S. 66.

phischen Fakultät. Man antwortete mir sehr zuversichtlich, ich solle, wenn nötig, nur kommen. Denn dass Bayern den Wahnsinn der „Preußen" mitmache, sei völlig ausgeschlossen![545]

Die deutsche Erhebung äußerte sich in Marburg wie überall zunächst durch die Entlassungen und die Judenhetze. Der jüdische Assistent eines medizinischen Instituts wurde von S.A.-Männern gezwungen, vor ihnen her durch die Stadt zu marschieren mit einer Tafel, auf der geschrieben stand: „Ich habe ein deutsches Mädchen geschändet." Die Passanten haben sich bei diesem Schauspiel halb neugierig und halb beschämt auf die andere Straßenseite verdrückt – ich habe dies nicht selber gesehen, aber eine Photographie davon gezeigt bekommen. Das war die deutsche Zivilcourage, für die der Deutsche kein Wort hat, weil ihm die Sache fehlt.[546]

Ich rechnete beim Wiederbeginn meiner Vorlesung [im Sommersemester 1933] mit einem Skandal, der aber ausblieb.[547]

[Löwith zitiert zustimmend einen jüdischen Freund und Kollegen:] Die größten Vorwürfe muss man der bourgeoisen Behäbigkeit aller Arrivierten machen, die gerade in diesen Tagen zeigen, dass es keine Märtyrergestalten unter ihnen gibt. Keine Stimme erhebt sich – unter den „Andern". [Löwith wieder selbst:] Ich frage mich natürlich selbst, ob ich nicht etwas Märtyrerhaftes tun könnte oder tun sollte – aber an den andern ist es jetzt.[548]

Ich schloss die Vorlesung mit dem Wunsch, man möchte bei mir gelernt haben, dass man nicht notwendig „arisch" sein müsse, um mit Anstand dozieren zu können. […] Nach der Vorlesung verabschiedete sich von mir der S.S.-Student v. K., und Boschwitz schenkte mir eine schöne von Gogh-Zeichnung.[549]

Noch ein Nachwort: Ich habe mich manchmal gefragt, wo ich heute wohl stünde, wenn ich als Deutscher mit Deutschen lebte. Die Frage mag müßig sein mit Bezug auf mich selbst, gibt aber mit Rücksicht auf die in Deutschland verbliebenen Freunde zu denken. Denn auch wer außerhalb der Partei steht, ist als Deutscher in das deutsche Geschehen verflochten, und ich selbst habe mitdestruiert, ehe die Wege sich trennten. Das geschah, als Hitler zur Macht kam und nun positiv etwas wollte […].[550]

---

545 Löwith aaO. S. 72.
546 Löwith aaO. S. 74.
547 Löwith aaO. S. 77.
548 Löwith aaO. S. 77.
549 Löwith aaO. S. 79 f.
550 Löwith aaO. S. 137.

Der Text stammt aus dem Jahre 1940 und offenbart eine erstaunliche Integration in seine alte Heimat. Gewiss ungewöhnlich ist die von Löwith kolportierte Einschätzung aus München, der Nationalsozialismus sei ein „Wahnsinn der Preußen" und es sei „völlig ausgeschlossen" dass Bayern diesen mitmachen werde. Immerhin sprach Hitler zeitlebens mit baierisch-österreichischem Akzent und München galt den Nazis als „Hauptstadt der Bewegung" – was allerdings, wie mehrfach notiert, vom Verhalten der Münchner bei Wahlen und im Alltag keineswegs gedeckt war. (K.L., K.B.)

Paul **Malsch** wurde 1885 geboren und lebte als Kaufmann in Düsseldorf. Infolge der Schließung des US-Konsulats in Stuttgart am 24. Juni 1941 misslang die geplante Auswanderung mit seiner Frau Amalie. 1941 wurde er deportiert, 1942 ermordet.

[Brief vom 17.4.1937] Jetzt ergehen sie sich in neuer Hetze gegen einen Film, der in Kirchen vorgeführt wird. Alles das bringt uns nicht aus der Ruhe. Es ist erfreulich, dass gerade die besseren Kaufleute nichts von Boykott jüdischer Firmen wissen wollen. [...] Denk mal nach, wie es mir erginge, wenn die Kunden nun auch den von Streicher gewünschten Boykott durchführen wollten! Sie tun es nicht aus dem Gefühl des Anstandes heraus & und aus einer schweigenden Opposition.[551]

Dann die Geschichte mit dem Hirtenbrief des Papstes [gemeint offenbar die in deutscher Sprache verfasste Enzyklika Papst Pius XII. „In brennender Sorge" von 1937, die zum Ingrimm der Nazis als Hirtenbrief von den Kanzeln verlesen wurde]! Was nützt uns das? Eine Simche [= jiddisch „Freude"], wenn auch andere stänkern![552] [Gemeint ist offenbar die ziemlich deutliche Kritik des Papstes am NS-Regime in dieser Enzyklika.]

Ja, was haben die Worte des Papstes und etlicher Bischöfe genützt?[553] Sie haben unzählige Katholiken davon abgehalten, sich für den Nationalsozialismus zu engagieren und nicht wenige zur Hilfe für Verfolgte oder sogar zum Widerstand ermutigt. Heute wird oft so getan, als ob es sie nicht gegeben hätte. (K.L.)

Philipp **Manes** wurde am 16. August 1875 in Elberfeld geboren, das heute zu Wuppertal gehört. Gut zehn Jahre später machten seine Eltern Berlin zum Familienwohnsitz. Im Winter 1941/42 wurde Manes zur Zwangsarbeit herangezogen. Im Sommer 1942 wurde

---

551 Malsch aaO. S. 647 f.
552 Malsch aaO. S. 648.
553 Siehe Löw: *Die Schuld…*, aaO. passim, insbes. S. 306 f.

sein gesamter Besitz beschlagnahmt, er selbst mit seiner Frau ins Lager Theresienstadt eingewiesen. Am 28. Oktober 1944 wurden sie nach Auschwitz deportiert und dort ermordet. In Theresienstadt hat Manes acht Hefte mit Beobachtungen gefüllt, die erhalten sind. Sie füllen knapp 500 Druckseiten und sind unter dem Titel „Als ob's ein Leben wär. Tatsachenbericht Theresienstadt 1942–1944" erschienen. Daraus die folgenden Zitate:

[Kurz vor der Deportation nach Theresienstadt:] Im Saal verbreitete sich die Nachricht schnell, die Mädels und Frauen weinten, und es herrschte eine Stimmung der tiefsten Niedergeschlagenheit. […] Kurzer Händedruck überall, nasse Augen, bewegte Abschiedsworte.[554] […]

Hier muss es sich doch leben lassen, dachten wir – es scheint also Berlin nicht gelogen zu haben, als die Beamten der Gemeinde vom Paradies Theresienstadt sprachen und uns beglückwünschten, weil wir den Vorzug genössen, hier anstatt nach Lublin geschickt zu werden.[555] […]

Ansonsten hatte das Ghetto Selbstverwaltung – eigenes Gericht und Polizei, wir merkten überhaupt nichts von der deutschen Behörde, selten dass man einen Angehörigen in Uniform sah.[556] […]

[Wenig Hilfe der tschechischen Bevölkerung für die Juden in Theresienstadt:] Was an Brot, Kartoffeln, Hülsenfrüchten das so fruchtbare Protektorat seinen Kindern sandte, ist groß gewesen, ging man durch die Küchen der Häuser, sah man ja genug der übervollen Töpfe. Ich habe jedoch nie erlebt, dass man von dem Überfluss abgab.[557] […]

Und doch – wollen wir nicht dankbar daran denken, dass wir ein Maß von Freiheit zugebilligt erhielten, wie es kein anderes Lager besitzt? Müssen wir nicht den deutschen Behörden dankbar sein[558] dafür, dass wir eigentlich von ihrer Kommandogewalt nichts merken?[559]

Der große Philosoph Baeck genießt in allen Kreisen des Ghettos, und das will etwas heiße, unbedingte Anerkennung und Verehrung.[560] […]

Es gab außer der Freizeitgestaltung noch eine Quelle, die uns geistige Nahrung spendete: die Bücherei. Sie ist wieder so ein unfassbares Wunder,

554 Manes aaO. S. 23.
555 Manes aaO. S. 36.
556 Manes aaO. S. 51.
557 Manes aaO. S. 119.
558 Diese Einschätzung wirkt fast ironisch und ist jedenfalls sicher nicht objektiv. Siehe dazu die Anmerkung am Ende dieses Zeugnisses.
559 Manes aaO. S. 144.
560 Manes aaO. S. 147.

wie so viele hier in Theresienstadt. Im Ghetto eine Bücherei, die einen Bestand von ca. 49.000 Bänden aufweist … […]

Wir lieben ja die Eltern, ehren und achten sie, wenn sie uns auch gezüchtigt. Zum Vaterland sollten wir uns anders verhalten? Hätten wir alle die Gedichte, Lieder vergessen, die wir in der Schule gelernt? Ich nicht, und ich will es auch nicht.[561] […]

Wir hatten noch einmal einen frohen Tag, als wir den Geburtstag unseres verehrten Kommandanten[562] erfuhren […]. Eine von demselben Künstler entworfene und ausgeführte Adresse, Theresienstädter Bilder zeigend, hatte folgenden Wortlaut: […] „Auf sozialem Gebiet sorgten Sie für uns, wir dürfen wohl sagen: väterlich. Wenn auch nicht alle Wünsche erfüllt werden konnten, lag es nicht im Bereich Ihrer Macht."[563]

Wir sind, und das darf hier gesagt werden, nicht unbeobachtet. Es gibt jüdische Spitzel in Theresienstadt, die aus verdammenswerten Gründen die Glaubensgenossen verraten. Wie könnte es sonst geschehen, dass Verstecke gefunden werden, die nur Wissenden zugänglich sind?[564]

Der trockene Sommer hat für das Ghetto die Zahl der Todesfälle so niedrig gehalten wie noch niemals zuvor. Es sind drei Beerdigungen je Tag bekanntgegeben, mehr nicht.[565]

[Aus dem Nachwort, verfasst von Jacob Jacobson:] Anfang Februar 1945 … wurden Freiwillige für einen Transport in die Schweiz angefordert. Es war außerordentlich schwierig, die eingeschüchterten und so oft enttäuschten Menschen davon zu überzeugen, dass sie wirklich in die Schweiz geschickt würden. Aber schließlich gingen 12.000 Menschen in die Schweiz, in die Freiheit …][566]

Manes hat seine Aufzeichnungen im Lager gemacht und konnte sie nicht sicher aufbewahren. Er musste nicht nur mit Verlust rechnen, sondern auch mit Inaugenscheinnahme durch seine Verfolger, das ist bei der Lektüre zu berücksichtigen.

---

561 Manes aaO. S. 164.
562 Gemeint ist am ehesten der erste Kommandant des Lagers, Siegfried Seidl, geboren am 24.8.1911. Er war in dieser Funktion ab Einrichtung des Lagers im Oktober 1941 bis Juli 1943. Am 5.7.1943 folgte ihm der brutale Anton Burger, dritter und letzter Kommandant war Karl Rahm (8.2.1944 bis 5.5.1945). Der Vorgang wäre damit vom 24. August 1942 (K.B.).
563 Manes aaO. S. 178f.
564 Manes aaO. S. 193.
565 Manes aaO. S. 359.
566 Manes aaO. S. 467.

Bemerkenswert am Zeugnis von Manes ist es die tiefe Anteilnahme der (nichtjüdischen) Arbeitskollegen beim Abschied von Berlin. Theresienstadt war in fast jeder Hinsicht besser als die anderen Lager, doch auch hier starben Zehntausende an Hunger und Kälte, lebten alle in Angst vor der Deportation nach Auschwitz. Zum erwähnten Transport in die Schweiz: Solche Transporte gab es auch nach Palästina, aber nicht von Theresienstadt aus.

(K.L.)

Rahel Renate **Mann** wurde 1937 in Berlin geboren, ihre Eltern waren Juden. Sie überlebte die Verfolgung in einem Kellerversteck. 1997 wanderte sie nach Israel aus, 2007 kehrte sie nach Berlin zurück.

Herr Vater [= Eigenname] … ist der Blockwart …, ist Parteimitglied, von Hitler vereidigt und dazu angehalten, „Judenfreunde" zu melden und darauf zu achten, dass alle schikanösen Vorschriften, die die Sternwohnungen betreffen, eingehalten werden. Mich ignoriert er. […] Seine Frau versorgt mich später monatelang unten im Keller, wo sie mich versteckt hat. Er bringt mir nie Essen, verrät mich aber auch nicht. […][567] Wahrscheinlich organisiert Frau Vater meine Verstecke, sie war energisch und beherzt. […] Die Verstecke wechselten[568] […] Es war der Keller in unserer alten Wohnung, in der Starnberger Straße. Dorthin brachte mich Frau Vater im November 1944. Sie wusste wohl nicht mehr, wohin mit mir. Mein Versteck bei Rabenaus hatte ich verlassen müssen … Bei einer Razzia wurde er [Pastor Rabenau] verhaftet, verhört und gefoltert. Er kam zurück, aber danach war es seiner Frau zu gefährlich, mich zu verstecken.[569]

Dieser Blockwart namens Vater hat monatelang das Risiko auf sich genommen, wegen Vollstreckungsvereitelung im Gefängnis oder im KZ zu landen, indem er das Tun seiner Frau geduldet hat. Für sie gilt das Gesagte erst recht.

(K.L.)

Ernst **Marcus** wurde 1890 in Breslau geboren und war Rechtsanwalt und Notar. Schon 1933 wurde er in seiner Vaterstadt behelligt weil er jüdisch war. Bis zu seiner Auswanderung in die USA 1940 wirkte er als Beauftragter der Reichsvertretung der Juden.

---

567 Hüttl aaO. S. 70.
568 Hüttl aaO. S. 74.
569 Mann aaO. S. 77.

Dabei [bei der Wahrnehmung seiner Aufgabe] war zu erkennen, dass die deutschen Beamten aller Ministerien und Spitzenbehörden, die mit der Sachbearbeitung [zur Auswanderung nach Palästina] zu tun hatten, – darunter der junge, aus der SS kommende nationalsozialistische Nachwuchs, der zionistischen Sache gegenüber keine Feindseligkeit zeigten. Meine jahrelange Erfahrung mit allen in Frage kommenden Beamtenkategorien bewies mir, dass das Bekenntnis zur jüdischen Nation und ihren Zielen in Palästina zusammen mit einer aufrechten und freien Haltung im Verkehr mit ihnen geeignet war, ihnen Respekt abzunötigen, dass sie vor allem aber auch den Wunsch der Juden nach Freiheit und Eigenleben als Nation verstanden und die Einzelheiten mit Interesse verfolgten.[570] [Jedoch gab es unter den Amtswaltern auch] … eine kleine Minderheit von Nationalsozialisten, bestehend aus den ausgesuchten Verbrechern, die alles vernichten wollten, was zu vernichten war, und jene stupiden Subalternbeamten, die gehässig waren, weil die Sache *beyond their capacity* war …[571]

[Ein Erlebnis kurz nach der Pogromnacht:] Im Auswärtigen Amt erlebte ich den ersten Eindruck offenen Abscheus … Entgegen seiner Gewohnheit, mich allein zu empfangen, war er [= Otto v. Hentig] von einigen Attachés seines Referates umgeben. Alle Anwesenden waren mir persönlich bekannt. Hentig … drückte mir unumwunden seinen Abscheu gegenüber den Ereignissen aus. „Ich schäme mich für mein Volk", diese herausgestoßenen Worte blieben mir im Gedächtnis. Einer der Attachés – alle gehörten der SS an – fügte hinzu: „Glauben Sie mir, wir werden diese Taten büßen müssen. Dieser Tag bleibt nicht ungesühnt. Vielleicht ist Ihnen das ein Trost". Es war in der Tat ein Trost. Denn ich empfand, dass es diesen Männern, vielleicht weil sie ihr Vaterland liebten, ernst war mit ihrer Abneigung gegen den Geist des Nationalsozialismus, des Urhebers der von ihnen verurteilten Taten.[572]

(K.L.)

Nach diesem Zeugnis soll es sogar Mitgliedern der SS (!) in den Diensten des Auswärtigen Amtes „ernst mit ihrer Abneigung gegen den Geist des Nationalsozialismus" gewesen sein. Diese Aussage aus dem Jahre 1946 über das Jahr 1938 steht in dieser Zuspitzung völlig isoliert da und ist auch mit Vorsicht aufzunehmen. Als „Beauftragter der Reichsvertretung der Juden" stand Marcus nach 1945 unter Rechtfertigungsdruck von jüdischer Seite, wie alle Juden, die ohne unmittelbare Gefahr für ihr eigenes Leben mehr

---

570 Marcus aaO. S. 105.
571 Marcus aaO. S. 105.
572 Marcus aaO. S. 178 f.

als irgend nötig mit dem NS-Regime kooperiert hatten. Insofern hatte Marcus zur eigenen Entlastung ein Interesse daran, seine Partner auf Seiten des Regimes vorteilhafter zu zeichnen als sie waren. Völlig plausibel – und vielfach anderweitig bestätigt – ist seine Einschätzung, dass die Ereignisse der Pogromnacht bis in Kreise der Ministerien hinein abgelehnt wurden. Dies gilt zumal für den erwähnten Otto v. Hentig, der im Sommer 1942 mehr als nur seine berufliche Existenz riskierte, indem er als Vertreter des Auswärtigen Amtes die Ermordung Hunderttausender Juden in Südrussland kritisierte, nachdem er auf der Krim von der Aufdeckung entsprechender Massengräber erfahren hatte. (K.B.)

Edith **Marcuse**, Schwester von Ludwig **Marcuse**, kam 1897 in Berlin zur Welt. Sie arbeitete 25 Jahre im Verlag Georg Bondi, der Stefan George und seinem Kreis diente. Edith wurde im Januar 1943 aus Berlin-Charlottenburg verschleppt und erlag noch am 8. Mai 1945, dem Tag des Kriegsendes, den Entbehrungen und Qualen der Gefangenschaft. Ihr Bruder Ludwig, ein bekannter Publizist, hat die literarische Hinterlassenschaft seiner Schwester mit zahlreichen einschlägigen Beobachtungen in sein Buch „Mein zwanzigstes Jahrhundert. Auf dem Weg zu einer Autobiographie" (1960) integriert. Daraus sind folgende Zitate:

Ich war sehr erstaunt, als eine nette Verkäuferin auf meine Frage nach Rotwein mir eine Flasche aushändigte; denn überall sind jetzt Aushänge in den Geschäften, nach denen knappe Waren uns nicht mehr verkauft werden dürfen.[573]

Es hat mich richtig geärgert, als im Fleischergeschäft eine Dame voll Empörung in mein Ohr trompetete, es wäre eine Schande, ausgerechnet jetzt um vier, während des Einkaufs der Juden, trinken die Verkäuferinnen ihren Kaffee, natürlich Absicht. Ich ließ sie ruhig reden, denn die Unbelehrbaren haben sich in die Idee verrannt, immer zurückgesetzt zu werden. Tatsache war, in dem wirklich sehr vollen Laden hatte sich eine Verkäuferin etwas abseits gestellt, um ein paar Schluck Kaffee zu trinken.[574]

Genauso widert es mich an, wenn meine Glaubensgenossen hinter den Ladentisch rennen, mit den Verkäufern flüstern und ihr gutes Einvernehmen mit ihnen vor allen Leuten demonstrieren. Abgesehen von dem taktlosen Benehmen, schaden sie damit den arischen Verkäufern, die ihren Posten verlieren, und in erheblichem Maße den Leidensgefährten, da die

---

573 Marcuse aaO. S. 331.
574 Marcuse aaO. S. 331.

Verkäufer nicht mehr wagen, zu den Juden freundlich zu sein.[575] Etwas anderes macht mir noch Sorge. Auch ich hob in meinem Bericht die besondere Freundlichkeit der Verkäuferin hervor, obwohl ich gerade vorher behauptete, meine Natürlichkeit bewahre mich davor, Freundlichkeit oder Unfreundlichkeit zu hoch zu bewerten … Die vielen Unannehmlichkeiten, von denen mir täglich berichtet wird, habe ich nie erfahren, ich glaube, weil ich mich genauso gebe wie früher.[576] […]

Aber man soll nicht noch mit Steinen auf die armen Menschen werfen, die schon vom Schicksal hart genug getroffen sind … Da ich aber leider nicht sehr tolerant bin, muss ich mich wirklich bemühen, meine Vorhaben auch durchzuführen […] Zum Beispiel ging ich gestern zum Optiker, um das Pincenez [= Zwicker] für Mutter in Ordnung bringen zu lassen. Ich war schon mehrere Male dort; es belustigt mich immer, wie die Inhaberin dieses an der Wilmersdorfer Straße gelegenen Geschäfts eine ausgesprochen betonte Freundlichkeit zu den Juden an den Tag legt, während sie die Arier mit auffallender Gleichgültigkeit bedient.[577]

[Dann schildert Edith ein Streitgespräch mit einem anderen Juden, der die Ansicht vertrat, es sei sein gutes Recht, im Bedarfsfalle den Optiker zu jeder Tageszeit aufzusuchen, auch wenn das Regime den Juden die Zeit zwischen vier und fünf vorschreibe. Damit waren der Hilfsbereitschaft unvermutete Grenzen gesetzt, wie Edith im Folgenden verdeutlicht:]

Ein wenig Schuld an dieser Unterredung muss ich aber der netten Inhaberin des Geschäfts geben. So gut wie Arier es auch mit uns meinen mögen, so verkehrt ist es von ihnen, wenn sie glauben, uns zuliebe bestehende Gesetze ändern zu können[578]. Diese nette Frau pflegt ihren Kunden zu sagen, kommen Sie um sechs, kommen Sie vormittags, zu mir können Sie jederzeit kommen. Viele alte Leute und auch junge, die nicht richtig überlegen, folgen diesem Rat und machen sich unglücklich.[579]   (K.L.)

Ludwig **Marcuse**, Bruder von Edith **Marcuse**, wurde am 8. Februar 1893 in Berlin geboren. Dort studierte er unter anderem Philosophie. Als Jude wurde er 1937 ausgebür-

---

575 Marcuse aaO. S. 331 f.
576 Marcuse aaO. S. 332.
577 Marcuse aaO. S. 340.
578 Gemeint: bestehende Vorschriften ignorieren zu können.
579 Marcuse aaO. S. 340 f.

gert. Über die Sowjetunion emigrierte er in die USA. Er starb am 2. August 1971 in Bad Wiessee.

Die Geschichte der „Bewegung" ist großartig erforscht worden; nicht aber die Verfassung ihrer lautersten Gegner, die ich damals schärfer attackierte als die „Bewegung": sie war mir völlig fremd – eine Art ägyptischer Plage [...] Am wenigsten schrieb ich also gegen den Gefreiten, dem ich vor 1933 nicht recht glaubte, dass er existierte.[580]

Der kleine, zarte, schwarze Schwarzschild[581] ... war bereits mit seinem Blatt [= „Das Tage-Buch"; eine Wochenzeitung, die von 1922 bis 1933 erschien, danach noch bis 1940 als „Das neue Tage-Buch" im Pariser Exil] von Berlin nach München ausgewandert, in der Erwägung, dass Bayern zwar die Wiege der Partei gewesen sei, Preußisch-Berlin aber ihr Schlachtfeld sein werde.[582]

Die Gewerkschaften waren bereits aufgelöst. Deutschland hatte den Völkerbund verlassen, Juden, Katholiken, Sozialisten und wer einem nicht passte waren niedergeschlagen worden [...].[583]

Die größten Nazi-Verehrer wurden dann, 1945, die radikalsten Anti-Deutschen. In einem Interview, über das die Zürcher „Weltwoche" im Sommer 1945 berichtete und in einem Artikel verkündete Jung post festum: alle Deutschen, ohne Ausnahme seien verantwortlich, die Unterscheidung zwischen ehrenwerten und ehrlosen Deutschen sei naiv.[584]

Der fünfundsechzigjährige Kardinal Faulhaber hielt an den vier Advents-Sonntagen und am Silvesterabend des Jahres 1933 in der Münchner St. Michaelskirche Predigten, die in dem Satz gipfelten: „Dem Vaterland ist mit aufrechten Jüngern des Evangeliums besser gedient als mit kriegslustigen Altgermanen." [...] Denke ich zurück an das Glück, das ich empfand, als ich diese Predigten las, so wird mir klar, was das Wort noch kann – nachdem wir so lange gelernt hatten, was es nicht kann. Es kann einen Sieg gegen eine überlegene Macht anzeigen, der umso größer ist, wenn er nicht im Märtyrertum endet.[585]

---

580 Marcuse aaO. S. 131.
581 Leopold Schwarzschild (1891–1950), Publizist und Soziologe
582 Marcuse aaO. S. 153.
583 Marcuse aaO. S. 164.
584 Marcuse aaO. S. 175.
585 Marcuse aaO. S. 213 f.

11. Mai [1945]. Ein Leipziger Portier steht auf der Straße zwischen Trümmern und schreit: „Wir sind belogen und betrogen worden." Ein Leipziger Professor entschuldigt sich: „Wir haben nichts damit zu tun." Mit „damit" meint er die vergangenen zwölf Jahre. Hatten sie alle nicht „damit" zu tun? Ich bin aber leidenschaftlich gegen den Begriff, der im „Hexenhammer" stehen könnte: Kollektivschuld. Sie ist das Produkt eines Kollektivwahns. Die ist der Ausdruck einer Hitlermethode, die Praxis der baren Unmenschlichkeit: vom Einzelnen abzusehen und nur in Gruppen zu denken … Kein Verzeichnis der Gräuel sollte uns dahin bringen, so unzugänglich für das Individuum zu sein, wie es die verstorbene deutsche Gewalt war.[586] […]

Die liebe Stadt München hätte ein besseres Schicksal verdient, als eine der anrüchigsten Vokabeln im modernen politischen Wörterbuch zu werden. „Ein zweites München"[587], das heißt nun – in der Sprache politischer Anzüglichkeiten: Rückgraterweichung, Feigheit […].

17. Mai [1946]. In der Frage „Von der Schuld und der Reue" gehen deutsche Ideologen […] zum Gegenangriff über: es sei leicht zu verdammen, wenn man nicht in Gefahr war, in ein Konzentrationslager zu kommen … Das ist richtig; zu viel Selbstgefälligkeit macht sich unter den Anklägern breit […] Solche Besinnung ziemt, wie mir scheint, allen Deutschen, die zwischen 1919 und 1945 in Deutschland lebten und wirkten [auch uns deutschen Vertriebenen[588]].[589]

Wenig erschütterte mich, was vielen Emigranten so viel Kummer machte: wem kann ich die Hand geben? Will man ganz sichergehen, so bleibt man zu Hause und gibt sie niemand. Wer von der Kollektivschuld beunruhigt ist, hat mehr Hitler in sich, als er ahnte. Ich habe über dem bequemen Wort „Deutsches Volk" nie vergessen, dass es achtzig Millionen gab; ich will nicht,

---

586 Marcuse aaO. S. 352.

587 Gemeint ist das Münchner Abkommen vom 29./30.9.1938, mit dem das Sudetenland an das Deutsche Reich abgetreten wurde. Die Konferenz am selben Tage war von Mussolini vermittelt worden, das Abkommen wurde von Großbritannien, Frankreich, Italien und Deutschland unterzeichnet. Weder Tschechen noch die am meisten betroffenen Sudetendeutschen saßen mit am Tisch. Hitler ließ sich für das Abkommen öffentlich feiern, bedauerte es aber intern, da er zu diesem Zeitpunkt bereits den Krieg hatte beginnen wollen. (K.B.)

588 Dieser Hinweis in eckigen Klammern steht so offenbar im Original und ist damit von Marcuse selbst, der sich damit 1946 als „deutscher Vertriebener" bezeichnet hätte; der Beleg war bei Drucklegung dieses Buches nicht mehr greifbar.

589 Marcuse aaO. S. 356.

dass man mich zugunsten irgendeines Abstraktums übersieht – und tue es anderen nicht an.[590]

„Jung“: Gemeint ist der Schweizer Psychologe Carl Gustav Jung. Marcuse belegt seinen Vorwurf ausführlich.					(K.L.)

Otto **Marx,** geboren 1890, lebte als Kaufmann in Weiden, Oberpfalz. Von April 1933 bis November 1935 war er im KZ Dachau inhaftiert. Im Juni 1938 gelang die Emigration in die USA.

[Vor der NS-Zeit:] Wir waren in einigen Vereinen, konnten ins Restaurant, Kino und Theater gehen, ohne von irgendjemand angepöbelt oder belästigt zu werden. Zu unseren Kunden zählten auch Intellektuelle, Professoren der höheren Schulen, Beamte des Amts- und Landgerichts, sowie vom Finanzamt. Auch diese Menschen verkehrten privat in der freundschaftlichsten Weise mit uns, und ließen es uns nie merken, dass wir Juden waren [...]. Unsere Arbeiter- und Bauernkundschaft war stets gut und freundlich zu uns und unterstützte uns in jeder Art.[591]					(K.L.)

Max **Mayer** schrieb am 9. Mai 1938 an einen Enkel einen langen Brief, in dem er von jüdischer Warte aus die rassistische Politik der Machthaber in Deutschland schildert und bewertet. Daraus das Wichtigste:

Höre, mein Enkel Peter! Seit fünf Jahren sind die Juden in Deutschland einem erbarmungslosen Prozess der Ausstoßung aus dem Volkskörper überliefert. [...] Das tragische Schicksal der Betroffenen zu schildern, gehört nicht hierher, auch nicht ihre sachliche Verteidigung. Ihnen gegenüber steht das „arische“ Volk. Es unterzieht sich dieser befohlenen Judenverfolgung zum Teil bereitwillig. [...] Aber zu einem sehr großen Teil lehnt das Volk im Wissen um die Unwahrheit und Ungerechtigkeit der Schlagworte die Verfolgung ab, ohne aber den Betroffenen helfen zu können.[592]

---

590 Marcuse aaO. S. 365.
591 Marx aaO. S. 146 f.
592 Doerry aaO. (2002) S. 112 f.

In einem Vorspann zu diesem Brief schreibt Doerry (als Herausgeber bzw. Bearbeiter): „Ob Lilli Jahn [Peters 1944 in Auschwitz ermordete Mutter] von diesem Brief wusste, ist fraglich, dass sie seine Aussagen Zeile für Zeile billigte, absolut sicher.“[593]   (K.L.)

Siegfried **Merecki** wurde 1887 in Galizien geboren. Seit 1914 wirkte er als Rechtsanwalt in Wien. 1938 konnte er in die USA emigrieren.

[Nach der Verhaftung Ende 1938. SA-Männer hatten befohlen, dass die Häftlinge gegeneinander boxen.] Die weiteren Boxkämpfe wurden dann auch schon von den Verhafteten selbst mit nicht viel Erbarmen geführt. Sie zogen es vor, gegeneinander hart loszugehen, als es auf einen Boxkampf mit den bewaffneten Helden ankommen zu lassen.[594]

Hier im Saal versahen den Dienst Wachleute, nicht aber Nazimänner. Daher gab es kein Schlagen, kein Schimpfen und keinen Terror. Im Gegenteil, die Wachleute wollten helfen, und man sah ihnen an, dass sie erbost waren, dass man so viele Leute in einen Raum zusammengebracht hatte.[595]

Nach dem 10. November 1938 wurden die Juden auch von demjenigen Teil der arischen Bevölkerung gemieden, bei dem es bisher nicht der Fall gewesen war.[596]   (K.L.)

Ruth **Meros** wurde 1922 als Ruth Goldschmidt in München geboren. Ihr Vater wurde am 10. November 1938 verhaftet und mehrere Wochen lang im KZ Dachau inhaftiert. Über die Schweiz gelangte Ruth im Dezember 1939 nach Palästina. Seit 1953 lebten die Eltern wieder in München. Sie selbst kam 1963 zurück.

Aber plötzlich bekamen wir beide ganz schlechte Noten in unseren Aufsätzen. Daraufhin ist Ruths Mutter in die Schule gegangen und hat die Lehrerin nach dem Grund gefragt: Da hat die Lehrerin geantwortet: „Das ist doch ganz klar, dass die Juden in Deutschland keine guten Noten kriegen können!“ An manche Lehrerinnen kann ich mich noch genau erinnern. Da gab es eine ganz fanatische Nationalsozialistin, die hieß Mändl. […] Persönlich hat sie mir zwar nichts angetan, aber über die Juden im Allgemeinen hat sie

---

593 Doerry aaO. (2002) S. 110.
594 Merecki aaO. S. 66.
595 Merecki aaO. S. 70.
596 Merecki aaO. S. 83.

sehr schlecht geredet. [...] Dann hatte ich eine Turnlehrerin, die vor dem
Turnen immer antisemitische und nationalsozialistische Hetzreden gehalten hat. Mich hat sie schikaniert und angebrüllt. Weil ich das einfach nicht
mehr ausgehalten habe, bin ich zur Direktorin gegangen. Ich habe sie gebeten, mich vom Turnunterricht zu dispensieren. Das hat sie freundlicher-
weise auch gemacht. Ich hatte ganz großen Respekt vor ihr, dass sie den Mut
dazu hatte.[597]

Die Englisch- und Französischlehrerin dagegen hat sich mir gegenüber
fantastisch verhalten. Ihr war klar, was ich mitmachen musste und wie
schlecht es mir ging. Einmal, 1936 war das, hat sie deshalb auf dem Heimweg auf mich gewartet und mich zu ihr nach Hause eingeladen. Und aus
dem einen Mal sind viele Male geworden.[598]

Immerhin der katholische Religionslehrer, der zugleich Pfarrer des
St.-Anna-Kircherls war, wusste wohl recht genau, dass es mir nicht gut ging,
und er hat versucht, mir Mut zu machen. Er hat mich zu einem Gottesdienst
in seiner Kirche eingeladen, und ich bin hingegangen. Während seiner Predigt ist unsere Klassensprecherin, evangelisch, BDM-Führerin, fanatische
Antisemitin und Nationalsozialistin mit ein paar anderen Mädchen aus der
Klasse, alle in BDM-Kluft, in die Kirche marschiert. Sie haben Nazi-Lieder
gesungen und die Predigt gestört. [...] Schließlich musste der Gottesdienst
abgebrochen werden.[599]

Nach dieser Nacht [9./10. November 1938] stand an vielen Lebensmit-
telgeschäften: „Juden Zutritt verboten". Die Mutter von einem Mädchen, das
vis-à-vis wohnte, das ich aber nur so vom Sehen kannte, hat mir dann ein
Zeichen gegeben, dass ich im Treppenhaus runterkommen soll. Da kam sie
mit einem großen Einkaufbeutel voller Lebensmittel und hat gesagt: „Ich
bitte Dich, sage das niemand, bringe das Deiner Mutter [...]."[600]

Mir hat München oder die bayerische Natur am Anfang sehr gefehlt. –
Palästina ist landschaftlich ja vollkommen anders. Und natürlich auch die
vielen Menschen, die zurückgeblieben waren.[601]

Ruths schulische Erlebnisse während der NS-Ära zählen zu den tristesten, die aus München überliefert sind. Auch die Nichtjuden, die ihr nahestanden, wurden bedrängt. (K.L.)

---

597 Heusler u. a. aaO. S. 62.
598 Heusler u. a. aaO. S. 62 f.
599 Heusler u. a. aaO. S. 63.
600 Heusler u. a. aaO. S. 66.
601 Heusler u. a. aaO. S. 68 f.

Julius **Meyer,** geboren 1881, war Rechtsanwalt in Frankfurt am Main. Im November 1938 wurde er für Wochen ins KZ Buchenwald eingeliefert. Im August 1939 gelang die Auswanderung nach England. Die Aufzeichnung stammt aus dem Jahre 1940.

[Am 12. November 1938, auf dem Weg ins KZ:] Wieviel Menschen doch vor dem Tor der Halle stehen und unserer Abfahrt zusehen, alle still und ohne Zuruf und laute Äußerung das Schauspiel betrachtend. […][602] Südbahnhof, raus! Da stehen dichtgedrängte Scharen von Menschen, um zuzusehen. […] Ein wüstes Gejohle geht los und empfängt uns. Durch! […][603] Wir sammeln uns am anderen Ende der Unterführung, wo uns Schutzleute unter Leitung eines Polizeioffiziers ausgesprochen freundlich in Empfang nehmen. Dann aber erfahren wir: es sind nicht alle so ungeschoren wie wir in und durch die Unterführung gekommen.[…][604] Der Polizeileutnant ist anfangs fast machtlos. Man sieht es seinem feinen, wohlerzogenen Gesicht an, wie peinlich ihm diese Vorfälle sind, und seine Beamten sagen uns, wie gemein es ist, dass man uns wehrlose Leute so behandelt.[605]   (K.L.)

Michael **Meyer** wurde 1881 in Blankenburg geboren. Bis 1938 betrieb er eine Anwaltskanzlei in Berlin, wo er auch ab 1952 wieder arbeitete und 1956 starb. Zwischenzeitlich, ab 1940, lebte er in Palästina/Israel. Dort fand er seine letzte Ruhe.

Anfang Juli 1940 befahl die Gestapo dem Palästina-Amt, aus der Zahl der für die S.H. [Sonder-Hachschara]-Fahrten Bestätigten 500 auszusuchen und die Liste der Ausgesuchten bis zum anderen Morgen 9 Uhr bei der Gestapo einzureichen […]. Wir 500 rüsteten uns nun für die Abreise. Die Tatsache, dass nun doch mitten im Kriege ein Transport mit dem Ziel Palästina abgehen sollte, war die Sensation und das Tagesgespräch unter den Juden Berlins.

„Hachschara" bedeutet „Vorbereitung, Tauglichmachung". Die entsprechenden Kurse, die von Zionisten organisiert und durchgeführt wurden, bereiteten emigrationswillige Juden auf die „Alija", die Auswanderung nach Israel, vor. Die Kurse umfassten berufspraktische Lehrgänge und Hebräischunterricht. Der erwähnte Transport war keineswegs der einzige, aber der letzte von Hitler-Deutschland nach Palästina, der unter Mit-

602 Kommission aaO. S. 43.
603 Kommission aaO. S. 43.
604 Kommission aaO. S. 43.
605 Meyer, Julius aaO. S. 43.

wirkung der Gestapo abgewickelt wurde. Die langjährige Kooperation engagierter Zionisten mit dem NS-Staat war nach 1945 sowohl in Deutschland als auch in Israel lange stark tabuisiert. Sie ist unterdessen gut dokumentiert und erforscht.   (K.L.)

Else **Meyring**, Stadträtin in Stettin für die linksliberale DDP, verlor 1933 als Jüdin ihre Arbeitsstelle. Am 12. Februar 1940 ohne erkennbaren äußeren Grund nach Lublin verschleppt, gehört sie zu den ersten Juden mit deutscher Staatsangehörigkeit[606], die aus dem Reich in das sog. Generalgouvernement deportiert wurden. Ihr gelang die Flucht nach Schweden, wo sie 1955 ihre Erinnerungen zu Papier brachte:

1933–1940 Meine Welt lag in Trümmern! […] Wie sollte ich das begreifen, die ich in rastloser Arbeit fast 20 Jahre mit anderen Frauen zusammengearbeitet, sie geführt und zu staatsbürgerlichem Denken erzogen hatte, durchdrungen von den gleichen Ideen, den gleichen Idealen und heißester Vaterlandsliebe![607]

Die Berührung mit den tapferen und tüchtigen Frauen der Provinz [gemeint ist das ländliche Pommern] ist ein großes Erlebnis für mich gewesen. […] Auch hatte ich Gelegenheit, zu beobachten, wie geachtet fast überall die Juden waren und wie sie sich assimiliert hatten.[608]

[In Polen:] Ich war zunächst bemüht, meinen Mann zur Ruhe zu bringen. Aber er weigerte sich, auf der Erde zu sitzen. Er wollte ein „ordentliches Unterkommen" haben. Da trat plötzlich ein SS-Obersturmbannführer[609] heran, sah sich um und kam dann auf mich zu, die ich neben meinem nun ganz zusammengesunkenen Manne stand. „Was ist mit dem Mann?" – „Er ist zusammengebrochen." Er sah mir ins Gesicht. „Ich habe nichts mit alledem zu schaffen. Ich bin die rechte Hand vom Generalgouverneur[610] und war zufällig in Lublin. Ich wollte mir die Sache mal ansehen. Ich hasse Sie … natürlich. Aber ich bin ein Mensch. Ich will Ihnen helfen. Ihr Mann muss ins Spital, ins Jüdische Spital." […] Nach einiger Zeit kam der Obersturmbannführer mit dem Lagerkommandanten in SS-Uniform zurück, verbeugte sich leicht und sagte. „Man hat mir eben klargemacht, dass ein Ober-

---

606 Die Staatsbürgerschaft war den Juden im Deutschen Reich bereits mit den Nürnberger Gesetzen vom September 1935 entzogen worden, sie blieben aber deutsche Staatsangehörige.
607 Meyring aaO. S. 307.
608 Meyring aaO. S. 313.
609 Dieser SS-Dienstgrad entspricht dem eines Oberstleutnant.
610 Hans Frank (1900–1946), gewiss einer der schlimmsten deutschen Kriegsverbrecher.

sturmbannführer nichts bei Juden zu suchen hat. Ich kann Ihnen nicht helfen."[611]   (K.L.)

Kurt **Mezei,** Wien, geboren am 13. Mai 1924, versteckte sich mit anderen Juden und Jüdinnen in einem Keller in der Förstergasse in Wien-Leopoldstadt. Er wurde am 12. April 1945, einen Tag vor der Eroberung Wiens durch die Rote Armee, von SS-Angehörigen erschossen. Seine Zwillingsschwester Ilse war bereits bei dem schweren Luftangriff auf Wien am 12. März 1945 getötet worden. Ihr Vater, der Schriftsteller Moritz (Maurus) Mezei, war nach fünf Jahren Haft im Oktober 1944 in Auschwitz ermordet worden. Am 19. September 1941 schrieb Kurt in sein Tagebuch:

Ich stehe fast die ganze Zeit vor der Kartenstelle, da es mir Freude bereitet, von den Leuten angestarrt zu werden. Habe Schlosseranzug an. […] Der Judenstern stört mich gar nicht, im Gegenteil: Ich trage ihn mit Stolz![612]

Der 19. September 1941 war der erste Tag, an dem der gelbe Stern getragen werden musste, nicht zuletzt deswegen dürfte der 17-Jährige „angestarrt" worden sein.

(K.L., K.B.)

Raffael **Mibberlin** wurde 1879 in einer Kleinstadt nahe der französischen Grenze geboren. Nach seinem Medizinstudium meldete er sich freiwillig zum Militär und eröffnete 1906 eine Praxis. Als Militärarzt des Ersten Weltkriegs galt für ihn das „Frontkämpferprivileg" und so durfte er nach 1933 weiterhin Kassenpatienten behandeln. Anfang 1939 emigrierte er nach Palästina.

Die Naziobmänner in den Fabriken … ließen ganz unverhüllt durchblicken, dass, wer sich immer noch an einen jüdischen Arzt wende, Verrat an der „Volksgemeinschaft" begehe und deswegen bei irgendeiner Gelegenheit schon seine verdiente Strafe bekommen werde. Ja, das ging noch weiter, einer der Leiter der größten Fabrik am Ort kam eigenmächtig mit der Erklärung heraus: „Von jetzt ab gibt es keinen Krankenschein mehr für jüdische Ärzte, und wer trotzdem einen verlangt, kann sofort seinen Entlassungsschein mitnehmen." Anscheinend war es also viel schwerer, als man gedacht hatte, das Vertrauensverhältnis der christlichen Bevölkerung zu ihren jüdi-

---

611 Meyring aaO. S. 322 f.
612 Löw, Andrea aaO. S. 544 f.

schen Ärzten zu lösen [...]. Es wäre undankbar, jetzt nicht besonders her-
vorzuheben, dass bei jedem von uns jüdischen Kollegen ein kleiner Teil der
Treuesten der Treuen bis zu diesem letzten Augenblick allen Drohungen
zum Trotz ausharrte, es gehörte wirklich Mut dazu![613]

Meine Praxis erlebte ich damals in allen möglichen Variationen. [...] Im
allgemeinen Umgang bildete es sich heraus, dass viele, wenn man mit ihnen
allein und unbeobachtet war, alles an Liebenswürdigkeit aufboten, um zu
zeigen, dass sie im Herzen die alten geblieben seien. In der Öffentlichkeit
dagegen vorsichtig, kurzsichtig und verlegen. In so einer Mittelstadt kennt
einer den anderen, jeder glaubt sich beobachtet und bespitzelt und nichts
fürchtet man mehr als Denunziation bei den Nazibehörden. Rasch war man
dann als „Judenknecht“, als „Volksfeind“ und dergleichen öffentlich ge-
brandmarkt.[614]

Dieser Zeitzeuge ist nicht zu verwechseln mit dem fast gleichnamigen jüdischen Arzt
Rafel Mibberlin, geboren 1893 in Berlin, der 1938 in die USA emigrierte.   (K.L., K.B.)

Franz **Michalski** wurde am 17. Oktober 1934 in Görlitz geboren. Seine Mutter Lilli
Braun hatte jüdische Vorfahren, sie ließ sich aber anlässlich der Eheschließung 1933 in
Breslau mit Michalskis katholischem Vater Herbert ebenfalls taufen. Bald nach der
Machtergreifung beginnt der Druck auf die Familie. Der Vater, Vertreter einer Kosme-
tik-Firma in Görlitz, wird massiv bedrängt, sich von seiner „nichtarischen“ Frau scheiden zu lassen. Als er sich weigert, verliert er 1938 seine Stelle und wird später – inzwischen Soldat – unehrenhaft aus der Wehrmacht entlassen. Ironie der Geschichte: Seine
Einheit wird kurz darauf nach Stalingrad verlegt und so rettet dieser Akt der Verfolgung
dem Vater wahrscheinlich das Leben. Doch die engsten Verwandten der Mutter werden
nach und nach deportiert. 1944 spitzt sich die Lage auch für die Michalskis zu. Vater
Herbert bekommt den Befehl zur Zwangsarbeit und taucht unter. Mutter Lilli reist mit
ihren beiden Söhnen nach Berlin, um sich vor der Gestapo zu verstecken. Mehrere
nichtjüdische Helfer retten der Familie in den folgenden Monaten das Leben. Zuletzt
werden sie in einem Hotel in Tetschen-Bodenbach im Sudetenland versteckt. Nach
Kriegsende kommt das Sudetenland wieder zur Tschechoslowakei und die Familie stellt
einen Antrag, dort bleiben zu dürfen. Er wird abgelehnt, denn alle Deutschen sollen das
Land verlassen. Franz Michalski kehrt zurück nach Berlin, wo er bis heute (Stand 2020)
lebt und als Zeitzeuge auftritt. Im Jahre 2012 beschloss die israelische Gedenkstätte Yad
Vashem, die Retter der Familie als „Gerechte unter den Völkern“ zu ehren.

---

613 Mibberlin aaO. S. 56 f.
614 Mibberlin aaO. S. 57.

Herberts Konkurrenten ließen bei Kundenbesuchen Bemerkungen über seine jüdische Ehefrau fallen. Der vom Staat geforderte Boykott jüdischer Geschäfte, so erwarteten sie, würde es den Kunden ratsam erscheinen lassen, bei anderen Lieferanten als bei den durch meinen Vater vertretenen zu bestellen. Aber sie irrten sich.[615]

Das Einkaufen von Lebensmitteln wurde für meine Mutter mehr und mehr zur Qual. Im Milchgeschäft um die Ecke wurde sie stets als Letzte bedient. […] Dort aber, wie auch beim Bäcker, bei der Gemüsefrau, dem Milchmann wurde ich, das Kind „normal" abgefertigt. Das führte schließlich dazu, dass nur noch ich allein Lebensmittel besorgte und deshalb eigentlich nur noch ich mich allein mit den Lebensmittelmarken […] auskannte. Bei der „normalen" Behandlung habe ich manchmal Mitleid seitens der Verkäuferinnen gespürt.[616]

Zu meinen glücklichen Erinnerungen an die Vorkriegszeit gehört der Name Wangerooge. […]. Meine Eltern folgten dem ärztlichen Rat […] und gaben mich für jeweils drei Monate in den Sommermonaten 1938 und 1939 in die Obhut des katholischen Kindererholungsheims „Meeresstern" […]. Ich war dort gern und erinnere mich an die liebevolle Betreuung […].[617]

Im Herbst 1939 kam ich mit fünf Jahren in Breslau in einen katholischen Kindergarten. Die Schwestern in den Nonnenhauben waren zu allen Kindern freundlich und spielten mit ihnen. Nur ich wurde so lange scheinbar unbeachtet in einer Ecke stehengelassen, bis ich mich gegen Knüffe und Rempeleien anderer Kinder wehrte. Dann hauten mich die Nonnen auf den Hinterkopf und zerrten mich an den Armen. […] „Du Judenbengel wirst unsere Kinder nicht schlagen!"[618]

Im Herbst 1941 wurde ich in der nächstgelegenen Volksschule eingeschult. In der Klasse habe ich keinen Antisemitismus erlebt.[619]

Es war einsam geworden um die rassistisch Verfolgten, die sich sogar gegenseitig aus dem Weg gingen, vielleicht, um sich nicht auch noch mit dem Leid anderer auseinandersetzen zu müssen. […] Die Ehemänner wurden in immer kürzeren Abständen zur Gestapo bestellt und dort dem Druck ausgesetzt, sich von ihren jüdischen Frauen scheiden zu lassen.[620]

---

615 Michalski aaO. S. 34 f.
616 Michalski aaO. S. 39.
617 Michalski aaO. S. 40 f.
618 Michalski aaO. S. 43.
619 Michalski aaO. S. 50.
620 Michalski aaO. S. 55.

In Sicherheit waren wir Kinder vielleicht bei den Ursulinen. Aber die frommen Ordensschwestern haben uns „Judenlümmel" terrorisiert. Es gab Püffe, Katzenköpfe, Schubsen und Stoßen, Beschimpfungen und antisemitische Beleidigungen [...].[621]

Ihr Freund hatte sie aus dem zerbombten Berlin nach Tetschen gebracht, um sie und das gemeinsame Kind der Obhut Gerdas anzuvertrauen. Er, der SS-Mann, kehrte sofort zu seiner Einheit zurück. Er hat die Menschen nicht verraten, die er in Gerdas Zimmer gesehen hatte.[622]

Die Menschen, die wir als „Stille Helden" ehren, haben unser Leben gerettet. Sie haben zudem unsere Würde bewahrt und uns unser Selbstbewusstsein erhalten. Und sie haben uns sogar in den schlimmsten Tagen durch ihr Handeln, einfach durch ihre Gegenwart, nicht daran zweifeln lassen, dass deutsch sein auch human sein bedeuten kann.[623]

Wie im Falle der Michalskis hielten die meisten „Mischehen" dem massiven Druck des NS-Regimes stand. In München waren es fast 90 Prozent.[624]   (K.L.)

Ernest W. **Michel** wurde 1923 in Mannheim geboren. Als Jude wurde er nach Auschwitz deportiert und überlebte. Nach der Befreiung arbeitete er als Journalist. Er emigrierte in die USA. Die nachfolgenden Zitate sind aus einem Gespräch entnommen, das am 11. November 2005 in New York geführt wurde.

Ich war in Bruchsal und hörte in der Nacht vom 11. auf den 12. November [1938] eine Sirene, offenbar Feueralarm. Ich schaute aus dem Fenster und sah in der Richtung der Synagoge Flammen und Rauch aufsteigen. Wenig später stand ich vor der brennenden Synagoge. Um mich herum viele Menschen, auch Kinder. Einige schrien „Die Juden, die Juden, schmeißt die Juden raus!"[625]

Dann hatte ich eine amerikanische Familie kennen gelernt, die auf Deutschland-Reise war. Und diese sehr christlichen Menschen wollten mich nach Amerika holen. Sie taten alles, was sie konnten. Aber ich kam nur auf die Warteliste [...].[626]

---

621 Michalski aaO. S. 59.
622 Michalski aaO. S. 77.
623 Michalski aaO. S. 83.
624 Löw aaO.: *München,* S. 127.
625 Michel aaO. S. 41.
626 Michel aaO. S. 41.

Meinen Eltern gelang es, meine Schwester nach Frankreich zu schicken. Eine jüdische Hilfsorganisation nahm sie in Empfang und brachte sie in einer Familie unter. Diese Familie wiederum vertraute sie einem katholischen Kloster an.[627]

Auch Ernest Michels Schwester überlebte die Verfolgung.   (K.L.)

Ludwig **Misch** wurde 1887 in Berlin geboren und wirkte dort als Musikkritiker und -lehrer. Dank seiner Ehe mit einer Nichtjüdin konnte er in Berlin überleben. Nach dem Krieg emigrierte er nach New York, wo er 1967 starb.

Unsere Wohnung in der Künstlerkolonie am Breitenbachplatz wurde uns [nach Erlass der Nürnberger Gesetze 1935] aus „rassischen Gründen" gekündigt. Als wir die Wohnung verließen, trat eine Flurnachbarin, die wir nur vom Sehen kannten, aus ihrer Tür und sagte zu uns: „Ich schäme mich, Deutsche zu sein." Nun, man konnte damals auch als Jude noch eine andere Wohnung bekommen.

Ein schlimmer Schlag traf mich, als ein Schulrat … mir … die Unterrichtserlaubnis entzog. Diese für mich ruinöse Anordnung konnte nur durch den Kultusminister rückgängig gemacht werden. Ich bat Wilhelm Furtwängler um seine Intervention, die er sofort zusagte und unternahm.[628]

Der prominente Dirigent und Komponist Furtwängler war damit letztlich erfolgreich. Bei dem erwähnten Minister handelt es sich um Bernhard Rust (1883 – 8. Mai 1945), er war 1933/34 preußischer Kultusminister und von 1934–1945 Reichsminister für Wissenschaft, Erziehung und Volksbildung. Seine Intervention zugunsten eines jüdischen Musikers ist außergewöhnlich und wäre zu einem späteren Zeitpunkt kaum mehr möglich gewesen. Dann war es allen NSDAP-Mitgliedern ausdrücklich verboten, sich für Juden zu verwenden, wobei dieses Verbot voraussetzt, dass solche Versuche nicht ganz selten waren.   (K.L., K.B.)

Hugo **Moses** wurde 1895 im Rheinland geboren, wo er später als erfolgreicher Geschäftsmann wirkte. Als Opfer des Pogroms von 1938 emigrierte er mit seiner Familie über Holland in die USA.

---

627 Michel aaO. S. 41.
628 Misch aaO. S. 242.

Gegen Tagesanbruch [des 10. November 1938] erschien ein Polizeibeamter, um festzustellen, ob äußerlich sichtbare Schäden … zu sehen … seien. Kopfschüttelnd sagte er zu uns …: „Es ist eine Schande, das alles mit ansehen zu müssen …" Am nächsten Abend befürchtete man allgemein, dass sich die Vorgänge wiederholen würden. In dieser Nacht aber patrouillierte die Polizei unausgesetzt durch die Straßen, besonders in der Gegend der jüdischen Häuser.[629]

Auf der Polizeistation waren die Beamten fast alle sehr nett zu uns.[630]

[Am 19. November:] Auf der Eisenbahnfahrt nach Hause musste ich feststellen, dass die Ereignisse der Pogromnacht die Gemüter noch lebhaft erregt hielten. Ein Mann sprach darüber zu seinem Nachbarn und sagte: „Nie habe ich so gelacht, als in der Nacht damals die Juden um ihre Häuser tanzten. Zum ersten Mal habe ich die jüdischen Huren arbeiten sehen, als sie mit ihren feinen Fingern die Fensterscheiben auf der Straße auflesen mussten.[631]

Die Bevölkerung in meinem Heimatort war wegen der Vorkommnisse zum größten Teil sehr deprimiert. […] Mir sagte in der Dunkelheit ein Bekannter: „Nun waren es eure Tempel, das Nächste sind unsere katholischen Kirchen."[632]

Meine Tochter war ab Weihnachten 1933 in einer Klosterschule und hatte es dort bei katholischen Schwestern sehr gut. Als diese Schule 1938 verboten und aus dem großen Gebäude eine Fabrik gemacht worden war, kam sie auf die High School[633] der nahen Großstadt. Mein Sohn besuchte seit Ostern 1938 die Oberschule in einer anderen Stadt.

Vor der Aufnahme besuchte ich den Direktor, um ihn zu fragen, ob er es für ratsam halte, dass ich meinen Sohn in seine Schule sende. Er antwortete mir wörtlich: „Ich bin ein guter Katholik und bin über 30 Jahre im Dienst. In meiner Schule gibt es nur Können und Wissen. Die Partei regiert hier noch nicht." […] Mein Sohn, damals neun Jahre alt, wurde vom ersten Tage an von seinem Klassenlehrer auf eine Bank allein gesetzt, die anderen Kinder saßen zu zweit in der Bank. Als ihm einmal ein Bleistift auf die Erde fiel und ein Kamerad diesen Bleistift aufheben wollte, rief der Lehrer: „Willst du wohl den Juden diesen Bleistift allein aufheben lassen!" […] Nur ein einzi-

---

629 Moses aaO. S. 42.
630 Moses aaO. S. 43.
631 Moses aaO. S. 49.
632 Moses aaO. S. 50.
633 Wortwahl im Original. Gemeint offenbar Realschule oder vielleicht Oberschule.

ges Mal, als die Klasse einen Aufsatz zu schreiben hatte mit dem Thema „Adolf Hitler, der Erretter des deutschen Volkes von der jüdischen Weltpest", rief der Lehrer meinem Jungen zu: „Nun gib mal dein Produkt von dir." Als mein Sohn auftragsgemäß sagte, sein Vater habe ihm verboten, diesen Aufsatz zu schreiben, war mein Kind für diesen Lehrer endgültig erledigt … Die anderen Lehrer hingegen waren gut zu ihm. […] Der Direktor sagte mir: „Das alles ist für mich so neu und unfassbar. Als ich vor wenigen Tagen die Kleinen inspizierte, hat der Klassenlehrer Ihren Sohn gefragt, und befriedigende Antwort bekommen." […] „Leider kann ich gegen den betreffenden Lehrer nicht einschreiten, er ist Vorsitzender des Lehrerbundes. Ein Protest würde mich meine Stellung kosten."[634]

Ein Angestellter meines Finanzamtes mit dem Parteiabzeichen sagte mir […]: „Aus alledem schaut nicht des Teufels Pferdefuß, sondern Goebbels' Klumpfuß heraus!"

Die Anteilnahme unserer arischen Freunde vor unserer Abreise war groß. Geschenke wurden uns von ihnen ins Haus gebracht, Blumen und gute Wünsche. Einige von ihnen sagten mir wörtlich: „Nimm mich mit, es geht hier in den Krieg, und wir haben keine Lust, noch einmal Krieg zu spielen."[635]

Abschließend muss ich sagen, dass jedes Wort in meinem Bericht der lauteren Wahrheit entspricht. Nicht der Hass hat meine Feder geführt, nur die Wahrheit und der Mut, die Wahrheit zu berichten. […] Nein, besäße die größere Zahl des gereifteren deutschen Volkes auch nur einen Bruchteil des Antisemitismus der Regierung […], es lebte schon lang kein Jude in Deutschland mehr.[636]

Das Zitat ist ein weiterer Beleg, wie ein Fanatiker mit dem entsprechenden Parteibuch gegen den Geist eines ganzen Hauses, hier einer Schule, sein Unwesen treiben konnte.

(K.L.)

Imo **Moszkowicz** wurde am 22. Juli 1925 in Ahlen geboren. 1943 wurde er mit Angehörigen nach Auschwitz deportiert. Er überlebte, kehrte nach Ahlen zurück und wirkte als Regisseur, Schauspieler und Schriftsteller. Er verstarb 11. Juni 2011 hoch geehrt, unter anderem mit dem Großen Bundesverdienstkreuz (1991).

---

634 Moses aaO. S. 51.
635 Moses aaO. S. 55 f.
636 Moses aaO. ingS. 57.

Im Essener Polizeigefängnis war der Besuch von jüdischen Häftlingen nicht erlaubt. Ein ihn bewachender Polizist ließ uns wissen, dass wir mit ihm bei Außenarbeiten sprechen könnten, sagte uns Ort und Zeit. Es war ein sehr junger Polizist, und wer die damalige Zeit nur ungefähr zu begreifen in der Lage ist, wird wissen, dass das Verhalten diese Polizisten todesmutig zu nennen ist. Ein Widerständler vielleicht? Einer von jenen wunderbaren Menschen, die Juden versteckt hatten, sich und ihre Familie einer Lebensgefahr aussetzend?

Damals wusste ich noch nicht viel von diesen stillen Helden, aber es treibt mich, das Hohelied dieser Nonkonformisten zu singen, damit eine ganze Welt endlich lernt zu begreifen, dass selbst unter extrem negativen Umständen der Mensch sich erlauben darf, menschlich zu handeln.[637]

Im Gleichschritt trappten sie daher, und ich ertappte mich dabei, dass ich eigentlich gern mitmarschiert wäre. Auf mich übten diese Spielmannszüge ein ansaugendes Faszinosum aus, und ich war ausgeschlossen, durfte nicht einmal die Fahne grüßen [...]. Dann sah ich in der Spiegelung des Glases, wie der Fähnleinführer auf mich zukam, mich herumdrehte. Ob ich denn die Fahne nicht grüßen könne! Fauchte er mich an, dann spuckte er mir ins Gesicht.[638]

Diese große stattliche Frau war der personifizierte Widerstand gegen die Nazis, ihre Waffe: Menschlichkeit. [...] Unter den Augen der Nachbarn, die fast alle Erznazis waren, stellte sie demonstrativ ihr Klappfahrrad vor unserer Türe und schleppte die Taschen und Netze mit Futter für unsere hungrigen Kindermäuler in unser observiertes jüdischen Haus.[639]

Tante Tres'chen und ich haben diesem Erznazi, der er war, ganz eindeutig war, nach der Vernichtung des Nazireiches, zu verstehen gegeben, dass wir für diese Hilfe, sie niemals denunziert zu haben, immer dankbar sein werden, und das bewiesen wir auch durch helfende Tat [Gemeint ist wohl Hilfe im Entnazifizierungsverfahren mit einem sog. Persilschein – Anm. K.L.].[640]

Als wir Tage später doch wieder in unsere Wohnung zurückkehrten, stand neben der ausgebrannten Synagoge ein Sack Kartoffeln, wohl von Menschen hingestellt, die christliche Nächstenliebe als göttlichen Auftrag

---

637 Moszkowicz aaO. S. 38.
638 Moszkowicz aaO. S. 61.
639 Moszkowicz aaO. S. 68.
640 Moszkowicz aaO. S. 69.

verstanden. Bis zum heutigen Tag ist nicht bekannt geworden, wer diese Menschen waren, und es spricht von ihrem Format, dass sie selbst dann, als alles vorbei war, sich nicht mit ihren guten Taten brüsteten und darüber schwiegen.[641]

Ich konnte nicht begreifen, dass die uns beobachtenden Dortmunder so hämisch feixten, als gelte es, einem Faschingszug zuzusehen. Es gehört keine besondere Kombinationsgabe dazu, zu dem Schluss zu kommen, dass jeder, der da am Straßenrand stand, in seiner Familie von dem berichtete, was er gesehen hatte. Ergo ist es schlüssig zu denken, dass wohl die ganze Stadt von diesem unmenschlichen Vorgang, bei dem man uns wie Schlachtvieh zu den bereitstehenden Waggons trieb, wusste.[642]

Ich senkte meine – von der Kohlentrimmerarbeit immer noch schwarz umränderten – Augen, ich konnte den Menschen nicht ins Gesicht sehen, mein verletzter Stolz verwandelte sich in Verachtung.[643]

Als wir den Judenstern tragen mussten, da gingen wir durch die Innenstadt von Essen, um zu zeigen, dass wir nicht so aussahen wie die *Stürmer*-Juden, dass es uns nichts ausmachte, so gezeichnet zu sein, dass der gelbe Fleck ein Ehrenzeichen für uns war.[644]

Genau besehen waren wir eigentlich feige, erduldeten jede Pein. Ja, ich bekenne, dass ich in den bedrückendsten Momenten gedacht habe, dass wir Juden so sind, wie ich's im *Stürmer* gelesen habe.[645]

Aber ich verhielt mich von nun an wie die meisten von uns. Duckte mich vor den Schlägen, versuchte durch geschicktes Ausweichen den Fußtritten ihre Wirkung zu nehmen; die Devise hieß jetzt unmissverständlich: weiterleben um jeden Preis.[646]

Ich musste zugeben, dass von dem so oft zitierten Zusammenhalt der Juden nicht die Rede sein konnte; die Ostjuden waren seinerzeit nicht akzeptiert von den Westjuden, nach dem Krieg war ich sehr lange Zeit ohne jegliche jüdische Hilfe, die ich ganz, ganz dringend gebraucht hätte.

Bevor ich wieder in Ahlen sein konnte, war die Familie Spiegel bereits zurückgekehrt; westfälische Bauern hatten sie unter Einsatz ihrer Leben versteckt. Diese wahren Helden riskierten auch die Existenz ihrer ganzen

---

641 Moszkowicz aaO. S. 70.
642 Moszkowicz aaO. S. 76 f.
643 Moszkowicz aaO. S. 76 f.
644 Moszkowicz aaO. S. 77.
645 Moszkowicz aaO. S. 77.
646 Moszkowicz aaO. S. 84.

Sippe, um Menne, Marga und Karin Spiegel, die mit mir nach Auschwitz hätten deportiert werden sollen, zu retten.[647]

Moszkowicz schreibt, dass im Prinzip alle Dortmunder Bescheid gewusst hätten über die besonders unwürdige Behandlung vieler Juden kurz nach der Pogromnacht. Dagegen spricht, dass einige Hundert Augenzeugen kaum durch bloße mündliche Weitergabe Hunderttausende Menschen informieren können. Im Zeugnis von Simone Veil (s.u.) wird beschrieben, dass selbst die große Razzia, bei der Mitte Juli 1942 in Paris über 4.500 französische Polizisten 13.152 Juden verhaftet und in einer Radsporthalle nahe dem Eiffelturm interniert haben, in weiten Teilen der Millionenstadt unbemerkt geblieben ist. Ohnehin bedeutet Informiertheit noch keine Zustimmung. Die Verhaftungen nach der Pogromnacht lockten die harten Antisemiten an, die gaffend und teilweise pöbelnd dem Schauspiel beiwohnten; siehe dazu unten das Zeugnis NN12, S. 211 f. Viele weitere Zeugnisse in diesem Buch belegen, dass diese Gruppe bei weitem nicht die Mehrheit der Deutschen repräsentierte.   (K.L., K.B.)

Elie **Munk** (1900–1981) war von 1926 bis 1936 Oberrabbiner in Ansbach, Bayern. Dann emigrierte er mit seiner Familie nach Paris, wo er Rabbiner der orthodoxen Gemeinde wurde. Nach der deutschen Eroberung Frankreichs zog er 1940 in die Schweiz, wo er bis zur Befreiung von Paris 1944 lebte. Im Jahre 1933 veröffentlichte er seine Sicht der Lage der Juden im Reich und des Verhältnisses der Juden zu den Nichtjuden, dem die folgenden Zitate entnommen sind:

Wir wären keine verantwortungsbewussten Menschen, geschweige denn wahrhafte Juden, wenn wir, wie es die allzuvielen Alltagsjuden tun, die Schuld an der Schicksalswende der Gegenwart lediglich den äußeren Umständen und den politischen Faktoren zuschreiben wollten. Wir wissen, dass die deutsche Judenheit auf vielen Gebieten gesündigt und gefrevelt hat. Und wenn wir jetzt an die Aufgabe herantreten, das Gebäude unseres Judentums wieder aufzubauen, so geht es nicht ohne den längst notwendig gewordenen inneren Läuterungsprozess.[648]

Auf die Anerkennung unserer vollen Menschenwürde und Menschenrechte können wir freilich nicht verzichten. Denn Israel und sein Gott sind so untrennbar miteinander verbunden, dass jede Verunglimpfung Israels notwendigerweise auch eine Verunglimpfung seines Gottes bedeutet […].[649]

---

647 Moszkowicz aaO. S. 122.
648 Munk aaO. S. 3.
649 Munk aaO. S. 4.

Um der Ehre unseres Gottes willen … sind wir daher verpflichtet, unsere Menschen- und Bürgerrechte bis aufs Äußerste zu verteidigen.[650]

Oder sollten wir noch einmal an die traurigen Verfallserscheinungen innerhalb des deutschen Judentums erinnern müssen, an die Massenaustritte aus dem Judentum, an die Mischehen, an die Geburtenkontrolle?[651]

Es muss gerechterweise anerkannt werden, dass die Aufrichtung des nationalen Sozialismus in ideeller Hinsicht gerade die gefährlichsten Giftzähne des Marxismus ausgerissen und dasjenige behalten hat, was von uns als vom Standpunkt des Judentums annehmbar bezeichnet wurde. Hierbei muss vorausgeschickt werden, dass der Rassenantisemitismus eine Nebenerscheinung ist, die mit dem Wesen des Nationalsozialismus an sich nicht das Geringste zu tun hat, wie dies ein Blick auf den Nationalismus anderer Länder überzeugend beweist. Solange der Antisemitismus bestehen bleibt, gibt es für uns selbstverständlich keine Möglichkeit einer geistigen Gemeinschaft. Ohne den Antisemitismus würde jedoch der Nationalsozialismus in den überlieferungstreuen Juden seine treuesten Anhänger finden.[652]

Vor allem aber hat sie die gefährlichste Geißel der Gegenwart ausgerottet, nämlich die Gottlosenbewegung. Die Unterdrückung dieser bolschewistischen Gefahr nehmen wir umso dankbarer auf, als sie begonnen hatte, auch in jüdischen Kreisen zersetzend zu wirken […].[653]

Israel muss leiden, damit seine eignen Ideale, wie neugeboren, über eine verjüngte Welt sich leuchtend erhebe![654]

Diese Zitate sind einer im Jahre 1933 veröffentlichten Vortragsreihe entnommen und stammen womöglich teilweise noch aus der Zeit kurz vor der Machtergreifung. Unbeantwortbar bleibt die Frage, wie viele – Juden wie Nichtjuden – Munks Worten über den Rassenantisemitismus als angebliche „Nebenerscheinung des Nationalsozialismus" Glauben geschenkt haben und ob seine Einlassungen von der Hoffnung motiviert waren, die jüdische Gemeinde damit schützen zu können.   (K.L., K.B.)

Fritz **Nast-Kolb** (1916–2009), war Mitarbeiter der Robert Bosch GmbH, wo er eine kaufmännische Lehre gemacht hatte. Als „Mischling ersten Grades" bzw. „Halbjude" im Sinne der Nürnberger Gesetze drohte ihm 1944 die Einweisung in ein Arbeitslager.

---

650 Munk aaO. S. 4
651 Munk aaO. S. 6
652 Munk aaO. S. 34
653 Munk aaO. S. 35.
654 Munk aaO. S. 7.

Während des Dritten Reiches wurde ich aus rassischen Gründen verfolgt. Die Firma Bosch hat sich mir und anderen Leidensgenossen gegenüber vorbildlich verhalten und in jeder Weise versucht, unsere schwierige Lage zu erleichtern. Sie hat es sogar im Herbst 1944 vermocht, uns vor der Verschickung in ein Arbeitslager der Gestapo zu bewahren, indem sie eine eigene Werkstatt für Betroffene eingerichtet hat.[655]   (K.L.)

Heinz Wolfgang **Nassau**, geboren 1908 in Recklinghausen als Sohn einer Familie jüdischer Kaufleute. Infolge der Nürnberger Gesetze musste er 1936 sein Jurastudium in Heidelberg abbrechen und wechselte in die Firma eines Onkels in den Niederlanden, um wenig später nach Essen zurückzukehren. Am Morgen nach der Pogromnacht floh er erneut in die Niederlande, wo er sich ab der deutschen Besetzung 1940 verstecken musste. Ab 1941 schrieb er unter dem Pseudonym ORA für die Widerstands-Zeitschrift „Vrij Nederland". Am 19.11.1943 verhaftet wurde er wenige Tage später in Auschwitz-Birkenau ermordet. Über den Tag seiner Flucht berichtet er aus Essen und dem Rheinland:

In den späteren Morgenstunden [des 10.11.1938] gab es natürlich viele Zuschauer. Die halbe Stadt [Essen] war auf den Beinen. Es wurden auch viele Arier verhaftet, die wagten, ihrem Abscheu über das Treiben Ausdruck zu geben.[656]

Ich versuchte zunächst bei Aachen, über die Grenze zu kommen, was mir jedoch nicht gelang. Ich fuhr dann zurück und konnte weiter nördlich auf holländischen Boden kommen. Unterwegs habe ich durch viele Menschen, Juden wie Christen, mit denen ich zusammenkam, weitestgehende Hilfe gefunden.[657]   (K.L.)

Hertha **Nathorff** (geb. Einstein) kam am 5. Juni 1895 in Leipheim zur Welt. Sie wirkte in Berlin als Ärztin. Noch 1939 gelangte sie über England in die USA, wo sie am 10. Juni 1993 starb.

[In ihr fingiertes Tagebuch aus dem Jahre 1940 schrieb sie unter Berlin, 1. April 1933:] Ich selber habe heute mit Absicht in Geschäften gekauft, vor

---

655 Röhm aaO. S. 465
656 Nassau aaO. S. 320.
657 Nassau aaO. S. 322.

denen ein Posten stand. Einer wollte mich abhalten, in ein kleines Seifenge-
schäft zu gehen. Ich schob ihn aber auf die Seite mit den Worten: „Für mein
Geld kaufe ich, wo ich will." Warum machen es nicht alle so? Dann wäre der
Boykott schnell erledigt. Aber die Menschen sind ein feiges Gesindel, ich
weiß es längst.[658]

[Nathorff notiert in ihr Tagebuch:] 10. November 1938… Was haben sie
bloß wieder gemacht?, denke ich. Da höre ich eine gutangezogene Dame im
Vorbeigehen zu ihrem Mann sagen: „Recht geschieht es der verdammten
Judenbande, Rache ist süß!'" [Nur fünf Zeilen weiter:] Wohl höre ich einige
unwillige Bemerkungen über diese Vorgänge aus den Reihen der Passanten;
die meisten aber gehen scheu und still durch die Straßen.[659]

[Angst und Sorge:] „Ich weiß, daß arische Freunde oft in tiefer Nacht
noch an meinem Hause vorbeigehen, um zu sehen, ob das Licht noch brennt
und ob die Lampen nicht demoliert, unsere Wohnung ausgeraubt ist …"[660]

(K.L.)

Hans **Nawiasky** wurde 1880 in Graz geboren. Er studierte Jura u. a. in Wien und Berlin.
1919 wurde er in München Professor für öffentliches Recht. „Mit dem Ministerpräsidenten Held [Bayerische Volkspartei] verband ihn ein enges Vertrauensverhältnis."[661]
1931 bemerkte Nawiasky in einer Vorlesung, Deutschland habe mit den harten Bedingungen der Friedensverträge von Brest-Litowsk und Budapest gefährliche Vorbilder für
das Diktat von Versailles geschaffen. Dadurch löste er seitens der Nationalsozialisten
und der Deutschnationalen einen Sturm der Entrüstung aus. Die Universität musste,
um den Frieden wiederherzustellen, vorübergehend geschlossen werden. Staatsregierung und Landtagsmehrheit stellten sich schützend vor Nawiasky. Im Frühjahr 1933
musste sich Nawiasky der Verfolgung durch die neuen Machthaber entziehen. Er floh
nach St. Gallen, wo er bald wieder als akademischer Lehrer wirken konnte. Rasch nach
Kriegsende entschloss er sich, erneut in Deutschland zu wirken. Er wurde zum „Haupt-
verfasser der Bayerischen Verfassung" (Zacher[662]). In München nahm er seine Lehrtätigkeit wieder auf. (Der Autor K.L. war einer seiner Hörer.) Den Wohnsitz St. Gallen
behielt er bei. Dort liegt der 1961 Verstorbene begraben. Die folgenden Zitate sind aus
seinem in der Einleitung erwähnten Essay von 1946.

---

658 Nathorff aaO. S. 40.
659 Nathorff aaO. S. 120 f.
660 Nathorff aaO. S. 131.
661 Hans Zacher: *Hans Nawiasky 1880–1961,* in Helmut Heinrichs *Deutsche Juristen jüdischer Herkunft,*
München 1993 S. 679.
662 Hans Zacher: *Hans Nawiasky 1880–1961,* in Helmut Heinrichs *Deutsche Juristen jüdischer Herkunft,*
München 1993 S. 679.

Dagegen stand die weit überwiegende Mehrheit des Volkes auf der Seite der Friedfertigen bzw. der Gleichgültigen … [1930] Und da kann man doch nur konstatieren, dass von einer aggressiven Mentalität der Volksmehrheit vor der nationalsozialistischen Machtergreifung schlechterdings keine Rede sein kann.[663]

Es sei hier noch angemerkt, dass ich während meines Aufenthalts in Deutschland im März/April 1946 sehr erstaunt war, in meinem großen Bekanntenkreis überraschend viele Fälle festzustellen, in denen es den Betreffenden gelungen war, sich allen Zwangs- und Druckmitteln zum Eintritt in die Partei teilweise auf raffinierte Art zu entziehen. Insbesondere fand ich auch eine gar nicht unerhebliche Zahl von Staatsbeamten, die auf Kosten ihrer Avancementsaussichten es standhaft ablehnten, der Partei beizutreten. […][664]

Wenn dann nach der Machtergreifung München zur Hauptstadt der Bewegung erhoben wurde, so kann man wohl mit gutem Recht von einer *unglücklichen Liebe zu Bayern* sprechen, die bezeichnenderweise in dem geflügelten Wort von der „Hauptstadt der Gegenbewegung" Ausdruck gefunden hat. Nicht nur in München selbst, sondern vor allem auf dem flachen Land entfaltete sich eine innere Ablehnung des durchaus „artfremden Terrorsystems" und wurde stärker und stärker… Wenn sich diese Grundstimmung nicht in heftigen Explosionen entlud, so liegt die Erklärung dafür, abgesehen von dem brutalen Überwachungs- und Zwangssystem des dritten Reichs, in einer gewissen Passivität des bayerischen Volksgeistes, die vielleicht am besten mit den Worten des Chors in Schillers „Braut von Messina" charakterisiert werden kann: „Die fremden Eroberer kommen und gehen, wir gehorchen, aber wir bleiben stehn." Zu dem Gehorsam wäre noch das Wort „widerwillig" hinzuzufügen.[665]

Ein Tagebuch hat Nawiasky offenbar nicht geführt. Auch ist keine Autobiographie überliefert. Sein Vertrauensverhältnis zum Ministerpräsidenten unterstreicht jene Schilderungen, die von einer guten Zusammenarbeit der staatlichen Stellen mit den namhaften Juden der Stadt München vor dem Jahre 1933 berichten. So war nicht überraschend, dass ihm seitens des Dienstherrn keine Schwierigkeiten bereitet wurden, als ihn 1931 Teile der Studenten attackierten Das zitierte Wort von München als „Hauptstadt der Gegenbewegung" findet auch durch Nawiasky selbst seine Bestätigung.   (K.L.)

---

663 Nawiasky aaO. S. 15.
664 Nawiasky aaO. S. 40.
665 Nawiasky aaO. S. 89.

Henriette **Necheles-Magnus** wurde 1898 geboren und wohnte ab dem zehnten Lebensjahr in Hamburg, wo sie als Ärztin tätig war. Sie konnte rechtzeitig in die USA emigrieren.

[Über den Boykott des 1. April 1933:] So ging es weiter und weiter. Die Patienten kamen und kamen mit Blumen, mit kleinen Gaben: „Wir wollen Ihnen zeigen, was wir von dieser Politik halten." „Ich bin nicht krank, Doktor, ich komme, um zu sehen, wie es Ihnen geht." Eine kleine Handarbeit, die „Boykottdecke" liegt noch heute in meinem Zimmer […] Meiner Nachbarin auf der anderen Seite der Straße ging es genauso. Sie sagte, sie hätte noch nie so viel einzelne Eier verkauft, wie an diesem Tag, da die armen Leute nicht mehr Geld als zu einem Ei übrig hatten und doch irgendwie ihr das Gefühl des Zusammenhalts zeigen wollten. Es ging nicht überall so glatt und reibungslos ab.[666]

Kurz zuvor hatte ich ein Urteil erwirkt, das mir die sofortige Wiederanbringung meines Schildes gestattete und Dr. K. zu einer erheblichen Buße verurteilte. Die Buße musste er bezahlen …[667]

Die letzten Zeilen zeigen, dass die Juden nicht schon ab Beginn der Hitlerherrschaft gleichsam rechtlos waren.   (K.L.)

Margarete **Neff**, geboren 1892 in Wien, Schauspielerin, emigrierte 1939 in die USA. Dort ist sie 1984 gestorben. 1938 hatte sie sich an Emmy Göring, die Frau des Generalfeldmarschalls, gewandt, um die Freilassung ihres Mannes zu erreichen, letztlich mit Erfolg.

Ein Mann, der früher im Geschäft von Freunden angestellt war, nahm sich meiner an; er hob die Dokumente und das Geld auf, weil sie bei mir nicht sicher waren. Er stand mir jederzeit zur Verfügung, er war verzweifelt über das Unglück, das seine Nazis über uns gebracht hatten. Er war selbst langjähriges Parteimitglied, er schämte sich fürchterlich.[668]

---

666 Necheles-Magnus aaO. S. 50 f.
667 Necheles-Magnus aaO. S. 52.
668 Neff aaO. S. 269.

Eine Nacht übernahm die Polizei freiwillig die Wache, nachdem sie schon den ganzen Tag Dienst getan hatte. Dies geschah, um die unschuldigen Menschen vor der zum Morden abgerichteten SS zu retten.[669]   (K.L.)

Victor **Neckarsulmer**, 1902–1976, stammt aus Rexingen in Württemberg und war Kaufmann. Er wurde nach dem Novemberpogrom 1938 im KZ Dachau inhaftiert und konnte nach seiner Freilassung Anfang 1939 mit Frau und Kind nach Shavei Zion (Palästina/Israel) ausreisen. Er berichtete in der Zeitschrift *Rosch Haschana* [„Neujahr"]:

In der Nacht vom 9. zum 10. November 1938 wurde ich aus dem Schlaf geweckt mit dem Ruf: „Die Synagoge brennt." So schnell wie möglich eilte ich zur Synagoge und was ich sah, war schrecklich. […] In Rexingen war unser Gefängniswärter der Polizist Joseph Göttler. Er empfahl uns, alle Wertsachen ihm zu übergeben, da er sie unseren Angehörigen überbringen werde. Er sagte, „im anderen Falle wird Euch doch alles abgenommen." Er hat gehalten, was er versprochen hat.

Ungefähr zwei Wochen nach unserer Entlassung aus Dachau bat mich der diensttuende Landjäger, ihn abends in seiner Wohnung aufzusuchen. Er sagte mir folgendes: „Ich habe aus dem Aschenhaufen eine Thorarolle herausgenommen, die ziemlich gut erhalten ist. Ich weiß, dass Sie demnächst […] auswandern. Wenn Sie diese Thorarolle mitnehmen wollen, steht sie jederzeit zu Ihrer Verfügung." Ich war mir bewusst, dass es eine Gefahr sein wird, diese Rolle ohne Erlaubnis mitzunehmen. Trotzdem habe ich es getan. Heute ist diese Rolle […] in Shave Zion aufgestellt.[670]   (K.L.)

Camilla **Neumann** wurde 1892 in Budapest geboren. Sie lebte von 1913 bis 1949 in Berlin. Ab 1941 musste sie Zwangsarbeit leisten. Es gelang ihr unterzutauchen und mit falschen Papieren die Verfolgung zu überleben, 1949 emigrierte sie in die USA.

Im Oktober 1941 fingen in Berlin die Massenverschleppungen an. Von da ab ist die Stimmung unter den Juden auf dem Nullpunkt angelangt. […] Die Mitglieder des Kulturbundes, Schauspieler, Musiker etc. haben bei der Gemeinde für die Gestapo Personenverzeichnisse gemacht. Kurz gesagt, das

---

669 Neff aaO. S. 269 f.
670 Neckarsulmer aaO. S. 58 f.

war der Anfang vom Ende. [...][671] Die Boten [solcher Todesurteile – L.H.[672]] waren meistens Leute von der Gemeinde, denn in Wirklichkeit war es nichts anderes. Die Gemeinde war eben nichts weiter als eine Abteilung der Gestapo. [...] Da der Gestapo die Abholung aus der Wohnung nicht schnell genug ging, musste ein großer Teil der Beamten der jüdischen Gemeinde sich an den Abholungen beteiligen. Sie hatten Vollmachten von der Gestapo, und man musste mit ihnen mitgehen, sträubte man sich, so wandten sie Gewalt an. Sie sagten, sonst koste es ihren eigenen Kopf. Wir waren sehr betrübt, dass sich Juden zu so was hergaben. Aber auch das genügte noch nicht. Schließlich wurden die Juden wie Hunde eingefangen; aus den Läden, aus den Sprechzimmern der Ärzte, von den Straßen wurden sie zusammengeholt und auf Lastwagen verladen. Wenn das Einsteigen noch schnell genug ging, wurde man in den Wagen gestoßen.[673]   (K.L.)

Siegfried **Neumann** wurde 1895 in einer kleineren Stadt in Ostpreußen geboren. Kriegsfreiwilliger im Ersten Weltkrieg. Jurastudium mit Promotion. Jurist, Bühnenautor, Mitglied der liberalen DDP. Ab 1922 Justizbeamter in Berlin. Notar und Rechtsanwalt in einer Kleinstadt in Brandenburg 1933 Entzug des Notariats, aber weitere Tätigkeit als Anwalt bis 1938. Nach der Pogromnacht Inhaftierung im KZ Sachsenhausen. 1939 gelang ihm über Schanghai die Emigration nach Palästina. Gestorben 1987. Mit dem zitierten Text hat Neumann im Jahre 1940 an einem Preisausschreiben der Harvard-Universität teilgenommen.

Nach der Absolvierung der ersten beiden Schuljahre in einer Privatschule kam ich im Alter von acht Jahren auf das Königliche Gymnasium [Ort unklar, eventuell Königsberg], ein humanistisches. Mit Stolz trug man die blaue Gymnasiasten-Mütze [...]. Es ist mir nicht erinnerlich, mit meinen christlichen Mitschülern irgendwelche Schwierigkeiten gehabt zu haben. Auch bei den Spielen außerhalb der Schule machte man in dieser Hinsicht keinen Unterschied.[674]

---

671 Neumann, Camilla aaO. S. 322.
672 L.H. ist der Herausgeber Ludger Heid der zitierten Quelle. Diese Anmerkung in eckigen Klammer ist also ausnahmsweise nicht von den Bearbeitern dieses Buches.
673 Neumann, Camilla aaO. S. 323 f.
674 Neumann, Siegfried aaO. S. 12.

Einer meiner Mitschüler … protestierte dagegen, dass ein Jude das Kaiserhoch ausbringen sollte. Aber meine Mitschüler traten einmütig für mich ein und es blieb bei der Regel.[675]

[Ein Erlebnis in Oberbayern, offenbar nach 1933:] Ein hübsches Mädel versah hier den Wirtschaftsbetrieb. Sie erzählte, vor einiger Zeit hätten hier sogar Filmaufnahmen stattgefunden und der Regisseur hätte gerne mit ihr angebandelt, sie habe sich aber nicht mit ihm eingelassen. „Das war nämlich ein Jude." So äußerte sich also damals in den bayerischen Bergen des Rassenstandpunkt nazistischer Prägung …[676]

Ein weiterer Fehler des geltenden Wahlrechts war das Wahlrecht der Frauen und das niedrige Wahlalter.[677]

Nachdem die Partei es mit Hilfe des Reichstagsbrandes und einer darauf basierenden Angstmacherei vor dem Kommunismus zu einem fast fünfzigprozentigen Wahlsieg gebracht hatte [im gesamten Reichsgebiet 43,9 Prozent – K.L.] wurde sie auch bei uns [gemeint vermutlich: Berlin und das nähere Umland] lebendiger …

Eines Morgens [1933] lagen die Schaufenster der jüdischen Geschäfte in der Hauptgeschäftsstraße in Trümmern. Unsere christlichen Mitbürger standen auf der Straße und machten ihrer Empörung laut und ungeniert Luft. Der Erfolg war, dass die Partei sich in keiner Weise sich dieser Tat rühmte, vielmehr eine amtliche Notiz in der Presse erschien, das hätten die Kommunisten gemacht und man sei den Tätern bereits auf der Spur.[678]

Im Jahr 1934 schien die Hetze nachzulassen. Der Verkehr in der Praxis belebte sich etwas. Auch die jüdischen Geschäftsleute in unserer Stadt hatten wieder besser zu tun.[679]

Bei den Gerichten war, jedenfalls soweit ich beobachten konnte, selbst der Nachwuchs wenig nazistisch.[680]

[Während des Pogroms von 1938:] Es schien, als ob das gewohnte Bürgertum von der Straße verschwunden sei. […] Als wir auf die Straße traten, um die Wagen zu besteigen, stand dort ein Menschenhaufen, der antisemi-

675 Neumann, Siegfried aaO. S. 15.
676 Neumann, Siegfried aaO. S. 53.
677 Neumann, Siegfried aaO. S. 71.
678 Neumann, Siegfried aaO. S. 85.
679 Neumann, Siegfried aaO. S. 96.
680 Neumann, Siegfried aaO. S. 102.

tische Schimpfworte und Drohungen ausstieß, offenbar bestellte Arbeit, denn man hörte dasselbe nachher auch aus anderen Orten erzählen.[681]

Es ist bemerkenswert, mit wie wenigen SS-Leuten die große Masse von Häftlingen in Schach gehalten wurde.[682]   (K.L.)

Alexander Karl **Neumeyer** wurde am 28. Februar 1910 in München geboren. Er war einer der Söhne des Juristen Alfred **Neumeyer** (geboren 1867), siehe unten. Jurastudium. Die Bayernwacht, von der Neumeyer berichtet, war die 1924/25 gegründete Wehr- und Schutzorganisation der katholischen Bayerischen Volkspartei (BVP), zu ihren Mitgliedern gehörten auch Juden und andere NS-Gegner. Da sich 1933 die Berufsaussichten für Neumeyer schlagartig verschlechterten, wechselte er sein Studienfach. Als ausgebildeter Landwirt emigrierte er 1938, noch vor dem Pogrom, nach Argentinien. 1950 wählte er als Wohnsitz Israel, wo er 1989 starb. Die Aufzeichnungen stammen aus den letzten Lebensjahren.

[In München:] Dieser Geschichtsabschnitt vor dem Ausbruch des Ersten Weltkrieges erschien mir in meinen Kindertagen und den schwierigen Zeiten, die später kamen, wie das Goldene Zeitalter, wie das verlorene Paradies. […] Ich will hier kein Geschichtsbuch schreiben, sondern nur den allgemeinen Hintergrund umreißen, vor dem ich im deutschen Bürgertum jener Zeit aufwuchs. Das war eine breite Klasse von friedlichen, ordentlichen, fleißigen, zivilisierten und durchschnittlichen Leuten. […]

In dieser Klasse wuchs ich als ein in jeder Hinsicht typischer Deutscher auf. Bis zum Aufstieg des Nationalsozialismus hatte ich nicht den geringsten Zweifel, dass ich ein Deutscher wie alle anderen war. Die deutsche Nation war meine Nation, das deutsche Volk mein Volk. Deutschland war mein Land in Freud und Leid, mein Vaterland, an dem ich mit Herz und Seele hing.[683]

Die Nazis fingen an, aktiv zu werden. Einige Organisationen begannen, die Zulassung von Juden einzuschränken. Als meine beiden Vettern sich für meine Aufnahme bei den Pfadfindern einsetzten, bekamen sie einen Wink, dass die Eingliederung eines weiteren Juden in die Gruppe nicht wünschenswert sei. Von diesem Fall abgesehen, kann ich nicht sagen, in irgend-

---

681 Neumann, Siegfried aaO. S. 110 f.
682 Neumann, Siegfried aaO. S. 114 f.
683 Neumeyer, Alexander aaO. S. 262 f.

einer Weise unter der Tatsache gelitten zu haben, dass ich während meiner neunjährigen Gymnasialzeit der einzige jüdische Schüler der Klasse war.[684]

Ich trat der Bayernwacht bei, die von der Bayerischen Volkspartei organisiert wurde, der großen Partei der Mitte, die damals in der Regierung Bayerns dominierte und sich entschieden gegen den Aufstieg der Nazis stemmte. Wir kamen einmal pro Woche zu Wehrübungen zusammen. […] Unsere Tätigkeit nahm ein trauriges Ende, als Hitler zur Macht kam. Er löste sofort die Gruppierungen auf, die nicht nach seinem Geschmack waren, darunter die Bayernwacht.[685]

Die große Mehrheit war sich sicher, das [NS-]Regime werde nach wenigen Monaten zusammenbrechen. Sie glaubten, es komme nur darauf an, geduldig abzuwarten, bis das Übel vorüber wäre. Die Bevölkerung kaufte trotz der Nazi-Warnungen weiter in jüdischen Geschäften ein.[686] […]

Nach dem Krieg: In unserer Familie und in der gesamten jüdischen Öffentlichkeit mischte sich die Freude über den Sieg der Streitkräfte der freien Welt mit Besorgnis und Schmerz über das Schicksal der Juden in Europa. Erst damals wurde das Ausmaß der Katastrophe bekannt. Zuvor hatten die Zeitungen zwar Berichte über Deportationen, Konzentrationslager und Massenmorde an Juden und Gräuel gebracht. Aber die Nachrichten waren bruchstückhaft gewesen, hatten zum Teil auf Hörensagen beruht und waren so schrecklich, dass viele sie nicht glaubten oder für übertrieben hielten. Jetzt stellte sich heraus, dass die Wirklichkeit schrecklicher als die Gerüchte war.[687]

Hitler war legal an die Macht gekommen, was die Zahl derjenigen reduzierte und sie zumindest moralisch schwächte, die dazu bereit waren, den Rechtsstaat und die Demokratie notfalls auch gewaltsam zu verteidigen. Für die Bayernwacht etwa war die Grundlage eines gewaltsamen Widerstand entfallen, als sich die Reichswehr am „Tag von Potsdam" (21. März 1933) zu Hitler bekannte. Die Waffen wurden irgendwie entsorgt. Der Bayernwacht hat auch mein, K.L.s, Vater angehört. Vermutlich kannten sich die beiden Männer, da sie beide in München lebten. Der Herausgeber von Neumeyers Erinnerungen, Schopflocher, bemerkt: „Der Anfang der Dreißigerjahre erfolgte Beitritt […] zur

---

684 Neumeyer, Alexander aaO. S. 298 f.
685 Neumeyer, Alexander aaO. S. 315 f.
686 Neumeyer, Alexander aaO. S. 316.
687 Neumeyer, Alexander aaO. S. 375.

‚Bayernwacht' bildete allerdings eher die Ausnahme als die Regel unter der jüdischen Jugend."[688]										(K.L.)

Alfred **Neumeyer** kam am 17. Februar 1867 in München zur Welt. Er war der Vater von Alexander Karl **Neumeyer** und ein entfernter Verwandter des 1901 geborenen gleichnamigen Naturwissenschaftlers (deshalb bei beiden der Zusatz des Geburtsjahres). Neumeyer wirkte als Richter und als solcher wurde er 1933 zwangspensioniert. Von 1919 bis 1941 war er Vorsitzender der Israelitischen Kultusgemeinde München („König der Juden Bayerns" wurde er scherzhaft genannt). 1941 emigrierte er nach Argentinien, wo er 1944 starb. Der Text entstand in den Jahren 1941–1944.

Am Prinzregenten [Luitpold von Bayern, 1821–1912, Prinzregent ab 1886] hing mein Vater mit ganzem Herzen. Mit seinem ersten Hofgeistlichen […] verbanden ihn nahezu freundschaftliche Beziehungen.[689]

Nachdem ich 1898 die Versetzung nach München beantragt und bei Justizminister von Leonrod eine außerordentlich freundliche Aufnahme gefunden hatte, kam ich an das Amtsgericht München 1.[690]

[…] zum ersten Mal in meinem Leben ist mir hier [= 1910 in Augsburg im Kontrast zu München] die abstoßende, judenfeindliche Art, wenn auch in meist verschleierter Weise, entgegengetreten.[691]

Die Bayerische Staatsregierung war freundlich gesinnt.[692]

Die ausgetauschten Reden [1924] zeigten das gute Verhältnis des Verbandes [Bayerischer Israelitischer Gemeinden] zu den Behörden. Der Präsident des Verbandes […] hatte ungehinderten Zugang zu allen Behörden, insbesondere dem Kultus- und Finanzministerium. Er wurde zu repräsentativen Akten vom Ministerpräsidenten, der Stadt München, der Presse und auch vom Preußischen Gesandten eingeladen […][693]

Ich gratulierte mit dem Rabbiner Dr. Baerwald dem Kardinal Faulhaber in München, der sich den Juden stets freundlich erwiesen hatte, zu seinem 60. Geburtstag [1929].[694]

---

688 Schopflocher siehe Neumeyer, Alexander aaO. S. 529.
689 Neumeyer, Alfred (1867) aaO. S. 40.
690 Neumeyer, Alfred (1867) aaO. S. 74.
691 Neumeyer, Alfred (1867) aaO. S. 95.
692 Neumeyer, Alfred (1867) aaO. S. 113.
693 Neumeyer, Alfred (1867) aaO. S. 133 f.
694 Neumeyer, Alfred (1867) aaO. S. 135.

[General Franz Ritter von] Epp war es, der [im April/Mai 1919] unter Teilnahme auch jüdischer Mannschaften die Räteherrschaft niederwarf. Frauen aus gesellschaftlich höheren Kreisen schlossen sich der [NS-]Bewegung an und wendeten ihr reichliche Mittel zu. Die seit dem Kapp-Putsch [vom 13.3.1920] in Bayern zur Herrschaft gelangte bürgerliche Mehrheit unter Führung der katholischen Bayerischen Volkspartei duldete das gesetzwidrige Treiben, weil sie in dem nationalen Charakter der Bewegung eine willkommene Verstärkung der Regierung sah und glaubte, mit ihrer Hilfe den sozialistischen Einfluss in der Reichsregierung [...] brechen zu können.[695]

Der Aufstand [= Hitlers Putschversuch vom 8./9. November 1923] wurde mit Waffengewalt niedergeworfen. Bei der Feldherrnhalle erhielt Göring eine erhebliche Verletzung und wurde in ein jüdisches Haus gebracht, in dem er sorgfältige Pflege fand.[696] [...]

Im Übrigen ist es doch mehr als zweifelhaft, ob für die totalitäre Geisteshaltung die Judenverfolgung als notwendiger Bestandteil anzusehen ist und ob die wohlverstandene, wissenschaftlich begründete Rassenfrage eine solche Lösung fordert. Mussolini hat viele Jahre hindurch, solange er Hitler nicht nähergetreten ist, eine solche Forderung nicht aufgestellt, und unmittelbar nach der Machtübernahme von Hitler haben jüdische Kreise, darunter ein angesehener Rabbiner in Bayern [= Elie Munk, Oberrabbiner in Ansbach – s. o.], öffentlich erklärt, dass Grundanschauungen der Bewegung mit der jüdischen Einstellung wohl vereinbart werden könnten. (Inzwischen, 1944, übersteigen die Gräuel gegen die Juden jedes Ausmaß, so dass es schwer wird, die Distanz des Geschichtsschreibers zu wahren.)[697]

Die Wittelsbacher Fürsten waren uns immer freundlich gesinnt gewesen [...]. Die uns freundlich gesinnte Bayerische Volkspartei war wohl die stärkste Partei im Landtag, besaß aber nicht die absolute Mehrheit.[698]

Der Gesetzentwurf [über das Verbot des Schächtens] wurde aus einer aus Nationalsozialisten und Sozialdemokraten bestehenden Mehrheit angenommen und das Gesetz trat am 1. Oktober 1930 in Kraft.[699]

---

695 Neumeyer, Alfred (1867) aaO. S. 138 f.
696 Neumeyer, Alfred (1867) aaO. S. 139.
697 Neumeyer, Alfred (1867) aaO. S. 141.
698 Neumeyer, Alfred (1867) aaO. S. 145.
699 Neumeyer, Alfred (1867) aaO. S. 146.

Der Abschied [= erzwungener Ruhestand ab dem 1. Juli 1933], nicht nur vom Präsidenten und den Richtern, sondern vom gesamten Kanzlei- und Botenpersonal, war ungemein herzlich.[700]

Im Polizeipräsidium München war 1932 […] politischer Referent der Regierungsrat und spätere Reichsinnenminister Frick. Während ich zu allen anderen Referenten freundschaftliche Beziehungen hatte und unsere Wünsche tunlichst berücksichtigt wurden, stand Frick uns kalt und starr gegenüber. Unter den Ministern der Hitlerzeit aber war Frick doch einer der maßvollsten, er hat die Bahnen des Rechts nicht vollständig verlassen.[701]

Die öffentliche Meinung nahm entschieden gegen jene Verwüstung Stellung, die wiedereröffneten jüdischen Geschäfte wurden im Einkauf bevorzugt und es wurde zunächst der frühere Zustand wiederhergestellt.[702]

Noch im Jahr 1935 entschied der bayerische Verwaltungsgerichtshof in einer Streitsache wegen Rückerstattung von Grund- und Haussteuern an die Kultusgemeinden unter Aufhebung der Urteile der Vorinstanzen zugunsten der Gemeinden.[703]

Ich kam noch einmal auf den Hof, als ich an dem Begräbnis von Frau Geheimrat Buttmann in Gmund [am Tegernsee] teilnahm, von der Bevölkerung herzlich begrüßt. […] die herzlichsten Beweise von Liebe und Freundschaft aus München und dem ganzen Bayernland haben auch dorthin ihren Weg gefunden.[704]

Wir wollten, solange es möglich und sinnvoll war, die Gemeinde nicht im Stich lassen. In jenen Monaten des Jahres 1940 konnten wir noch unbehelligt leben und die Arbeit in der Gemeinde und im Land intensiv betreiben. […] Noch konnten wir unbehelligt unsere Spaziergänge in der Umgebung von München machen, auch mit Bahnbenutzung. In der Stadt waren den Juden nur die wenigen Gaststätten verboten, die der Stadt selbst gehörten.[705]

Der Aufsichtsbeamte des Sicherheitsdienstes der Gestapo ließ mich fragen, wann er mich sprechen könne. Er verabschiedete sich dann in meinem

---

700 Neumeyer, Alfred (1867) aaO. S. 164.
701 Neumeyer, Alfred (1867) aaO. S. 167.
702 Neumeyer, Alfred (1867) aaO. S. 170.
703 Neumeyer, Alfred (1867) aaO. S. 171.
704 Neumeyer, Alfred (1867) aaO. S. 183.
705 Neumeyer, Alfred (1867) aaO. S. 214 f.

Büro in höflicher und herzlicher Weise, und ich konnte ihm das Wohl der Gemeinde noch ans Herz legen.[706]

Uns war bekannt, dass [Max] Planck persönlich den größten Mut gegen die neuen Machthaber aufgebracht hatte. Der „Führer" unterhielt sich mit ihm in liebenswürdiger Weise. Als Planck aber die Rede auf die Juden brachte, verließ er das Zimmer und schlug die Tür zu.[707]

Der im Text erwähnte Herausgeber Neumeyers Robert Schopflocher betont „die Treue zum bayerischen Königshaus, die sich der Rat zeitlebens bewahrte. Die übrigens von vielen Juden seiner Generation genauso geteilt wurde, ich weiß es von meinem Vater".[708]

(K.L.)

Alfred **Neumeyer** (1901) kam in München zur Welt. Er ist ein entfernter Verwandter von Alexander und Alfred Neumeyer (1867). (Deshalb bei dem älteren Alfred der Zusatz 1867, bei dem jüngeren 1901). Noch vor dem Pogrom 1938 emigrierte der Jüngere in die USA, wo er am 26. Januar 1973 starb.

So sehr gehörte auch ich fraglos zu jenem alten München, dass ich mit Begeisterung dem Freikorps Epp beitrat, das Anfang Mai in München die rote Herrschaft beseitigte.[709]

Wenn München auch vor 1918 in seinen Emotionen eine vorwiegend konservative Stadt gewesen ist, so haben ihr im Unterschied zu Norddeutschland die demokratischen Züge nicht gefehlt.[710] [Das ist offenbar eine Anspielung auf das Dreiklassenwahlrecht in Preußen. Weder Bayern noch Preußen oder andere norddeutsche Staaten waren vor 1919 volle Demokratien. – Anm. K.B.]

Aber sein Burschenschaftsgeist [die Rede ist von dem Juristen Prof. Karl Rothenbücher] ähnelte dem eines Carl Schurz, und hundert Jahre früher wäre sein Platz in der Paulskirche gewesen. Wie sehr erinnerte ich mich nach 1933 an seinen Satz, dass am Universitätslehrer Deutschlands politischer Bankrott evident werden würde.[711]

---

706 Neumeyer, Alfred (1867) aaO. S. 224.
707 Neumeyer, Alfred (1867) aaO. S. 228.
708 Schopflocher siehe Neumeyer, Alfred (1867) aaO. S. 527.
709 Neumeyer, Alfred (1901) aaO. S. 103.
710 Neumeyer, Alfred (1901) aaO. S. 104.
711 Neumeyer, Alfred (1901) aaO. S. 133

Die nächsten Monate [des Jahres 1919] verwandelten das urkatholische, loyal monarchistische München in eine „rote" Stadt. [...] Das gepeinigte Volk folgte den Utopisten Eisner, Landauer und Toller, idealistischen Literaten aus Norddeutschland, die das Menschheitsgewissen auf ihren Schultern trugen. Damals wurde der Same zum Antisemitismus gestreut, und wir Bürger und Bürgersöhne jüdischen Glaubens, von dem sozialen Messianismus dieser edlen und dilettantischen Schwärmer unberührt, blickten mit Unbehagen und Widerwillen auf die neuen Volksführer. [...] Am 1. Mai erfolgte der von uns mit Sehnsucht erwartete Gegenschlag: die Freikorps Epp und Oberland [...] befreiten München vom Alpdruck einer uns als unmöglich und unwirklich erscheinenden Epoche. Die Kämpfe waren kurz und heftig [...].[712]

Die Geschichte der deutschen Verbrechen ist inzwischen oft, die der Taten der Edlen noch nicht genügend geschrieben worden. Gäbe es ein göttliches Gericht, Menschen wie Helmuth und Brigitte [„die dem Bösen widerstanden, als gäbe es dies nicht" wie Neumeyer über sie schreibt; weitere Angaben zu den beiden fehlen – Anm. KL] würden die Waage sinken machen. Auch mögen sich die verfolgten, gepeinigten Juden fragen, wie viele der ihren den Mut dieses Geschwisterpaares aufgebracht hätten?[713]

Obwohl im Grunde unpolitisch, hatte ich das Gefühl, dass der Einsatz für jeden Einzelnen gekommen sei. So trat ich im Jahr 1932 dem Reichsbanner Schwarz-Rot-Gold bei, einer hauptsächlich aus der Sozialdemokratie hervorgegangenen Abwehrorganisation gegen die Straßenherrschaft der Nazis. Wie erschütternd wenig Studenten befanden sich in dieser Gruppe![714]

Im ganzen war der Zusammenbruch der deutschen Universitäten ein trauriges Kapitel, in dem die apolitische, romantische und blind obrigkeitstreue Natur des deutschen Professors zutage trat.[715]

Wo sich also die Schlinge langsam enger zusammenzog, verknüpften sich auch die menschlichen Bande der bedrängten Freunde enger: Nie haben wir die Gabe der Freundschaft so köstlich empfunden wie damals. [...] Freunde strömten von allen Seiten zusammen. [...] Denke ich an den politischen Charakter dieser Menschen, so hatten die meisten eine entweder religiöse oder national bedingte konservative Haltung, die mit der mei-

---

712 Neumeyer, Alfred (1901) aaO. S. 163 f.
713 Neumeyer, Alfred (1901) aaO. S. 180.
714 Neumeyer, Alfred (1901) aaO. S. 273.
715 Neumeyer, Alfred (1901) aaO. S. 283.

nen zusammenklang. Denn wenn ich auch politisch mich schon seit einem
Jahrzehnt zu einem klaren Ja zu den Aufgaben der Demokratie – nicht zuletzt unter dem Einfluss meiner Mutter und ihrer Freunde – durchgerungen
hatte, instinktiv neigte ich wie mein Vater zum Konservativen.[716]
[Nach der letzten Ausreisekontrolle 1938:] Eine unendliche Last löst sich
von meinem Herzen. Sind wir entkommen? Sind wie entflohen? Haben wir
das Paradies unserer Jugend [München] verloren?[717]

Diese Beschreibung der Wurzeln von Hitlers Erfolg erscheint überaus treffend. – Auch
Neumeyer war ein heißer Verehrer von München, dem „verlorene Paradies". Bemerkenswert: Auch für A.N. sind „Demokratie" und „das Konservative" Gegenbegriffe! So
sahen das damals sehr viele Deutsche, was im Rückblick sicher eine Fehleinschätzung
war. Die Idee beispielsweise einer konstitutionellen Monarchie oder anderer Formen
des demokratischen Konservatismus, wie sie nach 1945 etwa Konrad Adenauer verkörpert hat, waren in Deutschland noch nicht verwurzelt und wenig verbreitet, bei Juden
ebenso wie bei Nichtjuden.   (K.L., K.B.)

NN 1 (Im Vorspann der Aufzeichnung, der das Zitat entnommen wurde, heißt es: „Ein
ehemaliger Leipziger erzählt … Er möchte anonym bleiben.")

Im Lager [Auschwitz] war man einfach ein Jude! Es gab da übrigens auch
jüdische „Kapos", also diese Art Vorarbeiter. Manche waren schlimmer als
die SS. Sie waren oft auch deshalb mehr oder weniger unangenehme Menschen, weil sie schon ziemlich lang im Lager lebten – seit 1941/42. Die SS
hat sich schon auf diese Leute verlassen.[718]   (K.L.)

In der Wiener Library findet sich ohne Nennung eines Namens (darum hier **NN 2**) aus
Berlin folgender „Augenzeugenbericht über den Brand der Synagoge Oranienburger
Straße …, die Lage in den Konzentrationslagern Sachsenhausen und Buchenwald und
die Wiederaufnahme der Tätigkeit des Kulturbundes." Er endet folgendermaßen:

Die Bevölkerung ist bis auf wenige Ausnahmen, die angeben, sich über die
Vorgänge [in der Pogromnacht 1938] zu freuen, nicht nur nicht einverstanden, sondern ich weiß aus eigener Erfahrung Äußerungen von Christen,

---

716 Neumeyer, Alfred (1901) aaO. S. 288f.
717 Neumeyer, Alfred (1901) aaO. S. 300.
718 N.N.: *Hitler hat mich zum Juden gemacht*, in: Lange, Bernd-Lutz aaO. S. 200.

dass man sich schäme, ein Deutscher zu sein. Es passierte mir, dass ich als ich mit meinem sehr jüdisch aussehenden Töchterchen auf der Straße ging, von einer jungen Damen angesprochen wurde: „Noch ist nicht aller Tage Abend."[719]   (K.L.)

Gegen Ende eines anderen Berichts an die Wiener Library, der den Verfasser (NN 3) wiederum nicht nennt, ist über die Verhältnisse in Berlin Ende 1938 zu lesen:

Was die Ernährung anbetrifft, so bekommen die Juden in arischen Geschäften alles und werden, soweit ich unter meinen Bekannten beurteilen konnte, anständig behandelt. Überhaupt scheint die Menschlichkeit unter den Christen wieder durchzudringen. Ich hörte keinen Juden über das deutsche Volk schimpfen, nur über die Behörden, obwohl ich geglaubt habe, dass sich ein ungeheurer Menschenhass ansammeln müsste. In den schlimmen Novembertagen sollen Christen Juden bei sich versteckt haben und ihnen Geld und Lebensmittel gebracht haben.[720]   (K.L.)

Aus dem Bericht einer in der jüdischen Wohlfahrtspflege tätigen Breslauerin (NN 4):

Man kann nicht davon sprechen, dass sich in Breslau und in Niederschlesien eine scharf oppositionelle Stimmung bemerkbar macht. Die sogenannten gebildeten Stände, die sich noch ein Gefühl für Humanität und Anstand bewahrt haben, sind natürlich durch das ganze Auftreten der führenden Kreise des Dritten Reiches, insbesondere aber durch die Inbrandsetzung der Synagogen, abgestoßen und stehen dadurch wie durch andere Eindrücke abseits. Die große Masse hingegen steht den Ereignissen gleichgültig oder sogar mit einer gewissen Sympathie für die Regierung gegenüber. Den Leuten fehlt im Großen und Ganzen wenig. Sie werden durch geschickte Propaganda stark beeinflusst und glauben das, was sie schwarz auf weiß zu lesen bekommen.[721]

Es handelt sich um einen der ganz seltenen Berichte, die dafür sprechen, dass die Mehrheit auf Seiten der Brandstifter stand. Das ist insofern plausibel, als das ländliche Nie-

---

719 Barkow u. a. aaO. S. 231.
720 Barkow u. a. aaO. S. 260.
721 Barkow u. a. aaO. S. 274 f.

derschlesien eine Hochburg der NSDAP war. Auch anderswo im Reich hat die Partei in
evangelischen, ländlich geprägten Regionen ihre besten Wahlergebnisse erzielt, etwa im
heutigen Schleswig-Holstein und Niedersachsen, in Mecklenburg, Pommern und Ostpreußen, in Brandenburg, Thüringen und in Franken. Ein Ausnahme von dieser Regel
bildet Württemberg, das durch seine schon damals mittelständisch geprägte Wirt-
schaftsstruktur von den Folgen der Weltwirtschaftskrise weniger massiv getroffen worden war als die zuvor genannten Regionen. In den katholischen Gebieten, namentlich
im Rheinland, in Altbayern, im Ermland und in Oberschlesien blieben für die Nazis
Mehrheiten in freien Wahlen unerreichbar, unabhängig davon, wie groß das wirtschaftliche und soziale Elend 1932/33 war.   (K.L., K.B.)

Aus einem anonymen Bericht aus Duisburg vom 23. November 1938 an die Wiener
Library (Verfasser **NN 5**):

Vereinzelt wird mitgeteilt, dass ältere Beamte der Gestapo auch Juden gegenüber ihren Unwillen über die Pogrome und das Benehmen der jugendlichen Horden geäußert haben. In einer mittelrheinischen Großstadt erklärte der leitende Gestapobeamte einem jüdischen Antragsteller, der auf
den Auswanderungspass wartete: „Ich an ihrer Stelle würde auf diese Formalitäten gar nicht warten, sondern lieber illegal so schnell wie möglich
über die Grenze gehen…"[722]   (K.L.)

Ein Hamburger Rechtsanwalt (**NN 6**) berichtet über Erfahrungen nach der Entlassung
aus dem KZ-Sachsenhausen Ende November 1938:

Trotzdem ich keinen Anspruch mehr auf meinen Titel hatte, wurde ich
überall immer noch mit „Herr Rechtsanwalt" begrüßt. Man hatte das Gefühl, dass manche die Gelegenheit mit Freude ergriffen, einem verständlich
zu machen, dass sie mit den Methoden des Regimes keineswegs einverstanden seien.[723]   (K.L.)

Ein anderer Unbekannter (**NN 7**) berichtet Ende 1938 aus Berlin:

---

722 Barkow u. a. aaO. S. 360 f.
723 Barkow u. a. aaO. S. 576.

Man muss zugeben, dass durch die heimliche Hilfe und [den] Trost, die heute viele Christen den Juden zukommen lassen, bewiesen ist, dass dieser Vandalismus nicht von dem deutschen Volk geschieht. Viele Kreise müssen, wenn auch in anderer Form, ebenfalls Schlimmes erdulden.[724]

Leider ist der Autor nicht feststellbar. Die Anonymisierung sollte offenbar verhindern, dass der Autor noch massiver verfolgt werden würde, falls der Text der Gestapo in die Hände fiele.   (K.L.)

Ein namentlich nicht genannter Frankfurter Arzt (NN 8), selbst aus Buchenwald entlassen, berichtet:

Ein Herr […] erzählt mir, dass im Zug, als er einstieg, eine arische Dame aufstand und ihm ihren Platz anbot. Auf seine Entgegnung, das könne er doch nicht annehmen, sagte sie: „Das ist doch das Wenigste, was ich für Sie tun kann!" An solchen Äußerungen darf man nicht vorübergehen, auch nicht an der herzlichen Freude vieler Arier, besonders der einfachen Leute, als sie einen wiedersahen.[725]

Das Zeugnis ist wahrscheinlich von Ende 1938/Anfang 1939, als mehrere Tausend Juden nach kurzer KZ-Haft zunächst wieder entlassen wurden. Erkennbar waren sie für jedermann – noch nicht am gelben Stern, wohl aber an ihren fast kahlgeschorenen Köpfen. Bemerkenswert ist die distanzlose, wenn auch vielleicht doch nicht ganz ironiefreie Verwendung des Wortes „Arier". Inhaltlich wird dieses Zeugnis durch hunderte weitere bestätigt.   (K.L., K.B.)

Ein aus dem KZ Sachsenhausen entlassener Berliner (NN 9) berichtet – vermutlich Ende Januar 1939 – über seine Heimfahrt:

Die Leute auf der Straße und in der Bahn nach Berlin, die täglich solche Lagerinsassen nach Hause fahren sahen, blickten uns an, sie schämten sich wohl ein wenig dessen, was hier vor sich ging. Und man hörte in diesen Wochen viel Geschichten von Ariern, die auf den Berliner Bahnhöfen den an ihrem Aufzug und ihren geschorenen Köpfen erkennbaren Juden behilf-

---

724 Barkow u. a. aaO. S. 453.
725 Barkow u. a. aaO. S. 520.

lich waren und ein wenig gutmachen wollten, was eine Staatsregierung hier nicht etwa nur duldete, sondern einrichtete, förderte und belohnte.[726] (K.L.)

Auch Zeitzeuge **NN 10** informiert über seine Entlassung aus dem KZ Buchenwald und die Zeit unmittelbar danach:

Bei meiner Entlassung – ich gehörte zu den wenigen, die ohne Überseevisum das Lager lebend verlassen konnten – wurden wir von einem höheren SS-Führer vermahnt, dass wir mit dem Tode bestraft würden, wenn wir draußen nur das Geringste über das Lager verlauten lassen würden. „Der Nationalsozialismus", so erklärte der SS.-Führer wörtlich, „hat die Wahrheit nicht zu scheuen. Er will aber verhindern, dass Gräuelmärchen in die Welt gesetzt werden."[727]

Ich wurde auf dem Polizeipräsidium von Kriminalbeamten umringt, die von mir wissen wollten, wie die Zustände in Buchenwald seien. Ich weigerte mich zunächst, Auskunft zu geben, unter Hinweis darauf, dass ich vom Tode bedroht sei, wenn ich etwas erzählte. Darauf zeigten mir die Beamten ihre Ausweise, und sagten, ich solle nur erzählen, es würde mir nichts geschehen. Ich erzählte ihnen darauf einiges. Die Beamten waren darauf so empört, dass sie mich fortwährend unterbrachen. Sie meinten, das seien empörende Zustände und eine Schande für Deutschland. Frick und Himmler seien für alles verantwortlich. Die Polizei sei nur ausführendes Organ. Über die Konzentrationslager habe die SS. die alleinige Gewalt.[728]   (K.L.)

Über die Verfasserin **NN 11** des folgenden Berichts heißt es in der zitierten Quelle nur, sie sei um 1905 geboren worden und die Tochter eines bekannten Berliner Strafverteidigers. Ab 1932 betrieb sie zusammen mit ihrem Mann in Berlin eine Buchhandlung, die bis 1938 bestehen konnte. 1939 gelang die Flucht in die Schweiz.

Verkaufen konnte man die nationalsozialistischen Bücher nach 1933 [in Deutschland! – K.L.] so gut wie gar nicht mehr. Anstandshalber musste man ja „Mein Kampf" und Rosenbergs „Mythos" und noch ein paar Standardwerke da haben, aber neu waren sie viel zu teuer – so viel gaben die

---

726 Barkow u. a. aaO. S. 650.
727 N. N. 10: *Buchenwald, das Vorzugsquartier,* in: Schwarzschild (Hrsg.) aaO. S. 1122 f.
728 N. N. 10: *Buchenwald, das Vorzugsquartier,* in: Schwarzschild (Hrsg.) aaO. S. 1123.

Deutschen für ihre Heroen nicht aus. Am Ehesten verkauft man noch den Mythos, aber auch diesen noch leichter antiquarisch, und Hitlers „Kampf" allenfalls in der billigeren Volksausgabe oder antiquarisch.[729] […] Inzwischen war der Reichsschrifttumskammer auch meine Abstammung bekannt geworden, und somit wurde die Angelegenheit hoffnungslos, aussichtslos.[730]

(K.L.)

NN 12 war ein Zahnarzt, der noch anonym bleiben wollte.

Die fast sechsjährige „Rassenaufklärung" hat noch nicht die gewünschte Wirkung gehabt. Das zeigte sich am besten im Verhalten der Bevölkerung vor und nach dem Novemberpogrom. Ich durfte als Kriegsteilnehmer meine ärztliche Praxis zunächst weiter ausüben und wurde erst 1937 aus der Reihe der Kassenärzte gestrichen. Aber was nun geschah – und andere Kollegen haben dasselbe erlebt – muss als rühmendes Zeugnis für die Anständigkeit und Unverdorbenheit des deutschen Volkes festgehalten werden. Die Leute kamen weiter in die Sprechstunde und erklärten sich sogar bereit, die Kosten für die Behandlung zu bezahlen. Das Vertrauen zu ihrem Arzt war stärker als die Furcht vor dem Terror, und auch die Gefahr, die Leistungen der Krankenkasse zu verlieren, wirkte nicht abschreckend. Ich hatte bis zum 9. November 1938 […] eine gut frequentierte Praxis. Selbstverständlich musste man in vielen Fällen Entgegenkommen zeigen oder ganz auf die Honorare verzichten, aber das war kein Opfer angesichts des Risikos, das auf den Leuten lastete. In einem Fall wurde einem Arbeiter die Entlassung angedroht, wenn er weiter einen jüdischen Arzt besuchi. Aber das schreckte ihn nicht ab, und er wurde tatsächlich entlassen … Als man uns am 10. November durch die Stadt prügelte, zollte auf dem ganzen Weg dieser Schande niemand Beifall als die zu diesem Zweck abkommandierten Leute. Die Masse der Bevölkerung ließ ihre Abneigung gegen dieses Vorgehen sehr deutlich erkennen. Aus ihrem Verhalten, aus ihren Blicken sah man, dass sie uns sagen wollten: „Wir können nichts dafür, wir haben damit nichts zu tun, wir verurteilen diese Handlungen." Was für unsere Familien in diesen Tagen der Verzweiflung von anständigen Menschen getan wurde, gehört zum Schönsten, was menschliche Güte und Nächstenliebe bisher geleistet haben.

---

729 Limberg aaO. S. 248.
730 Limberg aaO. S. 254.

Vielen Juden wurde durch diese geheime Hilfe in Wahrheit das Leben geret-tet. Nicht nur, dass man sie vor dem Verhungern bewahrte, es wurden auch Verfolgte versteckt gehalten, denen dann nichts mehr geschah, als der erste Lärm verklungen war.[731]

Hier wird die angebliche Volksgemeinschaft besonders anschaulich widerlegt.   (K.L.)

NN 13, ein jüdischer Passagier der M.S. St. Louis, berichtet von der Fahrt nach Havanna im Mai/Juni 1939 (siehe dazu auch unten, S. 221 „Passagiere der St. Louis"):

Hafen Antwerpen 18. 6. 1939,
Herrn Kapitän Schröder an Bord M.S. „St. Louis"
Hochverehrter Herr Kapitän! […] Dass Sie, Herr Kapitän, in dieser vorbild-lichen Arbeit mit uns zusammenwirkten, dafür, Herr Kapitän, danken Ihnen alle Passagiere, danken Ihnen ganz besonders die über 400 Frauen und Kinder der „St. Louis" aus vollen heißen Herzen. […] Auch den übri-gen Herren der Schiffsleitung gilt dieser unser Dank und Anerkennung![732]

In der Nachkriegszeit wurde ein Schauspiel aufgeführt: „Schiff ohne Hafen", das an die Abenteuer der St. Louis erinnerte. Kapitän Schröder bemerkte nach einem Besuch der Aufführung: „Ich lege Wert darauf, dass bekannt wird, dass das holländische Schauspiel keine Darstellung der Reise der ‚St. Louis' ist … Die in diesem Drama auftretende Besat-zung lässt sich zu tätlichen Übergriffen auf die Passagiere hinreißen, was auf der ‚St. Louis' nicht vorgekommen ist, so dass ihnen an Bord kein Haar gekrümmt wurde."[733] Im Drama ging das Schiff unter, nicht aber in Wirklichkeit.

In „Kapitän Gustav Schröder rettet 906 deutsche Juden vor dem Zugriff der Nazis" (Teetz 2002 S. 204 f.) schreibt Autor Georg Reinfelder: „Schröder hatte seiner Stammbe-satzung vor der Kuba-Fahrt angeboten, von der Reise zurückzutreten, falls jemand per-sönliche Probleme mit den jüdischen Passagieren befürchtete. Insgeheim hatte er ge-hofft, dass einige Parteimitglieder unter der Besatzung zuhause bleiben wollten. Niemand trat zurück." Schröder (1885–1959) war schon 1933 in die NSDAP eingetre-ten. Dennoch wird er wegen der geschilderten Verdienste in Israel als „Gerechter unter den Völkern" geehrt.   (K.L.)

---

731 N. N. 11 in: Sozialdemokratische Partei Deutschlands (Hrsg.): *Deutschlandberichte*, aaO. Bd. 6, S. 926.
732 Georg Reinfelder: *MS „St. Louis" Die Irrfahrt nach Kuba – Frühjahr 1939; Kapitän Gustav Schröder rettet 906 deutsche Juden vor dem Zugriff der Nazis*, Teetz 2002 S. 113 f.
733 Georg Reinfelder aaO. S. 185.

NN 14 schildert am 18. Juni 1940, als der „Frankreich-Feldzug" für Deutschland triumphal seinem Ende zuging, die Lebensbedingungen für Juden in München und Berlin.

Zwar hoben sehr viele Kauf- und Marktleute [in Berlin] Ware für ihre alte jüdische Kundschaft auf, und es spielten sich überhaupt sehr viele rührende Szenen ab, da die Geschäftsleute im Allgemeinen sehr verbittert waren, aber viele mussten doch unter diesen Zuständen leiden. In München gab es viel mehr und ohne stundenlanges Anstehen zu kaufen, aber hier mussten die Juden ihre Lebensmittel nur in wenigen Geschäften kaufen, die hierfür extra ausgesucht wurden [...].[734]   (K.L.)

NN 15 hatte Deutschland am 11. Juli 1940 verlassen. Der genaue Zeitpunkt der Schilderung ist unklar.

In der Bevölkerung ließ sich kein nennenswerter Widerstand feststellen. Nicht einmal die deutschen Siege in Polen, in Belgien, den Niederlanden und vor allem in Frankreich konnten die Gemüter der Deutschen bewegen. Das ist besonders interessant, wenn man sich daran erinnert, wie solche Siege zwischen 1914 und 1918 gefeiert wurden. Es schien so, als ob alle froh werden, wenn dieser Krieg bald enden würde. Dieses Gefühl könnte sich in der Zwischenzeit noch verstärkt haben, da die erstaunliche britische Gegenwehr im Juli 1940 noch nicht abzusehen war.[735]   (K.L.)

NN 16, ein Auswanderer, schildert am 25. Februar 1941 die Stimmung der Bevölkerung:

Wer sich nicht willig knebeln ließ, dem wurde der Brotkorb entzogen. Dass dieses Mittel vorzüglich wirkte, beweist am besten die derzeitige geistige Verfassung des deutschen Beamten aller Kategorien. Ich konnte das vorzüglich am Verhalten meiner früheren Bekannten mir gegenüber beobachten. Viele von ihnen, darunter solche, mit denen ich früher freundschaftlich verkehrte und die mich in ihre intimsten Verhältnisse eingeweiht hatten, brachen nach und nach mit mir ab. [...] Nur wenige blieben in ihrer Haltung

---

734 Löw, Andrea aaO. S. 245.
735 Löw, Andrea aaO. S. 253.

unverändert [...]. Das durch den Nationalsozialismus geschaffene, feinma-
schig Bespitzelungssystem hat bewirkt, dass keiner mehr dem anderen
traut.[736]

Verbitterung im höchsten Grade verursacht auch die Machtfülle, welche
sich die Nationalsozialistische Partei nach und nach angemaßt hat. Sie sowie
die aus ihr hervorgegangene und ihr teilweise unterstehende Geheime
Staatspolizei (Gestapo) bilden eine Nebenregierung, die mächtiger ist als
die eigentliche Regierung [...].[737]

Über die Stimmung der Bevölkerung gegen die Regierung kann ich deshalb nicht urteilen, weil ich fast nur mit Personen Umgang hatte, die ihr
feindlich gegenüberstanden. Die Einzigen, die restlos für sie eintreten, sind
die Nutznießer des Nationalsozialismus, die mit seiner Hilfe gute Posten
ergatterten, während sie vordem vielfach zweifelhafte Existenzen waren.
[...]

Das Verhalten der Bevölkerung bei Beginn und während des Krieges
muss noch kurz gestreift werde. Als im September 1939 der Krieg ausbrach,
merkte man nichts von der Begeisterung, wie wir sie in den ersten August-
tagen 1914 erlebt haben. Mit ängstlicher Spannung lauschte man den Rund-
funkmeldungen und hoffte sehnlichst, dass der Frieden erhalten bliebe. [...]
Man erkannte in weiten Kreisen der Bevölkerung, dass der Krieg von Hitler
lange vorbereitet und im vermeintlich günstigen Augenblick frivol unter-
nommen wurde. Wenig Begeisterung riefen auch die Erfolge der deutschen
Waffen im Sommer 1940 hervor. [...] Ein jüdischer Arbeiter besprach mit
dem Vorarbeiter die politische Lage und sagte: „Jetzt wird der Krieg doch
hoffentlich bald zu Ende sein." – „Da sind Sie aber im Irrtum" – sagte dieser.
„Der Krieg fängt erst richtig an. Warten Sie ab, wenn im Frühjahr die englischen und amerikanischen Flieger über uns wegsausen, dann haben wir
nichts zu lachen. Dann werden wir es so bekommen, wie wir es verdient
haben."[738]

Zusammenfassend lässt sich feststellen: Es besteht in Deutschland in
weiten Kreisen der Bevölkerung eine sehr große Unzufriedenheit gegen die
Regierung. Die durch die Partei und die Gestapo jedem Einzelnen angelegte
Zwangsjacke macht es jedoch unmöglich, dass diese Missstimmung deutlich zum Ausdruck kommt. [...] Der Regierung mag die Volksstimmung

---

736 Löw, Andrea aaO. S. 349.
737 Löw, Andrea aaO. S. 350.
738 Löw, Andrea aaO. S. 352.

nicht unbekannt sein. Sie sucht die Erbitterung der Massen durch eine Judenhetze abzulenken, die beispiellos in der Geschichte ist.[739]

Die von den Drahtziehern des Nationalsozialismus eingeleitete und durchgeführte Judenpolitik wird keineswegs von der Gesamtbevölkerung gutgeheißen. Wenn auch die Geistlichkeit aller Konfessionen, die Universitätsprofessoren, die höchsten Richter und andere Prominente zu Beginn der Bewegung nicht den Mut aufbrachten, öffentlich gegen diese Ungeheuerlichkeiten Stellung zu nehmen, so gibt es doch weite Kreise, die dieses Treiben mit Abscheu und Ekel erfüllt. Dies trat ganz besonders am 10. November 1938 zutage, wo das Wüten der wildgewordenen SA- und SS-Männer die anständig gesinnte Bevölkerung mit Entsetzen erfüllte.[740]

Ich selbst konnte die Formalitäten für meine Auswanderung reibungslos erledigen und fand bei allen Dienststellen weitgehendes Entgegenkommen. Nur die jungen Beamten […].[741]

Hier wird die angebliche, vom NS-Regime intensiv propagierte und merkwürdiger Weise heute gerade von linken Historikern vielfach geglaubte Volksgemeinschaft besonders anschaulich widerlegt.   (K.L.)

NN 17, ein LKW-Fahrer, berichtet Mitte 1941 über die Lage der jüdischen Bevölkerung in verschiedenen deutschen Städten:

Die Behandlung der Juden in Deutschland (Altreich) ist lokal sehr unterschiedlich. Was in einer Stadt erlaubt ist, ist in einer anderen verboten. […] Es gibt Gaue, die in der Welt ganz besonders verrufen sind, während in der Tat gerade dort die Behandlung eine nicht so schlimme ist. Juden dürfen zum Beispiel in Leipzig keine öffentlichen Gaststätten … besuchen, während in Jena nicht ein einziges Lokal verboten ist.[742]

Die schlimmsten Maßnahmen waren reichseinheitlich, andere nicht. Das ist bei der Einschätzung der Haltung der nichtjüdischen Bevölkerung zu berücksichtigen. (K.L.)

---

739 Löw, Andrea aaO. S. 352.
740 Löw, Andrea aaO. S. 357 f.
741 Löw, Andrea aaO. S. 358.
742 Löw, Andrea aaO. S. 475.

6. Oestreich, Carl – Ruch, Martin

Carl **Oestreich,** geboren 1877, wirkte bis zu seiner Auswanderung 1939 als Anwalt und
Vorstand der Münchener Israelitischen Kultusgemeinde.

Am nächsten Morgen [im Juni 1938] rief ich das immer hilfsbereite, katholische Ordinariat München an und verkaufte die erst einige Monate vorher
eingebaute Orgel [der neuen Synagoge] um nahezu den Gestehungspreis.[743]
[Der Hintergrund: Die Münchner Hauptsynagoge an der Herzog-Max-
Straße musste auf Hitlers Geheiß schon mehrere Monate vor der Reichspogromnacht als erste im ganzen Reich abgebrochen werden. – K.L.]
   Aber keiner von uns hat so pessimistisch sein können anzunehmen, dass
auch die großen und größten Geister Deutschlands, abgesehen von ganz
wenigen Ausnahmen, so wenig Mut aufbringen und nicht durch ein Wort
zu all dem Grausigen, das vor ihren Augen sich ereignete und noch ereignet,
ihren Abscheu zum Ausdruck bringen würden. Stillschweigend ertragen
sie, wie deutsches Recht, […] deutsche Menschenwürde mit Füßen getreten, vernichtet werden. Wir glauben nicht, dass die Mehrheit des deutschen
Volkes nationalsozialistisch ist, aber wir hätten mehr Mut, mehr Aufrichtigkeit von den Intellektuellen erwartet.
   „Ordinariat" ist hier gleichbedeutend mit Bischof, d.h. Michael von
Faulhaber. Die Orgel wurde in die neue Münchner Kirche St. Korbinian
eingebaut, wo ich an meinem Geburtstag getauft worden bin. Während des
Krieges wurde sie Opfer einer Brandbombe.   (K.L.)

Franz **Oppenheimer** wurde 1864 in Berlin geboren. Er war Arzt, Soziologe und Natio-
nalökonom und wirkte in Frankfurt am Main und in Berlin, bevor er sich 1938 zur
Auswanderung in die USA genötigt sah. Er starb am 30. September 1943 in Kalifornien.
Zu seinem akademischen Schülern gehörte der „Vater des Wirtschaftswunders" und
spätere Kanzler Ludwig Erhard. Die Autobiographie verfasste er bereits im Jahr 1930.
Später folgten diverse Ergänzungen.

[Kurz nach 1880 äußert er als Fechtwart einer Burschenschaft:] Wer an meinem deutschen Vaterlandsgefühl zweifelt, möge sich nachher bei mir mel-

---

743 Oestreich aaO. S. 448.

den. Ich habe hundert Visitenkarten mitgebracht [das war eine Einladung zur Mensur, wenn nicht sogar zum Duell – Anm. K.L.].[744]

Im Jahr 1917 überraschte mich das Kultusministerium mit der Ernennung zum Titularprofessor. Es war die zweite Liebenswürdigkeit, die mir mein Ministerium erwies. Ein Jahr zuvor hatte ich plötzlich, ohne je darum ersucht zu haben, eines der Stipendien erhalten.[745]

[In einem Nachruf wird Oppenheimer zitiert, der den Adressaten nicht nennt und doch keinen Zweifel lässt:] Eine kleine Minorität hat der Menschheit ihr Erbe gestohlen.[746]

Sein Sohn L. Y. Oppenheimer ergänzte die Biographie des Vaters: „Obwohl seine deutschen Freunde und Schüler ihm in ihrer überwiegenden Mehrzahl auch unter dem nationalsozialistischen Regime die Treue hielten, wurde ihm das weitere Verbleiben in seinem Geburtsland doch immer schwerer erträglich."[747] – Bundeskanzler Ludwig Erhard erinnerte sich am 30. April 1964: „Ich denke auch noch mit Wehmut und Trauer an den Abschied. Er hatte Tränen in den Augen, als er sagte: ‚Nun muss ich mein Vaterland verlassen.'"[748]   (K.L.)

Max **Oppenheimer,** am 1. Juli 1885 in Wien geboren, Maler des Expressionismus und der Berliner Secession, wurde im November 1938 im KZ Dachau inhaftiert. Danach Emigration in die USA, wo er am 19. Mai 1954 starb.

Im Zug nach Heidelberg [am Morgen des 10. November 1938] unterhielten sich die Reisenden aufgeregt über die Geschehnisse. Ein Offizier versuchte, eine weinende jüdische Frau zu trösten, deren Mann am Morgen verhaftet worden war. Auch solche Beispiele schlichter Menschlichkeit gab es in diesen durch Hysterie und Hass geprägten Tagen.[749]

Trotz aller Drohungen halfen uns Nachbarn beim Aufräumen der Trümmer und versuchten, meine Mutter zu trösten. […] Am Abend wurden alle Inhaftierten des Landkreises nach Heidelberg gebracht. Ein städtischer Polizist hatte den Mut, uns Mäntel zu besorgen und Lebensmittel zuzustecken. […] Gegen 10 Uhr abends ging es zum Hauptbahnhof. Vor dem Eingang

744 Oppenheimer, Franz aaO. S. 78.
745 Oppenheimer, Franz aaO. S. 247.
746 Oppenheimer, Franz aaO. S. 278.
747 Oppenheimer, Franz aaO. S. 267.
748 Oppenheimer, Franz aaO. S. 6.
749 Oppenheimer, Max aaO. S. 37.

stand eine größere Gruppe schweigender Bürger, deren Haltung einen der SA-Führer zu der zornigen Bemerkung veranlasste: „Hier habt ihr Zeit zum Gaffen, aber beim Dienst sieht man euch nie."[750]

Eine Gruppe von Eisenbahnern fragte uns, wer wir seien und was eigentlich hier geschehe. Als wir ihnen erzählten, dass der Transport ins Konzentrationslager Dachau ginge, besorgten einige von ihnen heiße Würstchen und Limonade. Trotz fünf Jahren nazistischer Diktatur waren unter ihnen der menschliche Anstand und die Solidarität noch nicht ausgestorben.[751]

[Ende November, nach der Entlassung:] Zum ersten Male aßen und tranken wir als normale Menschen, ohne Bewachung, ohne Kommandos, ohne Schikanen. Ein Kellner und eine Kellnerin fragten uns, nachdem die SS verschwunden war, vorsichtig aus. Sie brachten uns belegte Brote und Bier in großen Krügen. Geld nahmen sie nicht an, auch dies ein Ausdruck der Menschlichkeit, die die Jahre des Faschismus noch nicht völlig zum Verschwinden gebracht hatte.[752]   (K.L.)

Larry (zunächst: Lothar) **Orbach,** geboren am 22. Mai 1924 in Falkenburg nahe Stettin, von 1928 bis 1944 wohnhaft in Berlin. 1946 emigrierte er in die USA.

Es ist 1934 und ich bin zehn Jahre alt. […] Gleich werde ich probehalber ein Heldengedicht aufsagen, das ich bei der diesjährigen Abschlussfeier in meiner Schule vortragen soll. […]

„Kämpfe, blute, werbe; siege oder sterbe,
deutsch sei bis ins Mark. […]
Lass dich nimmer knechten,
lass dich nie entrechten
Gott gibt den Gerechten wahre Heldenkraft!" […]

Papa erhebt sich wortlos aus seinem Sessel und zieht mich an sich, um mich fest zu umarmen. Seine Augen füllen sich mit Tränen.[753]

Im September 1935 wurden die Nürnberger Gesetze verabschiedet und die feindliche Atmosphäre, die inzwischen an unserer Schule herrschte,

---

750 Oppenheimer, Max aaO. S. 38.
751 Oppenheimer, Max aaO. S. 39.
752 Oppenheimer aaO. S. 45.
753 Orbach aaO. S. 15 f.

wurde zur offiziellen Politik. […] unsere langjährigen Freundschaften waren plötzlich null und nichtig.[754]

Ich sah zu, wie SA-Leute vor Sochachevers Hutmacherladen von einem der Lastwagen sprangen und alle Schaufenster einschlugen […] Aber die guten Deutschen wurden zu Plünderern; viele, darunter auch Eltern von Schulkameraden, stürmten den Laden und kamen grinsend wieder heraus. […] Nirgends gab es Zeichen von Scham oder Protest, nur selbstzufriedenes Grinsen und Schulterklopfen.[755]

Olga Schreiner, die Tochter eines unserer nichtjüdischen Nachbarn, hatte einen Fleischer geheiratet, der auf Berlins zentralem Großmarkt einen Großhandel betrieb. […] Mein Vater ging dort jeden Monat mehrmals hin, und obwohl Juden offiziell überhaupt keine Fleischzuteilungen bekamen, versorgte sie uns mit Hühnern, Enten und sogar Gänsen. Manchmal kam mein Vater mit soviel Essen beladen nach Hause, viel mehr als er bezahlt hatte, dass wir etwas davon an unsere Freunde abgeben konnten.[756]

Plötzlich löste sie ihre Umarmung und ihre Stimme wurde fest und klar. „Hört her, meine guten Nachbarn, ich weiß nicht, was die Zukunft bringt, aber ihr müsst die schlimmen Zeiten überstehen. Und auch wir Deutschen müssen vor diesen Mördern gerettet werden. Wir alle sind Opfer, aber die meisten wissen es noch nicht."[757]

Die Straßen wimmelten heutzutage von Spionen, hauptsächlich Deutschen, … aber auch, jawohl, einige Juden.[758]

Im Grunde war das einzige Gebot, das ich noch befolgte, dieses: Du sollst Vater und Mutter ehren. An diese Anordnung klammerte ich mich, denn sie gab mir Trost, wenn alles andere nicht mehr half. [759]

[Orbach zitiert einen Dialog:] „Viel Schreckliches ist im Namen dieses irrsinnigen Nationalsozialismus geschehen. Vielleicht wäre alles weniger schlimm gekommen, wenn wir alle den Mund aufgemacht hätten, solange es noch ging." „Ach Gerhard, einmal habe ich den Mund aufgemacht und ich bezahle noch heute dafür", sagte er leise. Am Tag der Kristallnacht […] sind sie in die Schule gekommen und haben einen meiner Kollegen zusammengeschlagen, Großmann, einen Juden; vor den Augen seiner Schüler

---

754 Orbach aaO. S. 28.
755 Orbach aaO. S. 31 f.
756 Orbach aaO. S. 35 f.
757 Orbach aaO. S. 77.
758 Orbach aaO. S. 92.
759 Orbach aaO. S. 123.

haben sie ihn blutig geschlagen. Die anderen Lehrer und ich, wir sind nur dagestanden wie die Ölgötzen, keiner hat etwas gesagt, keiner ist dazwischengegangen. Nun, hinterher habe ich bei der Schulleitung Beschwerde eingereicht. Daraufhin habe ich meine Stellung verloren und bin zum Hausmeister gemacht worden. Und glaube mir, ich hatte noch Glück. Wenn mein Cousin Heinrich, der Parteimitglied ist, sich nicht für mich eingesetzt hätte, wäre ich bestimmt ins Gefängnis gekommen."[760]

Und ich erkannte, dass wir unser Leben zumindest teilweise einigen wenigen Nichtjuden verdankten, die sich durch das Geschwätz von gemeingefährlichen Irren nicht von ihren christlichen Tugenden hatten abbringen lassen.[761]

Mein größter Vorteil waren meine Jugend und vor allem meine Gesundheit, die mir dank meiner vielen Wohltäter auch während des Lebens im Berliner Untergrund geblieben war. Ich war ihnen allen dankbar … [es folgen sieben Namen], allen, die den Arier Gerhard, den Taucher [gemeint: den Untergetauchten] Gerhard, den Juden Lothar durchgefüttert hatten.[762]

(K.L.)

Erich **Ortenau,** 1912 in Salzburg geboren, verbrachte seine Kindheit in München. Nach 1918 Umzug nach Bad Reichenhall, Studium der Medizin und Ethnologie in München, 1939 Flucht nach Italien und Emigration nach Palästina. Ortenau war ab 1941 Kriegsteilnehmer in der Britischen Armee, der er noch bis 1949 angehörte. 1956 Rückkehr nach München-Pasing, 1995 verstorben.

[Über die Zerstörung der Neuen Synagoge in München auf Hitlers Geheiß im Juni 1938:] Ich stand 51 Jahre später an dieser Stelle, als unter dumpfen Krachen eine von einem Kran geschwenkte Demolierungskugel das stolze Gotteshaus zerschmetterte. In der Menge, die stumm zusah, konnte man kein Zeichen der Zustimmung verspüren. Ein beklommenes Schweigen ging von ihr aus. Ahnte sie die vielen Trümmer, die dieser gottlosen Saat folgen sollten?[763]

(K.L.)

---

760 Orbach aaO. S. 190 f.
761 Orbach aaO. S. 221.
762 Orbach aaO. S. 304.
763 Ortenau aaO. S. 114.

Lotte **Paepcke** geborene Mayer wurde 1910 in Freiburg im Breisgau geboren. Ihrer jüdischen Abstammung wegen musste sie 1933 ihre Berufsausbildung nach dem Ersten juristischen Staatsexamen abbrechen. Die Ehe mit einem Nichtjuden schützte sie zunächst. 1942 bis November 1944 lebte sie in Verstecken in ihrer Heimatstadt, zuletzt bis Kriegsende im Kloster Stegen. Nach Kriegsende Tätigkeit als Schriftstellerin. Lotte Paepcke starb im Jahre 2000 in Karlsruhe.

Damit war ich aufgenommen in die Schar der Schützlinge dieses Klosters, dessen Superior der einfach aussehende Mann gewesen war. […] wer Hilfe brauchte, dem wurde geholfen. Und so war nach dem großen Angriff auf die Stadt sein Kloster angefüllt mit den Notleidenden und Gestrandeten, die von ihm erwartet, wieder auf den Weg gebracht zu werden. […] Die Klausur wurde aufgehoben, Männer, Frauen, Ehepaare wurden zwischen den Kammern der Brüder und Patres installiert. Die Aufgenommenen wurden in keiner Weise nach der Gesinnung ausgewählt, sondern nur nach der augenblicklichen Not, in der sie sich befanden. Es waren Katholiken, Protestanten, Juden, Nazigegner und Nazifreunde darunter.[764]

Meine Seele war bei denen, deren Schicksal in Wahrheit das meine war: bei meinen jüdischen Brüdern und Schwestern. In jenen Tagen wurden die letzten von ihnen, die noch in Deutschland waren, die jüdischen Partner aus Mischehen, wie ich einer war, abgeholt und nach dem Osten gebracht. […] Hilfreiche Hände hatten mich ergriffen und versteckt, so dass ich hier, behütet von ahnungslosen Tagen, ein friedliches Leben lebte."[765]   (K.L.)

Die jüdischen **Passagiere der „St. Louis".** Am 13. Mai 1939 verließ der deutsche Dampfer St. Louis Hamburg in Richtung Kuba. An Bord befanden sich 900 jüdische Frauen, Männer und Kinder. Entgegen allen Zusagen durfte das Schiff nicht anlegen. Auch die USA verweigerten die Aufnahme. Schließlich erbarmten sich England, Frankreich, Belgien und Holland. Jedes Land nahm ein Viertel der Flüchtlinge auf (s. o. S. 212, Zeugnis NN13).

[Anfang Juni 1939 an den Kapitän, Gustav Schröder:] Sämtliche Angehörige der Passagiere Ihres Schiffes danken Ihnen und der Mannschaft für den Beweis Ihrer menschlichen Gesinnung.[766]

---

764 Paepcke aaO. S. 92 f.
765 Paepcke aaO. S. 104
766 Herlin aaO. S. 102.

[Nach geglückter Ausreise, am 17. Juni 1939, an den Kapitän:] [...] und jeder Passagier erkennt uneingeschränkt an, dass Verpflegung und Behandlung an Bord von Anfang bis Ende der Reise höchstes Lob verdienen. Ihnen selber aber, Herr Kapitän, möchten wir sagen: In unseren Herzen und in den Herzen unserer Kinder wird eingegraben sein [...] unvergesslich und unauslöschlich das schöne Schiff „St. Louis" und sein wunderbarer Kapitän Schröder. Auch den übrigen Herren der Schiffsleitung gilt dieser unser Dank und Anerkennung. In verehrungsvoller steter Dankbarkeit die Passagiere der M.S. „St. Louis" von der Havanna Fahrt Mai-Juni 1939.[767]

[Nach der Besetzung Frankreichs durch deutsche Truppen 1940:] Ich bin dann zu dem deutschen Offizier gegangen und habe ihm gesagt, wir sind politische Flüchtlinge, Juden. Er sagte nichts. Wir warteten in der Scheune. Nach einer Stunde kam der Bursche mit großen Kommissbroten. Dann hat er uns sogar in Kochgeschirren noch Essen geschickt. [...] Wenn deutsche Soldaten uns deutsch sprechen hörten, haben sie uns geholfen. Und wir, die wir ja deutsch sprachen und dachten, haben uns jedes Mal gefreut, einen Deutschen zu sehen.[768]

[Erna Blackmann hatte es nach Brüssel verschlagen:] Die deutschen Soldaten benahmen sich korrekt. Sie haben sehr viel bei Juden gekauft und nach Deutschland geschickt. Sie benahmen sich so, dass die belgischen Juden uns deutsche Juden Lügner geschimpft haben.[769]   (K.L.)

Rose Marie **Papenek-Akselried,** Journalistin, wurde 1904 in Wien geboren, wo sie bis zu ihrer Emigration in die USA wirkte.

Für mich brachten die letzten drei Tage [um den 10. März 1938, kurz vor dem „Anschluss" Österreichs] ununterbrochene Aufregung. Die Rede des Bundeskanzlers am Donnerstag und dann am Abend auf der Ringstraße: Menschen in Begeisterung, marschierende Jugend, die „Lang lebe Österreich!" rief, Arbeiter, die man jetzt in der letzten Stunde für das Bekenntnis zu ihrer Heimat gewonnen hatte und die Lieder sangen. Von allen Seiten dieselben Rufe: „Schuschnigg!" „Nieder mit den Nazis!" Wir wussten, das Leben wird wieder schön, der Albdruck ist von uns genommen, Österreich

---

767 Herlin aaO. S. 196.
768 Herlin aaO. S. 182 f.
769 Herlin aaO. S. 187.

ist frei. In den meisten Teilen des Landes herrschte dieselbe Begeisterung […] Fremde Menschen schüttelten einander auf der Straße die Hände. Jeder trug das rot-weiß-rote Band im Knopfloch […] Vierundzwanzig Stunden später war alles zu Ende. [770]

Der Sonntag, an dem die Menge auf der Straße vor Begeisterung tobte – die Nazis verstanden es sehr gut, Stimmung zu machen – sie hatten Zehntausende Buben und Maderln nach Wien gebracht, und die vielen Menschen, die jede Gelegenheit benutzten, um sich zu freuen […][771]

Als ich zum letzten Mal durch die Redaktionsräume ging, standen all die Herren und Damen, mit denen ich zehn Jahre unter einem Dach gearbeitet hatte, auf und drückten mir die Hand wie bei einem Begräbnis. Unsere Sekretärin weinte bitterlich. Man hatte nicht das Gefühl, dass sie mit dem Gang der Dinge einverstanden waren.[772]   (K.L.)

Sally **Perel**, eigentlich Salomon Perel, wurde am 21. April 1925 als Kind polnisch-jüdischer Eltern in Peine geboren. Nachdem ihr Schuhgeschäft demoliert worden war, zog die Familie 1935 oder 1936 nach Lodsch. Nach Beginn des Krieges 1939 floh er ins sowjetisch besetzte Ostpolen, wo es ihm gelang, seine jüdische Identität gegen eine volksdeutsche zu vertauschen. Nach dem deutschen Überfall auf die Sowjetunion 1941 wurde er von der Wehrmacht gefangen genommen und als vermeintlicher Volksdeutscher als Übersetzer in Dienst genommen. So fungierte der Sechzehnjährige von Juli 1941 bis ca. Dezember 1941 in der Aufklärungskompanie der 12. Panzerdivision als deutsch-russischer Übersetzer, danach in der Etappe in Reval (Tallinn). Er nannte sich Josef Perjell, sein Spitzname war Jupp. Bei der Truppe musste er befürchten, dass irgendwann seine Beschneidung gesehen und er als Jude erkannt werden würde, was einmal auch geschah, aber folgenlos blieb. Im Sommer 1943 kam er zurück nach Deutschland. Durch die Protektion eines Hauptmanns kam er an die Akademie der Jugendführung der Hitlerjugend in Braunschweig, wo er sich mit der Politik des Nationalsozialismus zu identifizieren begann. Kurz vor Kriegsende wurde er nochmals Soldat, geriet kurz in US-Gefangenschaft und emigrierte dann nach Israel. Erst 1990 erzählte er seine Geschichte in einer Autobiographie, die 1992 auf Deutsch erschien („Ich war Hitlerjunge Salomon"). Perel lebt heute (2020) hochbetagt in Israel.

[Wohl Anfang/Mitte der 1930er Jahre in Peine:] Zu jener Zeit waren uns die deutschen Nachbarn nicht feindlich gesonnen. Die alteingesessenen Juden

---

770 Papenek-Akselried aaO. S. 109 f.
771 Papenek-Akselried aaO. S. 111.
772 Papenek-Akselried aaO. S. 111

hingegen … begegneten uns kühl. Wir waren für sie nur armselige Ost-juden.[773]

[Zwischen 1939 und 1941 in (Ost-)Polen:] Ohne zu zögern, antwortete ich mit normaler, fester Stimme: „Ich bin kein Jude, ich bin Volksdeutscher." […] Ein hinter mir stehender junger Pole sprang plötzlich vor und sagte, mit dem Finger auf mich zeigend, zu dem deutschen Wachposten: „Der …-Jude!" Ich verneinte verzweifelt, halb tot vor Angst. […] Der Soldat glaubte mir, ausgerechnet mir! Der verwirrte Denunziant bekam eine schallende Ohrfeige für seine Unverschämtheit und den Befehl, „seine Schnauze zu halten".[774]

Ich dachte: „Natürlich alles Nazi-Vokabular!" Und wusste in diesem Moment nicht, dass ich dieselben Begriffe in den folgenden drei Jahren lernen und lehren würde…[775]

[An der Akademie der Jugendführung der Hitlerjugend:] Berauscht vom Vergnügen und von der Freude über den Erfolg [= Erfindung eines Amphibienfahrzeuges], kehrten wir nach Braunschweig zurück. Die Heime, die Klassenräume und Werkstätten füllten sich mit begeisterten Jugendlichen, die nun ein noch stärkerer Schaffens- und Tatendrang beseelte.[776]

Ende 1942, als die deutschen Erfolge ihren Höhepunkt erreicht und der Ost-Feldzug als siegreich beendet angesehen wurde, zweifelte niemand von uns am Dritten Reich. […] Es war schwierig für die Jugend, sich von der strahlenden Zukunft, die sie erwartete und die man ihr verhieß, nicht beeindrucken zu lassen.[777]

Ich hatte manchmal Mühe zu erkennen, in welcher Persönlichkeit ich mich gerade aufhielt. Mein Doppelleben brachte mich selber durcheinander, und oft hätte ich nicht zu sagen vermocht, welche Rolle ich lieber spielte. So war auch ich über die Siege „unseres Vaterlandes, unseres großen Deutschlands" hellauf begeistert.[778]

Während all der Jahre die ich unter ihnen als ihresgleichen verbrachte, habe ich nie das leiseste Gerücht oder die geringste Andeutung über den

---

773 Perel aaO. S. 7
774 Perel aaO. S. 27.
775 Perel aaO. S. 86.
776 Perel aaO. S. 110.
777 Perel aaO. S. 114.
778 Perel aaO. S. 173.

Völkermord gehört. Im Rundfunk, in den Zeitungen wurde die Endlösung niemals erwähnt.[779]

Aus dem Klappentext: „Ich habe mir vorgenommen, die ganze Wahrheit zu schreiben, ohne Rücksicht darauf, wie man sie interpretieren wird."[780] – Perel ist ein interessanter Zeitzeuge für die Frage, ob die Deutschen vor Kriegsende vom Holocaust wussten. Er bewegte sich von Juni 1941 bis Mai 1945 volle vier Jahre lang dort, wo man als Deutscher ohne direkten Zugang zu den Entscheidern noch am Ehesten hätte informiert sein können: Zunächst zwei Jahre lang in der Wehrmacht und zwar an der Ostfront, wo ab Juli 1941 hinter der Front der Holocaust mit Massenerschießungen begonnen hat. Dann weitere zwei Jahre in einem Schulungszentrum für die Elite der HJ, die ab 1933 von klein auf mit der NS-Ideologie indoktriniert worden war. In diesem Kreis hätte insofern weniger als vor anderen Gruppen die Grausamkeiten des vermeintlichen „ewigen Kampfes um das Dasein" verborgen werden müssen. Und doch hat Perel vom Holocaust, in dem bis auf zwei Brüder seine gesamte Familie ermordet wurde, nach eigenen Angaben vor Kriegsende „nicht das leiseste Gerücht oder die geringste Andeutung" erfahren.   (K.L., K.B.)

Gerta **Pfeffer** wurde am 5.2.1912 in Chemnitz geboren und war Textilzeichnerin. Ihr Vater, ein Kaufmann, ihr Bruder und einige Freunde wurden schon 1933 nach dem Reichstagsbrand verhaftet. 1933 bis 1938 arbeitete sie bei einer Weberei in Süddeutschland, dann Entlassung wegen der im Bericht unten beschriebenen Geburtstagsfeier und Rückkehr nach Chemnitz. Im Oktober 1938 Verhaftung der Familie, die die polnische Staatsbürgerschaft hatte, und Deportation an die polnische Grenze. Sie gehörten zu derjenigen Gruppe aus dieser Aktion, die nach einigem Hin und Her von Polen aufgenommen wurden. Zunächst Unterkommen in Lemberg, von dort gelang 1939 die Emigration nach England, die die Familie schon von Chemnitz aus versucht hatte. 1940 nahm Gerta Pfeffer mit einem Bericht über ihrer Erlebnisse bis 1940 an dem bereits erwähnten Preisausschreiben der Universität Harvard teil.

[Etwa Mitte der 1930er Jahre:] Im Betrieb konnte ich mich in keiner Weise beklagen. Mein Chef grüßte die Angestellten des Morgens mit „Heil Hitler", während er mich extra mit „Guten Morgen" begrüßte. Diesem guten Beispiel folgten die anderen. Die Frühstückspause wurde immer bei mir abgehalten. Da war unser Buchhalter, ein fanatischer Nazi, gemäßigt durch süddeutsche Gemütlichkeit. Er war zu gutmütig, um mich zu kränken […]. Bei

---

779 Perel aaO. S. 185.
780 Perel aaO. R 4.

Hitlerreden, die im Betrieb übertragen wurden, waren immer die am über-
eifrigsten im Gesang des Hort-Wessel-Liedes, im Handhochheben, im Heil-
rufen, die einmal einer linksstehenden Partei angehört hatten. Wahrscheinlich spielte da die Angst eine große Rolle.[781]

Um an Sonn- und Feiertagen mal in eine andere Umgebung zu kommen,
hielt ich öfters Autos auf der Landstraße an, mit der Bitte, mich ein Stück
mitzunehmen. Es war gefährlich, trotzdem wagte ich es immer wieder. Sämtliche Ortschaften des Bezirks hatten bereits das Schild angebracht „Juden
unerwünscht". [...] Die meisten Autofahrer erkannten mich nicht als Jüdin,
und die es doch taten, waren ausgesprochen liebenswürdig zu mir.[782]

Es war üblich, dass sich die Kollegen meines Betriebes gegenseitig einlu-
den. Ich selbst feierte meinen Geburtstag und lud 14 Leute, Angestellte und
Tischgenossen ein. Darunter waren auch Naziparteigenossen, die mittanz-
ten. Am nächsten Tag gab es dann einen Skandal. Der nationalsozialistische
Vorsitzende des Ortes wollte die Fotoaufnahmen, die an meinem Geburtstag in meinem Zimmer gemacht wurden, im „Stürmer" veröffentlichen.[783]

(K.L.)

Charlotte **Pick** siehe Charlotte **Stein-Pick**

Hermann **Pineas,** 1892 in Düsseldorf geboren, wirkte in Berlin als Oberarzt der Neuro-
logie, 1932 bis 1939 mit privater Praxis, zuletzt nur noch als „Krankenbehandler". Seine
Auswanderungsversuche scheiterten. 1943 ging er mit seiner Frau in die Illegalität. Sie
hielten sich überwiegend in Schwaben auf, wo sie von Mitgliedern der Bekennenden
Kirche versteckt wurden. Nach der Befreiung emigrierten sie in die USA, wo Pineas
wieder als Neurologe arbeitete. Gestorben 1969 vermutlich in New York.

Wenn wir auch in Berlin von den Verbrechen an Juden [1941] nichts Nähe-
res wussten, so hatten wir doch einige Informationen. In unserem Hause
wohnte der ehemalige Reichstagsabgeordnete Dr. med. Julius Moses [...]
Eines Tages kam er in unsere Wohnung, um mir etwas zu zeigen. Es war ein
Originalschreiben eines sozialdemokratischen Parteifunktionärs, der als
Soldat an der Ostfront stand und tollkühn genug war, diesen Brief durch die

---

781 Pfeffer aaO. S. 140.
782 Pfeffer aaO. S. 141.
783 Pfeffer aaO. S. 142.

Feldpost an den ehemaligen Reichstagspräsidenten Paul Löwe zu schicken. […] Ferner war er Augenzeuge, wie in einer Kleinstadt jüdische Frauen Gräber ausschaufeln mussten, vor die sie sich dann mit ihren Kindern aufstellen mussten und dann erschossen wurden. Ich habe diesen Brief ins Englische übersetzt und ihn durch Augenarzt Dr. Hirschfeld an die amerikanische Botschaft gelangen lassen […].[784]

Besonders raffiniert war die später eingeführte Methode, Juden durch Juden abholen zu lassen! Es mussten förmlich jüdische Häscherbanden gebildet werden, und im Winter 1942/43 war auch ich und die anderen Kollegen vom Krankenhaus einmal gezwungen worden, uns an solchen Abholungen zu beteiligen.[785]   (K.L.)

Ernst **Plaut,** am 15. Dezember 1899 in Kassel geboren, Syndikus beim Central-Verein deutscher Staatsbürger jüdischen Glaubens, berichtete der Wiener Library über den Pogrom 1938. 1939 gelang ihm die Emigration nach England.

[Am Ende seiner Schilderung:] All diese Vorgänge sind den Ariern in ihrer Gesamtheit völlig unbekannt. Lediglich Ausschnitte werden von den Einzelnen gekannt und finden starke Ablehnung.[786]

[Am Ende eines anderen Berichts, der den Verfasser nicht nennt, eine sinngleiche Feststellung:] Die Bevölkerung ist bis auf wenige Ausnahmen, die angeben, sich über die Vorgänge zu freuen, nicht nur nicht einverstanden, sondern ich weiß aus eigener Erfahrung Äußerungen von Christen, dass man sich schäme, ein Deutscher zu sein.[787]

Max Moses **Polke** wurde 1896 geboren. Er wirkte als Rechtsanwalt in Breslau. Am 18. Dezember 1938 verließ er Deutschland.

[10. November 1938 vormittags in Breslau:] Auf der Tauentzienstraße unmittelbar vor dem Amerikanischen Konsulat erkannte mich ein Mann, den ich vor Jahren einmal wegen Widerstands gegen die Staatsgewalt verteidigt hatte. Er hetzte einen neben ihm befindlichen Menschen auf mich, der mich

---

784 Richarz: *Jüdisches Leben,* aaO. S. 431 f.
785 Richarz: *Jüdisches Leben,* aaO. S. 433.
786 Plaut aaO. S. 204.
787 Barkow u. a. aaO. S. 231.

sofort anpöbelte. […] Den Anpöbeleien folgten bald körperliche Misshandlungen […] Ich weiß nicht, was mir noch geschehen wäre, wenn sich nicht ein baumstarker Mensch meiner angenommen … hätte. [Dieser brachte Polke ins Polizeipräsidium.][788]

[Zusammen mit zahlreichen anderen Juden wurde Polke von dort aus nach Buchenwald transportiert.] Die Straßen waren abgesperrt, aber von Menschen umsäumt, die man mit Nazijargon als Untermenschen bezeichnen muss. Es handelte sich offenbar um bestellte Individuen, die es an gemeinsten Beschimpfungen nicht fehlen ließen, von denen „Juda verrecke!" im Chor noch das mildeste war. Die SS-Leute mussten uns vor Tätlichkeiten schützen. Sie trieben uns andererseits mit Kolbenstößen zur Eile an und nahmen auf Kranke und Schwache nicht die geringste Rücksicht.[789]

Wir standen bis zum Abend in Reih und Glied, immer wieder ergänzt durch Neuankömmlinge. Dabei lernte ich auch gleich die sogenannten Kapos kennen; das sind ältere Häftlinge, die eine Art Vorgesetztenrang innehaben. Unser Kapo trat immer wieder an uns heran und brüllte laut: „Werdet ihr endlich ordentlich in Reih und Glied stehen und Vordermann nehmen!" Gleichzeitig sagte er leise: „Es ist alles halb so schlimm, benehmt Euch nur vernünftig, dann werdet ihr die Sache auch überstehen." Die ersten Worte waren für die herumspazierenden SS-Leute, die letzten für uns bestimmt.[790]

[Gleich nach der Entlassung aus dem KZ:] In dem Wirtshaus schien man schon auf uns gewartet zu haben. Es gab guten Kaffee und ausgezeichnete Butterbrote, schon fertig zubereitet. Wir waren über die Höflichkeit des Wirtes nicht wenig erstaunt, der uns auch fragte, ob die Herren einen Autobus nach Weimar wünschten […] Wir waren auch neugierig, wie die Bevölkerung jetzt zu den Juden steht. Einer von uns kaufte Schokolade und gab sie auf der Straße spielenden Kindern, die mit Begeisterung annahmen. Einige SA-Leute schauten zu und hatten nicht das Geringste dagegen einzuwenden.[791]

(K.L.)

Julius **Posener** wurde 1904 in der Nähe von Berlin geboren. Er war Architekt, Architekturkritiker, Autor und akademischer Lehrer. 1933 Flucht nach Paris, 1935 Emigration

---

788 Polke aaO. S. 305.
789 Polke aaO. S. 306.
790 Polke aaO. S. 307 f.
791 Polke aaO. S. 312.

nach Palästina. 1946 wurde er in Großbritannien eingebürgert. 1961 kehrte er nach Deutschland zurück, wo er seine ursprüngliche Tätigkeit wiederaufnahm. Er 1996 in Berlin.

Nach einer Weile sagte er: „Ja, Julius", sehr ruhig und friedlich. „Und jetzt will ich Dir sagen, warum ich heute hierhergekommen bin." – „Nun?" – „Weil ich nicht selber ‚Heil Hitler' rufen wollte"; sagte er. Ich sah ihn an. Er hatte meine eigenen, uneingestandenen Gefühle in Worte gefasst, und weil er es getan hatte, gestand ich ihm, was ich kaum mir selber gestanden hätte.

Dem Leser dieser Erinnerungen kann nicht ganz entgangen sein, dass ein gewisser Nährboden für den Nationalsozialismus in mir selbst vorhanden war. Zuerst hatte es Robespierre gegeben. Nachdem ich meinen anfänglichen Horror überwunden hatte, blieb in mir die Erkenntnis zurück, dass hier ein Mann von Prinzipien war, der den Mut hatte, für seine Überzeugung einzutreten. Er ging aufs Ganze […].[792]

Ich war also damals ganz offensichtlich bereit für den Mann Adolf, der wie mein Held Robespierre aufs Ganze ging, ohne von den schauderhaften Notwendigkeiten zurückzuschrecken.[793]   (K.L.)

Chava **Pressburger,** geboren am 21. Februar 1930 in Prag als *Eva Ginzová* ist eine tschechisch-israelische Malerin. Bekannter als sie selbst ist ihr Bruder Petr **Ginz,** geboren am 1. Februar 1928 ebenfalls in Prag. Ihr Vater Otto/Ota Ginz, ein Manager und versierter Esperantist, war jüdisch, die Mutter tschechisch. Die die Mutter an der Ehe festhielt, blieb auch der Mann bis kurz vor Kriegsende von Inhaftierung verschont. Beide Kinder gehörten jedoch trotz ihrer nichtjüdischen Mutter der jüdischen Gemeinde an und wurden deswegen als sogenannte „Geltungsjuden" verfolgt. Petr wurde im Oktober 1942 als 14-Jähriger nach Theresienstadt deportiert und am 28. September 1944 in Auschwitz vergast. Eva/Chava wurde 1944 ebenfalls in Theresienstadt inhaftiert und überlebte. In den letzten drei Monaten wurde auch ihr Vater dort inhaftiert und überlebte ebenfalls. – Der hochbegabte Petr Ginz sprach muttersprachlich Tschechisch und Esperanto. Im Alter zwischen acht und 14 Jahren verfasste er fünf Novellen, von denen eine erhalten ist. Im Jahre 2006 wurden in Prag Teile seines Tagebuchs entdeckt, in denen der 13- bis 14-Jährige zwischen dem 19.9.1941 und dem 9.8.1942 präzise und distanziert die zunehmende Einschränkung der Rechte der Juden und die beginnenden Deportationen aus Prag beschrieb. In Theresienstadt war Ginz einer der beiden Schriftleiter der wöchentlich erscheinenden Zeitschrift „Vedem" (tschechisch: „Wir führen"), die von 12-

---

792 Posener aaO. S. 420 f.
793 Posener aaO. S. 421.

bis 15-jährigen Jugendlichen produziert wurde. Ginz war auch ein exzellenter Zeichner. Der israelische Astronaut Ilan Ramon nahm eine seiner Zeichnungen 2003 in den Weltraum, wodurch Ginz späte Bekanntheit erlangte. Die folgenden Zitate von Eva (Chava) Pressburger sind Teil ihrer Anmerkungen zum Tagebuch ihres Bruders.

[Über die Raffinesse der Nazis bei der Verschleierung der Verfolgung:] Die Judenverfolgung wurde von den Deutschen betont unauffällig betrieben, damit die Opfer nicht ahnen konnten, was sie erwartete. Die Kinder besuchten eine jüdische Schule (die später geschlossen wurde), Onkel Miloš, der in Polen ermordet wurde, erhielt noch im Jahre 1942 eine neue Wohnung. Jacob Edelstein, Vorsitzender der jüdischen Kultusgemeinde Prags, wurde von dem SS-Obersturmbannführer Adolf Eichmann nach Holland geschickt, um den dortigen Juden die Erfahrungen der Prager Juden zu berichten und Vorträge darüber zu halten, wie sie ihr Gemeindewesen zu organisieren haben. Eichmann arbeitete im sogenannten Judenreferat im Reichssicherheitshauptamt und war maßgeblich an der Vorbereitung und Durchführung des Holocausts beteiligt. Er erlaubte Edelstein, an einem Zionisten-Kongress in Genf teilzunehmen, um so Informationen über die Möglichkeiten der Emigration nach Palästina zu erhalten. In Theresienstadt bekam Edelstein eine eigene Wohnung zugeteilt. Dabei wussten die Deutschen, dass er und seine Familie in Auschwitz liquidiert werden sollten, was dann auch geschah.[794]

[Über die erfolgreiche Vertuschung der Judenverfolgung meint Pressburger:] Den Nationalsozialisten war es nahezu überall in Europa gelungen, die jüdischen Vertreter davon zu überzeugen, dass es in ihrem eigenen Interesse liege, mit den Deutschen zusammenzuarbeiten. Nur so könne gewährleistet werden, dass die Umsiedlung der Juden glatt und – wie betont wurde – schmerzloser verlief. Die jüdische Gemeinde in Prag ließ sich auf diese Forderung ein […].[795]

[Über vereinzelte Widerstände in der tschechischen Bevölkerung:] Als es von Seiten der tschechischen Bevölkerung zu einigen Solidaritätsbekundungen kam (in einer mährischen Schokoladenfabrik kamen die Arbeiter mit einem gelben Stern zur Schicht), wurde eine Erklärung veröffentlicht, wonach jeder, der sich mit Juden zeigt oder gar öffentlich Sympathien für sie bekundet, wie ein Jude behandelt wird. Seine Lebensmittelkarten würden

---

794 Ginz aaO. S. 149 f.
795 Ginz aaO. S. 152.

reduziert, er bekäme keine Tabak- und Kleiderkarten mehr und müsste selbst den Judenstern tragen.[796]

Eva/Chava Pressburger unterstreicht in ihren Anmerkungen zu den Tagebucheinträgen ihres Bruders, wie sehr sich die Nationalsozialisten bemühten, ihre Verbrechen im Verborgenen durchzuführen. Selbst viele Juden durchschauten die Vernichtungspläne nicht oder erst zu spät.   (F.D.)

Hedwig **Pringsheim** kam am 13. Juli 1855 in Berlin zur Welt. Ab 1878 wohnte sie in München, verheiratet mit dem Mathematiker und Kunstmäzen Alfred Pringsheim. 1939 gelang die Emigration in die Schweiz, wo sie am 27. Juli 1942 in Zürich starb.

[Aus einem Brief an Schwiegersohn Thomas Mann vom August 1932:] Gestern hat mich eine zwar hagere aber gut gekleidete Frau mit zwei braunen Dackeln auf der Brienner Straße eine Zeitlang verfolgt und mich versichert: „Jetzt ist die Zeit der Schwarzen und Roten vorbei, jetzt haben wir die Macht, endlich, endlich! das werdet Ihr Schwarzen und Roten schon merken, wenn ihr alle da droben am Obelisken baumelt!" Und dabei sah mich die Hagere mit so fanatischem Hass an, dass man ordentlich gruselig werden konnte.[797]

[1935, nach einem erzwungenen Umzug, schreibt Pringsheim:] Der Nachmittagsbesuch florierte wieder. […] morgen sind die großen Mathematiker mit Nachtmahl und Café [bei uns]: was will mein Greislein eigentlich noch mehr?[798] [Dazu die Biographen Inge Jens: „Zumindest bis Ende 1935 schien ein langsam sich normalisierender Alltag die politische Entwicklung zu überdecken. […] Kein Zweifel, man hatte ‚sich's gewöhnt'. Wie einst gehörten Opern-, Konzert- und Theaterbesuch wieder zum normalen Rhythmus."[799]]

[Wieder Pringsheim:] Wir haben uns überlegt, dass des Führers Wort doch über das jedes beigeordneten Beamten geht, und Betty, diesem zufolge, schließlich wohl doch wird bleiben können.[800] [Nach den Nürnberger Gesetzen hätte Betty, ein ‚arisches' Dienstmädchen, den Dienst bei den

---

796 Ginz aaO. S. 150 f.
797 Jens aaO. S. 189 f.
798 Jens aaO. S. 201.
799 Jens aaO. S. 201 f.
800 Jens aaO. S. 207.

Pringsheim quittieren müssen. Aber der gute Draht zu Winifred Wagner und deren Beziehungen zu ganz oben machten den Verbleib offenbar möglich.]

[Aus einem Brief vom 13. November 1938, kurz nach dem Pogrom, an eine Tochter:] Es geht uns persönlich ganz gut, wir haben außer dem Allgemeinen, das das Gemeine ist für alle, nichts Unangenehmes erlebt. Dies allerdings genügt bei bescheidenen Ansprüchen. Meine Nerven sind am Zerreißen, aber ich bin ja bekanntlich beherrscht und halte mich wacker.[801]

[Nachdem bei ihnen viele Wertgegenstände beschlagnahmt worden waren:] Es hatte wirklich alles viel Beruhigendes, und wir zeigten uns von diesen Sicherungsmaßnahmen hoch befriedigt. […] Das Wetter ist herrlich herbstlich. Die Sonne scheint über Gerechte und Ungerechte, und an Freunden fehlt's uns nicht. […] Ach, wenn nur die vielen Sympathiebesuche nicht wären, die einem einesteils wohltun, aber andererseits doch auch enervieren und an anderen, wichtigeren Dingen – wie zum Beispiel am Spazierengehen – hindern![802]

[Kurz nach der Emigration in die Schweiz an eine ihrer Töchter:] Es war merkwürdig genug. Da war ein SS Mann. Obersturmführer, sogar mit dem Allerhöchsten liiert. Dieser SS Mann hatte den Auftrag: unser der Partei verkauftes Haus möglichst rasch zu evakuieren. So kam er auch mit Fay [Kosename für den Gatten] in Verbindung, der ihm klagte, wir wollen emigrieren, können aber trotz aller Versuche unsere Pässe nicht erlangen. Nun war dieser Mann, trotz Ober-Nazi, ein liebenswürdiger, sehr gutartiger, verständnisvoller, und dazu noch ein hübscher jüngerer Herr, der sofort bereitwillig sagte: ‚Das will ich schon machen!' Er flog nach Berlin, ging aufs Ministerium, und zwei Tage darauf hatten wir unsere Pässe! […] Gott segne den Obersturmführer! (Sie sind nämlich keineswegs alle Schweine, wie es ein irriger Glaube wähnt).[803]

[Im Sommer 1941, nach der Emigration, an eine Tochter:] Aus München bekomme ich auf meine Telegramme nun nach und nach so herzliche Antworten von sämtlichen Ex-Kollegen, dass der gute liebe Fay [der verstorbene Gatte] sich vor Freude in seiner Aschenurne umdrehen würde.[804]

(K.L.)

---

801 Jens aaO. S. 219 f.
802 Jens aaO. S. 220.
803 Jens aaO. S. 227. Hedwigs Lohengrin hat auch anderen geholfen.
804 Jens aaO. S. 236.

Marcel **Reich-Ranicki** wurde am 2. Juni 1920 im polnischen Leslau (Włocławek) als Marceli Reich geboren und besuchte dort eine deutsche Grundschule. Ab 1929 lebte er bei Verwandten in Berlin. Hier besuchte er ab 1930 zunächst das Werner-von-Siemens-Gymnasium und ab 1935 das Fichte-Gymnasium, an dem er 1938 noch das Abitur machen konnte. Am 28. Oktober 1938 wurde er verhaftet und nach Polen ausgewiesen. Als 18-Jähriger mit begrenzten Polnischkenntnissen schlug er sich nach Warschau durch, das im September 1939 von den Deutschen besetzt wurde. Im November 1940 wurde er ins Warschauer Ghetto eingewiesen, das er knapp überlebte. Von Januar 1943 bis Herbst 1944 versteckten ihn Polen und er überlebte im Untergrund. Seine Eltern und drei seiner vier Geschwister wurden ermordet. 1958 übersiedelte er aus Polen in die Bundesrepublik und arbeitete als Literaturkritiker u. a. für die *Frankfurter Allgemeine Zeitung* und *Die Zeit*. Am 18. September 2013 starb er in Frankfurt am Main.

[Aus seiner Schulzeit:] Es waren zwei tüchtige Spieler, doch der eine ein HJ-Führer, der andere ein Jude. In der Hitze des Gefechts brüllte R. den L. an: „Du Dreckjude!" Solche Beschimpfungen waren in dieser Schule damals, 1934, noch nicht üblich. So wuchs sich der Vorfall zu einem kleinen Skandal aus.[805] [Der Klassenlehrer missbilligte vor allen Schülern die Entgleisung und musste mit Strafversetzung dafür büßen. Er hatte sich auf sein christliches Gewissen berufen. – Anm. K.L.]

[Reich-Ranickis Mutter fragte im Winter 1935 den Direktor des Fichte-Gymnasiums:] „Mein Sohn ist Jude und Pole. Wie wird er in Ihrer Schule behandelt werden?" Der Herr Direktor versicherte überaus höflich, ihre Befürchtungen seien ihm schlechthin unbegreiflich. Dies sei schließlich eine deutsche, eine preußische Schule, und in einer solchen sei Gerechtigkeit oberstes und selbstverständliches Prinzip."[806] [Marcel bestätigt:] Ich hatte, wie sich in den nächsten Jahren herausstellte, viel Glück. Denn auch am Fichte-Gymnasium verhielten sich die Lehrer, ob Nazis oder nicht, den Juden gegenüber alles in allem anständig und korrekt.[807] [Nur einer der Lehrer erwies sich als eifriger, ja fanatischer Nationalsozialist. Dennoch:] Auch die jüdischen Schüler konnten sich nicht beklagen – und ich am allerwenigsten: Er war zu mir freundlich [...]. Eines Tages teilte er der Klasse überraschenderweise mit, dass die jüdischen Schüler von der nächsten Geschichtsstunde „befreit" seien: Die Stunde war, wie sich später herausstellte, der Auseinandersetzung mit dem „Weltjudentum" gewidmet. Dies sollte,

---

805 Reich-Ranicki aaO. S. 48.
806 Reich-Ranicki aaO. S. 68 f.
807 Reich-Ranicki aaO. S. 69 f.

immerhin, den jüdischen Schülern erspart bleiben.[808] [Noch mehrmals äußert sich Reich-Ranicki sinngemäß ebenso.] Von keinem dieser Mitschüler habe ich je ein Wort gegen die Juden gehört.[809]

[In einem Interview im Jahre 2008 berichtete er von einem Klassentreffen der Ehemaligen in den sechziger Jahren und begründet seine Teilnahme:] Sie haben mir persönlich nichts angetan. Sie haben die drei Juden in der Klasse tadellos behandelt.[810]   (K.L.)

Eva Gabriele **Reichmann** wurde am 16. Januar 1897 in Lublinitz/Oberschlesien geboren und war eine bedeutende Historikerin und Soziologin. Sie hat im jüdischen Leben Deutschlands als wissenschaftliche Mitarbeitern des Zentralvereins deutscher Staatsbürger jüdischen Glaubens eine führende Rolle gespielt und kann als besonders genaue Beobachterin der Vorgänge in Hitlerdeutschland angesehen werden. Eva Reichmann starb am 15. September 1998 in London.

Die geringe Zahl spontaner Gewaltakte gegen Juden vor und selbst nach der nationalsozialistischen Machtergreifung sowie die durchschnittliche Zurückhaltung gegenüber Boykottparolen, deren Durchführung nicht gewaltsam erzwungen wurde, lassen Rückschlüsse auf den geringen Tiefgang der antisemitischen Stimmung selbst in diesen kritischen Jahren zu. Alle diese Feststellungen sind nicht absolut zu nehmen, sondern relativ zu der Ungeheuerlichkeit des aktiven Judenhasses, der nach der hemmungslosen Propaganda hätte erwartet werden müssen.[811]

Aber ... obgleich ein propagandistisches Trommelfeuer den Judenhass zur Weißglut anzufachen sich bemühte, zeigten doch die Beziehungen zwischen Juden und Nichtjuden eine erstaunliche Widerstandskraft. Wären die Umstände, die die Menschen in die Verzweiflung und damit in die Hände der Nazis trieben, nicht so überstark gewesen, wären nicht politische Intrigen der Partei in der Stunde ihrer inneren Auflösung zur Hilfe gekommen[812], wäre schließlich der Vernichtungswille des einen Mannes Hitler nicht so

---

808 Reich-Ranicki aaO. S. 74.
809 Reich-Ranicki aaO. S. 76.
810 „Ein Gespräch mit Marcel Reich-Ranicki" *Frankfurter Allgemeine Zeitung* 4.6.2008.
811 Reichmann, Eva aaO. S. 288.
812 Zwischen Hitler und den Gebrüdern Strasser gab es ernsthafte Spannungen, auch zwischen ihm und Goebbels, der das Hauptquartier der Partei weiter im Norden haben wollte, wo die Zustimmung zur NSDAP höher war. Solche Vorgänge sind offenbar gemeint – Anmerkung K. Löw.

dämonisch gewesen – Austreibung und Vernichtung hätten sich niemals ereignet.[813]   (K.L.)

Hans **Reichmann,** Evas Gatte, wurde am 3. März 1900 in Inowrozlaw (ab 1904: Hohensalza) in der Provinz Posen geboren. Er studierte Jura und wirkte als Syndikus des Centralvereins deutscher Staatsbürger jüdischen Glaubens in Berlin. Im Zuge des Pogroms 1938 kam er ins KZ Sachsenhausen. Nach geglückter Auswanderung nach London 1939 verfasst er seine Lebenserinnerungen. Der Aufenthalt im KZ bildet einen Schwerpunkt (119 von 290 Seiten).

[Ein Boykott Mitte Juni 1938 in Berlin:] Das Publikum weicht vor dem Terror scheu zurück. Wenige Beherzte oder Ausländer versuchen manchmal, sich den Eingang zu erzwingen. G. beobachtet vor dem schönen Geschäft […] am Kurfürstendamm folgende Szene: Ein alter, vornehmer Herr bahnt sich mit seiner Frau den Weg zur Ladentür. Eine Vettel keift: „Volksverräter!". Der Herr antwortet: „Die gleichen Juden, die Sie jetzt vertreiben, hat Friedrich der Große hierhergeholt. […] Das sage ich Ihnen als alter preußischer General."[814]

Die Reaktion der alten Polizeibeamten war einheitlich: Empörung. Der gleiche Staat, dessen Ruhe und Ordnung die Polizei schützt, der die Normen des alten Strafgesetzbuches aufrechterhält, duldet jetzt Sachbeschädigung nicht nur, er ordnet sie an. […] Es geht ja auch nur um die Juden […] Vielleicht ist mein Urteil ungerecht. Vielleicht ist diese feige Reaktion menschlich, und vielleicht würden auch andere Völker so handeln.[815]

Es gibt Leute, die glauben, dass ein Aufschrei der Auslandspresse das Morden hemmen würde. Ich dagegen fürchte, dass ein allzu starkes Interesse der Auslandspresse die Bosheit nur anstachelt, die sich an den Wehrlosen im Lager rächen würde.[816]

Ach was, das Volk will Ruhe und sonst gar nichts. „Der Krieg hat uns 1914 nichts eingebracht, und jetzt können wir erst recht nichts erben. Die Brüder werden sich hüten." Das war die Stimmung des ganzen deutschen Volkes.[817]

---

813 Reichmann, Eva aaO. S. 289 f.
814 Reichmann, Hans aaO. S. 77.
815 Reichmann, Hans aaO. S. 77.
816 Reichmann, Hans aaO. S. 89.
817 Reichmann, Hans aaO. S. 99.

[Reichmann vergleicht das Los der Aristokraten in der französischen Revolution mit dem der Juden:] Aber das Volk von Paris hat die Karren mit höhnischem Jubel begleitet. Das Volk von Berlin sieht uns nach und schweigt. Auf den Straßen um den Stettiner Bahnhof lacht man nicht, wenn die Leidensgenossen des Proletariats ins Konzentrationslager gebracht werden.[818]

[Aus dem KZ Sachsenhausen:] Dreizehntausend Männer werden von einem Dutzend Maschinengewehren und ein paar Hundert Burschen in Schach gehalten. Dreizehntausend Männer, eine kriegsstarke Division, sind der Willkür grausamer Kinder ausgeliefert. Täglich werden Kübel von Schmutz über ehrenhafte Menschen gegossen, achtzehnjährige Jungen lassen Häftlinge, die ihre Großväter sein könnten, bellen, krähen oder sie haben den „witzigen" Einfall, sie rufen zu lassen: „Meine Mutter ist eine Hure."[819]

[Nach der Entlassung aus dem KZ:] Ich weiß vor Rührung nichts zu sagen. Zu Hause sind Blumengrüße und Willkommensgaben in Überfülle, Zeugen von Treue und herzlicher Freundschaft.[820]

Aber das deutsche Volk sagt nicht „Gute Nacht, Deutschland", es schläft schon lange. […] Mitleidige Sympathie, wohlwollende Hilfe im Stillen, haben viele bezeugt. Wir, um die es einsam geworden ist, haben solche Wärme dankbar empfunden […].[821]

Es gibt Juden, die nicht mehr in der U-Bahn oder im Autobus fahren; sie opfern ihr Geld für Autotaxen, um sich nicht angaffen, angrinsen, anpöbeln zu lassen. Solch Zwischenfälle ereignen sich wohl, aber längst nicht so oft, wie sie sich die Einbildung der „Juden auf der Flucht" vorstellt.[822]

Was uns auch immer in den schicksalhaften sechs Jahren geschehen ist, unser Hass gilt nicht dem deutschen Menschen, sondern jener verdorbnen Führung, die ihn 1933 vergewaltigt hat.[823]

Reichmann veranschaulicht anhand zahlreicher Erlebnisse, wie nahezu alle, gleich welcher Herkunft oder Nationalität, unter starkem Druck jedweden Befehl befolgen, mag er noch so abscheulich sein.

(K.L.)

---

818 Reichmann, Hans aaO. S. 119.
819 Reichmann, Hans aaO. S. 193.
820 Reichmann, Hans aaO. S. 241.
821 Reichmann, Hans aaO. S, 247.
822 Reichmann, Hans aaO. S. 261.
823 Reichmann, Hans aaO. S. 275.

Max **Reiner** wurde 1883 in Czernowitz/Österreich-Ungarn geboren. Er arbeitete als Journalist in Wien, bevor er nach Berlin zum Ullstein-Verlag wechselte. In Sommer 1933 wurde er zwangspensioniert, 1939 emigrierte er nach Palästina. 1944 starb er in Jerusalem.

Während des Abends nahm mich H. beiseite. Ich möge entschuldigen, dass er und seine Frau unsere Einladung abgelehnt hätten: „Sehen Sie, wenn wir zu Ihnen gehen, dann wissen wir nicht, wen wir sonst noch treffen. Einer Ihrer Gäste braucht nur harmlos zu erwähnen, dass er bei Ihnen mit uns zusammen gewesen ist, dann verliere ich Amt und Stellung. Wer in unser Haus kommt, weiß von vornherein, dass er Diskretion zu üben hat." Ich konnte die Vorsicht begreifen, aber ich konnte mich nicht zu einseitiger Gastfreundschaft verstehen.[824]

Die großen französischen und englischen Zeitungen wurden immer häufiger an der Grenze beschlagnahmt. Ich wurde gewarnt, sie zu abonnieren. Die Gestapo lasse sich von der Post die Listen der Abonnenten geben, und jüngst erst seien in Königsberg zwölf Personen verhaftet worden, nur weil sie den „Temps" abonniert hatten. Daraufhin kaufte ich die Zeitungen an den Kiosken.

Deutsche Zeitungen nahm ich nicht mehr zur Hand. […] Was mich noch mehr anwiderte, war, dass diese verunglimpfenden Kommentare und Artikel von Leuten geschrieben wurden, von denen ich wusste, dass sie nicht ein Wort von dem dachten oder glaubten, was sie veröffentlichten. Da schrieb einer geifernde Artikel gegen die Juden, von dem ich wusste, dass er seinem entlassenen jüdischen Kollegen Dr. Heisel eine Summe gegeben hatte, die es ihm ermöglichte, sechs Monate in der Nähe von Gardone [am Gardasee] zu leben, seine kranke Lunge zu heilen und in Ruhe ein Buch zu schreiben. Da war ein anderer, der mir noch im Herbst und nicht nur unter vier Augen gesagt hatte: „Wenn man sieht, was den Juden angetan wird, dann schämt man sich, ein Deutscher zu sein!" Da war ein Dritter…[825]

(K.L.)

Friedrich Gustav Adolf **Reuß** wurde am 5. Juli 1904 in Würzburg geboren. Er studierte u. a. in München, wo er später als Jurist arbeitete. Im September 1938 gelang die Emigra-

---

824 Reiner, Max aaO. S. 154.
825 Reiner aaO. S. 155.

tion in die USA. Dort ist er 1985 gestorben. Die Aufzeichnungen stammen aus dem Jahr 1940.

[Tiefe Einblicke vermittelt eine Befragung bei der Ausreise:] Ich fuhr noch nach München, nach den oberbayerischen Bergen und nahm Abschied von den Eltern, den wenigen Freunden und dem schönen Bayern und endlich fuhr ich ab. [An der Grenze ein hinzugezogener Oberst:] „Kommen Sie mal mit. Sie da, Leutnant, fertigen Sie die andere Bande ab!" […] „Sagen Sie, Herr Regierungsrat", fragte er, „denken Sie, all der Unfug kann gut enden? Sie werden eines Tages froh sein, dass die Verhältnisse Ihnen den Entschluss auszuwandern, erleichterten. Ach Gott, ich wollte unser Kaiser da drüben [Wilhelm II. in Holland] über der Grenze käme zurück. Aber was kann man tun? Gehorchen, die Wut verbeißen, Pflicht tun. Mitmachen."

[Reuß:] „Ja Herr Oberst, so hab ich auch gedacht. Mitgemacht solange es ging. Gedacht, es muss doch wieder anders kommen. Die Vernunft muss doch siegen […]." [Der Oberst:] „Ich wollte, ich könnte mit Ihnen tauschen. Grüßen Sie Amerika von dem alten Deutschland, das gestorben ist. Vergessen Sie das neue, so schnell Sie können." Ich drückte ihm die Hand. Niemand sah es. Draußen vor der Tür erhob er die Hand zum Hitlergruß.[826]

(K.L.)

Fritz **Rodeck,** geboren 1890 in Wien, Journalist, emigrierte am 22. Dezember 1938 über England in die USA.

Wer am 12. März [1938, Tag des Einmarsches der Wehrmacht in Österreich] durch die Straßen Wiens ging, musste tatsächlich den Eindruck haben, als ob überall helle Begeisterung herrsche. Dieser Eindruck war insofern richtig, als bei den Nazis selbst und auch bei den nicht nationalsozialistischen Deutschnationalen, wie ein weltberühmter österreichischer Gelehrter es ausdrückte, der Anschluss an Deutschland den Traum ihres Lebens bedeutete, überschwängliche Jubelstimmung herrschte. Auch die bisher unter der Wirtschaftsnot besonders stark leidenden Kreise hofften auf eine Besserung der Wirtschaftslage und wurden ebenfalls von der geradezu orgiastischen Massensuggestion mitgerissen.[827] […] Mir gegenüber

---

826 Heusler u. a. aaO. S. 128 f.
827 Rodeck aaO. (Limberg aaO.) S. 88.

war das Benehmen der Beamten im Allgemeinen korrekt, vereinzelt sogar freundlich, andere Leute haben allerdings weit schlechtere Erfahrungen gemacht.[828] […]

Im Allgemeinen empfanden es die Gefangenen schon als Erlösung, wenn sie später aus den Nazigefängnissen in die Polizeiarreste gebracht wurden, wo man sie vorschriftsmäßig und korrekt behandelte.[829] […]

Man muss sich nach alledem fragen, was eigentlich die Bevölkerung Wiens, die große Anzahl der Menschen mit halbwegs normalen Begriffen von Recht und Anstand, zu all diesen Dingen … gesagt hat. Ich kann aus eigener Wahrnehmung sagen, dass breite Schichten der Wiener Bevölkerung, insbesondere aber die besseren und gebildeten Kreise, über die Vorgänge entsetzt und empört waren. Ich habe mit Menschen aller Berufsklassen und Gesellschaftsschichten, mit Arbeitern, Geschäftsleuten und Intellektuellen, Nazianhängern und Nazigegnern gesprochen. Ich habe keinen Einzigen gefunden, der diese Vorgänge [Novemberpogrom 1938] gebilligt hätte, wohl aber viele, die von tiefstem Abscheu erfüllt waren. Die Nazis unter meinen Bekannten sprachen von „Übergriffen" unverantwortlicher Elemente, doch müsse man die Juden für den Mord an dem Gesandtschaftsbeamten vom Rat verantwortlich machen usw. […] Es hat eine ganze Reihe von Ariern gegeben, die ihre jüdischen Freunde oder zumindest deren Wertsachen bei sich verbargen, obgleich sie dabei ihre eigene Haut riskierten. Es wurde mir auch von Nationalsozialisten erzählt, die den Mut aufbrachten, nach dem 10. November aus der Partei auszutreten.[830]

Nachdem ich ausgeraubt worden und aller Mittel entblößt war, machte eine ganze Anzahl von arischen Bekannten gewissermaßen Kondolenzbesuche bei mir, brachte mir Geschenke, bot mir Geld an und bemühte sich in jeder erdenklichen Weise um mich. Alle waren beschämt und tief deprimiert […][831]   (K.L.)

Jutta **Rosen-Levitus** wurde 1925 in der Tschechoslowakei geboren, von wo sie ein Jahr später mit ihrer Familie nach Frankfurt am Main umzog. Die schlimmste Zeit der Verfolgung ab November 1938 überlebte sie in Holland, zeitweise untergetaucht. Nach dem

---

828 Rodeck aaO. (Limberg aaO.) S. 99.
829 Rodeck aaO. (Gerhardt aaO.) S. 289.
830 Rodeck: *Manuskript 76 a*, in Gerhardt u. a. aaO. S. 296 f.
831 Rodeck: *Manuskript 76 a*, in Gerhardt u. a. aaO. S. 297.

Krieg wanderte sie nach Palästina aus, von wo sie 1957 nach Deutschland zurückkehrte und in der Nähe von Frankfurt lebt.

Kaum hatte ich am nächsten Tag das Schulgebäude mit ihr [der Schwester] verlassen, als schon wieder vier Jungen, höchstens ein oder zwei Jahre älter als wir, uns den Weg versperrten. „Ihr stinkt!" rief der Kleinste von ihnen. Edith und ich sagten nichts. Wir gingen nur weiter nach links auf dem Bürgersteig, um irgendwie an ihnen vorbeizukommen. Da hielt mich der Größte von ihnen am Arm fest und meinte grinsend: „Pack deinen Dreck – dann bist du weg!" Die anderen lachten. […] Da nahm ich all meinen Mut zusammen und schrie: „Ihr seid so blöd! Und dann noch feige – vier gegen zwei!" Plötzlich grinste der Große nicht mehr: „Willst wohl auch noch frech werden, was?" Und schon hatte er mir eine schallende Ohrfeige verpasst.[832] […]

Unsere Lehrerinnen [in Holland], auch die christlichen, ließen uns spüren, dass sie bereit waren, zu uns jüdischen Mädchen zu halten.[833] […] Leider gab es auch Niederländer, die bald nach der Besetzung zu den Deutschen überliefen und sogar in einer eigenen Nazi-Partei […][834]

Ich war auf einen unfreundlichen Deutschen vorbereitet, der mich zuerst verhören und zurechtweisen würde. Nun aber konnte ich ihn endlich erkennen […] Ich konnte es kaum fassen. Das sollte ein Nazi sein? Jemand, der für Hitler war und alle Juden hasste?" [Und dann folgt ihr Tagebucheintrag:] Ich war bei dem nettesten SS-Mann, den es gibt![835]

Dieser Mann konnte viel für Jutta Rosen-Levitus und ihre Schwester tun. Eine Ehrung durch Yad Vashem unterblieb wegen seiner SS-Zugehörigkeit, obgleich er zwangseingegliedert worden war.[836] Die FAZ schrieb im Jahre 2004 über ihn, er konnte „etwa sechshundert Kindern und einer Vielzahl Erwachsener zur Flucht verhelfen.[837]   (K.L.)

---

832 Dijk aaO. S. 29.
833 Dijk aaO. S. 90.
834 Dijk aaO. S. 91.
835 Dijk aaO. S. 139 ff.
836 Dijk aaO. S. 217.
837 „Goldkörnchen" Frankfurter Allgemeine Zeitung 25.03.04.

Ernst **Rosenbaum** (ab 1947 Peter Roland) wurde am 26. April 1912 in München geboren. Er besuchte dort das humanistische Theresiengymnasium und begann anschließend mit dem Medizinstudium. Bereits am 5. Januar 1935 emigrierte er nach London. Die Erinnerungen wurden lange nach Kriegsende aufgezeichnet.

Wir fühlten uns als Deutsche, die zufällig auch noch Juden waren, waren idealistisch und hofften auf eine bessere Gesellschaft, standen links der Mitte und waren keine Zionisten. […] Auch wenn meine Freunde im Allgemeinen jüdisch waren, verstand ich mich gut mit all den Buben und Mädchen an der Schule und den Studenten, die ich an der Uni kannte. Gewiss waren einige von ihnen Nazis, aber bevor Hitler an die Macht kam, hatte das wenig Auswirkungen auf unser persönliches Verhältnis.[838]

Diese Erfahrungen sind, wie die gesamte Auswertung dieses Buches zeigt, in hohem Maße repräsentativ.   (K.L.)

Kurt **Rosenberg** wurde am 12. März 1900 in Hamburg geboren, wo er als Rechtsanwalt wirkte. Am 8. September 1938 gelang ihm die Emigration. Am 1. März 1977 starb er in den USA.

[Anfang März 1933:] Wir werden wohl niemals erfahren, was sich im Inlande im ‚Kampf gegen das Judentum‘ zuträgt. Die deutschen Zeitungen schweigen sich aus, um nicht verboten zu werden; die ausländischen erfinden Gräuelmärchen in maßlosen Übertreibungen. In Hamburg seien bereits 1400 Personen hingerichtet u. s. w.[839] [Das war in etwa die Zahl der Verhafteten, wie es in einer Randnotiz heißt.]

28. III. 33 … Heute war ein Stahlhelmführer bei uns im Büro und machte Äußerungen, die so nazifeindlich waren wie denkbar … Das Tragische ist, dass die Bewegung in einzelnen, grundlegenden Punkten so berechtigt erscheint […]

31. III. 33 […] Jeder, den wir aus unseren christl. Kreisen sprechen, miss billigt die Zustände. Viele tragen eine Liebenswürdigkeit zur

---

838 Rosenbaum aaO. S. 7f. – Im Original: We felt to be Germans who happened to be Jews, idealistic, hoping for a better society, left of centre and no Zionists […] Although my friends were generally Jewish, I was on good terms with all the boys at school and the students I knew at university. Undoubtedly, some of them were Nazis, but somehow this did not affect much our personal relationship before Hitler came to power.
839 Rosenberg aaO. S. 61.

Schau, als wollten sie uns Beileid wünschen — und es gilt, seinen Stolz zu wahren.

[Zwei Tage später:] Wir empfangen Blumen und Briefe von unseren christlichen Freunden, die uns auf diese Weise ihre Gesinnung dartun wollen. Um jeden Gruß solcher Art sind wir dankbar, denn er erhält den Glauben an Menschen, wenn auch nicht an den Menschen schlechthin.

[6. April 1933:] Es bestätigt sich immer mehr, dass Hamburg eine Oase ist. [Dem Hinweis, anderswo sei die Lage schlimmer, bin ich bei meinen Forschungen öfters begegnet, insbesondere wenn von Frankfurt am Main, Berlin und München die Rede war. Dies gilt auch für die Einschätzung, ein Zeitgenosse X sei „zwar ein Nazi, aber gegen die Judenverfolgung". – Anm. K.L.]

17. April 1933 […] Ihre Lehrerschaft [die Rede ist von einer Bekannten] gehört z. T. der NSDAP an, weigert sich aber, den Antisemitismus mitzumachen. Ein SA-Mann gibt ihr Ratschläge und erklärt sich heimlich auch gegen den Antisemitismus.

[Vom selben Tag:] Ich habe mehr Anerkennung und „Beileid" gefunden, als ich je geglaubt hätte. Alte – arische — Männer haben vor mir geweint. Eine alte christliche Frau ist zu mir gekommen, um mir von ihren letzten Groschen Blumen zu bringen … Ich habe zu meinen Lebzeiten ein gutes Dutzend schöner Nekrologe gehört. Ich leide ebenso sehr als Deutscher wie als Jude.[840]   (K.L.)

Margarete **Rosenstock**, eine „Halbjüdin" im Sinne der Nürnberger Gesetze über die sonst keine weiteren Angaben vorliegen, schildert 1983 ihre Rettung:

Zunächst steckte mich Schwester Elisabeth wegen meines verdächtigen Nachnamens in Schwesternkleidung und ich war nun „Schwester Margarete". Bald merkte ich, dass ich nicht die einzige Verfolgte war, die in „Gottesschutz" Unterschlupf gefunden hatte. […] Als ich vorübergehend auch im Büro des Heimes arbeitete und u. a. auch die polizeilichen An- und Abmeldungen zu erledigen hatte, erschien eines Tages eine neue Mitarbeiterin, […], die uns als „Fräulein Friedel" vorgestellt wurde. Ihre polizeiliche Anmeldung zögerte Schwester Elisabeth, für mich auffallend, heraus. Als sie erfolgte, lag die üblicherweise erforderliche polizeiliche Abmeldung von

---

840 Rosenberg aaO. S. 101

dem bisherigen Wohnsitz nicht vor. Aber Schwester Elisabeth stand mit den Ortsbehörden so gut, dass ihr trotzdem die polizeiliche Anmeldung von „Fräulein Friedel" gelang.[841]

Was Schwester Elisabeth riskiert hat, als sie uns aufnahm und behütete, ist heute fast unvorstellbar. Wenn die Behörden davon erfahren hätten, wären wahrscheinlich nicht nur wir „Nichtarier", sondern vor allem auch sie selber in einem Konzentrationslager gelandet. Schwester Elisabeth war sich auch dieser Gefahr bewusst, nahm die Last klaglos auf sich und ging unbeirrbar und mutig diesen Weg [...][842]   (K.L.)

Paul **Rosenstein** wurde am 26. Juli 1875 in Graudenz/Westpreußen geboren. Studium der Medizin in Berlin und Königsberg. Kriegsteilnehmer des Ersten Weltkriegs, Träger des Eisernen Kreuzes I. Klasse. Bis zu seiner Vertreibung 1938 wirkte er als Urologe und Chirurg in Berlin, danach in New York und in Rio de Janeiro, wo er 1964 starb.

Eine frühere christliche Schwester meiner Klinik unterhielt in Grunewald eine als Altersheim ausgegebene Pension, in der sie 15 kranke jüdische Menschen versteckt hatte und ernährte. Wenn sie etwas Besonderes für ihre Leute brauchte, telefonierte sie mit einer Dame, die bei der Partei eine einflussreiche Rolle spielte. Diese erschien am nächsten Tag zuverlässig mit einem SS-Mann, um nach den Wünschen zu fragen. Beide wussten, dass es sich um versteckte Juden handelte.[843]   (K.L.)

Fritz **Rosenthal** siehe Schalom **Ben Chorin**, wie er sich ab 1931 nannte.

Hans **Rosenthal** wurde am 2. April 1925 in Berlin geboren und überlebte in der Reichshauptstadt als Untergetauchter. In der Nachkriegsära wirkte er dort als Quizmaster. In dieser Stadt starb er am 10. Februar 1987.

[Nach dem Pogrom von 1938:] In unserem Hause wohnten drei jüdische Familien. Der Mann, der unter uns wohnte, war Rabbiner. Aber in unserem Haus passierte nichts (...) Einen Tag später sah ich in der Immanuelkirch-

---

841 Röhm aaO. S. 54.
842 Röhm aaO. S. 55
843 Rosenstein aaO. S. 307.

straße einen jüdischen Elektrohändler mit verbundenem Kopf. Ich erfuhr, dass man ihn geschlagen hatte. So etwas war für mich bis zu diesem Zeitpunkt überhaupt nicht denkbar gewesen.[844]

„Hansi!" sagte meine Großmutter, „bei uns kannst Du nicht bleiben. Wenn Großvater nicht jüdisch wäre. Aber so […] die Gestapo kann heute oder morgen hier sein […] Du kennst doch Frau Jauch", sagte Großmutter, „Vielleicht nimmt sie dich in der Laube auf. Sie hat ein gutes Herz, ist fromm und hasst die Nazis. Und feige ist sie nicht."[845] [Dort fand er eine Bleibe, bis Frau Jauch starb. Nun war es unvermeidlich, dass mehr und mehr Personen in das Geheimnis eingeweiht wurden, auch ein fremder Soldat, dessen Mutter als Fürsprecherin auftrat.] Der Sohn war wie versteinert. Empört, betroffen, zornig. „Wenn das herauskommt, bin ich auch dran", sagte er, „da machen die kurzen Prozess. Nein. Sie können nicht hier bleiben. […] Bitte gehen Sie." Frau Schönbeck weinte. Auch ich kämpfte mit den Tränen. Der Sohn hatte ja recht! Aber die Mutter bat für mich bei ihrem Sohn. Und sie stimmte ihn um.[846]

Ein deutliches Indiz für Rosenthals Einschätzung der Deutschen ist, dass er nach seiner Befreiung nicht emigriert ist.   (K.L.)

Karl **Rosenthal,** 1886 geboren, wirkte als Rabbiner einer Berliner Reformgemeinde, bis er am 11. November 1938 verhaftet wurde. Am 16. Dezember 1938 aus dem KZ Sachsenhausen entlassen, 1939 gelang ihm die Emigration nach England, wo er 1952 in Oxford starb.

Einer der älteren Gefangenen, die uns nun zu beaufsichtigen hatten, musste ein Plakat bringen, das auf einer Stange befestigt war. Ein SS-Mann ordnete an, dass jeder von uns das Schild eine Zeit lang hochhalten und dann an den Nebenmann weitergeben musste. Auf dem Schild stand in dicker Lackschrift gemalt: WIR HABEN DEN MORD AN HERRN VOM RATH VERSCHULDET.[847]

---

844 Rosenthal, Hans aaO. S. 37.
845 Rosenthal, Hans aaO. S. 146.
846 Rosenthal, Hans aaO. S. 146.
847 Rosenthal, Karl aaO. S. 168.

Ein anschaulicher Beleg für die erschütternden Auswirkungen der Bejahung der Vorstellung von Kollektivschuld. – Wie wenig Anklang dieser Gedanke in der deutschen Bevölkerung fand, zeigt folgende Episode aus dem Jahr 1937, die der Autor Thomas Karlauf (geboren 1955) recherchiert hat: „Eine Versicherungsgesellschaft zeigte einen Reklamefilm, die Folgen eines Verkehrsunfalls. Nachdem das Unglück geschehen war, erschien in großer Schrift auf der Leinwand die Frage: Und wer ist schuld daran? Ein Spaßvogel schrie laut durch das Kino: ‚Die Juden.' Darauf erfolgte ein Gelächter, dass mehrere Minuten kein Wort zu verstehen war."[848]   (K.L., K.B.)

Adam Daniel **Rotfeld** wurde 1938 in der Nähe von Lemberg geboren. In einem ukrainisch-katholischen Studiten-Kloster überlebte er die Verfolgung, während die Eltern ermordet wurden. Nach Kriegsende studierte er Jura und Journalismus in Warschau und absolvierte eine diplomatische Ausbildung. Wissenschaftliche Tätigkeit im Bereich der Internationalen Beziehung und des Völkerrechts. Ab 2002 Arbeit im polnischen Außenministerium wurde er 2005 kurzzeitig Außenminister der Republik Polen.

Ein Mönch besuchte uns damals [1941]. Er wandte sich vor dem Abschied, schon im Türrahmen, an meinen Vater und fragte: „Herr Doktor, vielleicht geben Sie auch Ihren kleinen Sohn in unsere Obhut?" Damals war ich dreieinhalb Jahre alt. […] Das war das letzte Mal, dass ich meine Eltern gesehen habe.[849]

Der Metropolit […] hatte entschieden, dass alle ihm unterstehenden Klöster jüdische Kinder verstecken sollten. Dank dieser Aktion wurden fast 150 Jungen und Mädchen gerettet. 1942 schrieb dieser [Metropolit] einen Brief an den Reichsführer SS Heinrich Himmler mit der Bitte, doch mit dem Morden aufzuhören. Das war natürlich naiv. Zum Glück haben die Nazis das Kloster daraufhin nicht liquidiert.[850]

Ich wollte herausfinden, was mit dem deutschen Volk in der Nazi-Zeit geschehen war. Wie konnte es so weit kommen? […] Ich habe jahrzehntelang gesucht und bin nicht viel schlauer geworden. Inzwischen ist mir auch klar geworden warum: Es ist sehr wichtig, sich bewusst zu machen, dass jede Nation in der Lage ist, schlimmste Verbrechen zu begehen, aber auch größte Wohltaten zu vollbringen. Verbrechen hängen nicht von der Nationalität der Täter ab, sondern von dem politischen System, in dem sie began-

---

848 Rosenthal, Karl aaO. S. 22f.
849 Rotfeld aaO. S. 83.
850 Rotfeld aaO. S. 83 f.

gen werden. […] Es stimmt nicht, dass eine Nation das Monopol für Untaten hält und die andere das Monopol für das Gute.[851]   (K.L.)

Hans **Rothfels,** geboren am 12. April 1891 in Kassel, war bis in die NS-Ära hinein Ordinarius für Geschichte in Königsberg. Als Protestant jüdischer Herkunft musste er 1934 seinen Lehrstuhl und 1939 Deutschland verlassen. 1951 aus den USA zurückgekehrt, wurde er mit Aufgaben und Ehren überhäuft, die ihn auch in München tätig sein ließen, so als Vorsitzenden des Beirats des Instituts für Zeitgeschichte (IfS) und ab 1953 mit Theodor Eschenburg zusammen Herausgeber der *Vierteljahrshefte für Zeitgeschichte.* Rothfels war auch Mitglied der Historischen Kommission bei der Bayerischen Akademie der Wissenschaften:

Dass Anti-Semitismus zum Urbestand der nationalsozialistischen Bewegung gehörte[…], braucht nicht betont zu werden. Aber dass diese Gesinnungen und Handlungsweisen sich mehr oder weniger allgemeiner Zustimmung erfreuten oder bereitwillig hingenommen wurden, trifft keineswegs zu.[852]   (K.L.)

Joseph **Rovan** (zunächst Rosenthal) wurde am 25. Juli 1918 in München geboren. 1934 Emigration nach Frankreich. Seine Schwester Elise heiratete den Privatgelehrten Hermann Probst und wurde so die Stiefmutter von Christoph Probst, der mit den Geschwistern Scholl hingerichtet wurde. Mit gefälschter Identität überlebte Rovan die Verfolgung. Als Mitglied der Resistance kam er im Sommer 1944 ins KZ Dachau, wo er zum Katholizismus konvertierte. Als Journalist und angesehener Historiker wurde er später zum einflussreichen Förderer der deutsch-französischen Zusammenarbeit und zum Berater von Politikern, so von Helmut Kohl und Jaques Chirac. Er starb am 27. Juli 2004.

Wenn ich Zeuge unsinniger Äußerungen werde, in denen alle Deutschen mit den Nationalsozialisten gleichgesetzt werden oder in denen – umgekehrt – behauptet wird, dass es den kleinen Leuten in Deutschland unmöglich gewesen sei, das wahre Wesen des Nationalsozialismus zu erkennen, dann brauche ich nur an unsere alte Marie [das Dienstmädchen in Rovans Elternhaus] zu denken.[853]

---

851 Rotfeld aaO. S. 86.
852 Rothfels aaO. S. 69.
853 Rovan aaO. S. 63.

Auch wenn ich alle meine Erinnerungen vor meinem geistigen Auge vorbeiziehen lasse, muss ich ehrlich sagen, dass ich während dieses Jahres, dem ersten der Nazi-Herrschaft, nicht wirklich gelitten habe […]. In meiner Umgebung konnte ich jedenfalls nichts davon verspüren; während dieses Jahres meiner Jugendzeit war ich keineswegs unglücklich und erinnere mich nicht daran, es als Angehöriger einer verfolgten Minderheit erlebt zu haben. [854]

In einer Klasse mit 25 Schülern, von denen etwa ein Drittel Juden waren, hat dieses Ereignis [= Hitlers Ernennung zum Reichskanzler] die Atmosphäre unter den Schülern meiner Erinnerung nach nicht verändert. Ich erinnere mich nicht daran, dass ein „arischer" Schüler oder Lehrer jemals, nicht vor und erst recht nicht nach dem 30. Januar 1933, irgendeine beleidigende, abschätzige oder unfreundliche Äußerung einem jüdischen Schüler gegenüber gemacht hätte. Mir scheint sogar, als hätte man uns ganz besonders rücksichtsvoll behandelt, wie jemanden, der in seiner Familie einen Trauerfall zu beklagen hat.[855]

Ein Junge unter uns kam aus einer orthodoxen jüdischen Familie. Samstags durfte er seine Schultasche nicht selber tragen. So lange ich Schüler am Friedrichswerderschen Gymnasium [in Berlin] war, hat sich nie jemand über ihn lustig gemacht, und es fand sich immer irgendein „arischer" Mitschüler, der zu verhindern wusste, dass er am Freitag abends mit seinen Sachen in die Klasse zurückkommen musste.[856]

Ich habe 15 Monate lang unter dem Nationalsozialismus gelebt, ohne jemals wirklich in die Lage gekommen zu sein, unter diesem Regime zu leiden. […] Es ist mir stets leichtgefallen, mich in das Unvermeidliche zu fügen.[857]

(K.L.)

7. Sabatzky, Kurt – Veil, Simone

Kurt **Sabatzky** wurde 1892 in Köslin/Pommern geboren. Als Jurist wirkte er für jüdische Gemeinden. Nach der Pogromnacht wurde er im KZ Buchenwald inhaftiert. 1939 gelang die Emigration nach England, wo er 1955 starb. Der Text wurde 1953 verfasst.

---

854 Rovan aaO. S. 71.
855 Rovan aaO. S. 77.
856 Rovan aaO. S. 78.
857 Rovan aaO. S. 78.

Der Magdeburger jüdische Rechtsanwalt und Notar Spanier wurde eines Tages verhaftet und angeklagt, weil er sich sexuell an einem Büroangestellten vergangen haben sollte.

Die Magdeburger Staatsanwaltschaft und die Justizpressestelle unternahmen eine furchtbar gemeine antisemitische Hetzkampagne gegen den völlig unschuldigen Spanier. Etwa ein Jahr dauerte der Kampf, der bis ans Reichsgericht ging, von dem Spanier glatt freigesprochen wurde.[858]

Der Text zeigt zusammen mit ähnlichen Berichten dass die Juden insbesondere in den Anfangsjahren der NS-Zeit, noch nicht völlig vogelfrei waren.[859]   (K.L.)

Susi **Schachori** (geb. Stamm) wurde am 29. Dezember 1922 in Nürnberg geboren. Anlässlich eines Lehrerseminars berichtete Schachori von ihren Erlebnissen in Nürnberg während der NS-Ära, insbesondere während des Pogroms 1938 und gestattete den Mitschnitt:

Aber trotzdem: Es gab Menschen, und vielleicht viele Menschen, die ich nicht kannte, deren Namen ich nicht weiß, die irgendwie doch zum Ausdruck bringen wollten, dass es doch noch Menschen, doch noch andere menschliche Wesen in Deutschland gibt.

Zum Beispiel durften wir schon nicht mehr in gewissen Läden einkaufen. Wir mussten Fleisch einkaufen. Ich ging zu unserem Fleischer in der Lorenzer Gasse, und als ich den Laden betrat und einige Leute vor mir in der Reihe standen, rief mich der Metzger: „Du, komm mal her, Du sollst mir nie wieder hier reinkommen. Ich verkaufe nicht an Juden. Nimm mal das Paket hier mit und liefere es dort ab." Und schob mir ein Riesenpaket in die Tasche. Ich wollte bezahlen. Er nahm 10 Mark. Also, das war gar nichts, und ich hatte ein Riesenpaket Fleisch in der Tasche. Ich konnte ihm nicht danken. Er wollte damit beweisen, dass es trotzdem noch andere Menschen gibt.

---

858 Sabatzky aaO. S. 204.
859 Hetti Schiller (siehe Schiller aaO. S. 85 ff.) schildert ähnliche Fälle, die zeigen, dass nicht alle Richter das Recht gebeugt haben. Weitere Belege siehe Szanto aaO. S. 276. Weitere einschlägige Texte: Friedrich Weil aaO. S. 39 ff.

Oder: Frühmorgens, als wir aufwachten, stand die Milch, Brötchen, Butter, Schlagsahne, Eier vor der Türe. Wir konnten das nicht bezahlen. Wir wussten gar nicht, wer das hingestellt hat."[860]   (K.L.)

Klaus **Scheurenberg,** geboren am 20. September 1925 in Berlin, lebte dort bis 1942. Dann folgte die Einweisung in das KZ Theresienstadt. Nach der Befreiung kehrte er wieder nach Berlin zurück.

Der Turnlehrer ... hatte mich mächtig „auf dem Kieker". Ich sah mich vor. Aber ein Lehrer sitzt ja immer am längeren Hebel. Im Handball war ich sicher der beste Spieler. Dennoch stellte er uns beide, die Judenbengel, hinaus. Damit erntete er den Protest der anderen Jungen, der aber bald verhallte.[861]

Und immer gingen wir mit Freunden. Keiner wusste, ob der Freund Jude oder Christ war, nur von Nazis oder Kommunisten wurde geredet.[862]

Leute, wie mein Vater, dem ich glaubte und den ich sehr verehrte, vertrauten in den ersten Jahren des braunen Reiches immer noch auf ihr Eisernes Kreuz und darauf, dass die braunen Machthaber einen Unterschied zwischen Juden und Juden machen würden.[863]

Aber es gab auch bleibende Freundschaften. So wurde vielen Juden später geholfen von christlichen „arischen" Arbeitskollegen. Der Witz machte die Runde, in Deutschland gäbe es 60 Millionen gute Juden, denn jeder Deutsche kenne einen anständigen Juden. Unser Mitbewohner in der SA-Uniform wollte uns nicht kennen [ ] Später zog er aus. Als er meinem Vater die Wohnungsschlüssel gab, war er richtig menschlich. Er schien befreit zu sein.[864]

Es sind zwar überraschend viele deutsche Bürger bereit gewesen, Juden zu verstecken, aber im Ganzen gesehen, war es doch nur ein winziges Häuflein, und von ihnen waren viele auch nur für kurze Zeit bereit, ihr Leben zu riskieren.[865]

Die Geschwister antworteten Vater gar nicht. Käte und Konrad ... waren in diesen zwanzig Jahren jetzt hundertprozentige Amerikaner geworden.

---

860 Lauber aaO. S. 65.
861 Scheurenberg aaO. S. 7.
862 Scheurenberg aaO. S. 19.
863 Scheurenberg aaO. S. 24 f.
864 Scheurenberg aaO. S. 28.l
865 Scheurenberg aaO. S. 49.

[…] Dem Hilfsverein schrieben sie, dass es ihnen nicht möglich sei ein Affidavit zu stellen. Ich besitze die Benachrichtigung noch. Sie ist, für uns und für sie, ein Todesurteil.[866]

Die Gestapo verstand es ausgezeichnet, die schmutzige Arbeit von anderen verrichten zu lassen. Da auch Juden Menschen mit allen menschlichen Fehlern und Schwächen sind, fand die Gestapo unter ihnen auch einige minderwertige Subjekte. Allen voran der jüdische Lagerleiter Reschke […] Wer auf der Liste des Herrn Reschke stand, war verloren. […] Er hatte einen Stab von miesen Typen um sich versammelt, der ihm Hilfsdienste leistete. […] – Herr Reschke und seine Familie haben tatsächlich überlebt.[867]

Mannigfach sind die Gründe, warum verantwortliche deutsche Nazis manchmal weich oder nachgiebig waren, Juden halfen, sie beschützten. Natürlich wollten sich viele eine Rückendeckung schaffen, damit sie Hilfe hätten, wenn die Wende kam. Ob dieser Gestapomann das auch wollte? Jedenfalls warnte er „seine" Juden, von deren Existenz er wusste, als sie Anfang 1945 beinahe noch entdeckt worden wären.[868]

[Nach Kriegsende:] Die tschechischen Jungen machten uns und unsere Eltern für Hitler verantwortlich. Wir mussten ihnen klar machen, dass die Sprache das Einzige war, was wir mit Hitler gemeinsam hatten. Mussten ihnen beweisen, dass wir und unsere Eltern das Kommen Hitlers nicht hätten verhindern können. Genau wie ihre Eltern ja auch nicht den Einmarsch der Deutschen in ihr Land verhindern konnten.[869]   (K.L.)

Pesach **Schindler** wurde am 11. April 1931 in München geboren. 1940 gelang ihm noch die Emigration in die USA, wo die Familie sesshaft wurde. Seine Erinnerungen verfasste er 2004.

In unserem Familienbetrieb […] arbeitete ein Deutscher, der Mitglied der NSDAP war. Er war jetzt im Konflikt zwischen zwei Loyalitäten. Einerseits konnte er seine Familie ernähren, weil er für die Schindlers, die Juden, arbeitete. Andererseits war er der Nazi-Ideologie verpflichtet. Dieser Mann, der offensichtlich Einfluss in der örtlichen NSDAP hatte, stellte fest, dass der Name meines Vaters und der meiner Tante […] auf der Liste von jüdi-

---

866 Scheurenberg aaO. S. 68.
867 Scheurenberg aaO. S. 88.
868 Scheurenberg aaO. S. 98.
869 Scheurenberg aaO. S. 161.

schen Geschäftsleuten standen, die entweder nach Dachau oder nach Sachsenhausen geschickt werden sollten. […] Dieser „gute" Nazi teilte meinem Vater und meiner Tante diese entscheidende Information mit. In derselben Nacht beschlossen sie, aus Deutschland zu fliehen.[870]   (K.L.)

Betty **Scholem,** Mutter von Gerhard **Scholem,** wurde am 30. November 1866 geboren und lebte bis zu ihrer Auswanderung nach Australien 1939 in Berlin. Am 25. Mai 1946 starb sie in Sydney.

[Aus Berlin am 3. März 1924:] Onkel Georg sagte, seine christliche Praxis … sei fast völlig zusammengeschrumpft u. dies habe er einzig u. allein Werners Auftreten in der Öffentlichkeit zu verdanken!!! [Werner, ihr erster Sohn, war KPD-Abgeordneter.] Ich habe ja ein Hohngelächter losgelassen u. ihn gefragt, ob er noch nie etwas von Antisemitismus gehört! Nein, seine Klienten seien nicht anti, aber das dumme Gajes [Volk] wüsste nicht, ob der Kommunist Scholem sein Vater oder Sohn oder gar er selbst sei und da wollen sie auch mit ihm nichts mehr zu tun haben. Unser Vater … fand das durchaus einleuchtend.[871]

[Anfrage aus Jerusalem vom 18. September 1930:] Hier steht in allen Zeitungen, die deutschen Juden bibberten nur so vor Angst vor dem Kommenden […] Stimmt das nun? [Betty Scholem beruhigte umgehend ihren Sohn Gershom:] Dass „die Juden mit Sack u. Pack in die Schweiz flüchten", ist natürlich eine fette Zeitungsente, es ist bestimmt noch *nicht ein einziger Jude* ausgerückt, warum denn auch? Nicht eine einzige Ausschreitung ist vorgekommen … Wenn nur die Zeitungen mal ihre Lügen unterließen! […] Habt Ihr vielleicht gelesen, dass Herr Kareski, Vorsteher der Berliner Jüdischen Gemeinde, auf der Zentrumsliste für den Reichstag aufgestellt wurde?[872]

[20. Februar 1933:] Hitler hält andauernd Schmusepauken im Radio, ohne etwas Positives zu sagen. Aber sehr positiv sind die Verbote der Zeitungen, die nur so prasseln, u. die massenhaften Entlassungen der republikanischen Beamten … Zunächst ist ja für Juden nichts zu fürchten.[873]

---

870 Heusler u. a. aaO. S. 204.
871 Scholem, Betty aaO. S. 108 f.
872 Scholem, Betty aaO. S. 220 f.
873 Scholem, Betty aaO. S. 276 f.

[27. März 1933:] Hier in Berlin herrscht Ruhe, man kann das nicht bestreiten. Es ist noch kein Geschäft geplündert worden. Niemand von uns und von allen, die wir sprechen, war Zeuge, dass man auf der Straße oder in den Verkehrsmitteln Juden belästigt oder angepöbelt hätte [...] Die maßvolle Rede Hitlers in Potsdam [am 21. März/„Tag von Potsdam"] habt Ihr doch wohl gelesen. Ich saß von 10 bis 2 Uhr am Radio [...][874]

[Am 2. April ergänzt sie den eben zitierten Brief:] Der gestrige Boykott-Tag, dessen Bedeutung Ihr ohne Zweifel aus deutschen Zeitungen erfahren habt, ist absolut ruhig und ohne jeden Zwischenfall verlaufen. Viele Geschäfte machten erst gar nicht auf, die übrigen schlossen sich bald. Es herrschte in der Tat eine ungeheure Disziplin, denn niemand wurde belästigt [...] Der Babba in Frankfurt befand sich in einer Textilversammlung, aus deren Mitte 40 Mitglieder in Haft genommen wurden. Der Babba wurde am nächsten Tag entlassen und es ist keinem das Geringste geschehen. Die „Gräuelmärchen" sind wirklich Märchen, an Leib und Leben wird niemand geschädigt.[875]

[5. Oktober 1935:] Gegen das Verbot der Mischehe [„Blutschutzgesetz"] kann ja kein Jude etwas haben, höchstens allerdings die Hänse, denn Hilde hat einen christlichen Freund, ein junger Ingenieur des Braufachs, der sie jetzt in keinem Fall heiraten darf, gleich kommt er ins Zuchthaus! Bei der Einstellung von Hansens war der gojische Schwiegersohn zu erwarten – und was haben sie jetzt! Ich sehe jetzt erst, u. mit wirklichem Schrecken, wie ungeheuer viele Mischehen es gibt.[876]

[1. August 1933:] Aber Werner [Sohn] u. Emmy [dessen Frau] sind außer sich über die „Feigheit" ihrer Freunde, sie sitzen wahrlich in jeder Weise hinter Mauern u. begreifen nicht, dass jetzt die Nazis genau das machen, was die Kommunisten getan hätten, wären sie ans Ruder gekommen.[877]

Die November-Aktion [1938] war bis ins Kleinste organisiert wie eine Mobilmachung. Es wurde nur eine Gelegenheit abgewartet u. ohne die Pariser Affäre hätte man diese Gelegenheit geschaffen. Jeder Hitlerjunge und S.A. hatte seinen Platz, alle Zerstörungsgeräte waren vorbereitet um die

---

874 Scholem, Betty aaO. S. 287.
875 Scholem, Betty aaO. S. 288 f.
876 Scholem, Betty aaO. S. 402.
877 Scholem, Betty aaO. 322.

„kochende Volksseele" zu markieren! Das „Volk" wusste ebenso wenig wie die Juden u. stand sprachlos daneben.[878]   (K.L.)

Gerhard (Gershom) **Scholem** wurde am 5. Dezember 1897 in Berlin als Sohn von Betty **Scholem** geboren. Er studierte u. a. Judaistik und wanderte schon 1923 nach Jerusalem aus. Dort starb er am 21. Februar 1982.

[Anfang der 1920er Jahre:] Aber es war doch erschreckend, die Blindheit der Juden, die von alledem nichts wissen und nichts sehen wollten, wahrzunehmen. Sie hielten das alles für eine vorübergehende Erscheinung. Das belastete meine Beziehungen zu Münchener Juden sehr, da sie außerordentlich kriggelig und böse wurden, wenn man die Rede darauf brachte.[879]

Hier ist gerade große Aufregung wegen eines diesmal nicht von Arabern, sondern leider von Juden extrem revisionistischer Richtung selbst verübten sehr bösen politischen Mordes am politischen Haupt der zionistischen Exekutive in Palästina, einem Jugendfreund von mir aus meiner Berliner zionistischen Tätigkeit 1916/1917.[880] [Gemeint ist offenbar die Ermordung des Anwalts und Journalisten Jacob Israël de Haan am 3. Juni 1924 in Jerusalem durch die *Hagana*. De Haan hatte die Ansicht vertreten, dass der Kampf zwischen Juden und Arabern beendet werden müsse und ihre Interessenunterschiede nicht gewaltsam gelöst werden dürften.].   (K.L.)

Emil **Schorsch** wurde 1899 Hüngheim (Baden) geboren. Ab 1927 wirkte er als Rabbiner in Hannover. Nach dem Pogrom 1938 emigrierte er über England in die USA, wo er 1982 starb.

Wenn ich am Sabbat oder zur Bar Mizwa eine ostjüdische Familie besuchte, habe ich mich immer gewundert, wie viele der christlichen Nachbarn anwesend waren. Offensichtlich bestand äußerlich ein großer Unterschied zwischen den christlichen Deutschen […] und den ostjüdischen Familien, die oft einen jüdischen Tonfall hatten. Aber dieser Unterschied hatte keinen Einfluss auf das Verständnis dieser beiden Gruppen. Die ostjüdischen Fa-

---

878 Scholem, Betty aaO. S. 531.
879 Scholem: *Berlin*, aaO. S. 153.
880 Scholem, Betty aaO. S. 311.

milien lebten in den ärmsten Stadtteilen, und es war besonders die einfache christliche Bevölkerung, die sich mit ihren jüdischen Nachbarn verstand.[881]

(K.L.)

Heinz Jakob (Coco) **Schumann**, 1924 in Berlin geboren, hat mit 13 Jahren Swing und Jazz für sich entdeckt. Er spielte in Berlin Unterhaltungsmusik. 1943 wurde er nach Theresienstadt deportiert, wo er Mitglied der Ghetto-Swingers wurde. Auch nach seiner Verlegung nach Auschwitz konnte er dank der Musik überleben. Im Januar 1945 wurde er in ein Nebenlager das KZ Dachau verlegt. Er überlebte und blieb nach dem Krieg Unterbrechungen Berlin treu, wo er am 23. Februar 2017 starb.

Die Machtergreifung der Nationalsozialisten im Januar 1933 erlebte ich als Fackelzug über den Kottbusser Damm. Ich kannte die braunen Uniformen schon, aber als Siebenjähriger stellte ich mir über die Dinge, die Alltag, die „normal" waren, keine Fragen. Dieser Zug hingegen veränderte etwas. Er stellte nichts Bedrohliches dar; aber der Aufmarsch der Uniformen und die Wucht der Bilder, die sich hier boten, faszinierten mich. Die dumpfe Prächtigkeit dieser Inszenierung schlug mein kindliches Gemüt in den Bann, nicht anders als bei fast allen anderen Deutschen. Die dort marschierten, waren diejenigen, die aus den schlechten Zeiten bessere machen wollten, wie sie sagten.[882]

Meinerseits hatte ich keine Gegnerschaft zu dem neuen Regime; im Gegenteil, ich wollte mitmachen bei dem, was sich da tat – was es auch war […] Wenig ließ mich spüren, dass im September 1935 mit den Nürnberger Gesetzen die staatliche Judenverfolgung offiziell begann.[883]

Im Oktober […] wurde mein Vater zum wiederholten Male vor eine Entscheidung gestellt, die zu fällen ihm nicht schwer fiel und deretwegen ich mir immer wieder sagte: Mein Vater war ein Held. Nicht aufgrund stolzer Taten für sein deutsches Vaterland, sondern wegen einer klaren Antwort auf eine klare Frage. Die Nationalsozialisten hatten ihm schon einmal angeraten, seinen „Fehler" zu korrigieren, sich von seiner Frau scheiden zu lassen und seine „arische" Haut zu retten. Aber auch jetzt, als ihn der Gesetzeserlass zu einer definitiven Antwort aufforderte, zögerte dieser mutige Mann

---

881 Schorsch aaO. S. 417.
882 Schumann aaO. S. 22 f.
883 Schumann aaO. S. 23 f.

keinen Augenblick keine Sekunde zu sagen: Ich lasse meine Familie nicht im Stich.[884]

Wenn ein HJ-Grüppchen vorbeikam und meinte, mich anpöbeln zu können, stellte ich mich, sofern deren Anzahl überschaubar war, mit dem Rücken gegen eine Wand und verdrosch sie so, dass sie ins Überlegen kamen.[885]

Eine ehemalige Kundin meiner Mutter, die Frau eines Fleischers, hatte den Grund erfahren, warum meine Mutter ihren Salon hatte aufgeben müssen. Sofort kam sie zu uns ins Haus, um sich die Haare machen zu lassen, gegen Fleisch aus ihrer Metzgerei, für das meine Eltern keine Lebensmittelmarken mehr bekamen. Diese Frau und andere Mitmenschen sind bis heute der Grund dafür, dass ich „die Deutschen" nie kollektiv dafür beschuldige, was geschah.[886]

[Im September 1944, aus Theresienstadt nach Auschwitz deportiert:] Eher intuitiv und unter dem Schock der letzten Tage spürte ich, dass ich mir keine Sentimentalitäten mehr leisten konnte. Hier herrschte einzig und allein das Prinzip: „Jeder ist sich selbst der nächste. Das bedeutete in dieser Situation auch, ein klein wenig Teil der regierenden Unmenschlichkeit zu werden. Wenn ich mich in diesem Konzentrationslager nicht aufgeben wollte, musste ich mich auf die Bewahrung des eigenen Lebens konzentrieren; das ging nur auf Kosten von Menschlichkeit und Gefühl. So kam es, dass Otto Sattler und ich bereits an unserem ersten Abend in Auschwitz wieder musizierten [...].[887]

Der Mensch ist eine merkwürdige Erfindung. Unberechenbar und gnadenlos. Die Bilder, die ich in jenen Tagen sah, waren nicht auszuhalten, und doch hielten wir sie aus. Wir spielten Musik dazu, ums nackte Überleben. [...] Abends waren wir dem Lagerältesten mit seinen Kollegen und der SS zu Diensten, bei kleinen Gelagen mit Speisen, Wodka, deutschen Möwe-Zigaretten und Gesang.[888]

[Ende April 1945, auf dem Todesmarsch:] Wir erlebten alles nur in einer Art Trance oder Apathie. Wohl weiß ich, dass ich das Ortsschild von Pasing sah, dass die Passantinnen auf den Straßen weinten, als wir vorbeizogen, und uns Wasser geben wollten. Unsere SS-Bewacher schlugen sie mit ihren

---

884 Schumann aaO. S. 24.
885 Schumann aaO. S, 32.
886 Schumann aaO. S, 55.
887 Schumann aaO. S, 83.
888 Schumann aaO. S, 86.

Gewehrkolben beiseite. […] Am Abend des 30. April 1945 trafen wir in
Wolfratshausen ein […] Aus dem zweiten Panzer, der sich näherte und
bremste, stieg ein amerikanischer Geistlicher.[889]

Einen dieser Todesmärsche habe ich in Unterbrunn/Gauting noch selbst gesehen, ohne
das Geschehen zu begreifen und ohne irgendwie helfen zu können.   (K.L.)

Carl (Karl) E. **Schwabe** wurde 1891 in Hanau geboren. Dort betrieb er bis 1938 ein
Kaufhaus. Nach dem Pogrom und vier Wochen im KZ Buchenwald gelang ihm über
England die Auswanderung in die USA. 1967 starb er in Philadelphia.

[Jahreswende 1932/33:] Es wurde immer unruhiger in der Stadt [Hanau]
und im Reich: Die anwachsende antisemitische Partei machte eine wütende
Propaganda. Wir nahmen das nicht so ernst, wir fürchteten vielmehr die
kommunistische Gefahr und spürten in unserer Stadt deutlicher und deutlicher die Verelendung und die Erbitterung der Massen.[890]
    Der Boykott sollte so lange dauern, bis der Zweck, die Auslandshetze
abzustoppen, erreicht sei. Der Beginn war auf zehn Uhr morgens angesetzt. Wir waren im Geschäftslokal und warteten. In den vorangegangenen
Tagen hatten wir einen stärkeren Kundenzulauf als seit Jahren. Alle sagten
uns, wie wenig sie mit der Aktion einverstanden seien und wie sehr sie mit
uns fühlten … Der Boykott dauerte einen Tag … Die Straße war gefüllt
mit Menschen. Junge Burschen johlend, ältere Leute neugierig, viele ent-
rüstet.[891]
    [Pogrom 1938:] Kopf an Kopf standen die Leute und ließen uns an sich
vorüberziehen. Kaum einer machte Bemerkungen, wenige lachten, vielen
konnte man Mitleid und Entrüstung vom Gesicht ablesen. Wir stiegen in
einen von Frankfurt kommenden Zug ein […] Der Polizist war nicht unfreundlich, besorgte uns Wasser zum Trinken, aber äußerte kein Wort.[892]

                                                                        (K.L.)

---

889 Schumann aaO. S, 94 f.
890 Schwabe, Carl aaO. S. 157.
891 Schwabe, Carl aaO. S. 161.
892 Schwabe, Karl aaO. S. 139 f.

Alice **Schwarz-Gardos** wurde am 31. August 1916 in Wien geboren. Sie lebte bis zu ihrem „illegalen Transport" von Prag nach Palästina im September 1939 überwiegend in Pressburg. In Israel arbeitete sie als Journalistin. Sie starb am 14. August 2007 in Tel Aviv.

Ich lieh mir bei ihnen [katholischen Mitschülerinnen] ihren Katechismus aus und las dort einiges Erstaunliche und Erschreckende über die angeblich bösen Juden, aber ein anklagendes oder gehässiges Wort erinnere ich mich nicht in dieser Schule je gehört zu haben.[893]

Aber immer bot die Wärme der Familie, auch die faire und humanitäre Haltung unserer Schule genügend Schutz und Sicherheit. Erst in den obersten Klassen begannen sich die nichtjüdischen Schüler – und auch nicht alle – von uns jüdischen Klassenkameraden ein wenig zurückzuziehen. In krampfhafter „Objektivität" versuchten wir sie „zu verstehen".[894]

Vor der Auswanderungszentrale stand, soviel ich mich erinnere, ein vereinzelter deutsche Soldat, um die „Ruhe und Ordnung" zu wahren […] Er war für uns ein Symbol jener Macht, die uns verachtete, hasste und an den Kragen wollte. […] Ich sah, wie er einem alten Juden, der wohl nicht stramm genug stand und nicht zackig genug seinen Spruch heraussagte, eine knallende Ohrfeige versetzte. Es war dies das einzige Mal, dass ich mit Nazi-Brutalität in direkten Kontakt kam. Vielleicht habe ich es gerade deswegen in all den seither vergangenen Jahrzehnten nicht vergessen.[895]

[Beim Verlassen des deutschen Machtbereiches:] Ein deutscher Beamter steckte mir einen Zettel mit seinem Namen und seiner Adresse zu, mit der Bemerkung, das sei „für alle Fälle", damit ich eventuell einmal bestätigen könne, er persönlich habe sich anständig zu mir benommen. Es gab also damals, inmitten der allgemeinen Euphorie der meisten Deutschen, bereits solche „Defaitisten", die nicht an den Endsieg glaubten…[896]

Sicher ist zumindest, dass sich dieser Beamte korrekt verhalten hat. Wenngleich die Rückversicherung nicht den Tugendkanon anführt, sie ist nicht negativ zu werten und mit einer Strafandrohung und ihrer abschreckenden Wirkung zu vergleichen.   (K.L.)

---

893 Schwarz-Gardos aaO. S. 25.
894 Schwarz-Gardos aaO. S. 73.
895 Schwarz-Gardos aaO. S. 103 f.
896 Schwarz-Gardos aaO. S. 109.

Leopold **Schwarzschild,** geboren am 8. Dezember 1891 in Frankfurt am Main, wirkte als Journalist zunächst in Deutschland, ab 1933 in Frankreich und in den USA. 1949 kehrte er nach Deutschland zurück, wo er bereits am 2. Oktober 1950 starb. Die folgende Einschätzung ist wahrscheinlich vom 24. Dezember 1938[897]:

Aber da ist noch, viel weniger sensationell und trotzdem in viel tiefere Schichten führend, die Nicht-Identität von deutschem Volk und Nazi-Regierung. […] Dass ein gewaltiger Unterschied zwischen den Nazis und der großen Mehrheit des deutschen Volkes besteht, das, sicher, steht außer Diskussion. Wäre es anders, so wäre die Zukunft nicht nur für Deutschland selbst, sondern zumindest für den europäischen Erdteil verzweifelt… Glücklicherweise ist der Unterschied eklatant; er wird es immer mehr; und niemand in Deutschland selbst bezweifelt, dass eine freie Abstimmung, die heute für oder gegen das Hitlerregime stattfände, eine überwältigende Gegen-Mehrheit ergäbe; manche, gerade in letzter Zeit, taxieren bis zu 90 Prozent Gegen-Mehrheit. Mag diese Ziffer überschätzt sein oder nicht, die Tatsache, dass der größere Teil der Deutschen sich mit den ausschlaggebenden Zügen des gegenwärtigen Regimes nicht identifiziert, ist die Wahrheit. Aus dieser Wahrheit resultiert der einzige Silberstreif, den es am Horizont […] gibt. Diese Wahrheit ist berufen, eines Tages, so oder so, eine wichtige Rolle im Weltgeschehen zu spielen.[898]

Bei diesem Urteil über die Deutschen dürfte Schwarzschild vor allem deren Reaktion auf den Novemberpogrom vor Augen gehabt haben. Schwarzschild irrte insofern, als seine „Wahrheit" keine Rolle in der Weltgeschichte spielt. Man nimmt sie kaum wahr.

(K.L.)

Otto **Schwerdt** wurde 1923 in Braunschweig geboren, floh 1936 nach Polen, kam 1943 ins KZ Auschwitz. Mit seinem Vater überlebte er den Holocaust, während Mutter, Schwester und Bruder dort umkamen. Seit 1954 lebte er in Regensburg.

Dann ordneten sie an, dass in den Ghettos Judenräte gebildet werden müssten. […] Im Ghetto Dombrowa war Herr Bornstein Judenältester. Die Mitglieder des Judenrates und die Judenältesten waren Befehlsempfänger der

---

897 *Der Spiegel* (14.2.1966): Illusion eines Emigranten, nennt als Datum „Ende Dezember 1938". Eine andere, verlegte Quelle datiert den zitierten Artikel genau auf den 24.12.1938.
898 Schwarzschild aaO. S. 1235

SS. Mit der SS verhandeln oder brutale Aktionen verhindern konnte ein Judenältester nicht. Die SS befahl ihm, wie viele Menschen fürs Zwangsarbeitslager bereitgestellt werden sollten, wo die letzten Habseligkeiten abzugeben wären, oder wer wieviel und welche Lebensmittel bekommen sollte und viele Anordnungen mehr. Zusätzlich setzte die SS-Verwaltung im Ghetto eine, wie sie sie zynisch nannte, „Jüdische Polizei" ein. Dazu musste der Judenälteste Personen bestimmen. Die SS stattete sie dann mit Knüppeln aus. […] Es ist schwer zu verstehen, wie es kommen konnte, dass sich Juden missbrauchen ließen, um Juden Gewalt anzutun.[899]

Ich bin schrecklich durcheinander und aufgewühlt. Immer wieder suche ich nach einer Erklärung für das grausame Treiben der Deutschen. Warum tun sie das mit uns? Und vor allem, warum nehmen wir dieses Unrecht widerstandslos hin? Ich bin jung und muss mich wehren! Meine Eltern vermeiden dieses Thema. Sie können ihre Aufgabe als beschützende Eltern nicht mehr wahrnehmen. […] Manchmal fühle ich, wie sie sich vor uns Kindern schämen. […] Doch letztlich habe auch ich nicht den Mut, mich zu wehren. Das macht mich noch wütender.[900]

Eines Tages tauchte ein Mann auf. Er war Jude. Er behauptete, aus dem Vernichtungslager Treblinka geflüchtet zu sein. Von ihm hörten wir zum ersten Mal, dass die Nazis Juden und andere, die ihnen nicht passten, vergasten. Ich konnte das nicht glauben.[901]

Sie führten uns zur Rampe und luden uns in Güterwaggons. Etwa 500 bis 600 Häftlinge hatten das Glück, für den Transport ausgewählt worden zu sein. Der Zug fuhr durch das Tor und ließ Auschwitz-Birkenau hinter sich. Wir haben es geschafft, diese Hölle lebend zu verlassen.[902]

Dann wurde ich wieder nachdenklich und die Freude verschwand. Schuldgefühle traten an ihre Stelle. Warum kann ich mich über das Entkommen aus Auschwitz so freuen, wenn ich an die Grausamkeiten denke, die ich dort sah […][903]

[Juni 1944:] Während der Nachtschicht nahmen deutsche Arbeiter jetzt häufiger Kontakt mit mir auf. Sie gaben mir ein Stück Brot oder eine kleine Flasche Bier. Einer steckte mir ab und zu einige Seiten einer deutschen Zei-

---

899 Schwerdt u. a. aaO. S. 29 f.
900 Schwerdt u. a. aaO. S. 30 f.
901 Schwerdt u. a. aaO. S. 40.
902 Schwerdt u. a. aaO. S. 64.
903 Schwerdt u. a. aaO. S. 64.

tung zu. Ich schmuggelte sie ins Lager und gab sie meinem Vater. In diesen Zeitungsberichten war von planmäßigem Rückzug zu lesen.[904]

Fünf Ärzte arbeiteten im Revier. Sie waren Häftlinge. Unter ihnen hatte Dr. Zabranny, ein polnischer Jude, das Sagen […] Dr. Zabranny war ein kaltherziger, mitleidloser Arzt. Die Kranken waren ihm gleichgültig. Wenn sie vor Schmerzen stöhnten und schrien, schlug er sie ins Gesicht. Er war voller Hass und Brutalität. Dr. Scholtys und Dr. Hegedisch dagegen waren um die Menschen besorgt, gaben ihnen Mut und wollten ihnen mit ihrer ganzen Kraft helfen.[905]

Ich sehe Langner, den [SS-]Oberscharführer, der mir damals bei Krupp das Buch gab. Auch er erkennt mich und kommt zu mir rüber. Ich flehe ihn an, uns und vor allem meinem Vater zu helfen. Ich habe noch nicht zu Ende gesprochen, als Langner einhakt: „Wenn es gar nicht mehr geht, werde ich deinen Vater auf den Transporter am Kopf des Zuges setzen. Ihm wird nichts geschehen."[906]

(K.L.)

Margot **Schmidt** wurde 1924 als Tochter eines jüdischen Kaufmanns und einer christlichen Mutter in Berlin geboren. Nachdem es gelungen war, diesen Umstand zu kaschieren, konnte sie die NS-Ära in Freiburg im Breisgau weitgehend unbeschadet überstehen. Sie starb in Ingolstadt.

[Schulzeit bis Frühjahr 1939:] So habe ich in meiner Umgebung nie Antisemitismus kennengelernt.[907]

Der Rassekundenunterricht als Teil des Biologie- und des Geschichtsunterrichts wurde in unserer öffentlichen staatlichen katholischen Volksschule nie dazu benutzt, um die Juden als mindere Rasse zu diffamieren. Das habe ich erst später auf der Abendschule bei meiner Vorbereitung auf das Abitur 1942–1944 in den entsprechenden Fächern kennengelernt.[908]

Wir mussten mit der Straßenbahn fahren und hierbei einmal umsteigen. Dies war wegen der großen Behinderung für meinen Vater sehr beschwerlich. Er konnte nur langsam und mühsam mit Unterstützung von beiden Seiten ein- und aussteigen, das heißt, die anderen Fahrgäste mussten so-

---

904 Schwerdt u. a. aaO. S. 84
905 Schwerdt u. a. aaO. S. 85.
906 Schwerdt u. a. aaO. S. 89.
907 Schmidt aaO. S. 16.
908 Schmidt aaO. S. 33.

wohl beim Ein- als auch beim Aussteigen warten und zusehen, was da vor sich ging, einschließlich des Straßenbahnschaffners. Mein Vater trug am Mantel den gelben Stern, so dass alle verstanden, wer er war. Die Menschen machten sehr betretene und beschämte Gesichter, es herrschte tiefstes Schweigen. Rechts und links wurde mein Vater von seiner Frau und mir gestützt, um die Stufen nehmen zu können. Die von Herrn Bubis und anderen so häufig zitierte Judenhetze von damals hat doch ein sehr viel differenzierteres Gesicht. Kein Einziger hat ein verunglimpfendes Wort gesagt, die wartenden Menschen bildeten ganz betreten schweigend ein Spalier.[909]

[Einschätzung einer Kollegin vom Oktober 1945, als der jüdische Vater kein Geheimnis mehr war:] „Mein Gott, was haben Sie gemacht, Sie haben ja die ganze Schule gefährdet, und nicht allein diese, sondern den ganzen Deutschen Caritasverband!"[910]   (K.L.)

Hans-Joachim **Schoeps** wurde am 30. Januar 1909 in Berlin geboren und konnte 1938 nach Schweden emigrieren, von wo er schon 1946 wieder zurückkehrte. Er wirkte in Erlangen als Inhaber des Lehrstuhls für Religions- und Geistesgeschichte und starb am 8. Juli 1980. Die folgenden Zitate sind aus einem Buch von 1970.

Nicht das Judentum hat einen zersetzenden und auflösenden Geist, sondern entwurzelte und vom Judentum losgelöste Menschen können ihn haben. Die Werke der Zerstörung, für die die Gesamtheit heute die Strafe trifft, sind nicht Folgen des Judentums, sondern Folgen der Loslösung vom Judentum. Dass freilich diese Fehlfixierung möglich wurde, daran tragen wir [gemeint sind die deutschen Juden – K.L.] allerdings wohl mit die Schuld.[911]

Im Jahr 1932 schrieb ich folgende Sätze in einer heute vergriffenen Schrift „Das neue Gesicht der Politik" nieder: „Zur völkischen Erneuerungsbewegung des Nationalsozialismus wird vom echten Judentum aus wenig zu bemerken sein, da diese wesensmäßig ohne die Juden passieren muss. Man darf jüdischerseits aber Hitler und seine Bewegung nicht ressentimental, sondern muss sie politisch sehen und einsehen, dass es für die Proletarier nicht gleichgültig ist, ob sie die Internationale oder „Deutschland über alles" singen. […]. Warum und wodurch ist das aber möglich ge-

---

909 Schmidt aaO. S. 103.
910 Schmidt aaO. S. 127 f.
911 Schoeps, Hans-Joachim: *Bereit für Deutschland. Der Patriotismus der deutschen Juden und der Nationalsozialismus,* Berlin 1970, S. 196.

worden? Stellt man aber einmal so die Frage, dann wird aus dem Unrecht des Antisemitismus ein Verschulden der Juden. Denn nur deshalb richtet sich der Hass so sehr gegen die Juden, weil das deutsche Judentum sich in so exponierter Weise mit den linken Geistesmächten … verbunden hat …"[912] Ich glaube, heute noch [1970] zu diesen Sätzen stehen zu sollen, weil sie schlechterdings richtig sind.[913]

Als dann in den ersten Wochen der Nichtariergesetzgebung [im Jahre 1933] der *Völkische Beobachter* die Regierungsmaßnahmen mit täglichen Zitaten aus Werken von Eisner, Toller, Tucholsky, Gumbel usw. zu kommentieren unternahm, um den zersetzenden jüdischen Einfluss – freilich in grotesker Übertreibung unseres Schuldanteils – unter Beweis zu stellen, konnten alle deutschgesinnten Juden nichts anderes tun als erröten, abseits gehen und schweigen.[914]

Diese Schilderung aus dem Jahr 1970 überrascht, sind die zugrundeliegenden Vorgänge von 1933 doch so gut wie gänzlich in Vergessenheit geraten. Dass die von Schoeps genannten jüdischen Autoren reichlich Angriffsflächen boten und von Antisemiten irreführend zitiert werden konnten, ist bei näherer Betrachtung kaum bestreitbar.   (K.L.)

Alfred **Schwerin** wurde 1892 in Buchen (Baden) geboren. Während des Pogroms 1938 kam er für fünf Wochen ins KZ Dachau. „Im März 1940 wird er von einem Gestapobeamten illegal über die Grenze in die Schweiz abgeschoben."[915] 1948 emigrierte er in die USA, wo er 1977 starb.

Dass unter solchen Umständen der Kontakt mit der christlichen Bevölkerung immer mehr zurückging, insbesondere auch die Beziehungen zu den bisher befreundeten Familien aufhörten, versteht sich von selbst. Die Bespitzelung und Bedrohung der Judenfreunde nahm immer größeren Umfang an. Schließlich lösten wir das Verhältnis zu den Treuesten freiwillig, um ihnen jede Unannehmlichkeit zu ersparen.[916]

Bei den Lebensmittelämtern wurden die Rationierungskarten für Juden an separaten Schaltern ausgegeben. Die Karten trugen den roten Aufdruck

---

912 Schoeps aaO. S. 196 f.
913 Schoeps aaO. S. 197.
914 Schoeps aaO. S. 201.
915 Schwerin aaO. S. 346.
916 Schwerin aaO. S. 352.

‚Jude', um den Geschäftsmann von vornherein über die Rassezugehörigkeit des Einkäufers aufzuklären. Alle Coupons für Sonderzuteilungen sowie diejenigen für Hülsenfrüchte waren entwertet. Als Einkaufsstunde für Juden hatte man die Zeit von zwei Uhr bis halb vier nachmittags festgelegt. Arier sollten zu dieser Zeit den Geschäften möglichst fernbleiben, um nicht mit den Juden in Berührung zu kommen. Oft waren begehrte Artikel schon am frühen Morgen ausverkauft, so dass die jüdische Hausfrau am Nachmittag ohne die gewünschte Ware wieder nach Hause gehen musste. Doch es gab überall anständige Geschäftsleute, die ihre langjährige jüdische Kundschaft nicht im Stiche ließen und für sie oft noch mehr als das ihnen zustehende Quantum reservierten. Auch ich erhielt von einer in einer Mannheimer Metzgerei angestellten Pirmasenserin jeweils fast die doppelte Fleisch- und Wurstration.[917]   (K.L.)

Jizchak **Schwersenz** wurde am 30. Mai 1915 in Berlin geboren. Bereits als Neunjähriger war er in der jüdischen Jugendarbeit aktiv. Als er im August 1942 deportiert werden sollte, floh er in den Untergrund und gelangte so 1944 in die Schweiz. Später wanderte er nach Israel aus, von wo er 1989 nach Deutschland zurückkehrte. Er starb am 1. Juni 2005.

Damals, in der Nassauischen Straße 20 in Wilmersdorf, fühlte ich mich als jüdisches Kind in keiner Weise angefochten. Meine Spielkameraden fand ich in christlichen Nachbarsfamilien […]. In Charlottenburg kam ich zur Schule […]. Ich ahnte zum ersten Mal, was jüdische Galut (Exil) bedeutet. Es verging kaum ein Tag, an dem wir nicht von den Mitschülern behelligt wurden […] Die redlichen Erklärungen unseres Klassenlehrers […], dass „alle Menschen gleich und Juden ja auch Menschen" seien, hatten wenig Erfolg.[918]

Wie die meisten Familien des jüdischen Mittelstandes lehnten auch meine Eltern die russischen und polnischen Juden ab, die seit der Jahrhundertwende in großer Zahl als Flüchtlinge oder Arbeiter nach Deutschland gekommen waren und sich vor allem in Berlin niederließen […] Den wohlhabenden deutschen Juden galten sie als „unkultiviert". Meine Eltern vermieden jede persönliche Beziehung zu diesen Menschen, denn aus ihrer

---

917 Schwerin aaO. S. 354.
918 Schwersenz aaO. S. 14.

Sicht waren sie es, die den Antisemitismus „nach Deutschland gebracht"
hatten. [...] In der Schule aber waren wir beide, ost- und westjüdisches
Kind, einander gleich, denn wir waren demselben Spott, denselben Ge-
meinheiten ausgesetzt.[919]

Die Konflikte reichten bis in die Familien. Während die Mutter mein
Engagement inzwischen wohlwollend unterstützte, sahen der Vater und
seine Familie meine zionistische Entwicklung sehr ungern.[920]

1925 bis 1933, von zehn bis siebzehn, besuchte ich das Schiller-Realgym-
nasium in Charlottenburg. Hier war ich fast die ganzen Jahre hindurch der
einzige Jude in der Klasse. Obwohl inzwischen viele Schulkameraden
deutsch-nationalen und antisemitischen Jugendgruppen angehörten, hatte
ich in der Klasse eine anerkannte Position und sogar Freunde.[921]

Natürlich war es nicht so, dass Nachbarn, Freunde, Bekannte von heute
auf morgen zu Feinden wurden. Aber sie wagten nach 1933 immer weniger,
miteinander zu sprechen und vermieden jeden offenen Kontakt. Man begegnete sich auf der Straße – und sah sich nicht. Doch am Abend, so habe
ich es später oft erlebt, lag ein Päckchen mit Lebensmitteln, die Juden nicht
zugänglich waren, vor der Wohnungstür.[922]

Die Frage der Kooperation mit den Nazis überschattete in dieser Zeit
alles, was von und für die Juden noch getan werden konnte. Wie war es
möglich, dass jüdische Lehrer und Erzieher in Gemeinschaft mit der Gestapo Funktionen ausübten, die der Vernichtung des eigenen Volkes dienten? [...] Ich möchte diese Frage nicht glätten. Aber ich meine, dass niemand, der nicht dabei gewesen ist, ein Recht hat zu urteilen.[923]

Dr. Paul Eppstein [...] nahm dort die neuesten Befehle der Gestapo entgegen, um sie an die verschiedenen Abteilungen der Reichsvereinigung zur
„Bearbeitung" weiterzuleiten. Aus vielen Gesprächen weiß ich, dass diese
Arbeit für die meisten Angestellten unerträglich war. Doch auf Verweigerung stand die eigene Verhaftung, die sichere Deportation.[924]

---

919 Schwersenz aaO. S. 14
920 Schwersenz aaO. S. 19.
921 Schwersenz aaO. S. 20.
922 Schwersenz aaO. S. 33.
923 Schwersenz aaO. S. 86.
924 Schwersenz aaO. S. 87 f.

Niemand von uns glaubte damals, dass die Deportationen den sicheren Tod bedeuteten. Das war trotz der bisherigen Erfahrungen in Deutschland für uns einfach undenkbar.[925]

Der Gedanke an ein Untertauchen kam zum ersten Male im Winter 1941/42 auf. Im Oktober hatten die Deportationen begonnen. […] Für unser Durchkommen waren neben der Quartierbeschaffung weitere Probleme zu lösen. Wo bekamen wir etwas zu essen? Wie sollten wir uns ausweisen? Wer gab uns das nötigste Geld? Zur Organisation unseres illegalen Daseins waren wir daher auf Menschen angewiesen, die Mut hatten, uns zu helfen, und die uns noch helfen konnten, […]. Für uns waren vor allem jene „Mischehen" von Bedeutung, in denen die Frauen christlicher Herkunft waren und vielfach auch Christinnen blieben. Diese Frauen und „jüdisch-versippten" Mütter haben, obwohl von Ämtern und Behörden ständig Druck auf sie ausgeübt wurde, durch ihr treues Ausharren in vielen Fällen nicht nur ihre jüdischen Ehemänner und ihre halbjüdischen Kinder retten können, sondern auch manche der illegal lebenden jüdischen Menschen.[926]

Hilfe für Juden war im Dritten Reich in jeder Form ein „Verbrechen" – um wie viel mehr die Beherbergung von Juden … Mancher Helfer, bei dem ein untergetauchter Jude entdeckt wurde, waren als „Judenknechte" nicht nur geächtet, sondern oft ebenso festgenommen und eingesperrt worden wie die versteckten Juden selbst.[927]

Die eigentliche Gefahr drohte jedoch von anderer Seite: von jüdischen oder halbjüdischen Menschen, die für die Gestapo, zum Teil unter Zwang, untergetauchte Juden ermittelten.[928]

Ewo hatte mich dort als ihren Bruder ausgegeben, weniger vor den Angestellten, die alle recht loyal waren, als vielmehr gegenüber dem Portier, der als überzeugter und ehrgeiziger Nazi gern im Betrieb herumschnüffelte.[929]

Danach, mit raschem Griff, öffnete ich die Tür und sagte ebenso scharf: „Heil Hitler!" Ich glaube bis heute, dass nur diese äußerste Verstellung mich in jener letzten Nacht auf deutschem Boden gerettet hat.[930]   (K.L.)

---

925 Schwersenz aaO. S. 89.
926 Schwersenz aaO. S. 89, 102.
927 Schwersenz aaO. S. 103.
928 Schwersenz aaO. S. 120.
929 Schwersenz aaO. S. 128.
930 Schwersenz aaO. S. 160.

Horst **Selbiger** wurde am 10. Januar 1928 in Berlin geboren. Ab 1942 Zwangsarbeit. Bei der „Fabrikaktion" Ende Februar 1943 wurde er festgenommen. Nach Tagen wieder freigelassen (nach dem „Rosenstraße-Protest" Ende Februar/Anfang März 1943). Nach Kriegsende wählte er schließlich West-Berlin als ständigen Wohnsitz.

Als Kinder spielten wir mit allen anderen Kindern des Hauses zusammen bei uns im Hof – Juden und Nichtjuden, das war damals noch ohne Bedeutung. Ich hatte viele Freunde und eine wunderbare Vorschulzeit.[931]

Ich wurde eingeschult in die Volksschule Sonnenallee […] 1934 war ich der einzige Jude in der Klasse. Ich wurde in der Klasse sofort ausgeschlossen und isoliert. […] Ich hatte plötzlich keine Freunde mehr, mit denen ich vor Wochen noch gespielt hatte, wandten sich ab […] In dieser Zeit wurde ich zum „Juden-Itzig", zur „Judensau", angespuckt, geschlagen. Das hat mich alles irrsinnig verletzt […].[932] Aber es gab einen, meinen Deutschlehrer, Herrn Albrecht, der es wirklich gut mit mir meinte und mir, wenn es wieder einmal ganz übel war, auf die Schulter klopfte […].[933]

An eine Geschichtsstunde erinnere ich mich in allen Einzelheiten. Der Jude Horst Selbiger wurde aufgerufen und musste sich an die Tafel stellen, das Gesicht zur Klasse gewandt. Ein Schüler musste einen Judenstern an die Tafel malen, und unser Geschichtslehrer schrieb in feinster Sütterlin-Schrift: „Der Jude ist unser größter Feind! Hütet euch vor den Juden!"[934]

Ich war froh, dass ich nun die Mittelschule der jüdischen Gemeinde besuchen durfte. Hier fühlte ich mich geborgen, keiner grenzte mich mehr aus […][935]

Die Novemberpogrome waren nicht das Werk einzelner SA-Leute oder einiger Hitlerjungen. Diese Pogrome waren das Resultat eines Zusammenspiels von Massenloyalität mit einer verbrecherischen Diktatur, mit wütendem Rassismus und barbarischem Antisemitismus der deutschen Gesellschaft. […] Wie konnte es geschehen, dass über 95 Prozent, Männer, Frauen und Heranwachsende, sich aktiv an dieser Brutalität beteiligten oder tatenlos zuschauten?[936]

---

931 Selbiger aaO. S. 35.
932 Selbiger aaO. S. 60.
933 Selbiger aaO. S. 60 f.
934 Selbiger aaO. S. 61.
935 Selbiger aaO. S. 61 f.
936 Selbiger aaO. S. 72.

Auch am Morgen des 10. November marschierten wir von der Wein-meisterstraße durch das Scheunenviertel, wo sehr viele Juden lebten und es viele jüdische Läden und kleinere Betriebe gab. Deren Schaufenster hatte der Mob zerschlagen, die Auslagen und Möbel waren geraubt oder lagen auf der Straße – und je weiter wir gingen, desto schlimmer wurde es.[937]

Von weitem sahen wir Rauch aufsteigen – von der größten und schöns-ten Synagoge Berlins in der Oranienburger Straße. Glücklicherweise hatte ein beherzter Polizeibeamter ... dem Treiben mit harschen Worten und ge-zückter Waffe Einhalt geboten und die Feuerwehr angewiesen, den Brand zu löschen.[938]

Und all das geschah am helllichten Tag. Jeder, der sehen konnte, sah es.[939]

Neben dem äußeren gab es natürlich weiterhin den inneren Druck auf unsere Familie: Meine Mutter wurde seit 1933 von Teilen ihrer Verwandt-schaft ständig bekniet, aber auch von den Staatsorganen unmissverständ-lich aufgefordert, sich von dem Juden scheiden zu lassen. Aber sie stand zu meinem Vater, wäre eher mit ihm ins Gas gegangen, als dass sie sich hätte scheiden lassen.[940]

[Nach Schutt-Aufräumungsarbeiten sagte der NS-Blockwart zu Horst:] „Ich bewundere Deinen Mut. Ich werde dich für das Kriegsverdienstkreuz vorschlagen." Das habe ich natürlich nie erhalten.[941]

Noch im Februar 1945 wurde mein Vater wegen Schwarzarbeit – also verbotener zahnärztlicher Tätigkeit – verhaftet, weil er einer christlichen Bekannten zu einem Zahnersatz verholfen hatte. Vater kam in das Ge-stapo-Gefängnis in der Iranischen Straße [...]. Dort wurden die letzten Juden gesammelt, die von sogenannten Greifern auf den Straßen Berlins aufgespürt, verraten und verhaftet worden waren. Diese Greifer waren Juden im Dienste der Nazis, die durch die Stadt, durch Cafés und Theater zogen, um Untergetauchte zu erkennen und dingfest zu machen. Stella Küb-ler war so eine gefährliche Fängerin, die einen sofort erkannte.[942]

So wurde ich am Tag meiner Befreiung von meinen Befreiern verhaftet [wenige Tage bis zur Klärung seines wahren Status].[943]

---

937 Selbiger aaO. S. 72 f.
938 Selbiger aaO. S. 73.
939 Selbiger aaO. S. 87.
940 Selbiger aaO. S. 90.
941 Selbiger aaO. S. 103.
942 Selbiger aaO. S. 103.
943 Selbiger aaO. S. 105.

[In der Nachkriegszeit:] Ich fühlte mich ja einigermaßen wohl. Mit den Schwarzmarktgeschäften konnte ich leben.[944] Also wählte ich das „kleinere Übel" – und blieb in der Bundesrepublik Deutschland.[945]

Selbigers Text von 2018 ist die jüngste einschlägige Veröffentlichung. Sie ist geradezu eine Abrechnung mit *den* Deutschen, entsprechend der Feststellung meiner Buchveröffentlichung von 2013/16: „Das Bild der Deutschen verfinstert sich."[946] Aber selbst schwerste Anschuldigungen belegt Selbiger nicht. Belegtes nimmt er nicht zur Kenntnis. So schreibt er: Pius XII. sei aufgefordert worden, „die deutschen Gräueltaten gegen die Juden öffentlich zu verurteilen." Doch er habe geschwiegen.[947] Richtig ist: Seine Weihnachtsansprache des Jahres 1942 beendete der Papst mit den Worten: „Dieses Gelöbnis [den Frieden zu suchen] schuldet die Menschheit den Hunderttausenden, die ohne eigene Schuld manchmal nur wegen ihrer Nationalität oder Abstammung dem Tode geweiht oder einer fortschreitenden Verelendung preisgegeben sind." Die Angesprochenen verstanden und reagierten, wenn auch nicht wie gewünscht. Die Frage kann also nur lauten, ob der Papst noch öfter oder noch lauter hätte sprechen sollen – und welche Folgen dies absehbar gehabt hätte (s. o. S. 54f!).[948]

Ein Kapitel bei Selbiger trägt die Überschrift: „Der Aufstand in der Rosenstraße". Auch wenn er selbst einer der Inhaftierten war, wird im Buch der wahre Sachverhalt verzeichnet. Da heißt es: „Es wurde eine der wirkungsvollsten Widerstandsaktionen gegen die Nazi-Tyrannei." Und weiter: „Was hätte man erreichen können, wenn noch mehr Deutsche…" Ungesagt bleibt, dass die Initiative der Frauen nur deshalb erfolgreich war, weil der Sicherheitsdienst der SS über die Vorgaben Hitlers hinausgegangen war. Juden, die in Mischehe mit Nichtjuden lebten und „Halbjuden" wie Selbiger, hätten noch nicht deportiert werden sollen. Das war Hitlers erklärter Wille und nur so ist das Zurückweichen der SS zustande gekommen. Doch diese Übereinstimmung der Demonstrantinnen mit dem Willen Hitlers in diesem einen Punkt verschweigt Selbiger und aus diesem Grund ist es auch unwahrscheinlich, dass vergleichbare Protestaktionen anderswo etwas hätten bewirken können.

Dem zitierten Text Selbigers kann nicht mit Sicherheit entnommen werden, welches Land aus seiner Sicht das „größere Übel" gewesen wäre – die DDR oder Israel. Seine Erinnerungen an die Volksschulzeit zählen zu den traurigsten, die es gibt. Das gilt auch für den Pogrom von 1938. Seine Schätzungen liegen indes völlig neben den sonstigen, wie dieses Buch es vielfach belegt. Der Autor K.L. konnte sehen, hat aber von alledem nichts gesehen. Er hätte mit Vater oder Mutter eigens in die Stadt fahren müssen. Doch

944 Selbiger aaO. S. 113.
945 Selbiger aaO. S. 149.
946 Löw: *Adenauer*, aaO.
947 Selbiger aaO. S. 22.
948 Siehe Löw aaO.: *Die Schuld…*, S. 77 ff.

das hat der einfachste Anstand verboten. Sein Bruder, der im Stadtzentrum als Lehrling arbeitete, nahm Anstoß, als eine ältere Dame von SA-Leuten massiv bedroht wurde, weil sie lauthals ihrer Empörung Luft verschaffte. Sofort wurde seine Identität ermittelt, der Lehrherr telefonisch befragt und er selbst nach massiven Drohungen vom Ort des Geschehens fortgejagt. Seine Lehrstelle verlor er indes nicht, im Gegenteil: In seinem Betrieb erntete er Beifall.   (K.L.)

Valentin **Senger** wurde am 18. Dezember 1918 in Frankfurt am Main geboren, wo er auch wohnhaft blieb. Dort starb er am 4 September 1997.

[Frankfurt, November 1938:] Etwa 100 Meter von der brennenden Synagoge entfernt bildeten SA-Leute und Hilfspolizisten einen Kordon, so dass niemand näher an die Brandstelle herankommen konnte. Ganz vorne, noch vor der Absperrung, stand eine Gruppe Hitlerjungen, feixte und lachte und machte eine Gaudi aus dem schrecklichen Geschehen. Die Menschen hinter der Absperrung waren eher betreten, ich hörte kein Wort der Zustimmung.[949]

[Der Lehrmeister sagte zu Valentin:] „Zu dem, was heute in Frankfurt passiert ist, kann man seine eigene Meinung haben, aber die behält man für sich."[950]

[Valentin wohnte die ganze NS-Zeit über mit seinen Eltern und Geschwistern mitten in Frankfurt, zwischen Hauptwache und Opernhaus. Viele Nachbarn, auch Angehörige der Hitler-Jugend und ein SA-Mann, wussten, dass die Sengers jüdisch waren:] Wir wohnten weiter zusammen in der Kaiserhofstraße, Hitler kam, der Judenboykott, die Kristallnacht, die Judenverfolgungen, der Krieg, und immer sah ich die von der Clique, oft in ihren Uniformen, und sie sahen mich, sprachen sogar mit mir. Jeder einzelne hätte fragen können: „Wieso bist du noch da? Warum trägst du keinen Judenstern? Was ist mit dir los?" Ich bekam Herzklopfen, wenn ich einen von weitem kommen sah. Doch keiner fragte.[951]

Aus dem Klappentext des Buches von Senger *Kaiserhofstraße 12:* „Wenn es in den 12 Jahren Hitlerzeit Wunder gegeben hat, so gehört das unbehelligte Überleben einer fünfköpfigen russisch-jüdischen Familie in Frankfurt am Main mit kommunistischen

---

949 Senger aaO. S. 128.
950 Senger aaO. S. 134.
951 Senger aaO. I S. 56.

Kontakten gewiss zu den größten. Valentin Senger erzählt die Geschichte dieser Familie, seiner eignen, schlicht, wahrheitsgemäß, ohne schriftstellerische Ambitionen, mit Humor.“ (K.L.)

Leonie **von Seuffert** wurde am 15. Oktober 1884 in München geboren. Sie war mit einem Nichtjuden verheiratet und deshalb „privilegiert“. In den letzten Kriegsjahren musste sie dennoch Zwangsarbeit verrichten und kam so in mehrere Münchner Betriebe. Daher sind ihre Bekundungen in hohem Maße repräsentativ. Die Aufzeichnungen stammen aus der unmittelbaren Nachkriegszeit. Gestorben ist sie 1955.

[Wahrscheinlich im Jahre 1944:] Hatte ich bisher, durch den Schutz meiner Ehe persönlich, abgesehen von den für alle Juden geltenden Drangsalierungen, die ja sehr tiefgreifend waren, noch wenig mit der berüchtigten „Arisierungsstelle“ zu tun gehabt, so änderte sich das gerade in diesen Tagen einer ohnedies starken seelischen Belastung, indem ich von der gefürchteten Widenmayerstraße (dem Sitz der Behörde für „Judenfragen“) die Aufforderung erhielt, mich alsbald um 7.30 Uhr „in Arbeitskleidung“ dort einzufinden. […] Während des Wartens erfuhr ich auch manches über Art und Wesen der hier regierenden Herren. Fazit war, dass einer von den dreien immer schlimmer sei als der andere, und dass sie alles täten, um uns zu drangsalieren.[952]

Ich möchte schon hier betonen: Unsere Arbeitgeber und Vorgesetzten in den verschiedenen Betrieben, in denen ich im Laufe der Jahre tätig war, waren glücklicherweise alle nicht gehässig. […] sie erschwerten uns das Leben wenigstens nicht auch noch durch besondere Drangsalierungen und Quälereien, sondern hatten im Allgemeinen berechtigten Wünschen gegenüber kein taubes Ohr. Das war umso mehr anzuerkennen, als die Betriebsleitungen von der Arisierungsstelle fortwährend unter Druck gesetzt wurden mit der Weisung, uns absolut rigoros zu behandeln. Es ging unglaublicherweise so weit, dass sie sogar aufgefordert wurden, mit der Peitsche zu arbeiten, falls unser Arbeitseifer zu wünschen übrig lassen sollte![953]

Auch an diesem städtischen Betrieb [Straßenbahnreinigung] begegneten die Terrormaßnahmen der Partei ziemlich unverhüllter Ablehnung. Das ging nicht nur daraus hervor, dass uns alle nur möglichen Erleichterungen

---

952 Seuffert aaO. S. 15.
953 Seuffert aaO. S. 15 f.

gewährt wurden, wie z. B. ausgedehnte „Brotzeit", Pausen in geheizten Wagen, und man uns auch reichlich Zeit für die auszuführenden Arbeiten ließ, sondern auch aus direkten Äußerungen, in denen z. B. betont wurde, dass man „leider" nicht immer könne, was man wolle, da es ja vorgesetzte Behörden gäbe.[954]

In diesem Betrieb kamen wir auch in Berührung mit kriegsgefangenen Engländern. […] Als sie mich gelegentlich fragten, ob wir sehr schlecht (hard) behandelt würden, bejahte ich es, fügte aber ausdrücklich hinzu „nur von der Partei, ihren Dienststellen und Anhängern!".[955]

In den zwei letzten Kriegsjahren gab es in München fast keine „Sternträger" mehr… Die wenigen aber, die zudem alle im Arbeitseinsatz standen, trugen stillschweigend die ominöse Dekoration auch nicht mehr, obgleich das bei eventuellem „Geschnapptwerden" ein erhebliches Risiko bedeutete. Sie hatten sie daher für alle Fälle stets bei sich. Nun wurde eines Tages ganz kurz vorher eine plötzliche Inspektion durch Nazi-Funktionäre bekannt. Worauf sich prompt das groteske Bild ergab, dass wir Frauen nichts Eiligeres zu tun hatten, als unseren Herren den bewussten Orden vorschriftsmäßig anzunähen, woran sich auch die „Aufsichten" eifrigst betätigten![956]

Und doch erlebte ich in diesen Tagen akutester Lebensgefahr wieder eine Bekundung edelsten Menschentums: Eine höhere Angestellte unseres Betriebes, mit der ich kaum ein privates Wort gewechselt hatte, bot mir gänzlich überraschend an, mich bei sich zu verstecken und zu verpflegen, „da man mich bei ihr gewiss nicht suchen würde."[957]

Wer als Jude das „Sterngebot" missachtete, musste mit der sofortigen Einweisung in ein KZ rechnen. Wer die Missachtung duldete, dürfte daher in der Regel ein Sympathisant der Juden gewesen sein, dem ebenfalls KZ-Haft drohte.   (K.L.)

Margit **Siebner** wurde 1928 in Berlin als Tochter eines jüdischen Buchhändlers und einer nichtjüdischen Mutter geboren. Anfang 1939 Emigration des Vaters Fritz Cohn nach einigen Wochen im KZ Buchenwald nach Schanghai, wo er 1944 starb. Von März bis Anfang 1945 arbeitete Margit Stiebner unter falschem Namen als Bürokraft in einer kriegswichtigen Fabrik. Lebt im Jahre 2020 als Psychotherapeutin und Zeitzeugin in Berlin.

---

954 Seuffert aaO. S. 17.
955 Seuffert aaO. S. 17.
956 Seuffert aaO. S. 17.
957 Seuffert aaO. S. 17

Seit meine Eltern sich scheiden lassen mussten, dürfen er und sie keinen Kontakt mehr haben. Die Scheidung war die Bedingung für Vaters Emigration nach Schanghai.[958]

Wirklich Angst habe ich nur vor dem Blockwart. Seit Krieg ist, lebt er bei uns in der Häuserzeile. […] bei einer Luftschutzübung sagte der Blockwart ganz laut: „Die Judengöre soll verrecken." Seitdem darf ich nicht mehr in den Bunker.[959]

Er [ein Freund] riet meiner Mutter, sich scheiden zu lassen. Er versprach, dafür zu sorgen, dass mein Vater dann aus dem Lager [Buchenwald] käme. Offenbar hatte er gute Beziehungen. Es gab noch eine zweite Bedingung: Mein Vater musste unterschreiben, dass er innerhalb von vier Wochen auswandern würde. Meine Mutter willigte ein. Ich nahm ihr das sehr lange übel. Doch im Nachhinein hätte ich auch so gehandelt. Denn mein Vater kam tatsächlich aus dem Lager zurück…[960]

Wieder war es ihr Instinkt, sich ihm zu öffnen, obwohl er in der Partei war. Sie bat ihn um Hilfe, und er versteckte mich in seiner Firma.[961]   (K.L.)

Hugh Peter **Sinclair** (Hans Peter Siegel) wurde am 27. Februar 1921 als Sohn eines Rechtsanwalts geboren. In seiner Geburtsstadt München lebte er bis zur Emigration am 21 März 1939. Er verstarb am 27. April 2010 in London. Seine autobiographischen Aufzeichnungen stammen aus dem Jahr 1997.

Ich war gezwungen, das Gymnasium zu verlassen und war dann während der nächsten fünf Jahre Schüler in der Höheren Handelsschule der Hansaheime, die ich bis zur Obersekunda besuchte. Ich kann mich hauptsächlich nur noch an die unangenehmen Episoden in dieser Zeit und in dieser Schule erinnern. Als jüdische Jungen mussten wir in den hintersten Pulten sitzen. Unsere Noten, besonders in Deutsch, waren immer schlecht, weil: „Juden kein Deutsch lernen können", wie mein Professor zu sagen pflegte. An die jüdischen Jungen in meiner Klasse wurden selten Fragen gestellt, aber man hörte an deren Stelle des öfteren antisemitische Bemerkungen von einigen der Professoren, besonders von den jüngeren. […] Ich wurde manchmal auch körperlich angegriffen. Was aber am meisten verletzend war, war die Tatsache, dass man von manchen der nichtjüdischen Mitschüler oft ver-

---

958 Siebner aaO. S. 195.
959 Siebner aaO. S. 196.
960 Siebner aaO. S. 201.
961 Siebner aaO. S. 205

höhnt, beleidigt und ausgelacht wurde und dass man jeden Tag mit ausgestrecktem Arm und „Heil Hitler" die Professoren begrüßen musste.[962]

Nach Beendigung meiner Schulzeit brachte mich mein Vater als Brauereilehrling für ein ganzes Jahr in der Schlossbrauerei Kaltenberg [nahe München] unter … Ich ging durch jede Sparte in der Brauerei. […] Ich fühlte mich dort wohl und hatte niemals irgendwelche Schwierigkeiten mit meinen Mitarbeitern. Ich wurde wie jeder andere Lehrling behandelt.[963]

(K.L.)

Marie **Simon** wurde am 4. April 1922 als Marie Jalowicz in Berlin geboren, ihr Vater war Anwalt. Ende 1941 tauchte sie in Berlin unter und überlebte überwiegend dort bis zu ihrer Befreiung. In der DDR machte sie als Altphilologin und Philosophiehistorikerin Karriere. Sie starb sie am 16. September 1998 in Berlin.

[Zwangsarbeit bei Siemens.] Unsere Erfahrungen mit diesen regulär bei Siemens beschäftigten Männern waren so gut, dass ich mich oft fragte: „Wie konnte es zu dieser furchtbaren Judenverfolgung kommen? Es gibt hier eigentlich gar keine Antisemiten, die Leute sind doch alle nett."[964]

Bei mir dachte ich: Nicht nur unsere Feinde haben Vorurteile gegen uns, sondern auch wir haben Vorurteile gegen alle Nichtjuden. Die Dame [im Vorzimmer des Kammergerichtspräsidenten] war so sympathisch und hilfsbereit.[965]

Mit unserem Werkmeister, dem SS-Mann Schönfeld, hatte ich nach meiner Rückkehr eine lange Unterhaltung. Ich ging in die Meisterbude, um ein Stück „abnehmen" zu lassen. […] „Und Sie waren krankgeschrieben?" fragte er … Seine Stimme klang sorgenvoll. […] „Mein Vater ist gestorben", antwortete ich. Er sah mich mit großer Intensität und Mitgefühl an und kondolierte lautlos. […] „Ich möchte entlassen werden", sagte ich. „Aber ich kann als Zwangsarbeiterin ja nicht kündigen." „Warum wollen Sie denn von uns weg?" „Ich will mich retten." […] „Gut", sagte er schließlich. „Ich werde das veranlassen. Wir kündigen Ihnen wegen Krankheit. Und ich wünsche Ihnen Glück und Segen auf Ihrem Weg durch die Eiswüste."[966]

---

962 Heusler u. a. aaO. S. 178.
963 Heusler u. a. aaO. S. 178 f.
964 Simon aaO. S. 59.
965 Simon aaO. S. 71.
966 Simon aaO. S. 71 f.

So erfuhr ich zum Beispiel, wie die Einrichter bei Siemens reagiert hatten, als im September 1941 eine Polizeiverordnung herauskam, nach der alle Juden in der Öffentlichkeit einen gelben Stern tragen mussten. Schulze und Hermann waren natürlich empört gewesen. Auch der Nazi Stakowski fand, das könne man doch nicht machen. Und zwei Männer…, die ich immer … für tiefbraun und sehr beschränkt gehalten hatte, hatten sehr vernehmlich gebrabbelt: „Wir werden von Verbrechern regiert!"[967]

Ich lernte daraus: Nicht einmal die Polizisten wussten von all den gesetzlichen Vorschriften, all den kleinen Schikanen, mit denen wir Juden gegängelt wurden. Die ganz normalen Bürger kannten sie umso weniger.[968]

Ich möchte das übliche Argument entkräften, dass der Stolz es nicht zuließe, im Land der Vergasungseinrichtungen zu leben. Glaubst Du, dass der Pöbel irgendwo auf der Welt, wenn man seine niedrigen Instinkte künstlich gefördert hätte, sich anders als der deutsche Pöbel verhalten hätte? Deutsche haben Millionen Juden ermordet. Deutsche Menschen waren es aber auch, die, ihr Leben aufs Spiel setzend, große Opfer gebracht haben, um mir durchzuhelfen.[969]

Bemerkenswert ist die Aussage: „Nicht einmal die Polizisten wussten von all den gesetzlichen Vorschriften, all den kleinen Schikanen, mit denen wir Juden gegängelt wurden." Die Verfolgung war tatsächlich allgemein bekannt und die Gesetzestexte waren zumindest nicht geheim. Und doch wusste von vielen Einzelmaßnahmen kaum jemand etwas, außer den Opfern, die von der jüdischen Gemeinde instruiert wurden und natürlich derjenige Teil des Staatsapparates, der die jeweilige Vorschrift oder Anordnung durchzuführen hatte.

(K.L.)

Luise **Solmitz**, geboren 1889, Lehrerin in Hamburg, war mit einem Juden verheiratet und wurde deshalb ebenfalls diskriminiert. Sie starb im Jahre 1974.

[14. Juni 1938] Der Tag brachte mir (noch) eine Bitterkeit. Kleine Jungen in unserer Straße, die unseren Hund fürchten […] Nun hatte sich einer aber eine feine Rache ausgedacht […] „Jude", rief er hinter uns her, „Jude, Jude!"… Gegen solche Rüpelei gibt es keine Abwehr und keinen Einspruch […] Zur Ehre des deutschen Volkes sei es gesagt, es verhält sich anständig

---

967 Simon aaO. S. 82.
968 Simon aaO. S. 83.
969 Simon aaO. S. 398.

Wehrlosen gegenüber, bis jetzt. Ihm wäre ganz anderes erlaubt und würde ihm als Verdienst angerechnet, wenn es nur wollte.[970]

10. 11. 38 Ein böser Tag. […] Schweigende, erstaunte und zustimmende Leute. Eine grässliche Atmosphäre. –„Wenn sie drüben unsere Leute totschießen [gemeint ist die Erschießung des deutschen Diplomaten Ernst vom Rath in Paris – Anm. K.L.], dann muss man so handeln", entschied eine ältere Frau."[971]

11. 11. 38 […] Ich ging mit Gisela zur Stadt; statt der Fenster Holzverschläge, Riesenschäden: stumm wogt die Menge auf und ab.[972]   (K.L.)

Friedrich **Solon** wurde 1882 in Berlin geboren. Bis zu seiner Emigration nach England 1938 wirkte er dort als Rechtsanwalt und Notar. 1952 starb er in London.

[Über den Ersten Weltkrieg:] Bald darauf wurde ich mit zwei Kameraden zu dem aktiven Feldartillerieregiment versetzt und fand hier nun ganz andere Verhältnisse vor als bei der Kolonne. Der Kommandeur … war ein Antisemit reinsten Wassers und eröffnete mir dies zwar nicht ausdrücklich, aber klar genug, schon als ich mich bei ihm meldete. […] Was die aktiven Offiziere anlangte, so kann ich nach bestem Wissen und Gewissen auch heute nur sagen, dass diese ausnahmslos, sowohl in militärischer wie in moralischer Hinsicht, auf einem hohen Niveau standen. Abgesehen davon, dass ein Jude es im Regiment bis dahin nicht zum Offizier hatte bringen können, war vom Antisemitismus anfangs beim Kommandeur selbst nichts zu verspüren […][973]

Abgesehen von diesen drei Fällen von Antisemitismus, die ich selbst mehr von einem sportlichen Standpunkt aus betrachtet hatte [Solon konnte sich jeweils erfolgreich zur Wehr setzen – Anm. K.L.], fühlte ich mich nach dem Krieg noch mehr mit dem Ganzen verschmolzen als zuvor. Das jüdische Blut, das geflossen war, die ständige Kameradschaft … ließen in mir keinen anderen Gedanken aufkommen, als dass ich nun im Schmucke meiner Würden und Auszeichnungen mein altes Leben … würde wieder anfangen können.[974]   (K.L.)

---

970 Solmitz aaO. S. 162.
971 Solmitz aaO. S. 438 f.
972 Solmitz aaO. S. 439.
973 Heide/Schoeps aaO. S. 233 f.
974 Heiden/Schoeps aaO. S. 237.

Julius **Spanier** kam 1880 in München zur Welt. Dort wirkte er als Kinderarzt und Chefarzt. 1942 Deportation nach Theresienstadt. Er überlebte und arbeitete nach der Rückkehr wieder als Arzt in München. Zugleich war er sozialpolitisch und karitativ tätig. Gestorben ist er 1959 in München. Der folgende Text ist aus dem Jahre 1958:

Mit dem Aufkommen des Nationalsozialismus und der damit verbundenen antisemitischen Massenpsychose änderte sich zwangsläufig die Lage der jüdischen Bürger Münchens im Allgemeinen und die des Schwestern- und Krankenheims im Besonderen. Angst und Furcht bestimmten die Denk- und Handlungsweise der Menschen, und das natürlich ganz besonders, als nach dem berüchtigten 9. November 1938 die Gestapo und die SS das Regiment im Haus führten, nichtjüdische Angestellte des Hauses verwiesen, nur mehr jüdische Ärzte oder solche jüdischer Abstammung das Haus betreten durften. […] In diesem Zusammenhang würde es der Wahrheit und den Tatsachen widersprechen, wollte man nicht rühmlich hervorheben, dass es immer noch auch in dieser Zeit nichtjüdische Menschen, insbesondere auch Ärzte und Professoren der medizinischen Fakultät gegeben hat, die ihre Hilfe den gequälten und hilfsbedürftigen Menschen gegenüber trotz der für sie bestandenen Gefahren nicht versagten, sondern im Gegenteil dem damaligen Chefarzt (dem Verfasser dieser Zeilen) gegenüber ausdrücklich betonten, in gegebenen Fällen stets zur Verfügung zu stehen.[975]

Da kam im Juni 1942 der Befehl, dass das Schwestern- und Krankenhaus aufgelöst und geräumt werden müsse oder wie es in der damaligen Amtssprache hieß: „Evakuierung" des Krankenhauses der Israelitischen Kultusgemeinde München nach Theresienstadt. Am 4. Juni 1942 ging der erste Transport unter dem Befehl und der Aufsicht der Gestapo und der SS ab. Etwa fünfzig Kranke, Schwerstkranke, ja Sterbende mit drei Schwestern unter der Leitung des Chefarztes wurden auf Krankenbahren in einen Möbelwagen verladen, die ganze „Fracht" dann am Südbahnhof abgesetzt und in bereitstehende Waggons überführt. Während des Abtransportes war die Hermann-Schmid-Straße für den Verkehr gesperrt, nur ein Major der Wehrmacht durfte die Straße passieren. Als dieser des unheimlichen Transportes ansichtig wurde, frug er die Oberin nach dem Grunde dieses merkwürdigen Vorgangs. Als er von ihr dann wahrheitsgemäß unterrichtet war, rief er voll Entsetzen und ungeachtet der umstehenden Gestapo und SS mit

---

975 Spanier aaO. S. 128.

lauter und wohlvernehmbarer Stimme aus: „Was? Kranke und sterbende Menschen? Ich schäme mich, ein Deutscher zu sein!"[976]

Die Abriegelung der näheren Umgebung entsprach dem üblichen Vorgehen, d.h. die Deportationen sollten nicht wahrgenommen werden. Es galt, einen Volksauflauf zu verhindern. Das Verhalten des Majors zeigt, welche Reaktionen das Regime befürchtete. Heute wird ohne jeden Nachweis oft das Gegenteil behauptet, nämlich die Deportationen seien für jedermann sichtbar gewesen. Meine Familie und ich (K.L.) haben direkt am Südbahnhof gewohnt (Gotzingerstraße 46), haben aber davon und von dergleichen nichts mitbekommen. Glaubhaft berichtet der Zeitzeuge Friedrich Deich: „Als man [nach dem Krieg] die Urnen der im Konzentrationslager Dachau Umgekommenen und Ermordeten in München beisetzte, wurden auch Töne der Vergeltung laut. Da trat Julius Spanier hervor und rief: „Nicht mitzuhassen, mitzulieben sind wir hier!"[977]   (K.L.)

Am 21. Juni 1912 kam Marga Rothschild, verheiratete **Spiegel,** in dem nordhessischen Dorf Oberaula zur Welt. Am 28. Februar 1943 tauchte sie mit ihrer Familie unter, da ihre Deportation angesagt war. Versteckt wurde sie von katholischen Bauern im Münsterland. Im Oktober 1944 gelang es ihr, gefälschte Papiere zu bekommen, so dass sie nun etwas freier leben konnte. Gestorben ist sie am 11. März 2014.

Immer wieder kommen sie, diese Stimmen. Sie sagen mir: „Du musst es schreiben, alles, was geschehen ist." Und sie vermehren sich. Sie kommen immer wieder. Seltsam, es ist nicht so, wie das Sprichwort sagt: „Die Zeit heilt." Es ist entgegengesetzt. Je weiter die Ereignisse zurückreichen, – es sind jetzt mehr als 50 Jahre, desto mehr drängt mich das Geschehene, desto mehr fühle ich mich verpflichtet, darüber zu berichten.[978]

Daran, dass damals schon jüdische Kinder degradiert wurden, erinnere ich mich gut. Wir hatten einen sehr deutschnationalen Direktor, bei dem wir auch in Deutsch unterrichtet wurden… Viele seiner Äußerungen erschienen mir schon in jener Zeit voreingenommen gehässig, so z.B., wenn er sagte: „Judenkinder können doch nun einmal besser rechnen. Darum sind Juden ja auch alle reich."[979]

Ich fragte jedenfalls meinen Vater, der mir natürlich ein Vorbild war, was ich wählen sollte, als ich zum ersten Mal wahlberechtigt war, und er antwor-

---

976 Spanier aaO. S. 128.
977 Friedrich Deich: *Jüdische Mediziner in München,* in: Lamm aaO. (1982) S. 315.
978 Spiegel, Marga aaO. S. 43.
979 Spiegel, Marga aaO. S. 49f.

tete mir ohne weitere Überlegung: Natürlich deutsch-national. Ich möchte damit nur deutlich machen, wie national auch die deutschen Juden eingestellt waren. […] Genau die [Partei], die sich dann bei der Wahl 1933 mit Hitler verbündete.[980]

Wir waren bis dahin Nachbarn unter Nachbarn […] Und dann eines Tages grüßten sie nicht mehr. Etwas später trugen sie das Parteiabzeichen am Revers. […] Nun ja, es war ein wenig unbehaglich, aber eine wirkliche Gefahr schien uns nicht zu drohen davon.[981]

In Ahlen wohnten wir im oberen Stock eines Zweifamilienhauses mit christlichen Leuten zusammen, die so nett zu uns waren, wie es möglich war, wenn sie sich nicht gerade von Nazis beobachtet fühlten. Man wusste ja damals, wer zur NSDAP gehörte und wer nicht. Es war eine sehr traurige Zeit.[982]

Die jüdischen Menschen waren verschüchtert, verschreckt, ängstlich nach der Pogromnacht und teilweise auch verletzt. Sie wandten sich an das Krankenhaus in dem Städtchen. Der Chefarzt nahm auch die jüdischen Menschen auf und behandelte sie. […] Der Chefarzt wurde später zur SS gezogen[983] und sollte nach dem Krieg auch von den Alliierten bestraft werden. Mein Mann sagte für ihn aus und bestätigte ihm seine Hilfe, die er uns jüdischen Menschen gewährt hatte. So blieb er von seiner Bestrafung verschont.[984]

Eben dieser Schutzengel ließ mich auch in den unteren Teil des Gefängnisses zu den Männern ein. […] Und dann ging seine [des Wachtmeisters] Gutmütigkeit noch so weit, dass ich meine Sachen alle dalassen und mit dem Fahrrad zu einem mir bekannten Metzger fahren durfte. […] Er gab mir ein paar Pfund Wurst und Brot, ohne dass ich es in dem Moment bezahlen konnte.[985]

Mein Mann hat an der Zeche gearbeitet. Er hat den Stern seltsamerweise immer sehr offen getragen, er hatte keine Hemmungen damit. Ich bin tagelang nicht rausgegangen. Bis ich mal irgendwohin einkaufen musste, mich angestellt habe für irgendein Obst. […] Ich persönlich wurde mit dem Stern

---

980 Spiegel, Marga aaO. S. 54 f.
981 Spiegel, Marga aaO. S. 55.
982 Spiegel, Marga aaO. S. 73.
983 Gemeint ist wahrscheinlich eine Einziehung zur Waffen-SS, die in der Endphase des Krieges auch gegen den Willen der Betroffenen vorkam. Zur allgemeinen SS wurde niemand „gezogen".
984 Spiegel, Marga aaO. S. 76 f.
985 Spiegel, Marga aaO. S. 78.

nicht angepöbelt. […] In dieser proletarischen Gegend Dortmunds sah man mich mit dem [Stern und dem] Kind oft sehr traurig und mitleidig an.[986]

Mein Mann kam eines Tages zurück mit der Freudennachricht, die er selbst noch kaum glauben konnte, Frau Aschoff aus Herbern konnte ihr gutes Herz nicht verschließen. Sie wusste, weil sie es von Soldaten und Kraftfahrern gehört hatte, von der Existenz der Konzentrationslager und konnte die Bitte nicht abschlagen, mein Kind und mich aufzunehmen und dadurch zwei Menschen vor dem sicheren gewaltsamen Tod zu retten. Mein Mann hatte noch einige andere Vertraute befragt, ob sie uns für einige Zeit aufnehmen würden, im Falle der Not. Auch da erhielt er von diesem und jenem eine Zusage. Aber würden sie die Kraft haben, diese Zusage auch aufrecht zu erhalten?[987]

Marga Spiegel hat eine Reihe ähnlicher Episoden aufgezeichnet, die aus Platzgründen hier nicht zitiert werden, so unter der Überschrift „Der Judenstern im Handschuh" (aaO. S. 123). Der in einem Handschuh versteckte gelbe Stern fiel bei einer Familienfeier heraus. Alle konnten ihn sehen, niemand hat denunziert. – Marga Spiegel berichtet, dass ihre Retterin Aschoff zu denjenigen gehörte, die, ohne dem Machtapparat anzugehören, schon 1943 konkrete Hinweise auf den Massenmord im Osten hatte. Zahlreiche Zeugnisse in diesem Buch belegen, dass sie damit zu einer kleinen Minderheit gehörte.
(K.L., K.B.)

Paul **Spiegel** wurde 1937 in Warendorf geboren. Er überlebte in Flandern bei einer katholischen Bauernfamilie und kehrte 1945 an seinen Geburtsort zurück. In den sechziger Jahren wurde er Pressesprecher des Zentralrates der Juden in Deutschland, nach dem Tode von Ignatz Bubis 1999 dessen Vorsitzender. Er starb am 30. April 2006 in Düsseldorf.

In einem Brief an mich schrieb sie [eine Freundin der Mutter] im Sommer 2001: „Wir konnten ihnen (unseren jüdischen Nachbarn) nicht helfen. Ich werde diese Nacht nicht vergessen, da ich in meinem Schlafzimmer die Hilferufe des ganzen Hauses David Weinberg hörte. Als ich morgens auf dem Weg zur Sparkasse dort vorbeikam, sah ich ein Bild des Grauens und wollte helfen, wurde aber von gewissen Leuten daran gehindert. Das hat mich ein Leben lang belastet." Heute sind fast alle über diese Verbrechen erschüttert.

---

986 Spiegel, Marga aaO. S. 79 f.
987 Spiegel, Marga aaO. S. 92.

Doch viele wollen immer noch nicht wahrhaben, dass das Wegsehen weiter Teile der Bevölkerung, das Gewährenlassen, die Voraussetzung dafür war, dass die NS-Machthaber ihre kriminelle Energie entfalten konnten.[988]

Leider aber halfen zu wenige. Eine Minderheit, vielleicht zehntausend, vielleicht hunderttausend Menschen, verschrieben sich dem Völkermord. Deren Untaten aber wurden nur möglich, weil die Mehrheit, weil Millionen fortsahen.[989]

Gegen die Verfolgung und Verschleppung von Juden aber gab es mit ganz wenigen Ausnahmen keine Kundgebungen. Einzelne Geistliche protestierten. In meiner Geburtsstadt Warendorf etwa forderte Pater Elpidius Josef Markötter am 26. Mai 1940 während einer Predigt in der Kirche des Franziskanerklosters: „Wir müssen alle Menschen lieben. Auch die Juden und Polen, die heute in Deutschland als Untermenschen der Willkür ausgeliefert sind." Der Pfarrer zahlte dafür mit seinem Leben. Er wurde am 28. Juni des gleichen Jahres im Konzentrationslager Dachau ermordet. Die offiziellen kirchlichen Gremien aber schwiegen.[990]

Eine Kollektivschuld „der" Deutschen am Völkermord bestand aber zu keiner Zeit. Schuld ist individuell.[991]

Nach dem Krieg ist dieses widerstandslose Sich-Ergeben von Millionen Menschen nicht zuletzt von jüdischer Seite hart kritisiert worden. Die Juden wurden als Lämmer verspottet, die sich willig zur Schlachtbank führen ließen. Das ist ungerecht und falsch. Es gab in fast jedem Vernichtungslager und in so gut wie allen Ghettos Aufstände und Gegenwehr.[992]

Das Zeugnis ist in einem Punkt nicht widerspruchslos: Im konkreten Fall der Freundin der Mutter berichtet Spiegel offenbar verständnisvoll darüber, dass diese ihre jüdischen Nachbarn nicht vor der Deportation bewahren konnte. Gleich danach kritisiert er das „Wegsehen weiter Teile der Bevölkerung" als „Voraussetzung dafür..., dass die NS-Machthaber ihre kriminelle Energie entfalten konnten". Ab einem gewissen Zeitpunkt aber, als es um Leben und Tod ging, wurde Hilfe für Juden mit Einweisung ins KZ bestraft. Dieses existenzielle Risiko waren in der Tat nur wenige Tausend zu tragen bereit – einen benennt Spiegel fairerweise selbst. Die Vorstellung jedoch, dass bereits bei den vorangegangenen antijüdischen Entrechtungs- und Verfolgungsmaßnahmen „die

---

988 Spiegel, Paul aaO. S. 30.
989 Spiegel, Paul aaO. S. 45.
990 Spiegel, Paul aaO. S. 46.
991 Spiegel, Paul aaO. S. 47.
992 Spiegel, Paul aaO. S. 49.

Mehrheit fortsah", wird von den Zeugnissen dieses Buches zumindest teilweise korrigiert. (K.L., K.B.)

Hilde **Spiel** wurde am 19. Oktober 1911 in Wien geboren, wo sie als Redakteurin und Übersetzerin arbeitete. 1936 wanderte sie nach England aus. Nach dem Krieg arbeitete sie in ihrer Heimat als Korrespondentin, wohin sie 1963 auf Dauer zurückkehrte. Die Aufzeichnungen stammen aus dem Jahr 1946. Sie sind ihrem Tagebuch entnommen.

Einmal wöchentlich besprach er [ein Journalist namens Stefan] mit gleichgesinnten Freunden … die Vulgarität des Regimes und die mögliche Aussicht auf einen baldigen Sieg der Alliierten. Während all dieser Zeit hat er nicht nur vom Stand der Lage profitiert – in Freiheit lebend, indes andere im Gefängnis zugrunde gingen; sich satt essend, indes andere Hungers starben –, sondern in Wahrheit mitgeholfen zu stützen und zu erhalten, als kleines Rad in jenem Getriebe, durch das die Maschine in Gang gehalten war. Aber wer in Österreich…, ist nicht ebenso betroffen? In England, während des Krieges, wenn wir davon träumten, unsere Heimat wiederzusehen, nahmen wir uns vor, niemand die Hand zu schütteln, der auf irgendeine Weise mit dem Regime verbunden gewesen war. Jetzt erscheint mit dieser Entschluss lächerlich; alle Grenzlinien sind verwischt. Stefan, so meine ich, kann keine Schuld vorgeworfen werden, außer dass er weder zum Helden noch zum Opfer geboren war. […] Aber wenn ich, die ihn und seine Vorgeschichte kennt, es schwer fände, ein Urteil über ihn zu fällen, wie unmöglich muss dergleichen für die alliierten Untersuchungsrichter sein?[993] (K.L.)

Gerty **Spies** wurde am 13. Januar 1897 in Trier geboren. 1929 zog sie nach München um. 1942 wurde sie in das Lager Theresienstadt eingewiesen. Nach der Befreiung kehrte sie sofort nach München zurück, wo sie, hochgeehrt, 1997 ihre letzte Ruhestätte gefunden hat. Aus ihren Worten spricht starke Zuneigung zu München und zur Mehrheit seiner Bewohner.

Ich wurde zu Zwangsarbeit herangezogen. Wir wurden – sechs Jüdinnen – an den Bruckmannverlag überwiesen, wurden dort sehr gut und menschlich behandelt.[994]

993 Spiel aaO. S. 78 f.
994 Spies aaO. (1997) S. 184.

[Nach der Befreiung:] Dann bekamen wir gesagt, dass wir den gelben Judenstern abnehmen sollten. Warum, dachte ich (ich hatte gelernt, ihn als Orden zu sehen). [...] Wir bestiegen den Wagen. Heut noch nach München![995]

Alte Städte, zerstörte Bahnhöfe, endlose Landstraßen – glühender Sonnenuntergang – München! Was war das? Trümmer, Trümmer, Trümmer! Gewiss, man hatte allerhand gehört. Aber dass es so aussehen würde.[996]

Und hier – mein Herz hämmerte Sturm: Ruinen, Ruinen – die Ungererstraße! Oder war sie's nicht? [...] Wir rasten ratternd die leere, linealgerade Kaulbachstraße hinunter. Tief drunten in ihrem Schacht bewegten sich Menschen. Ich merkte mit einem Mal, dass ich aufgesprungen war. „Sie winken!" schrie ich, „sie winken!" Das war das Signal. Nun sprangen alle von ihren Sitzen. Der lähmende Schreck ließ uns los, wir winkten zurück – näher, näher – der Wagen hielt an. Es war alles so wirr und so unbegreiflich. Menschen umringten uns. Wieder wurden Leitern angelegt. Lachend und weinend umhalsten sie sich, die drunten und die von droben.[997]

Doch wie eine trübe Wolke hingen noch die Erinnerungen am Himmel der Freiheit. Ängstlich, vorsichtig gespannt wagten wir nur langsam, uns dem allgemeinen menschlichen Umgang wieder anzupassen. Das würde erst kommen, dass man jeden Unbekannten mit scheuen Blicken abtastete: Warst du auch dabei? Hast du auch geholfen, meine Freunde zu verhöhnen, zu verraten – und vieles mehr? Lebte der Denunziant noch? Ja, er lebte noch und versuchte nun auf einmal, uns zu grüßen. Manche erschreckenden Erfahrungen verstellten uns noch immer den Weg. Aber noch weit häufiger reichten uns Menschen aller Klassen helfend die Hand. Es sind manche bleibende Freundschaften daraus geworden.[998]

(K.L.)

Eugen(e) **Spiro** wurde 1874 in Breslau geboren. Kunstmaler. 1894 Umzug nach München, 1914 nach Berlin, 1935 Emigration nach Paris, 1941 in die USA. Er starb dort 1972.

Meine Münchner Studienzeit [1894 bis 1897] ... habe ich noch heute als beglückende Jahre in Erinnerung. Wohl hatte ich gleich am Anfang, als ich

---

995 Spies aaO. (1984) S. 153 f.
996 Spies aaO. (1984) S. 154.
997 Spies aaO. (1984) S. 154.
998 Spies aaO. (1984) S. 156.

Schüler der Akademie in der Lindenschmitt-Klasse wurde, einen peinlichen Schrecken: gegenüber unserem Atelier war die Dietz-Klasse, an deren Tür ein Plakat hing „Den Juden ist der Eintritt verboten." Das war 1894; ich kam aus Breslau, wo ich in meiner Kindheit, am Gymnasium und in der Kunstschule den Begriff des Antisemitismus nicht kennen gelernt hatte. Im Übrigen aber hatte ich während meiner Studienjahre in München persönlich nie eine anti-jüdische Gesinnung verspürt.[999]   (K.L.)

Friedrich **Stampfer** wurde am 8. September 1874 in Brünn geboren. Er wirkte als sozialdemokratischer Journalist und Reichstagsabgeordneter. 1915 bis 1916 Kriegsteilnehmer in der österreichischen Armee, ab 1916 Chefredakteur der SPD-Parteizeitung *Vorwärts*. Am 18. Mai 1933 verließ er fluchtartig das Reichsgebiet, um der Verhaftung zu entgehen. 1938 floh er von Prag nach Paris, 1940 von Frankreich in die USA. Dort gelangte er in Kreise, „die in den Leidenschaften des Krieges den Sinn für Vernunft und Recht nicht verloren hatten."[1000] In seiner Autobiographie „Erfahrungen und Erkenntnisse" aus dem Jahre 1957 schildert er, wie sie „Hitler und Himmler verabscheuten", zugleich aber auch „Vansittart und Morgenthau" entschieden ablehnten.[1001] Im August 1948 kehrte er nach Deutschland zurück. Am 1. Dezember 1957 starb er in Kronberg/Taunus.

[Nach dem Novemberpogrom 1938:] Hat das deutsche Volk Schuld? Die Verbrechen, die da verübt werden, sind nicht die Verbrechen des deutschen Volkes. Sie sind von ihm nicht gewollt und nicht gebilligt. [Die einzig zu konstatierende Schuld – Stampfer konkretisiert sie als das „Dulden und Ertragen" – sei aber eine, die alle auf sich geladen hätten; das folgende Zitat ist ebenfalls von Ende 1938:] Es hat eine Zeit gegeben, in der wir glaubten, beschämt die Augen senken zu müssen, wenn nichtdeutsche Kritiker uns fragten, warum wir nicht gekämpft haben. Heute könnten wir, wenn wir wollten, diese Frage mit einer Gegenfrage beantworten und so zu der Feststellung gelangen, dass Schwäche gegenüber der Gewalt nicht nur ein deutsches Laster ist.[1002]

---

999   Spiro aaO. S. 171.
1000 Stampfer aaO. S. 7.
1001 Stampfer aaO. S. 7.
1002 Später aaO. S. 329.

Dazu gesellte sich die andere Aufgabe, der Welt zu zeigen, dass Hitler-deutschland nicht das wahre Deutschland war und dass es noch immer ein deutsches Volk gab, das Sympathie verdiente.[1003]   (K.L.)

Ilse **Stanley,** geb. Davidsohn, geboren am 11. März 1906 in Gleiwitz/Oberschlesien, wuchs in Berlin auf, wo sie nach dem im Alter von 15 Jahren bestandenen Abitur zu-nächst Theaterwissenschaften studierte und dann eine Schauspielschule besuchte. Bis 1933 arbeitete sie hauptsächlich und mit viel Erfolg unter dem Bühnennamen Ilse Davis als Schauspielerin, was ihr schon kurz nach der Machtergreifung verboten wurde. In den Jahren 1936 bis 1938 gehörte sie einer jüdischen Widerstandsgruppe an und konnte mit Hilfe eines Gestapo-Mannes namens Hans (alias „Fritz") und eines ranghohen NS-Juristen 412 Juden zur Freilassung aus dem KZ und weiter zur Emigration verhel-fen. Die Vorgehensweise war, dass Ilse als angebliche deutsche Sozialangestellte namens Feldern mit perfekt gefälschten Entlassungsanweisungen persönlich in den KZ vor-sprach und jeweils die Freilassung eines einzelnen Gefangenen verlangte. Im Falle von Rückfragen verwies sie an einen in die Aktion eingeweihten NS-Juristen und stellte sich im Übrigen ahnungslos. Zu den größeren Risiken gehörte, dass sie aus ihrer Zeit als Schauspielerin erkannt werden würde. Das Konzept, das eine Reihe weiterer Absiche-rungen einschloss, hatte Hans selbst ausgearbeitet. Es unterlief punktgenau die ihm als Gestapo-Mann bekannten Sicherheitsbestimmungen der Konzentrationslager und konnte deswegen bis zum November 1938 über 400 Mal angewendet werden, ohne dass Verdacht aufkam. Erst die Vielzahl der Neuinhaftierungen ab dem 10. November 1938 und die Ilse nun selbst drohende Inhaftierung beendete die beispiellose Serie an Befrei-ungen. Mit viel Glück gelang ihr und ihrer Familie Anfang 1939 selbst noch die Emigra-tion in die USA. Ilse Stanley starb am 19. Juli 1970 in Boston.

[Berlin 1936, vor Beginn der Rettungsaktionen:] Ich durfte meine feste Überzeugung nicht aufgeben, dass es nur einer kleinen Gruppe von Fanati-kern bedurfte, um Furchtbares zu tun, und dass die große Masse der Men-schen, wie überall in der Welt, aus Unverstand, aus Gleichgültigkeit und Furcht mitlief und nicht ihr Leben wagte, indem sie protestierten. Ich hatte über Konzentrationslager gehört, aber wusste ich, was in ihnen vorging? Wie konnten sie es wissen?[1004]

Und dann gingen wir zur Gestapo-Leitstelle. Sie [eine Cousine von Ilse, deren Mann im KZ Sachsenhausen inhaftiert war; er war einige Tage später der erste von Ilse Befreite – Anm. KB], um die Möglichkeit zu finden, ihren

---

1003 Stampfer aaO. S. 273.
1004 Stanley aaO. S. 90.

Mann zu retten, ich, um Hilfe von dem Einen zu finden, zu dem ich jetzt meine Augen in Furcht und Zweifel erhob [gemeint ist Gott – Anm. KB].[1005] […]

Und wenn ich nicht das Recht habe, einen Menschen zu verurteilen, dann muss ich auch bedingungslos die Existenz einer Kollektivschuld ablehnen. Ich lehne jegliche Kollektivschuld so intensiv ab, dass ich bis zum letzten Atemzug diejenigen bekämpfen werde, die glauben, dass sie das Recht haben, ein ganzes Volk zu richten.[1006] […]

Ich konnte mir die Sache nicht erklären. Zu jener Zeit war die Polizei sehr bereit zu helfen, besonders wenn es darum ging, Menschen aus Deutschland herauszubekommen, denn die meisten Beamten lehnten die brutalen und selbstherrlichen Eingriffe der Gestapo ab.[1007] […]

[5. Oktober 1938, Jom Kippur:] Ich saß zurückgelehnt auf meinem Platz und überdachte das vergangene Jahr. Ich hatte über vierhundert Familien in Sicherheit gebracht, und dies gab mir ein Gefühl dankbarer Befriedigung. Aber in meinem Herzen war eine Vorahnung, dass dies der letzte Versöhnungstag in meinem geliebten Haus [= die Synagoge in der Berliner Fasanenstraße, wo ihr Vater Oberkantor war – Anm. KB] sein würde. Wir hatten die Nachricht bekommen, dass unsere Papiere genehmigt waren …[1008] […]

Wir wussten, im Augenblick eines Kriegsausbruchs war das Schicksal aller Juden in Deutschland besiegelt. Die Situation der Katholiken wurde auch täglich drohender. Obwohl die Anzahl der ermordeten Menschen in ihren Reihen nicht mit denen der Juden verglichen werden konnte, würde sie doch sehr ansteigen, sobald Hitler nicht mehr mit der Einmischung des Vatikans zu rechnen hatte.[1009]

[Fritz, ihr Helfer von der Gestapo:] „Ich kann nicht ’raus, und wenn ich könnte, würde ich auch nicht gehen. Ich gehöre zu denen, die in den Augen der Welt schuldig sind. Bei Ihnen ist es ganz etwas anderes, und ich will, dass Sie gehen – so schnell wie möglich."[1010]

Das Radio wiederholte dieselben Mitteilungen ein paarmal, und ich bin sicher, die deutschen Menschen hörten sie mit derselben Reaktion, wie sie allen anderen Mitteilungen, Drohungen und Versprechungen zuhörte, die

---

1005 Stanley aaO. S. 92.
1006 Stanley aaO. S. 108.
1007 Stanley aaO. S. 118.
1008 Stanley aaO. S. 140.
1009 Stanley aaO. S. 145 f.
1010 Stanley aaO. S. 146.

ihnen aus dem Radio von morgens bis Mitternacht entgegenschrien. Sie sahen mit der Zeit alles als Propaganda an […] die „Gemeinheit der Juden".[1011]

[Während des Pogroms 1938] Ich versuchte, die Menschen um mich herum anzusehen. Ein Mann sah mir starr ins Gesicht. Dann riss er plötzlich das Band des Eisernen Kreuzes ab, das er im Knopfloch trug, und warf es auf die Erde. „Ich schäme mich", rief er. „Ich bin ein alter Soldat. […] Aber heute Nacht schäme ich mich, ein Deutscher zu sein – ich schäme mich – ich schäme mich." Ein SA-Mann ging zu ihm herüber. „Das ist Beleidigung des Führers. Sie kommen mit."[1012]

Die Befreiung und Rettung von 412 jüdischen KZ-Insassen durch Ilse Stanley (damals Ilse Davidsohn) ist beispiellos hinsichtlich der Vorgehensweise und zugleich eine der größeren Rettungsaktionen von Juden in der NS-Zeit. Dass sie in deutschen Medien bisher kaum Beachtung fand, kann damit zusammenhängen, dass zwei der drei Schlüsselpersonen Angehörige des NS-Unterdrückungssystems waren.   (K.B., K.L.)

Luise **Stein** wurde 1914 in Konstanz geboren. In der NS-Ära emigriert sie in die USA.

Jüdische Mädchen in unserer Stadt pflegten meist Umgang mit christlichen Jungen. Es gab einen gewissen Stolz dabei, und wir Mädchen glaubten, dass wir es einer besseren Integration in die deutsche Kultur wegen taten. Sogar als Hitler 1933 die Regierung übernahm, gab es keine Veränderung im Verhalten der Mädchen.[1013]

Mein Vater war vom Aufstieg des Nationalsozialismus nicht so schockiert wie viele andere Juden. Als mein Bruder einmal einige Neuigkeiten über seine Freunde mitgebracht hatte, die in kommunistische Clubs eintreten wollten, war mein Vater wütend geworden. Er befürchtete wirklich, dass wir Kommunisten werden könnten und hatte oft gesagt, er würde den Nationalsozialismus bevorzugen, wenn man zwischen den beiden Übeln wählen müsste.[1014]   (K.L.)

1011 Stanley aaO. S. 162.
1012 Stanley aaO. S. 174.
1013 Stein aaO. S. 295 f.
1014 Stein aaO. S. 296 f.

Margarete **Steiner** wurde in Wien geboren und lebte dort bis zur Emigration in die USA, die sie über Italien und Frankreich erreichte. Der Exodus begann 1938.

Schon wenige Monate nach dem Anschluss [im März 1938] begann sich bei der Wiener Bevölkerung bereits ein sichtbarer Katzenjammer zu zeigen, der von Tag zu Tag größer wurde, obwohl man öffentlich vielleicht noch nichts davon bemerkte, da die meisten Leute aus Furcht vor der Gestapo nicht wagten, den Mund zu öffnen und ihre wahren Gefühle zu zeigen. Aber mein Mann und ich sahen und hörten genug, und hatten oft Gelegenheit, mit Geschäftsleuten, Beamten und Arbeitern zu sprechen, Leute, welche uns schon seit Jahren kannten und Vertrauen zu uns hatten.[1015]

Als wir auf italienischem Boden waren, sagte die Dame [eine andere Reisende] plötzlich zu mir: „Wie glücklich müssen Sie sein, die deutsche Grenze endlich hinter sich zu haben." Als sie mich erstaunt ansah, fuhr sie fort: „Glauben Sie mir, nicht alle Arier sind so schlechte Menschen. Ich schäme mich, eine Christin zu sein und als Deutsche zu gelten." [...] Aber leider war es für sie unmöglich [auszureisen], da der Mann eine Pension bezog und sie im Ausland keine Mittel zum Leben hatten.[1016]   (K.L.)

Charlotte **Stein-Pick** wurde am 22. Oktober 1899 in München geboren. Kurz vor Beginn des Zweiten Weltkrieges konnte sie noch Deutschland verlassen und in den USA eine neue Heimat finden. 1951 stattete sie ihrer alten Heimat einen Besuch ab. Am 2. Februar 1991 starb sie in den USA. Ihre Aufzeichnungen verfasste sie 1964.

Erst jetzt beim Hineinversenken in die Vergangenheit wird mir klar, wie viele deutsche Christen uns wirkliche Freunde waren, und es überkommt mich ein warmes Glücksgefühl. [...] Meine eigene Cousine ... war in München mit einem [nichtjüdischen] Juristen verheiratet. [...] Was haben diese beiden lieben Menschen durchgemacht und erlebt. Meine Verwandte musste jahrelang Zwangsarbeit tun, dabei war sie eine zarte, kränkliche Frau. Doch der Mann trennte sich nicht von ihr, obwohl er furchtbaren Demütigungen ausgesetzt war, sowohl beruflich als auch menschlich, denn man steckte ihn in ein Arbeitslager. Und auch sie waren alle Deutsche. Wie könnte ich da hassen mit solch wunderbaren Erfahrungen?[1017]

1015 Steiner aaO. S. 246.
1016 Steiner aaO. S. 257.
1017 Stein-Pick aaO. S. 32 f.

Einer unserer Nachbarn trug die SA-Uniform zu gewissen Gelegenheiten. Aber er ging nie an unserem Haus vorbei, er benutzte einen Rückausgang, um uns nicht zu beleidigen.[1018]

[Ende 1938 nach Entlassung des Gatten aus Gestapohaft:] Wie aufregend war daher ein Anruf des Braunen Hauses. Doch die Stimme des einen Beamten, der uns heimbrachte, klang freundlich. Zu meinem Erstaunen bat er mich, doch bald in sein Büro zu kommen. Sie fänden sich in den Bankbüchern [einer Studentenverbindung], die wir übergeben hatten, nicht zurecht und sie wären mir daher dankbar, wenn ich die Bücher vorläufig weiterführen würde. [...] So pilgerte ich jeden Monat bis zu meiner Abreise in das Braune Haus.[1019]

Wenige Tage nachdem wir das Land verlassen hatten, rief einer der beiden bei meiner Mutter an und fragte nach mir. Als sie von ihr erfuhren, wir seien ausgewandert, kam ein befreites „Gottlob, dass ihre Kinder in Sicherheit sind!" Grotesk erschien mir solch ein Ausspruch von einem Beamten der Gestapo. Kam doch ein menschliches Gefühl durch?[1020]

[Bei ihrem Besuch in München 1951 traf sie auch die Resl, das frühere Dienstmädchen der Eltern und ihre Erzieherin:] Mittags fuhr der Zug in Münchens Bahnhof ein [...] Beim Aussteigen wurde ich von drei Menschen umarmt: der Cousine meines Mannes, die durch eine Ehe mit einem christlichen Arzt der Ermordung entkam [...] Am Nachmittag schon suchte ich Resl auf [...] bald drängte sie mich, mit ihr die verschiedenen Nachbarn zu besuchen. Mein Kommen schien in den umliegenden kleinen Geschäften mit Freude und Neugier erwartet zu werden. Resl nahm mich an die Hand und führte mich zur Metzgerin, zum Rauchwarenladen, zur Altwarenhändlerin, und jedesmal ging sie zuerst in den Laden und verkündete strahlend: „Da ist's, die Lotte." Dann musste ich mich sehr genau mustern lassen, bekam überall etwas angeboten, und weiter ging es zur nächsten Nachbarin. Wie stolz sie auf mich war, die gute Seele, und etwas wusste ich gewiss, keiner dieser Leute war je ein Hitleranhänger gewesen.[1021]

[Rückblick auf die Heimat des Mannes in Sulzbach 1919:] Das Verhältnis zwischen Christen und Juden war wunderbar. Man brachte sich größte Achtung entgegen und überall schon von weitem rief jung und alt uns zu.

1018 Stein-Pick aaO. S. 44.
1019 Stein-Pick aaO. S. 67.
1020 Stein-Pick aaO. S. 68.
1021 Stein-Pick aaO. S. 105.

[…] Oft verbrachten wir einen Tag im nahen Nürnberg oder Amberg. […]
Auch das war meine Heimat, sie gehörte mir und wir gehörten ihr.[1022]

Ich fand die lieben alten Freunde, die nie von der Vergiftung erfasst gewesen waren, aber zu viele waren es noch, und mein Ohr hörte nur allzu
rasch den falschen Ton. „Der Hitler hätte den Krieg schon gewonnen, wenn
ihm nicht die Amerikaner in den Arm gefallen wären" oder „es ist eine in-
fame Lüge, dass sechs Millionen Juden getötet wurden. Wer hat sie denn
gezählt?"[1023]

Am nächsten Morgen, bevor ich abfuhr, ging ich nochmals zu meiner
Resl […] „Du hast keine Mutter mehr", sagte sie leise, „So werde ich dich
segnen, ich weiß nur den Segensspruch meines Glaubens, aber die Mutter
hätte nichts dagegen." Ich senkte den Kopf, und sie schlug das Kreuz und
ihre segnenden Worte beglückten mich. Ich küsste ihre alten runzeligen
Hände und lief rasch hinaus.[1024]

Stein-Pick zeigt am Beispiel ihrer Cousine deutlich die in der NS-Zeit dramatischen
Konsequenzen einer Mischehe auch für den nichtjüdischen Partner.   (K.L.)

Liselotte **Stern,** geb. Wolfsheimer, wurde 1922 in Weikersheim (Württemberg) geboren.
1933 emigrierte die Familie nach Frankreich und 1941 in die USA, wo Liselotte heiratete.

Als ich elf Jahre alt war, endete meine glückliche Kindheit in Weikersheim
über Nacht. Im März 1933 kam ein guter Bekannter zu meinem Vater und
warnte ihn, dass die SA in Weikersheim eine Aktion machen wolle und die
Juden überfallen wolle. Daraufhin verließ mein Vater am 24. März 1933
seine Geburtsstadt und kehrte nie wieder zurück. Die SA erschien, wie angekündigt, durchsuchte unser Haus und fahndete vergeblich nach meinem
Vater. Mehrere jüdische Männer wurden schwer misshandelt und verhaftet… Mein Vater reiste inzwischen über die Grenze… Das Haus in Weikersheim ließ er verkaufen, und als alles abgewickelt war, folgte ihm die
Familie nach Colmar, wo wir bis zum Beginn des Krieges blieben.[1025] (K.L.)

1022 Stein-Pick aaO. S. 111.
1023 Stein-Pick aaO. S. 116.
1024 Stein-Pick aaO. S. 117.
1025 Richarz (Hrsg.): *Jüdisches Leben,* aaO.. S. 170 f.

Fritz **Stern** wurde am 2. Februar 1926 in Breslau geboren. Um der Verfolgung zu entgehen, emigrierte die Familie im September 1938 in die USA. Dort wirkte er als Historiker, Schwerpunkt: deutsche Geschichte des 20. Jahrhunderts. Am 18. Mai 2016 starb er in New York.

Und er hatte einen Kreis von Freunden, die regelmäßig zum Kartenspielen zusammenkamen, das für ihn neben dem Lesen die wichtigste Quelle der Entspannung war. Hauptsächlich spielten sie Skat. Die Einsätze waren niedrig, doch die Leidenschaft war groß, wenn er seine Freunde traf: Alexander Gabriel, liberaler Direktor des Johannes-Gymnasiums, Lauterbach, ein Anwalt, und Karl Hacks, ebenfalls Anwalt. Diese Skatbrüder waren Christen, eine Tatsache ohne Bedeutung, bis Hitler an die Macht kam und sie zu Ariern wurden. Sie kamen bis zu unserer Auswanderung in unser Haus.

Ich vermute, dass die liberale, offen säkulare Haltung meiner Eltern für ein bestimmtes Milieu in Weimar typisch war. […] Natürlich gab es weiterhin Vorurteile gegen Juden, und das nicht nur unter Nichtjuden. Es gab schließlich eine Menge jüdischer Selbstkritik, in scharfer oder scherzhafter Form. Der Antisemitismus war die bösartige Form dieses Vorurteils, und er äußerte sich auf unterschiedliche Weise oft bei Berufungsangelegenheiten.[1026]

(K.L.)

Heinemann **Stern** kam 1878 unweit von Marburg zur Welt. Er wurde Lehrer an der Knabenschule der Jüdischen Gemeinde in Berlin, die er in den ersten Jahren der NS-Ära leitete. Am 28. April 1940 verließ er Deutschland Richtung Brasilien, um dort den Lebensabend zu verbringen. Er starb 1957 in Rio de Janeiro.

„Lebenserinnerungen" sind nicht Geschichte im eigentlichen Sinne des Wortes. Mehr als diese noch sind sie Darstellung des Lebens, „gesehen durch ein Temperament". […] Dann gewinnen sie auch Wert und Bedeutung für die Geschichtsschreibung, die ja nicht nur wissen und darstellen will, „wie es eigentlich gewesen ist" (Leopold von Ranke), sondern auch wie „es" sich im Geiste der Zeitgenossen gespiegelt hat. Und wie ich es als His-

---

1026 Stern, Fritz aaO. S. 105. Dennoch waren Juden im akademischen Raum weit überrepräsentiert. Siehe Notker Hammerstein: *Antisemitismus und deutsche Universitäten 1871–1933,* Frankfurt am Main 1995.

toriker von Fach sehnlichst wünsche, dass meine Aufzeichnungen später einmal diesem Zweck … dienen mögen …[1027]

Auch die Katholiken haben sich immer über Zurücksetzung im öffentlichen Leben, insbesondere bei Besetzung von Beamtenstellen zu beklagen gehabt; aber sie haben nie mehr verlangt als Beteiligung im Verhältnis zu ihrer Bevölkerungszahl.[1028]

Die Republik stand in höchster Gefahr, und wir gaben uns keinen Illusionen hin, was dies für uns bedeutete. Das Unglück freilich, das mit Hitler über uns kam, hat niemand vorausgesehen.[1029]

Dass es für einen Hitler keinen Grundsatz und keine Grundanschauung gab, vor denen seine Gewissenlosigkeit haltmachen würde, konnte ich damals so wenig wissen, wie es diejenigen voraussahen, die kraft ihres Amtes eigentlich dazu verpflichtet waren. Was in dieser Hinsicht alles möglich war, hat erst der 30. Juni 1934 [= „Nacht der langen Messer" bzw. Niederschlagung des sog. „Röhm-Putsches", wobei etwas über hundert dem Regime politisch missliebige Personen ermordet wurden, 90 von ihnen sind namentlich bekannt] enthüllt.[1030]

Mir und meiner Familie ist während der sieben Hitlerjahre, also bis zu unserer Auswanderung im Frühjahr 1940[1031], nichts Unangenehmes, abgesehen vom allgemeinen Schicksal, zugestoßen. Das Verhältnis zu den nicht-jüdischen Personen und Kreisen, mit denen das tägliche Leben uns in Berührung brachte, also mit Hauswirt und Hausbewohnern, mit Lieferanten, Angehörigen und Angestellten der Behörden, war normal. Wir haben niemals Gehässigkeit, bewusste Schädigung, Beleidigungen erfahren, eher noch betontes Wohlwollen. Auch in meinem notwendigen Verkehr mit der Polizei, dem Finanzamt, der Post herrschte die selbstverständliche Korrektheit … Da, wo es möglich gewesen wäre, mich zu schädigen, ist es nicht geschehen. Mit besonderer Betonung muss ich das ausgezeichnete Verhältnis zu meinen vorgesetzten Dienstbehörden … hervorheben. […] Während der Hunderte von Fahrten in den öffentlichen Verkehrsmitteln haben wir niemals etwas Unangenehmes erfahren, noch in Bezug auf andere Juden beobachtet.[1032]

1027 Stern, Heinemann aaO. S. 21 f.
1028 Stern, Heinemann aaO. S. 175.
1029 Stern, Heinemann aaO. S. 179.
1030 Stern, Heinemann aaO. S. 180.
1031 In der Quelle „1941", offenbar ein Druckfehler.
1032 Stern, Heinemann aaO. S. 187.

Im Allgemeinen kann man sagen, dass der Widerstand gegen die Judenverfolgung im Anfang ziemlich verbreitet war, sogar innerhalb der Partei, dass die Widerstände allmählich erlahmten, dass Resignation und Gleichgültigkeit Platz griffen. Und etwa nicht nur in Bezug auf die Juden; man darf nie vergessen, dass auch das deutsche Volk, nur die radikalen Parteigruppen ausgenommen, sein vollgerüttelt Maß von Sorgen und Beklemmungen hatte – man denke nur an die systematische Demoralisierung der Jugend, vor allem der weiblichen, und an die Verfolgung der Kirche.[1033]

Nachdem ich ihm wieder einmal die Frage, die alte, immer wiederkehrende Frage … gestellt hatte, die Frage, wie denn das Volk zu all den Vorkommnissen … stehe, antwortete er mit einer müden Geste: „Das Volk? Was soll ich Ihnen da sagen? Das Volk wird hin und her geworfen zwischen Bewunderung der außenpolitischen Erfolge und Entsetzen über die inneren Zustände." Dieses Gesamturteil erscheint mir so klug und treffend die Situation zu charakterisieren, dass ich kein Wort hinzufügen möchte.[1034] (K.L.)

Karl **Stern** kam am 8. April 1906 in Cham, Oberpfalz, zur Welt. 1917 Umzug nach München, wo er die restlichen Gymnasialjahre verbrachte und studierte. 1936 Emigration nach England. In Kanada wirkte er als Psychiater. Dort starb er am 7. November 1975. 1936 war er Katholik geworden.

Während die Wittelsbacher regierten, hatte es etwas in Bayern gegeben, was wir später den „guten alten Vorkriegsantisemitismus" nannten. Die Juden hatten mit ähnlichen Erschwerungen zu kämpfen wie die zahlreichen Rassen- und Glaubensminoritäten in anderen Teilen der Welt. Sie waren, wenn nicht konstitutionell, so doch kraft ungeschriebener Gesetze von bestimmten öffentlichen Ämtern ausgeschlossen. Es gab den „Christusmörder" und dergleichen bei manchen Kindern … Der alte König hatte den ehrwürdigen Oberrabbiner von München, Doktor Werner, gern, der nicht selten bei Hofempfängen zu sehen war. Herr Fränkel, ein äußerst orthodoxer Jude aus einer der ältesten Münchner Familien, wurde zum Königlichen Bayerischen Kommerzienrat ernannt.[1035] Trotz der Schatten des Krieges … hatte München nichts von seinem einzigartigen Zauber eingebüßt […] Das München jener Zeit existiert nicht mehr. Aber selbst wenn wir von unseren wehmüti-

1033 Stern, Heinemann aaO. S. 206.
1034 Stern, Heinemann aaO. S. 208.
1035 Stern, Karl aaO. S. 142.

gen Erinnerungen absehen, haben Städte gleichsam unsterbliche Seelen. München war eine Art harmonischer Synthese von Nord und Süd, Ost und West, Kunst und Natur, ländlicher und städtischer Zivilisation: es war eine Vorhut heiter-klarer Latinität im schwerblütigen Norden, ein gotischer Vorposten an der Eingangspforte Italiens. [1036]

[Stern arbeitete an einem psychiatrischen Institut in München:] Im Zusammenhang mit Doktor Wehde[1037] gingen mir zum ersten Male die Augen auf darüber, dass die große Trennungslinie in Europa … nicht die Linie zwischen Rechts und Links ist […] Nicht selten geschah es, dass man einen guten Freund traf, den man jahrelang als „standhaften Liberalen" gekannt hatte, der jetzt aber zu jedem Kompromiss bereit war, nur um mit heiler Haut davonzukommen. Andererseits sahen wir Leute, die wir als „Reaktionäre" verachtet hatten, in Konzentrationslager verschickt und hingerichtet werden. Zuerst schien alles verwirrend, doch allmählich wurde der entscheidende Punkt klarer: offensichtlich war das Einzige, worauf es in dieser Welt ankommt, die Stärke der moralischen Überzeugung.[1038]

[Im Dezember 1933 in den Straßen Münchens:] Da fiel mein Blick auf eine Anzeige […] Sie kündigte Adventspredigten des Kardinals über „Judentum und Christentum"[1039] an […] Und am folgenden Sonntagabend gingen mein Bruder und ich in die St. Michaels-Hofkirche. Es waren ungeheuer viele Leute da. Wir wurden gedrängt und geschoben … Ich glaube, die meisten Leute waren nur gekommen, weil sie aus dem Thema der Predigt entnahmen, dass es etwas gegen die Nazis geben würde … Kardinal Faulhabers Predigt war sehr schlicht und ungeklügelt. Ihm ging es einzig darum, den Geburtsschein Jesus von Nazareth, einem Juden im Fleisch, klarzustellen […] Mir schien diese Predigt im richtigen Augenblick und ganz besonders für mich gehalten.[1040]   (K.L.)

Marguerete **Strasser** wurde 1926 in München geboren, wo sie auch die Volksschule besuchte. 1936 wechselte sie in das Anna-Lyzeum. Ende 1938 erfolgte der Übertritt in eine jüdische Bildungseinrichtung. 1939 zog sie zu ihrem Vater nach Straßburg. Nach dem Krieg kehrte sie nach München zurück.

1036 Stern, Karl aaO. S. 37 f.
1037 Wehde hatte, laut Stern, unzählige Menschen vor der Sterilisierung bewahrt.
1038 Stern, Karl aaO. S. 138 f.
1039 Die genaue Bezeichnung: „Judentum, Christentum, Germanentum".
1040 Stern, Karl aaO. S. 179 f.

Dass mich mein Lehrer nicht leiden konnte, merkte ich sehr schnell. […]
Nach wenigen Tagen landete ich – obwohl sehr kurzsichtig – in der letzten
Bank, neben Olga mit den Läusen. Der Religionsunterricht, der von einem
Priester von „Heilig Blut" gehalten wurde, war für mich eine wahre Erho-
lung. […] Mit meinen Mitschülern kam ich gut aus und hatte sogar mehrere
Freundinnen unter ihnen.[1041]

Langsam versuchte man überall den Hitlergruß durchzusetzen, aber
viele Münchner blieben stur bei ihrem vertrauten „Grüß Gott".[1042]

Dort [auf dem Lyzeum] wurde ich von den Mitschülern und fast allen
Lehrern wie alle anderen behandelt, und ich fühlte mich daher sehr wohl.
1938, in der sechsten Klasse, bekamen wir eine neue Mitschülerin. Ihr Vater
war ein höherer SS-Offizier und sie war zu einer fanatischen Antisemitin
erzogen worden. In kurzer Zeit hatte sie durch List und Gewalt die Klasse in
ihrer Hand […] Die Lehrer waren großteils weiterhin freundlich zu mir
[…].[1043]

Als ich eines Morgens – es war der 9. November 1938[1044] in die Schule
kam, war die Atmosphäre noch frostiger als sonst. […] Ich packte also
meine Sachen und ging unter dem Gejohle meiner Mitschülerinnen zur
Türe. Als ich sie öffnete, rief mir der Mathe-Professor noch nach: „Und ver-
giss Deine Strafarbeit nicht!" Dieser Satz, den ich nie vergessen habe,
… zeigte mir, dass er den Rausschmiss nicht billigte. Für diese Worte bin ich
ihm heute noch dankbar.[1045]

Vor der Synagoge standen viele Menschen, die meisten davon unifor-
miert, und brüllten „Juda verrecke" und ähnliches.[1046]

Für mich war die Lage weniger tragisch, da ich die französische Staatsangehörigkeit besaß und jederzeit auswandern konnte. Aber ich war noch
ein unvernünftiges Kind, das sich sträubte, sein geliebtes München zu verlassen.[1047]

[Nach Kriegsende:] Das glückliche Wiedersehen mit meiner Afra [dem
früheren Kindermädchen] half mir ein wenig, über meine Verbitterung
hinwegzukommen. Ein Gang durch München konnte jedoch keine Freude

---

1041 Strasser aaO. S. 14 f.
1042 Strasser aaO. S. 16.
1043 Strasser aaO. S. 17.
1044 Tatsächlich: der 10. November 1938
1045 Strasser aaO. S. 17.
1046 Strasser aaO. S. 18.
1047 Strasser aaO. S. 18.

in mir wecken. Ich war erst ein paar Tage hier, als ich einem jungen Mann, der soeben aus russischer Kriegsgefangenschaft heimgekehrt war, begegnete. […] Es war das erste Mal – und auch einzige Mal –, dass mir ein Deutscher seine Scham und ein tiefes Bedauern über die Gräueltaten der Nazis ausdrückte… Mein Heimkehrer hat mir übrigens geholfen, in München wieder Wurzeln zu schlagen. Wir sind nunmehr seit 34 Jahren glücklich verheiratet.[1048]   (K.L.)

Rahel **Straus** wurde am 21. März 1880 in Karlsruhe geboren. Sie studierte als eine der ersten Frauen Medizin und eröffnete 1908 in München eine gynäkologische Praxis. 1933 verließ die Pazifistin ihre Heimat Richtung Jerusalem, wo sie am 15. Mai 1963 starb.

[Zur Revolution 1919:] Am Schlimmsten war es wohl in München; hier waren nicht nur unter den Führenden viele Juden, sondern noch mehr unter all den Angestellten, die man im Regierungsgebäude traf… Es war ein Unglück und der Anfang der jüdischen Katastrophe… Und es ist nicht so, dass wir das erst heute wissen, wir haben es damals schon gewusst und ausgesprochen.[1049]

Eisner eröffnete die Veranstaltung. Er sprach gut, aber wie ein jüdischer Journalist. Es sprachen noch viele, aber außer Auer, der jüdisch versippt war, nur Juden. Gustav Landauer mit seinem weiten grauen Havelock, mit seinen feinen Gesichtszügen, durchgeistigt, leidenschaftlich, mit langen wohlgepflegten Künstlerhänden, eine Christusfigur. Er sagte: „Wir werden die Kirchen in Stätten der Kultur für das Volk umwandeln!" Und das im katholischen Bayern. […] Vielleicht noch destruktiver als er war ein anderer Redner: Levien, ein Halbrusse."[1050]

[1933:] Was wir damals nicht wussten, sondern erst viel später erfuhren: viele Menschen waren verhaftet worden… Verhaftet wurden die früheren Regierungsmitglieder, die Redakteure der *Münchner Neuesten Nachrichten* und der katholischen Presse… Und noch viele andere. Juden zunächst nicht […].[1051]

1048 Strasser aaO. S. 19 f.
1049 Straus aaO. S. 225.
1050 Straus aaO. S. 226 f.
1051 Straus aaO. S. 277.

Ich war ganz nahe bei meinem Mann in einem katholischen Stift bei einer guten Freundin … untergebracht. Ich hatte es sehr gut dort. Die katholischen Schwestern waren besonders gut zu mir. „Heute geht es gegen euch Juden, morgen gegen uns Katholiken." Sie haben recht behalten. […] Ich bin mir bewusst, dass ich eine ganz andere Schilderung dieser Zeit geben sollte. Aber ich habe sie nicht objektiv, historisch erlebt. Ich erlebte sie so, wie sie in mein Leben und in das meiner Freunde eintrat, und nur so kann ich sie schildern.[1052]

Es ist kaum zu verstehen, dass die Einwohner der Stadt München von den Schreckenstaten nichts wussten und nichts ahnten. Wer hätte es ihnen sagen sollen? Jeder, der etwas anzudeuten wagte, wurde als Verbreiter von „Gräuelmärchen" verhaftet und mundtot gemacht.[1053]

[Vor der Ausreise 1933:] Mir war jeder Tag dort [in München] eine Last, sie lag auf mir und benahm mir den Atem. Dabei muss ich zugeben, dass ich persönlich nichts zu spüren bekam. Alle meine christlichen Freunde kamen noch zu mir wie zuvor. Else Wentz-Vietor, der ich hatte sagen lassen, ich hätte sie aus meinem Leben gestrichen, protestierte energisch dagegen, dass ihre Begeisterung für Hitler an unserer Freundschaft etwas ändern könne. Eine andere Freundin kam, mir zu sagen, auf welche Weise sie mir helfen wolle, mein Geld über die Grenze zu bringen. Und meine Trudel H …[1054] Es löste sich ein Band nach dem anderen. […] Die jüdischen Freunde? Ich wusste, sie würden alle nicht mehr lange hier sein. Die christlichen Freunde? Heute noch standen sie neben mir in wirklicher Freundschaft und Treue. Wie lange würden sie es noch können?[1055]

(K.L.)

Walter **Tausk,** geboren in Niederschlesien am 16. April 1890, war in Breslau wohnhaft. Er wurde, vermutlich 1941 im Ghetto von Kowno (litauisch: Kaunas), ermordet.

[Über den Verlauf des Boykotts in Breslau 1933:] Den 31.3., abends: Heute Nachmittag standen bereits die ersten „Plärrkommandos" der Nazis vor einigen Warenhäusern …, aber gerade diese Läden wurden von Käufern in einer Weise frequentiert, dass einige Läden zeitweise schließen mussten,

---

1052 Straus aaO. S. 280.
1053 Straus aaO. S. 281 f.
1054 Straus aaO. S. 323.
1055 Straus aaO. S. 323.

andere mussten ein Schild anbringen: „Ausverkauft". Um die Plärrkommandos kümmerte sich kein Mensch …[1056]

Sonnabend, den 1.4.1933. Was hier folgt, ist kein Aprilscherz! […] An allen jüdischen Firmen sieht man die Schaufenster mit weißen, etwa fünfzig bis sechzig Zentimeter großen Buchstaben beschmiert: JUDE. Daneben kleben, oder werden gerade geklebt, kleine rote Zettel: DEUTSCHE, KAUFT NICHT BEIM JUDEN! Kein Geschäft mit jüdischen Inhabern ist verschont! Aber die Läden haben auf (mit ganz wenigen Ausnahmen), und das christliche Personal steht überall hinter den Ladentüren oder in der offenen Türe: traurig, aber mit einer gewissen stillen Wut, die sich auf die Nazigarden richtet.[1057]

Wenn man genau hinhört: dieselbe abfällige Kritik bei Christen, denselben Vorsatz – doch wieder beim Juden zu kaufen. Man hört sehr selten eine andere Meinung.[1058]

Den 18.9.1935: Der „Nürnberger Parteitag" schloss am Sonntag natürlich mit der Reichstagssitzung, die unter anderem die Judengesetze brachte. Die Stimmung hier in Breslau ist täglich gedrückter, zurückhaltender, schweigender, versteckt wütend – und bei den Hausangestellten, die also am 1.1.1936 bei Juden entlassen werden müssen, ist „Heulen und Zähneklappern" – aber kein Judenhass – vielmehr ein offen ausgesprochener Hass gegen diese Regierung.[1059]

Die arischen Hausangestellten, die am 1.1.1936 die jüdischen Dienststellen zu verlassen haben, rebellieren bereits in offener Fronde! Sogar solche Mädchen, die bisher „treu Nazi" waren, erklären sich mit ihren Herrschaften verbunden und wollen nur mit Gewalt aus ihren Stellen entfernt werden. In Breslau zog eine umfangreiche Deputation auf die „Arbeitsfront" und machte Krach gegen das Gesetz. […] Auch hörte man hier in Breslau, dass viele Mädchen, die seit Jahren in derselben Stellung sind, aus freien Stücken Jüdinnen werden wollen, um so die Verbundenheit mit ihren verfolgten Dienstherrschaften zu bezeugen.[1060]

1056 Tausk aaO. S. 52.
1057 Tausk aaO. S. 53
1058 Tausk aaO. S. 54. Ähnliche Beobachtungen werden auf den Seiten 57, 60, 81 geschildert.
1059 Tausk aaO. S. 127.
1060 Tausk aaO. S. 127.

Die gesamte Judenangelegenheit wird von der überwiegenden Zahl der Bevölkerung abgelehnt, die – auch jetzt zu Weihnachten – ihre Einkäufe, in Breslau wenigstens, „beim Juden" macht.[1061]

12.11.1936 Weiter eine kleine Illustration, wie tief[1062] der Nationalsozialismus ins deutsche Volk eingedrungen ist, „bis auch der letzte davon ergriffen und für die Bewegung gewonnen ist", wie Frick [1933–1943 Reichsminister des Innern] letztens sagte. In Breslau sind – wie jetzt hintenrum bekannt wurde – größere Abordnungen von arischen Hausangestellten, die zum 1.1.1936 ihre nichtarischen Dienstherren verlassen mussten, aufs Polizeipräsidium gezogen und verlangten den Polizeipräsidenten zu sprechen.[1063]

[Tausk berichtet aktuell aus Breslau über den Pogrom November 1938:] Das ältere Publikum war sehr geteilter Ansicht, die allgemeine Stimmung aber war entschieden gegen diese Ereignisse.[1064]

Man verhaftete ungezählte hunderte arische Menschen von der Straße weg, die irgendeine missbilligende Bemerkung machten. Man verhaftete christliche Geistliche aller Bekenntnisse, die Bittgebete für jüdische Menschen vortrugen.[1065]

Man weiß beim „Volk", dass jedes Wort darüber gleich ist mit Verhaftung, Einsperren und eventuellem Erschießen. Man weiß, dass alte, wirklich abgehärtete Polizeibeamte angesichts dieser miterlebten Gräuel zusammenbrachen, ihrem Herz Luft machten und krank liegen.[1066]   (K.L.)

Die von Werner Tausk bezeugten ablehnenden Reaktionen von Nichtjuden in Breslau auf die Nürnberger Gesetze 1935 und die „Kristallnacht" 1938 sind besonders weitgehend. Dass dort im Herbst 1935 offenbar etliche nichtjüdische Hausangestellte laut darüber nachdachten, sogar zum Judentum zu konvertieren, um nicht infolge der Nürnberger Gesetze ihre Stelle zu verlieren, ist dafür ebenso ein Beispiel wie der erwähnte Gang von Abordnungen von Hausangestellten zum Polizeipräsidium. Im Unterschied zu anderen Zeitzeugen berichtet Tausk auch nicht, dass viele Nichtjuden ihre Ablehnung gegen die Pogromnacht nur deswegen nicht offen ausgedrückt hätten, weil ihnen

---

1061 Tausk aaO. S. 136.
1062 Ohne Anführungszeichen, wie im Original. Der weitere Text macht die völlige Ironie dennoch klar.
1063 Tausk aaO. S. 138.
1064 Tausk aaO. S. 182.
1065 Tausk aaO. S. 192.
1066 Tausk aaO. S. 201.

dann die Verhaftung gedroht hätte. Vielmehr berichtet er, dass in Breslau Hunderte aus eben diesem Grund tatsächlich verhaftet wurden.   (K.L., K.B.)

Gabriele **Tergit** (Pseudonym für Elise Reifenberg geb. Hirschmann) wurde am 4. März 1894 in Berlin geboren, wo sie auch als Journalistin und Schriftstellerin tätig war. Bereits im März 1933 verließ sie Deutschland und emigrierte über Spindelmühle im Riesengebirge (damals Tschechoslowakei) zunächst nach Palästina. Ab 1938 lebte sie überwiegend in London, wo sie am 25. Juli 1982 starb.

Reimann [der Betreiber des gleichnamigen Cafés in Berlin] hatte unter Lebensgefahr während der Hitlerjahre den Juden, als ihnen Theater, Konzerte, Gaststätten jeder Art verboten waren, sein Lokal geöffnet, also war es selbstverständlich, dass man es jetzt besuchte.[1067]

Auf einem Bahnhof sah sie einen deutschen Soldaten und gab ihm einen Brief – oder warf sie ihn ihm zu –, der Freunden und Familie ihr Schicksal offenbarte. Auch das muss gesagt werden, wie viele deutsche Soldaten unter eigener Lebensgefahr letzte Briefe jüdischer Opfer beförderten.[1068]

Ich habe hier schon einiges aus dem wahnsinnigen Komplex des Antisemitismus erzählt, der für weite Kreise, besonders für Frauen, das wesentliche Thema ihres Lebens war. Meinen Mitschülerinnen wurden die Haare glattgebürstet, da welliges Haar jüdisch war.[1069]

Ich verließ am 4. März 1933 Deutschland. Sofort. Ich roch, dass ein so gewaltiger Hass, wenn er freigegeben, zu Mord führen musste.[1070]

„Ich brauchte", sagte Wolff, „drei Arme, einen gegen die Nazis, einen gegen die Kommunisten und einen gegen Lachmann-Mosses Sparpolitik."[1071]

Ich erzählte ihm, was mir die liebende Frau eines jüdischen Mannes, die zwei halbjüdische Kinder hatte, nach einem Besuch ihrer Familie in Deutschland erzählt hatte: „Sie können sich nicht vorstellen, was für ein herrliches Land Deutschland geworden ist. Alle sind selbstbewusst, und alle fühlen sich als Glieder einer Gemeinschaft. Wunderbar."[1072] […]

1067 Tergit aaO. S. 104.
1068 Tergit aaO. S. 106
1069 Tergit aaO. S. 207.
1070 Tergit aaO. S. 209.
1071 Tergit aaO. S. 210.
1072 Tergit aaO. S. 214.

Der Herausgeber Walter Karsch hatte sich großartig in der Hitlerzeit benommen. Seine Ehe war 1933 scheidungsreif, aber seine Frau war Jüdin, und um sie zu schützen, wartete er mit der Scheidung bis 1945, schrieb keine Zeile mehr […].[1073]

Klupp wollte unter Hitler weiterarbeiten können, so ließen sie sich scheiden und lebten zusammen, aber sie musste in einer Fabrik zwangsarbeiten, und als sie in die Hamburger Straße gebracht wurde, den Vorhof von Auschwitz, bestand sein Leben nur noch aus dem täglichen Weg in die Hamburger Straße, um dort der SS den Hof zu machen, sie zu bestechen, damit seine Frau nicht abtransportiert werden würde. Tatsächlich gelang es ihm […] Sie heirateten sofort wieder 1945 […].[1074]

[Daneben schroffer Antisemitismus:] Eine andere der Damen nahm Gift, als sie wusste, dass sie abgeholt würde. Frau B. lief nebenan in ein Sanatorium […], um einen Arzt zu holen. „Höre immer Dame", sagte der diensttuende Arzt, „ner alten Judensau wollen Sie helfen. Sie wollen mich auch zum Judenknecht machen. […]." Es kamen zwei andere Ärzte dazu: „Daneben in dem Judenstall kotzt sich wieder eine Judenhure zu Tode." Offiziersfrau setzt sich ein, andere Begriffe, wohl nicht mit Führer einverstanden![1075] […]

Immer wieder wurde Clara auf Ämter bestellt, um den Befehl, sich von dem jüdischen Mann in London scheiden zu lassen, entgegenzunehmen. Sie sagte: „Nein", und der Beamte schlug ihr mit der Faust ins Gesicht, dass ihre Zähne heraussprangen.[1076]

Norbert Wollheim als Vertreter der Juden sprach von der Angst, als sie 1940 von diesem Film [„Jud Süß"] hörten und als die Nachricht ins KZ kam, dass er der SS vorgeführt würde. Wollheiml sagte: „Ich habe den Film zum ersten Mal vor einem Jahr gesehen. Es ist ein Wunder, dass die Zuschauer damals nicht in die jüdischen Wohnungen eingedrungen sind und ihr Mütchen gekühlt haben. Aber es ist nirgends geschehen." In Frankreich war der Jud-Süß-Film für viele Katholiken der Anstoß, in den Widerstand einzutreten.[1077]

Eine Nachbarin hatte im April 1945 Klumpp und Grete angezeigt, dass sie zusammenwohnten, weil sie deren Zimmer haben wollte. Aus solchen

---

1073 Tergit aaO. S. 271.
1074 Tergit aaO. S. 296 f..
1075 Tergit aaO. S. 298 f.
1076 Tergit aaO. S. 314.
1077 Tergit aaO. S. 320.

Gründen wurden Untergetauchte verraten! Am nächsten Tag waren die Russen da, sonst wären sie noch hingerichtet worden. „Habt ihr das Mädchen dafür angezeigt?" – „Nein", sagte Grete. „Wir hatten zwölf Jahre Denunziationen hinter uns – damit muss nun Schluss sein."[1078]

Befremdlich die Einschätzung einer mit einem Juden verheirateten Frau wohl Mitte der dreißiger Jahre: „Sie können sich nicht vorstellen, was für ein herrliches Land Deutschland geworden ist." Ja, die Hitler-Begeisterung war zunächst in der Tat groß – bei seinen Anhängern. Aber mehr als die Hälfte der Wähler stimmte am 5. März 1933 gegen die NSDAP, 56,1 Prozent, dabei war diese Wahl schon nicht mehr ganz frei.   (K.L., K.B.)

NN. **Töpper,** um 1920 in Deutschland geboren, lebte, während er das Tagebuch schrieb, in den Niederlanden, wohin er 1937 ausgewandert war.

Amsterdam, den 10. November 1938 […] Das deutsche Volk hat sich verloren. Es degeneriert und versaut, von Proleten, die sich Führer schimpfen, systematisch verdorben. Trostlos ist die Lage der Juden. Kaum ein Land, das noch jemanden hereinlässt. […] Oh, wie komme ich mir als Feigling vor, hier im Ausland so etwas zu schreiben. Wie viel lieber wollte ich in Deutschland sein, da, wo meine Kameraden sind. […] Komisch, ich bin Jude und doch kein Jude, Deutscher und doch kein Deutscher.[1079]

Amsterdam, den 21. November 1938 […] Wir müssen es schaffen. Und dazu brauche ich Kraft. Und Kraft kriege ich durch Hass, und den durch den Gedanken an die … [Ereignisse (?)[1080]] der letzten zwei Wochen [Pogrom in Deutschland]. Liebe ich Deutschland noch? Ja, ja, ja, aber anders, bedingter als vorher. Viele Menschen müssen an die Wand gestellt werden, bevor man wieder einmal ein Reich schaffen kann, das Achtung genießt.[1081]

[Zur Frage, ob die Mehrheit der Deutschen Hitlers Judenpolitik gutheißt:] Es ist kein Deutschland mehr, es ist ein Reich von Kannibalen, die man nicht mehr unter Menschen rechnen darf. Nach Berichten von Flüchtlingen hier soll ein großer Teil der Bevölkerung tief empört sein, aber es

---

1078 Tergit aaO. S. 354.
1079 Angress aaO. S. 91 f.
1080 Im Original steht hier „unleserlich"; das zitierte Buch basiert auf handschriftlichen Tagebuchaufzeichnungen.
1081 Angress aaO. S. 110.

waren immer noch genug da, um 600.000 Menschen[1082] mehr oder weniger brotlos und obdachlos zu machen.[1083]

Töpper hat diese Aufzeichnungen im Ausland gemacht. Übrigens ging er auch mit Juden und dem, was er „Weltjudentum" nennt, hart ins Gericht. Letzteres bleibe „auf seinem Geldsack mit den feinsten Hintern kleben."[1084]   (K.L.)

Simone **Veil** wurde am 13. Juli 1927 in Nizza als Simone Jacob geboren. Ihr Vater André Jacob war Architekt, ihre Mutter Yvonne geborene Steinmetz war eine Atheistin jüdischer Herkunft. Ende März 1944 wurde sie in Nizza zusammen mit ihrer Mutter und zwei Geschwistern verhaftet und über das Lager Drancy bei Paris nach Auschwitz deportiert. Sie und ihre Schwester überlebten mit viel Glück. Nach dem Krieg studierte Simone Veil Jura und machte Karriere als Politikerin. Von 1974 bis 1979 war sie französische Gesundheitsministerin, danach gehörte sie bis 1993 dem Europäischen Parlament an, von 1979 bis 1982 als dessen Präsidentin. Sie verstarb im Jahre 2017 in Paris.

[Anfang April 1944, nach der Verhaftung in Nizza:] Während der Woche, in der wir im Hotel Excelsior verbrachten, wurden wir nicht misshandelt, und das Essen war sogar besser als draußen. Ich weiß noch, dass es unter den SS-Leuten einen Elsässer gab, der Mitleid mit den Gefangenen hatte. Wusste er, was uns erwartete? Ich bezweifle es. [...] Am Ende jeder Woche wurde eine Fuhre Menschen aus der Stadt geschafft – übrigens mit einem ganz normalen Personenzug ... Die SS-Leute behandelten uns weder verächtlich, noch waren sie gewalttätig, und die Waggons wurden jeweils von nur zwei Männern bewacht. Am 7. April verließen wir die Stadt und fuhren nach Drancy, wo die Transporte aus ganz Frankreich zusammenliefen, wie wir später erfuhren.[1085]
Die Internierten verharrten manchmal tagelang reglos und stumm. Ob den jüdischen Verantwortlichen bekannt war, was uns bevorstand, kann ich nicht sagen. Ich glaube, dass sie es mehr ahnten, als es wirklich zu wissen. Aber selbst wenn sie im Bilde gewesen sein sollten, ließen sie verständlicherweise nichts durchsickern. [...] So habe ich in Drancy nie von Gaskam-

---

1082 Gemeint sind damit offenbar die recht genau 500.000 Juden in Deutschland Anfang 1933 mitsamt ihren ebenfalls bedrängten, nichtjüdischen Angehörigen.
1083 Angress aaO. S. 113.
1084 Angress aaO. S. 155 f.
1085 Simone Veil: *Und dennoch leben. Die Autobiographie einer großen Europäerin.* Aufbau Verlag, Berlin 2009, S. 41 f.

mern, Verbrennungsöfen und anderen Vernichtungsmaßnahmen gehört. Alle sagten sich und anderen, dass wir nach Deutschland gebracht würden, wo uns „sehr harte" Arbeit erwartete. Aber was war das Ziel der Reise? Da wir es nicht wussten sprachen wir von „Pitchipoï", ein Fantasiewort, das ein imaginäres Reiseziel bezeichnete.[1086]

Tag für Tag warteten wir – Maman, meine Schwester Milou, mein Bruder und ich – auf den Aufbruch in Richtung Deutschland, zu einer Reise von der wir weder wussten, wann sie stattfinden, noch wohin sie uns führen sollte. Wir hatten nur die Hoffnung, nicht getrennt zu werden. Keiner hatte von uns bislang etwas von Auschwitz gehört, der Name war nie gefallen. […] Heute fällt es schwer, sich klarzumachen, wie beschränkt der Zugang zu Nachrichten und Informationen während der gesamten Besatzungszeit war, was zum einen an der Polizei, zum anderen aber an der Zensur lag. So ist etwa kaum noch nachvollziehbar, dass von der großen Razzia im Pariser Velodrom im Juli 1942 … außerhalb der betroffenen Viertel niemand gehört haben soll. [Die französische Polizei habe sich damals zutiefst unehrenhaft verhalten,] (d)och schmälert diese Tatsache keinesfalls die Verdienste jener Polizisten, die vor der Razzia im Velodrom im Juli 1942 rund die Hälfte der 25.000 in Paris gemeldeten Juden gewarnt und damit gerettet haben.[1087]

Am 15. April erreicht der Zug mit Simone und ihrer Familie Auschwitz-Birkenau. Die gut 16-Jährige überlebt die Selektion, indem sie behauptet, sie sei achtzehn. Die neuen Häftlinge werden desinfiziert, ihnen wird die Häftlingsnummer auf den Unterarm täto-wiert, aber entgegen dem üblichen Vorgehen werden sie nicht kahlgeschoren.

Diese Geschichte mit den Haaren [blieb] nicht die einzige Ungereimtheit im Lager. Als wir zum Beispiel das Glück hatten, alle drei [= ihre Mutter, ihr Schwester und sie selbst] einem kleinen Außenkommando zugeteilt zu wer-den, wo die Lebensbedingungen weniger hart waren, wurde Maman so schwer krank, dass sie nicht mehr weiterarbeiten konnte. Der SS-Mann, der die Aufsicht über uns führte, drückte beide Augen zu und sorgte dafür, dass sie der Inspektion des Kommandos durch einen Sanitätsfunktionär entging. Einige Zeit später erlitt eine junge Polin … eine Blutvergiftung, woraufhin ein SS-Mann ins Dorf von Auschwitz fuhr und Sulfonamid besorgte, um sie behandeln zu können. Die junge Frau wurde geheilt. Unser Leben dort war

1086 Veil, a.a.O., S. 43 f.
1087 Veil, a.a.O., S. 45 f.

kafkaesk und voller Widersprüche. Warum bekamen schwangere Frauen größere Essensrationen, wenn sie in den meisten Fällen nach der Entbindung vergast und die Neugeborenen systematisch umgebracht wurden?[1088]

In diesem Außenlager namens Bobrek, gut 4 Kilometer von Auschwitz entfernt, betrieb die Firma Siemens eine Produktion. Todesfälle gab es dort nach Angaben von Veil in ihrer Zeit (Juli 1944 bis Januar 1945) unter den rund 235 Insassen keine. Simone, ihre Mutter und ihre Schwester waren um den 10. Juli dorthin verlegt worden, kurz vor ihrem 17. Geburtstag. Das hatten französische Mitgefangene erfahren und schenkten ihr ein halbes Brot.

Und einer von der SS im Lager gewährte mir das, was man damals eine *Zulage* nannte, nämlich ein Stück Wurst.[1089]

Am 18. Januar 1945 musste Veil den Todesmarsch des KZ Auschwitz vor der heranrückenden Roten Armee antreten. Er führte zunächst in einem brutalen, dreitägigen Fußmarsch in das etwa 70 Kilometer westlich gelegene Gleiwitz, danach weiter in einem achttägigen Bahntransport über Prag ins KZ Mauthausen, von dort wieder mit der Bahn über das KZ Dora-Mittelbau im Harz nach Bergen-Belsen, das sie am 30. Januar erreichte. Dieses Lager wurde erst am 15. April von den Briten befreit, die Verhältnisse dort in den letzten Kriegswochen waren grauenhaft. Eine polnische Lagerältesten, die ihr schon in Auschwitz wahrscheinlich das Leben gerettet hatte, teilte Veil …

… in den Küchendienst der SS ein, womit sie meine Familie und mich sowie viele andere vor dem Hungertod bewahrte. Das Verhalten dieser Frau mir gegenüber ist mir immer ein Rätsel geblieben. In den Tagen nach der Befreiung erfuhr ich, sie sei von den Briten gehängt worden. […] [T]rotz meiner Angst und Ungeschicklichkeit gelang es mir hier, wenigstens ein bisschen Essen für Maman und Milou zu stehlen. Einmal wurde ich von einem SS-Mann mit etwas Zucker erwischt – er beließ es bei einigen Schlägen, bevor er mich mitsamt dem Zucker wieder gehen ließ.[1090]

1088 Veil, aaO, S. 58 f.
1089 Simone Veil: *L'aube à Birkenau [Morgendämmerung in Birkenau]*, Récit recueilli par David Teboul, Les Arènes, Paris 2019, S. 92. – Im Original: „Et l'un des SS du camp m'a accordé ce qu'on appelait *une Zulage*, un supplément, c'est-à-dire un morceau de saucisson." Der außergewöhnliche Vorgang findet sich mit weniger Details auch in ihrer Autobiographie (S. 68 f.), wo aber aus dem Stück Wurst ein Stück Brot geworden ist.
1090 Veil, *Und dennoch leben*, S. 76 f.

[Den Gedanken einer Kollektivschuld lehnte Veil ebenso ab, wie einige Vorstellungen, die in die selbe Richtung gehen:] Ebenso wenig … schließe ich mich dem Masochismus einiger Intellektueller wie Hannah Arendt an, wenn sie über kollektive Verantwortung und die Banalität des Bösen schreiben. Diese Art des Pessimismus missfällt mir einfach; ja ich behaupte sogar, dass es sich dabei um einen Kunstgriff handelt, mit dem man sich geschickt aus der Affäre ziehen kann. Wenn man alle für schuldig erklärt, heißt das letztlich, dass es keiner ist. Dies ist die aus der Not geborene Lösung einer Deutschen, die um jeden Preis versucht, das Ansehen ihres Landes zu retten[1091] und die Schuld der Nazis in einer großen, diffusen Verantwortung zu ertränken, die so unpersönlich ist, dass sie am Ende nichts mehr bedeutet. Wenn die Schuld von allen geteilt wird, kann sich der Einzelne ein gutes Gewissen bewahren. Ich bin nicht verantwortlich, schließlich tragen wir alle die Schuld. Muss man also eine Frau zur Ikone stilisieren, die immer wieder erklärt hat, dass die gesamte Menschheit die Schuld an den Tragödie der Geschichte trägt, jeder zu allem fähig sei und der Barbarei jederzeit anheim fallen könne? Ich bezweifle das …

Mit ihrem grundsätzlichen Pessimismus stellen die Anhänger dieser Thesen nicht mehr als ihre eigene Feigheit unter Beweis – während die Gerechten unter den Völkern große Risiken auf sich genommen haben, … um Juden zu retten, die sie in der Regel nicht einmal kannten. Ihre Taten beweisen, dass es die Banalität des Bösen nicht gibt.[1092]

Das Zeugnis von Simone Veil gehört zu den stärksten Plädoyers von jüdischer Seite gegen jede Theorie einer kollektiven Verantwortung oder gar Schuld ganzer Nationen. Veil erwähnt gleich fünf SS-Leute, die sich inhaftierten Juden oder anderen Lagerinsassen gegenüber fair oder sogar lebensrettend verhalten haben. Selbst in einer so eindeutig verbrecherischen Organisation wie der SS war also nicht jedes einzelne Mitglied ein Verbrecher. – Veils Kritik an den Ideen von Hannah Arendt krankt auf den ersten Blick daran, dass sie Arendt in ihrer in hohem Alter verfassten Autobiographie irrtümlich für eine (nichtjüdische) Deutsche hielt. Bei näherer Betrachtung bleibt ihre Kritik dennoch gültig, die Logik ist von dem falsch unterstellten Motiv unabhängig. Übrigens ist Arendts Theorie von der angeblichen „Banalität des Bösen" (mitsamt der Vorstellung, dass in fast jedem Menschen das Potenzial zu barbarischem Verhalten stecke) in den

---

1091 Hier irrte Simone Veil: Hannah Arendt war selbst jüdisch und nur bis zu ihrer Ausbürgerung 1937 deutsche Staatsangehörige. Sie hatte jedenfalls keinerlei Motiv, als „Deutsche … das Ansehen ihres Landes zu retten".
1092 Veil, aaO, S, 85 f.

letzten Jahren noch von anderer Seite her unter Druck geraten: Arendt hat diese Theorie unter dem Eindruck des Eichmann-Prozesses in Jerusalem 1960 bis 1962 entwickelt. Eichmann, dem obersten Organisator der Transporte von Millionen Juden kreuz und quer durch Europa in die Vernichtungslager, war es dort überraschend gut gelungen, den subalternen Beamten zu spielen, der angeblich nur Befehle ausgeführt habe. Seine Richter hat er damit nicht überzeugt – er wurde zum Tode verurteilt und hingerichtet -, aber teilweise Hannah Arendt. Weitere Forschungen über Eichmann haben Belege dafür erbracht, dass er seine Tätigkeit mit noch deutlich mehr Eigeninitiative und eigenen Vorschlägen ausgeübt hat, als es zum Zeitpunkt seines Prozesses bekannt war.

(K.B.)

8. Weidenfeld, George – Zweig, Arnold

George **Weidenfeld,** österreichisch-britischer Diplomat, wurde 1919 in Wien geboren, von wo er 1938 nach England floh. Dort starb er am 20. Januar 2016.

1929 war ein Jahr, in dem man die deutsche Kultur, Geschichte und Literatur, Volkskunst und Musik noch uneingeschränkt bewundern konnte – Hitler und seine Braunhemden waren noch kaum wahrnehmbar, blasse Stäubchen auf dem bunten Tableau der Weimarer Republik.[1093]

Die gedankenlose Verurteilung jeglicher Kollaboration durch Menschen, die selbst nie der Verfolgung ausgesetzt waren und Einschüchterung, Terror und Tod, die andernfalls gedroht hätten, nicht in ihre Überlegungen einbezogen, hat mich oft geärgert, ja angewidert. Großartige Männer und Frauen wurden zu Unrecht der Kollaboration mit dem Feind beschuldigt, wo sie ihn doch im Dienst höherer humanitärer Ziele beschwichtigten.[1094]

(K.L.)

Friedrich **Weil** wurde 1878 in Schmieheim (Baden) als Sohn eines Weinhändlers geboren 1900 gründete er in Frankfurt am Main ein eigenes Weingeschäft. Im Herbst 1938 – nach KZ-Aufenthalt und noch vor dem Pogrom – emigrierte er nach Frankreich und wanderte von dort in die USA aus, wo er 1953 starb.

1093 Weidenfeld aaO. S. 35.
1094 Weidenfeld aaO. S. 56.

In der Abschiedsstunde hat mir dieser gebildete und ehrlich denkende Nazi wörtlich gesagt: „Mein Verehrter, Sie werden morgen früh um sieben Uhr das Gefängnis verlassen.. […] Zum Abschied möchte ich Ihnen einen wohlgemeinten und guten Rat geben. Sehen Sie zu, dass Sie und Ihre Kinder recht bald aus Deutschland auswandern können."[1095]

[Über den Enkel eines Bekannten:] Mit diesem Enkel, der ein überzeugter Nazi war, unterhielt ich mich eine geraume Weile. Er war der Typus der neuen deutschen Generation. Ich schätzte ihn auf etwa 18 Jahre. Der Refrain seiner Antworten war stets der gleiche: „Ich kann Ihnen darauf nur das Eine sagen: Unser Führer weiß, was ich will, und wenn es auch nicht jedem gleich als gut und richtig erkennbar ist, ich weiß, dass es für das Volk nur zum Guten ist." […] Andererseits hatte ich auch sprechende Beweise vom überschäumenden Hass der arischen Bevölkerung gegen das jetzige braune Regime. Eine alte Bäuerin konnte es sich nicht versagen, einen kerndeutschen Fluch gegen die braune Pest so laut zu schreien, dass ich sie bitten musste, in Zukunft mehr Vorsicht zu üben.[1096]

Für den Produzenten war ich der Käufer und für den Sektfabrikanten der Verkäufer, der dafür einzustehen hatte, dass die richtigen Weine für die jeweiligen Zwecke zugeteilt wurden. Für beide Seiten war ich die Vertrauensperson, und auf Grund meiner mehr als 40-jährigen fachlichen Erfahrung hatte ich auch das unbeschränkte Vertrauen beider. […] So blieb ich also selber in der deutschen Wirtschaft tätig, bis ich am 13. Juni 1938 mit ca. 2000 deutschen Juden schlagartig ins Konzentrationslager verschleppt wurde.[1097]

[Kurz vor der Ausreise:] Bei einigen meiner Abnehmer machte ich private Abschiedsbesuche, die teilweise recht dramatisch wurden. Man bedauerte außerordentlich meinen Entschluss […] und man bat mich quasi um Entschuldigung. Dreimal musste ich in Privatbüros der Chefs von großen Firmen hören: „Sind Sie doch froh, dass Sie soweit sind und fortgehen können; ich wäre ja heilfroh, wenn ich mit Ihnen tauschen könnte." […][1098]

Ich denke noch immer gerne an diese Stunde, in der das alte Deutschland sich noch einmal mir zeigen wollte, wie es wirklich war.[1099]   (K.L.)

1095 Weil: *Mein Leben in Deutschland…*, aaO. S. 269 f.
1096 Weil: *Mein Leben in Deutschland…*, aaO. S. 276
1097 Weil: *Das Ende…*, aaO. S. 114 f.
1098 Weil: *Das Ende…*, aaO. S. 116.
1099 Weil: *Das Ende…*, aaO. S. 117.

Michael **Wieck** wurde 1928 in Königsberg geboren. Da seine Mutter Jüdin war und mit ihrem Sohn der jüdischen Gemeinde angehörte, traf ihn das Los der so genannten „Geltungsjuden". So musste er ab September 1941 den Judenstern tragen. Er überlebte in seiner Heimatstadt und wurde nach deren Eroberung durch die Rote Armee vom NKWD als Deutscher interniert. Er überlebte auch die folgenden zwei Jahre in Königsberg, wo etwa 85 Prozent der in der Stadt verbliebenen Deutschen an Hunger und Krankheiten zugrunde gingen. 1947 Vertreibung in die SBZ, Flucht nach Berlin (West) und Musikstudium dort. Violinist und Buchautor. Michael Wieck lebt heute (2020) in Baden-Württemberg.

[Nach Beginn der Deportationen 1941:] Als schuldlos Verfemte gingen sie durch die Straßen, in denen, von wenigen Ausnahmen abgesehen, die ehemaligen Mitbürger, Patienten, Kunden, Freunde oder Nachbarn untätig daneben standen, zusahen oder wegsahen. Einige ganz gewiss mit bitteren Gefühlen und dem Wissen um das schlimme Unrecht und die eigene Ohnmacht.[1100]

Meine ersten Schulerlebnisse waren aber nicht unbedingt typisch für alle deutschen Schulen, das beweist das Ergehen meiner Schwester in einer Mädchenschule. Sie hatte kaum unter Antisemitismus zu leiden und wechselte erst in die jüdische Schule, als dies durch ein Gesetz befohlen wurde.[1101] […] Durfte man so viel Entrechtung und Demütigung deutscher Mitbürger anderen Glaubens – und wenn sie getaufte Juden waren, nicht einmal das – tatenlos hinnehmen?[1102]

Wäre ich kein Jude, so müsste auch ich irgendeiner uniformtragenden Gruppe angehören und kann leider nicht ausschließen, dass die allgemeine Begeisterung mich angesteckt hätte.[1103]

Es kostete große Überwindung, als Gekennzeichneter die Straße zu betreten und den erstaunten, neugierigen, ablehnenden, aber auch mitfühlenden Blicken ausgesetzt zu sein. Wegen der mitfühlenden Menschen kam nur einen Monat nach Einführung des Judensterns [19. September 1941] eine weitere Verfügung heraus …, die besagte: „Alle deutschblütigen Personen, die in der Öffentlichkeit freundschaftliche Beziehungen zu Juden zeigen, … sind in Schutzhaft zu nehmen bzw. in schwerwiegenden Fällen bis zur Dauer von drei Monaten in ein KZ einzuweisen. Der jüdische Teil ist in

1100 Wieck aaO. S. 31.
1101 Wieck aaO. S. 50.
1102 Wieck aaO. S. 60 f.
1103 Wieck aaO. S. 76.

jedem Fall bis auf Weiteres unter Einweisung in ein Konzentrationslager in Schutzhaft zu nehmen."[1104]

Damals erklärten sieben nationalkirchliche Kirchenführer[1105], unter ihnen der Präsident des Landeskirchenamtes Sachsen und der Landesbischof von Mecklenburg: „Als Glieder der deutschen Volksgemeinschaft stehen die unterzeichneten deutschen Evangelischen Landeskirchen und Kirchenleiter in der Front dieses historischen Abwehrkampfes, der u. a. die Reichspolizeiverordnung über die Kennzeichnung der Juden als der geborenen Welt- und Reichsfeinde notwendig gemacht hat, wie schon Dr. Martin Luther nach bitteren Erfahrungen die Forderung erhob, schärfste Maßnahmen gegen die Juden zu ergreifen ...[1106] [...]

Wie schon vorher erwähnt, war der von hinten mit großer Wucht ausgeführte Schlag auf meinen Kopf die bitterste Erfahrung. Wie groß muss der Hass sein, um so etwas zu tun! Dass der Täter sogleich davonlief, deutet aber ein schlechtes Gewissen an, wenn es nicht aus Feigheit geschah.[1107] [...] Im Vergleich mit dem Verhalten anderer Städtebewohner ihren „Gezeichneten" gegenüber – zum Beispiel Hamburg, Berlin oder Köln – scheint mir die ostpreußische Bevölkerung besonders erfolgreich aufgehetzt gewesen zu sein [...].[1108] [...] Genauso unvergesslich sind die positiven Erlebnisse, die es natürlich ebenfalls gab. Ein freundliches Wort oder ein im unbeobachteten Moment schnell zugestecktes Stück Kuchen, ein Blick, eine Geste. Dass das aber nur sehr selten geschah, lag ganz sicher daran, dass es großer Zivilcourage bedurfte, gegen eine Verfügung zu verstoßen, die mit KZ-Bestrafung drohte ...[1109]

Gewiss, selten wird Zivilcourage gezeigt, wenn dadurch ein persönlicher Nachteil riskiert wird. Noch seltener, wenn das eigene Leben ... auf dem Spiele steht. [...] Dafür gab es zu viele Offiziere und Beamte, die zwar Hitler ... ablehnten, aber dennoch direkt oder indirekt für diesen arbeiteten.[1110]

(K.L.)

1104 Wieck aaO. S. 99.
1105 Gemeint sind evangelische Landesbischöfe aus den Reihen der sog. „Deutschen Christen".
1106 Wieck aaO. S. 100.
1107 Wieck aaO. S. 101.
1108 Wieck aaO. S. 101.
1109 Wieck aaO. S. 102.
1110 Wieck aaO. S. 167.

Elie **Wiesel** wurde am 30. September 1928 in Marmaroschsiget/Siebenbürgen geboren und 1944 mit seiner Familie nach Auschwitz deportiert. Nach der Befreiung emigrierte er über Frankreich in die USA. 1986 erhielt er den Friedensnobelpreis. Er lebte in New York, wo er am 2 Juli 2016 starb.

Und schließlich finde ich es sehr gut, dass der damalige Bundespräsident Johannes Rau meinem Rat gefolgt ist und in der Knesset Israel und das jüdische Volk um Vergebung gebeten hat für das, was die Deutschen den Juden angetan haben.

[Interviewer: Aber Sie und alle Überlebenden können den Deutschen doch gar nicht vergeben.] Das stimmt. Niemand von uns ist autorisiert worden, den Deutschen zu vergeben. Andererseits glaube ich auch nicht an eine Kollektivschuld. Ich sage es immer wieder: Schuldig sind nur die Schuldigen.[1111]

[Im KZ Buchenwald:] In seiner letzten Stunde rief er [der Vater] meinen Namen. Am Ende antwortete ich nicht mehr. Ich fürchtete mich.

[Interviewer: Fühlten Sie sich womöglich schuldig?] Natürlich fühlte ich mich schuldig. Wenn ich darauf bestanden hätte, dass wir beide in der Krankenbaracke von Auschwitz geblieben wären, hätte er vielleicht überlebt.[1112]

(K.L.)

Richard **Willstätter** wurde am 13. August 1872 in Karlsruhe geboren. 1915 erhielt er den Nobelpreis für Chemie. Er wirkte u. a. in München und starb am 3. August 1942 bei Locarno.

[Vorgänge an der Universität München, 1924:] Von meinen Münchner Kollegen ohne Ausnahme empfing ich auch in jener Zeit nur Freundlichkeit, Wohlwollen und Vertrauen. Allerdings begann die Zahl meiner Freunde bald zusammenzuschmelzen. [Schließlich teilt er mit, wie ihn der bayerische Kultusminister Dr. Franz Matt besuchte,] mit dem ich in angenehmer Beziehung stand. Der Minister: „Sie haben jetzt Ihren Willen durchgesetzt … Nun können Sie wirklich in einer Kleinigkeit nachgeben. Sie sollen in der Fakultät bleiben. Tun Sie es mir zu Gefallen!"[1113] [Und so geschah es.]

1111 Wiesel aaO. S. 206.
1112 Wiesel aaO. S. 209
1113 Willstätter aaO. S. 349.

Schon im Sommer 1924 hatte Willstätter darum gebeten, ihn als Professor zu entpflichten, da bei einer Berufung antisemitische Erwägungen eine Rolle gespielt haben sollen. In seinen Erinnerungen schildert er alle Einzelheiten, auch wie ihn die Studentenschaft und das ganze Kollegium baten, seinen Antrag zurückzuziehen. Der Appell endet mit den Worten: „Hochverehrter Herr Kollege! […] Und so bitten wir Sie in dieser Stunde dringend, sich zu einem Verzicht auf Ihre Rücktrittsabsichten bewegen zu lassen… Bitte: Bleiben Sie der unsere!"[1114]   (K.L.)

Ruth **Winkelmann** wurde 1928 in Berlin geboren, wo sie auch heute (2020) noch lebt.

Ich hatte immer Glück. Mindestens fünfmal war ich an einem Ort, der mein Ende hätte sein können. An der Sammelstelle, bei der Arbeit in der Uniformfabrik. Gestapo, Bomben, Panzer – ich konnte ihnen entgehen. Mein eigenes Können war es nicht. Es war wohl Zufall und ein wenig Mut.[1115]

„Deshalb müsst ihr euch immer an sämtliche Regeln und Verordnungen halten!", mahnte uns Frau Dr. Bergmann [Lehrerin an der jüdischen Schule]. Die Worte „immer" und „sämtliche" sprach sie so eindringlich, dass sie in meinem Kopf nachhallten. […] „Jedes Verbot, das sie erlassen, müsst ihr befolgen", sagte Frau Dr. Bergmann. „Ohne Wenn und Aber. Mit diesem Staat wollen wir uns nicht anlegen!" Das war damals unter den Juden die allgemeine Ansicht.[1116]

[Nach dem Pogrom 1938:] Ich renne zur S-Bahn. In unserem Vorort steige ich aus. Hier scheint es, als hätte ich nur geträumt. Alles ist friedlich. Meine Mutter hat von den Pogromen nichts mitbekommen.[1117]

[Nach Einführung der „Sternpflicht" 1941:] Jetzt schauten mich plötzlich alle an. Aber sie sahen nicht mich, sondern den gelben Fleck. […] Ich hielt jetzt immer Ausschau nach Uniformen […] Soldaten trugen Feldgrau. Das war relativ ungefährlich. Vorsicht war bei Braun und Ockertönen geboten. In die kleidete sich die SA. Richtig bedrohlich waren schwarze Ledermäntel und schwarze Schaftstiefel, getragen von SS und Gestapo.[1118]

Ich sah die Braunhemden der Hitlerjugend schon von Weitem. Sie wälzten sich mir in breiter Front entgegen. Eine Rotte halbwüchsiger Bengel,

---

1114 Willstätter aaO. S. 345 f.
1115 Winkelmann aaO.: *Berlin…*, S. 239.
1116 Winkelmann aaO.: *Sara*, aaO. S. 53.
1117 Winkelmann aaO.: *Berlin…*, S. 244.
1118 Winkelmann aaO.: *Sara*, aaO. S. 65 ff.

kaum älter als ich. [...] Die Sperre reichte quer über das kopfsteingepflasterte Trottoir und den Fahrdamm. Sie waren zu fünft. Ich war allein. [...] Die jungen waren größer als ich. Stärker auch. [...] Schauten bloß auf mich herab. Verachtung im Blick. Oder gar Hass? Warum? Was habe ich euch getan, Jungs? „Alte Judensau!", zischte mir einer ins Gesicht. Die anderen lachten.[1119]

Ich hasste den Stern. In meiner Straße versperrten mir ein paar Nachbarkinder den Weg. Mehr passierte aber nicht.[1120]

Der Chef der Firma trug das Parteiabzeichen der NSDAP. „Weil er muss", erklärte mir eine Kollegin. „Sonst könnta hier nich Chef sein." „Ist aber kein Nazi", sagte eine der Russinnen. „Ist guter Chef."[1121]

Mit mir arbeiten Italiener ... und andere Juden. Die Frauen legen ihre Babys unter die Maschinen, wo sie schlafen. Auch ich darf mich am Tag eine Stunde hinlegen. Ich bin noch ein Kind. ... Michalski, der Fabrikant, behandelt seine jüdischen Arbeiter gut. Vielleicht schützt er uns auch.[1122]

Einmal im Monat sollte ich für die Nazis sammeln. Das hätte ich mir vorher auch nicht träumen lassen. [Eine von mehreren Erfahrungen dieser Art:] „Wir ham nüscht zu spenden für euch Kriegstreiber!", herrschte mich drei Lauben weiter ein alter Mann an. Und eine Mutter, ihr Baby an der Schulter und Spuren von Brei im zerzausten Haar, musterte mich ganz unverhohlen von oben bis unten. „Dass du dich nicht schämst!", zischte sie. „Verdammte Nazigöre!" [...] Als ich von meiner Laubenrunde heimkehrte, war ich bester Laune.[1123]

[Im öffentlichen Luftschutzkeller, für Juden war der Zutritt verboten:] Wir kannten uns vom Sehen. Und keiner sagte etwas, weil ich den Stern am Mantel hatte.[1124]

Der Ortsgruppenleiter hielt Wort. Weil es mir mit dem gelben Stern am Mantel ein bisschen heikel war, die Räume der NSDAP-Ortsgruppe zu betreten, übernahm er die Schuhausgabe in der Kleiderstelle sogar persönlich.[1125]

1119 Winkelmann aaO.: *Sara*, aaO. S. 67.
1120 Winkelmann aaO.: *Berlin...*, S. 246.
1121 Winkelmann aaO.: *Sara*, aaO. S. 82.
1122 Winkelmann aaO.: *Berlin*, aaO. S. 247.
1123 Winkelmann aaO.: *Sara*, aaO. S. 99 f.
1124 Winkelmann aaO.: *Sara*, aaO. S. 112.
1125 Winkelmann aaO.: *Sara*, aaO. S. 117 f.

Berlin ist meine Stadt, ich wollte sie mir nicht nehmen lassen.[1126]

Man wusste, dass die Menschen in Arbeitslager kommen. Dass alle eingesperrt sind. Aber dass es Vernichtungslager gibt, so wie Auschwitz, davon hatte ich bis 1945 keine Ahnung gehabt. Ich hatte ja auch gar keine Vorstellung gehabt, dass es sechs Millionen waren, die da zusammengetrieben wurden. Dass in diesen Lagern gar nicht so viel Platz sein konnte. Aber das kann man sich auch gar nicht vorstellen. Also, dass es Lager wie Sachsenhausen gab, ja, das wusste ich. Aber sonst … nein.[1127]

Kommentar der Herausgeber (Hüttl u.a.) von „Uns kriegt ihr nicht …“: „Aus Berlin wollte Ruth nie weg … Die Menschen, die ihr und ihrer Familie geholfen haben, sind für sie Grund genug, nicht alle Deutschen ihrer Generation zu verurteilen.“[1128]   (K.L.)

Hans **Winterfeldt** wurde 1926 in Lippehne im Osten Brandenburgs (heute Polen) geboren. 1937 zog die Familie nach Berlin. 1941 wurde er zu Zwangsarbeit verpflichtet. 1943 taucht er unter. 1944 gab er, verhaftet, unter Folter den Aufenthaltsort der Eltern preis. Zusammen mit den Eltern überlebte er Auschwitz.

Die christlichen Freundinnen meiner Schwester fehlten bei keinem Geburtstag. Den Beweis dafür finde ich in unserem Bilderalbum. Ich kann es nicht genau sagen, aber in den Jahren zwischen 1933 und 1935 verlor meine Schwester ihre christlichen Freundinnen gänzlich. Doch war es in Lippehne eigentlich nur der Zahnarzt Krantz, der als überzeugter Nationalsozialist der jüdischen Bevölkerung feindlich gegenüberstand. Wir wussten, dass die Eltern der anderen Kinder uns nur aus Angst mieden, denn sie standen im öffentlichen Dienst. Aber auch unter diesen gab es immer wieder Leute, die es nicht nur versuchten, uns zu zeigen, dass sich in ihren Beziehungen zu uns nichts geändert habe, sondern sie taten dies auch in einer Art und Weise, die ihnen wirtschaftlich hätte schaden können.[1129]

Mein Klassenlehrer Walter brachte es auch fertig, in unser Geschäft zu kommen, um irgendeine Kleinigkeit zu kaufen. Dies tat er nur, um uns seine Gesinnung zu zeigen, obwohl er dabei sehr viel riskierte. Er konnte es sich wohl erlauben, da er einer der ältesten und wohlangesehensten Lehrer

1126 Winkelmann aaO.: *Berlin*, S. 238.
1127 Winkelmann aaO.: *Sara*, S. 74.
1128 Hüttl aaO. S. 254.
1129 Richarz: *Jüdisches Leben*, aaO. S. 336.

am Ort war. Es hätte ihm jedoch passieren können, als „Judenknecht" am ganzen Ort verschrien zu werden. Dies geschah vielen Leuten, die trotz der Warnungen weiter in jüdischen Geschäften kauften.[1130]

Unserem Geschäft gegenüber befand sich ein Restaurant, von dessen Fenstern aus unsere Kundschaft sehr oft fotografiert wurde, gerade in dem Moment, in dem sie das Geschäft verließen. Das Bild wurde dann mit einem Kommentar im Stürmer-Kasten zur Schau gestellt. Diese Leute waren dann ganz unglaublichen Schikanen und Schädigungen ausgesetzt. Den Bauern entzog man z. B. die Belieferung mit künstlichem Dünger […][1131]

Man hätte den Juden von jüdischer Seite her von Anfang an klarmachen sollen, dass es sich hier um eine regelrechte Judenverfolgung handelt, die von höchster Stelle der Regierung organisiert wurde. Die jüdische Intelligenz hätte gewisse Auszüge aus „Mein Kampf" unter ihren Glaubensgenossen verteilen sollen. Anstatt dafür zu sorgen, den Juden unter der Nazityrannei das Leben so angenehm wie möglich zu gestalten, hätte man alles und jeden Pfennig daransetzen sollen, die Juden ins Ausland zu bringen.[1132]

Ende 1938 hätte mein Vater eine Einreise nach Venezuela bekommen, wenn man für uns 35 Dollar in Paris hinterlegt hätte. Mein Vater wollte den amerikanischen Verwandten dafür unseren ganzen Familienschmuck […] als Pfand geben. Daraufhin bekam er eine negative Antwort.[1133]   (K.L.)

Jenny **Wolf**, geboren am 25. November 1924 in Russland, besuchte in Dresden die Schule. Sie ist die Mutter von Michael Brenner, dem Autor des Buches „Am Beispiel Weiden. Jüdischer Alltag im Nationalsozialismus" (aaO.).

Wir hatten 1935 schon irgendwie gemerkt, dass manche Lehrer – nicht Mitschüler – uns anders behandelten. Unser Mathematiklehrer kam immer in der SS-Uniform in den Unterricht. […] Er war außerdem so ekelhaft, dass er mir die ganze Mathematik vermiest hat. Manche Lehrer waren nett, manche gerade zu uns jüdischen Schülern besonders nett; es hat ihnen leid getan, was geschehen ist.[1134]

1130 Richarz: *Jüdisches Leben*, aaO. S. 336 f.
1131 Richarz: *Jüdisches Leben*, aaO. S. 337.
1132 Richarz: *Jüdisches Leben*, aaO. S. 339.
1133 Richarz: *Jüdisches Leben*, aaO. S. 341.
1134 Brenner aaO. S. 96.

Mit Kriegsausbruch verschlimmerte sich auch unsere Lage. 1939 wurde die jüdische Schule geschlossen […] Meine ehemaligen nichtjüdischen Schülerinnen haben mich ignoriert. Wenn sie mich auf der Straße sahen, haben sie weggeschaut. […] Wahrscheinlich haben die Eltern aus Angst verboten, mich anzusehen oder mich anzusprechen. Es gab tatsächlich ein Verbot, dass „arische" und jüdische Kinder miteinander sprechen dürfen.[1135]

1941 kam der Stern. Das war schlimm, mit dem Stern auf die Straße zu gehen. Viele Deutsche wussten gar nicht, was das sollte und haben mich angeschaut und gefragt, was das denn zu bedeuten habe. […] Wer den Stern nicht trug oder ihn versteckte, kam ins KZ. Ich weiß das von einem Dresdner Juden, einem Herrn Phillipssohn [er wurde aus diesem Grund ermordet]. Ich habe den Stern niemals versteckt, im Gegenteil – ich habe ihn immer Stolz getragen [in Dresden]. Dabei hatte ich auch einige Erlebnisse.[1136]

[Mit dem Fahrrad gestürzt.] Ich lag ganz benommen auf dem Boden, und wusste nicht, was ich machen sollte. Neben mir stand ein junger Offizier, der mir beim Aufstehen half. Wie er den Judenstern erblickte, hat er nur den Kopf geschüttelt. Ich bemerkte, dass es ihm sehr leid tat, was mit uns geschah. […] Wenn jemand gesehen hätte, dass er mir behilflich war, wäre es dem jungen Offizier schlecht ergangen.[1137]

Manche Leute haben uns angepöbelt oder angespuckt. Aber auch anders. Ich habe auch erlebt, dass Menschen vorbeigegangen sind, die gesagt haben: Kopf hoch, durchhalten. […] Die allermeisten haben weggeschaut [..][1138]

Ich bin immer hinten herum gegangen, durch kleinere Gassen. In einer solchen Gasse schaute immer eine junge Frau aus dem Fenster. Ich hatte mich schon daran gewöhnt. Eines Tages stand sie aber nicht am Fenster, sondern ging auf der Straße scharf an mir vorbei. […] Auf einmal steckte sie mir einen Zettel in meine Manteltasche, ohne sich umzudrehen oder ein Wort zu sagen. Wir gingen beide weiter, als wäre nichts geschehen. Als ich ein Stück weitergegangen war, schaute ich nach und sah, dass es Lebensmittelkarten für Wurst und Fleisch waren.[1139]

1135 Brenner aaO. S. 98.
1136 Brenner aaO. S. 100 f.
1137 Brenner aaO. S. 101 f.
1138 Brenner aaO. S. 102.
1139 Brenner aaO. S. 102 f.

Ich wollte beim Bäcker mein dunkles Zeug [Schwarzbrot] holen und zeige ihm meine Lebensmittelkarte. Als ich nach Hause kam, fand ich herrlichen weißen Kuchen und weiße Brötchen.[1140]

Eines Nachts kam er [der Vorarbeiter] wieder, diesmal aber mit anderer Miene: ob wir nicht den Mund gehalten hätten, er wäre zur Gestapo bestellt worden. Dort hätte man ihm gesagt, er wäre zu gut mit uns umgegangen.[1141]

Solche Klagen sind mehrfach belegt. Gezeigte Gemeinheit hingegen wurde belohnt.

(K.L.)

Jeanette **Wolff** wurde am 22. Juni 1888 in Bocholt geboren. Als aktive Sozialistin kam sie schon 1933 in „Schutzhaft", aus der sie 1935 entlassen wurde. 1942 Deportation nach Riga. In der Nachkriegsära wirkte sie u. a. als SPD-Abgeordnete des Deutschen Bundestages. Sie starb am 19. Mai 1976 und hat in Berlin ein Ehrengrab erhalten.

An jedem Samstag war Gerichtstag. Juden mussten Juden hinrichten. Der Kommandant bestimmte einen Mann mit großer Familie zum Henker. Würde er sich weigern, würde seine ganze Familie erschossen. So entstanden die Fotos für die Nazi-Illustrierte, betitelt: „So exekutieren Juden ihresgleichen." [Ein Betroffener zur Autorin:] „Ganz gleich, wie der Krieg endet, ich kann nicht nach Deutschland zurück. Wir wurden in die SS zwangsrekrutiert und mit der Aufgabe betraut, in den besetzten Ländern als Hinrichtungstruppen zu wirken. Jeder hat das Recht, uns Mörder zu nennen. […]" Am nächsten Morgen fanden wir seinen Leichnam, aufgeknüpft an einem Fensterrahmen eines leeren Raumes.[1142]   (K.L.)

Dieses außergewöhnliche Zeugnis ist in einem Punkt nahezu sicher ungenau: Der SS durfte nur angehören, wer einen sogenannten „Ariernachweis" bis zum Jahre 1800 zurück vorlegen konnte und Hitler restlos ergeben war. Nur bei der Waffen-SS, um die es hier nicht geht, war es ab einem eher späten Zeitpunkt anders. Niemals hätte ein Jude der SS angehören dürfen. Gemeint ist also offenbar: „Wir wurden *von der* SS zwangsrekrutiert." – zu Hilfsdiensten etwa im KZ bis hin zur Mitwirkung am Massenmord, die sicher belegt sind.

(K.L., K.B.)

1140 Brenner aaO. S. 103.
1141 Brenner aaO. S. 108.
1142 Boehm aaO. S. 259 f.

Siegfried **Wolff** wurde 1888 in Gnesen geboren und wirkte ab 1920 in Eisenach als Kinderarzt. Er emigrierte im August 1939 nach Holland. Im Oktober 1944 wurde er in Auschwitz ermordet.

Am Nachmittag hatte man [Ort und Zeitpunkt sind unklar] eine Anzahl alter Leute mit Revolvern in einen kleinen Flusslauf getrieben, wo sie – immer bedroht von Revolvern – zum Gaudium des Mobs stundenlang in dem eiskalten fließenden Wasser stehen mussten. Der größte Teil des Publikums wandte sich voll Abscheu von alledem ab, äußerte wohl auch mehrmals seine Abscheu und wurde daraufhin verhaftet.[1143]

Noch viele, viele andere nahmen in dieser Zeit treuen und wahren Anteil an meinem Geschick, besuchten meine Mutter, halfen ihr bei dem für Juden behinderten Einkauf der Lebensmittel und telefonierten und schrieben.[1144]

Dass auch sonst im Volk große Erbitterung über diese kulturlosen Ausschreitungen herrschte, bei Hoch und Niedrig, bei Arm und Reich, dass die Leute es weit von sich wiesen, dass sie das alles gewollt haben sollten, dass sie wohl erkannten, welch Irrsinn es war, jede Tube zu sammeln und dann Riesenwerte zu zertrümmern und wertlos zu machen, ist bekannt. Freilich, die einzig wirkliche und wirksame Konsequenz, zu Millionen aus der Partei auszuscheiden, hat niemand gezogen.[1145]

Nur Einzelne haben nach der Pogromnacht oder nach anderen Eskalationsstufen der Judenverfolgung den Parteiaustritt gewagt (siehe Zeugnis Fritz **Rodeck**), was politisch folgenlos blieb. Zu der interessanten Frage, ob nach solchen Ereignissen wenigstens die Zahl der Neueintritte für einige Zeit messbar sank, fehlen den Autoren Informationen.

(K.L., K.B.)

Valerie **Wolffenstein,** geboren am 30 November 1891 in Berlin und evangelisch getauft, arbeitete dort als Kunstmalerin. Von 1937 bis 1941 half sie anderen Juden bei der Vorbereitung ihrer Ausreise. 1941 wurde sie zu Zwangsarbeit verpflichtet. Am 11. Januar 1943 tauchte sie mit ihrer Schwester unter. Ihre Flucht führte sie über Hinterpommern, Württemberg und Oberbayern nach Niederbayern, insgesamt achtzehn Ortswechsel. Im April 1945 wurde sie in München von den US-Streitkräften befreit. Dort nahm sie ihren Wohnsitz.

1143 Wolff, Siegfried aaO. S. 259.
1144 Wolff, Siegfried aaO. S. 261.
1145 Wolff, Siegfried aaO. S. 262.

Wenn jetzt in der Beurteilung der Deutschen alles Negative und insbesondere der Mangel an Zivilcourage in die Waagschale gelegt wird, so erfordert
es der Gerechtigkeitssinn, in die andere Waagschale die Zeugnisse unzäh-
liger stiller Taten zu legen, die von denen, die sie übten, als selbstverständliche und nicht erwähnenswerte Menschenpflichten empfunden wurden
und werden.[1146]

In die Schule ging ich mit großer Freude, und viele schöne Erinnerungen
tauschte ich mit meinen Klassenkameradinnen aus, als wir uns nach mehr
als dreißig Jahren zu viert in München wieder trafen, als eine meiner Fluch-
tepisoden mich 1944 dorthin und uns zu unserer Überraschung zusam-
menführte.[1147]

Vom Antisemitismus erinnere ich mich an nichts in diesen Jahren, das
schöne Wort des Kaisers am ersten Kriegstag, in dem er einmal über sich
selbst hinausgekommen war: „Ich kenne keine Parteien mehr, ich kenne nur
Deutsche!" hatte neben dem Parteienhader auch den Rassenhass vorübergehend zum Schweigen gebracht.[1148]

Aber der moralische Mut vieler deutscher Menschen – an die hundert
haben allein uns beiden Schwestern unter großer Lebensgefahr geholfen –,
die liebevolle Aufnahme, die wir auf unserer Flucht überall, auch bei Fremden, fanden, trotz all der schweren nervlichen und materiellen Belastung,
die sie brachten, hat uns aufrechterhalten und vor Bitterkeit und vor der
Verfemung aller Deutschen bewahrt, wie sie jetzt in der Welt Mode ist und
eine ähnliche Fanatisierung hervorzurufen droht wie diejenige war, unter
der wir so sehr gelitten haben.[1149]

Diese Hausbewohner machten uns viel zu schaffen, u. a. schrien sie bei
jeder Gelegenheit: „Das Judenschwein soll nach Palästina gehen!" Glücklicherweise wohnten diese Leute nur kurze Zeit in unserem Haus. Sonst
wohnten wir sehr gern in der Lichterfelder Wohnung [...].[1150]

Unsere Sonntage waren immer schön, denn ich hatte das Glück, keine
Sonntagsarbeit zu haben. [...] Und unsere vielen arischen Freunde wettei-
ferten, uns den Tag zu einem Festtag zu machen, kamen mit Blumen, mit
Lebensmitteln und waren jedes Mal erleichtert, uns noch vorzufinden. Als
die Wohnungstüren mit dem Judenstern gekennzeichnet waren, bat ich

---

1146 Wolffenstein aaO. S. 7.
1147 Wolffenstein aaO. S. 12.
1148 Wolffenstein aaO. S. 17.
1149 Wolffenstein aaO. S. 26
1150 Wolffenstein aaO. S. 27.

jeden einzelnen inständig, nicht mehr zu uns zu kommen, aber alle diese Menschen riskierten alles für sich und ihre Familien, um uns zu helfen und um ihrer tiefen Empörung Ausdruck zu geben.[1151]

Wie wenig Ahnung sogar die Arier in derselben Stadt hiervon hatten, illustriert vielleicht am besten die fassungslose Frage meiner Patentante, als sie meine von der Silberabgabe kommende Schwester traf: „Was denn, was denn, Euer rechtmäßiges Eigentum?" Auch von den Lebensmittelkürzungen wussten die allerwenigsten. Als nun die Fleischkarte genommen wurde, waren die Arbeiter, die davon hörten, ganz empört, wie man überhaupt sagen muss, dass sich die Arbeiter ausgezeichnet benahmen.[1152]

Ebenso widerstand auch die Katholische Kirche dem ganzen Nazischwindel und Naziterror in heldenhafter Weise und stärkte ihre Anhänger, sich ihm, auch gerade hinsichtlich der Judenverfolgung, zu widersetzen, und als dies unmöglich wurde, zu versuchen, die Auswirkungen durch mutige Taten hilfreicher Nächstenliebe abzumildern. Meine bayerischen Gastgeber waren fast alle fromme Katholiken […] Auch die Anhänger der Sekte die Bibelforscher [= Zeugen Jehovas], brave, harmlose Menschen aus dem Mittelstand, kamen häufig ins KZ, weil sie aus Gewissensgründen den Kriegsdienst verweigerten.[1153]

Aber auch in dieser anscheinend aussichtslosen Situation tat sich durch die Güte deutscher Menschen eine Hoffnung auf. Herr Richard Heckl, ein alter Freund des Dr. Ammann aus der katholischen Jugendbewegung Quickborn, erbot sich, meinetwegen nach Lindau zu fahren, um den dortigen Ortsgruppenleiter Strauß, der damals in Lindau führend und stellvertretender Bürgermeister war, zum Ausstellen von falschen Papieren: Kennkarte, polizeiliche Abmeldung und Lebensmittelkarten, zu bewegen.[1154]

(K.L.)

Annemarie **Wolfram** emigrierte 1939 in die Niederlande und weiter in die USA. Ihr Vater wurde im KZ inhaftiert. Bei den folgenden Zitaten handelt es sich um Auszüge aus einem Manuskript, das für einen Wettbewerb „My Life in Germany Before and After January 30, 1933" geschrieben wurde. Offenbar handelt es sich um das bereits mehrfach erwähnte wissenschaftliche Preisausschreiben der Universität Harvard von 1939/40 zu

---

1151 Wolffenstein aaO. S. 41.
1152 Wolffenstein aaO. S. 45.
1153 Wolffenstein aaO. S. 54.
1154 Wolffenstein aaO. S. 66.

exakt diesem Thema. Als Prämie ausgelobt waren 1000 Dollar, eingesandt wurden gut 250 Beiträge.

Plötzlich klingelte es. Unser Nachbar stand vor der Tür. Wir wussten, er war ein Nazi. Aber er war immer freundlich und gut zu uns. Nun fragte er, ob wir nicht für die Nacht in seine Wohnung kommen möchten. Er sagte, er führe keinen Krieg gegen Frauen und Kinder, vielmehr wolle er uns beschützen. Dieser Mann war zutiefst verärgert und empört über all das Plündern, das er in den Straßen wahrgenommen hatte. Nebenbei, nach Dad erkundigte er sich täglich. Aber auch er hatte Angst.[1155]

„Dad" war einer von den Tausenden, die in Konzentrationslager eingeliefert worden waren. Leider liegen keine Angaben über Ort und Zeitpunkt des Berichts vor.   (K.L.)

Carl **Zuckmayer** wurde am 27. Dezember 1896 in Nackenheim geboren, lebte ab 1900 in Mainz und ab 1920 in Berlin. Er wirkte als Schriftsteller und Dramaturg. 1933 Aufführungsverbot. Neuer Wohnsitz Österreich, 1938–1939 Schweiz. Von dort floh er in die USA. Nach dem Krieg nahm er seinen Wohnsitz in der Schweiz, wo er am 18. Januar 1977 starb. Seit 1967 war er Schweizer Bürger.

Aber die Menschen, die man liebte und achtete […] wie die Mehrheit des einfachen Landvolks, waren und blieben unbestechlich. Sie scharten sich immer enger um den Pfarrer, einen kleinen, unscheinbaren, mutigen Mann, der jeden Sonntag von der Kanzel mit seiner allzeit heiseren Stimme gegen die „neuen Heiden" wetterte und sich nichts daraus machte, wenn ihm ein paar Lausbuben die Fenster einwarfen.[1156]

Rückblickend kann ich sagen, dass ich von den Menschen, mit denen man dort gelebt hatte, keinerlei Enttäuschung erfuhr: sie verhielten sich alle so, wie man's von ihnen erwarten durfte.[1157]

„No". Sagte der Mann: „I like my friends." An diesen Satz kann man sich halten – obwohl ich für meine Person gestehen muss, dass ich für die Deutschen, sogar für ihre Fehler (ich spreche hier nicht von den Verbrechen, mit

---

1155 Wolfram in Anderson aaO. S. 79.
1156 Zuckmayer aaO. S. 28.
1157 Zuckmayer aaO. S. 30.

denen die Helfer und Knechte der Tyrannei unser Volk befleckten), eine unüberwindliche Schwäche habe [...].[1158]

Auch hatte ich bei meinen verschiedenen Besuchen in Paris und London während dieses Jahres [1938] erfahren müssen, was für eine laxe, gleichgültige, zynische Haltung man dort in tonangebenden Kreisen, auch unter Politikern, Intellektuellen, Journalisten dem „Phänomen" Hitler und seinen Eskapaden, Drohkanonaden und Übergriffen gegenüber einnahm. Man muss ihn nur machen lassen, dann beißt er nicht. Oder: man darf ihn nicht reizen, sonst beißt er vielleicht doch. Viele waren von seinen Erfolgen und seiner pompösen Machtentfaltung narkotisiert, fast neidisch darauf, und das „Volk" lässt sich überall leicht verblenden, in allen Nationen. In den Pariser Pissoirs fand man das Hakenkreuz an die Wände geschmiert, wie einst im NS-Mai, und las da in dicken Kreidebuchstaben: LA MORT AUX JUIFS! Man fühlte sich fast wie zu Hause. Und in England hatte mir, als ich zum ersten Mal nach der Besetzung Österreichs hinkam, noch unfähig darüber zu schweigen, ein distinguierter Herr, der noch dazu Mitglied des Unterhauses war, nachsichtig auf die Schulter geklopft: „This man Hitler", sagte er dazu, „why, isn't he quite a good chap? I think we need him, all of us, as a bulwark against Communisme."[1159]

Nach kurzer Zeit hatte man sich abgewöhnt, diesen Mister Bollwerk für „quite a good chap" zu halten – stattdessen aber gleich alle Deutschen für blutrünstige Hunnen.[1160]

Die westlichen Mächte, die dann mit gutem Gewissen über die deutschen Kriegsanstifter zu Gericht saßen, hatten ihr gerüttelt Maß von Mitschuld sowohl am Aufstieg Hitlers wie am Zustandekommen des Krieges – womit nichts, was von deutscher Seite geschehen ist, entschuldigt werden kann. Nur soll man auch das nicht vergessen.[1161]

War auch die Nazibewegung in ihren Anfängen von üblen, rachsüchtigen, nichts als machtsüchtigen Elementen getragen, so wäre es völlig falsch, ungerecht, abwegig, die große Menge von Deutschen, die Anfang der dreißiger Jahre dem Nationalsozialismus zuströmten, in Bausch und Bogen zu verdammen. Denn jetzt kamen zu den Hoffnungslosen die Hoffnungsvol-

---

1158 Zuckmayer aaO. S. 95.
1159 Zuckmayer aaO. S. 117.
1160 Zuckmayer aaO. S. 117.
1161 Zuckmayer aaO. S. 118.

len, die „Idealisten", die Gläubigen, die sich wunschhaft unter dieser angeblich elementaren „Volksbewegung" ... etwas Anständiges ... vorstellten ...[1162]

Ich wünschte den Untergang Hitlers und seiner Schreckensherrschaft, aber kein zerstörtes, niedergeworfenes Deutschland. Doch wurde es immer deutlicher, dass das Eine ohne das Andere kaum denkbar sei.[1163]

[...] von vielen wurde ich scheel angesehen, meines hartnäckigen Bekenntnisses zu einem anderen Deutschland wegen, zum wahren Deutschtum, das man, nach meinem Begriff, nicht mit der Nazijauche gleichsetzen und ausschütten dürfe. Die Amerikaner hatten Verständnis und Respekt dafür, wenn man auch als Vertriebener und Verbannter zu seiner Heimat, zu den guten Kräften in seinem Volk hielt. Doch hatte sich, wie es in einem langen Krieg kaum vermeidlich ist, ein Vorurteil gegen die Gesamtheit der Deutschen herausgebildet, das ... in gewissen Zügen dem Antisemitismus ähnelt.[1164]

Hier in München sah ich Erich Kästner wieder [...] In dieser [Nachkriegs-]Zeit erfuhr ich zweierlei Glück. Das eine: helfen zu können, Not zu lindern. Das andere, vielleicht das größte und gnadenvollste, das mir in meinem ganzen Leben beschieden war: *Nicht hassen zu müssen.*[1165] Ich weiß nicht, wie ich empfunden hätte, wäre mir die Mutter ermordet worden [...] Aber sie [die Eltern] lebten, ich konnte sie wiedersehn, und meine Mutter hatte sogar von einem „Nazi" – auch das kam vor! – Gutes erfahren, dem Ortsgruppenleiter von Oberstdorf, der ihre „nichtarische" Abkunft, als sie sich nach der Mainzer Ausbombung hier anmelden musste, in den Papieren vertuschte, um sie vor einer möglichen Verfolgung oder Demütigung zu bewahren. Ein unbekannter Mensch, in der Maske des Bösen Feindes, hatte meinen Eltern Gutes getan [...].[1166]

(K.L.)

Arnold **Zweig** wurde am 10. November 1887 in der Provinz Schlesien geboren. (Er ist nicht verwandt mit Stefan Zweig aus Wien.) Nach dem Ersten Weltkrieg ließ er sich als freier Schriftsteller am Starnberger See nieder. 1923 nahm er seinen Wohnsitz in Berlin. 1933 emigrierte er in die Tschechoslowakei, dann weiter in die Schweiz und nach Frankreich. Aus Palästina kehrte er 1948 nach Berlin (Ost) zurück, wo er bis zu seinem Tode

---

1162 Zuckmayer aaO. S. 452.
1163 Zuckmayer aaO. S. 517 f.
1164 Zuckmayer aaO. S. 529 f.
1165 Hervorhebung i. O.
1166 Zuckmayer aaO. S. 553 f.

am 26. November 1967 der Volkskammer angehörte. Schon 1934 erschien von ihm in Amsterdam das Buch „Bilanz der deutschen Judenheit 1933". Darin heißt es über das Frühjahr 1933:

[1. April 1933:] Es kommt zu judenfeindlichen Demonstrationen vor Warenhäusern und jüdischen Geschäften, die zum Boykott auffordern, vorzeitige Ladenschließungen erzwingen, die Käufer am Betreten der Geschäfte hindern. Gewalttätigkeiten auf offener Straße sind in bestimmten Bezirken zu verzeichnen. Die deutsche Presse steht bereits unter schärfstem Druck; alle großen Zeitungen der internationalen Welt aber verbreiten alsbald überaus erregende Mitteilungen aus den Arbeitervierteln, blutige Misshandlungen und Ermordungen der politischen oder jüdischen Gefangenen.[1167]

So wird am 1. April in ganz Deutschland der offizielle Trennungsschnitt zwischen Deutschen und Juden vollzogen. Die Geschäfte jüdischer Bürger, die Kanzleien jüdischer Anwälte, die Namensschilder jüdischer Ärzte, die Werke jüdischer Schriftsteller werden geächtet und verfemt, die Träger jüdischer Namen aus der Volksgemeinschaft ausgeschlossen. An diesem Tage, dem 1. April, bewies das deutsche Volk zweierlei: Erstens, dass es sich widerstandslos jeder Maßregel der neuen Macht fügen werde, zweitens aber, dass es bei all seiner Passivität in seiner Masse ein zivilisiertes, gerecht und billig empfindendes europäisches Volkswesen geblieben sei. Denn was in diesem Monat März an Verhetzung, wüster Entflammung von Masseninstinkten, schamloser und strafloser Aufreizung zu Gewalttaten aus allen Lautsprechern des deutschen Reiches, allen Zeitungen des neuen Regimes auf dieses Volk losgelassen ward, liegt aktenmäßig fest; es geschah vor den Ohren der ganzen Welt und war doch nicht imstande, jene Welle von Blut und Pogrom hervorzurufen, die beabsichtigt war.[1168]   (K.L.)

1167 Zweig, Arnold aaO. S. 16.
1168 Zweig, Arnold aaO. S. 17 f.

Teil 2: Weitere wichtige Quellen

1. Namhafte nichtjüdische NS-Gegner

Dem Buchtitel entsprechend sollen möglichst vollzählig die Stimmen der ihrer jüdischen Herkunft wegen Verfolgten vernehmbar gemacht werden, die sich zum Thema „das deutsche Volk und Hitlers Judenpolitik" finden ließen. Das Resultat der Nachforschungen ergibt einen gewaltiger Chor, der sich aus mehreren hundert Opfern zusammensetzt. Mit der Lupe suchen muss man diejenigen Stimmen, die von einer kollektiven Schuld „der" Deutschen sprechen. Die überwältigende Mehrheit betont und belegt das Gegenteil. Manchen, wie Alfred Grosser, ist es geradezu zur Lebensaufgabe geworden, gegen Kollektivurteile Front zu machen.

Nicht minder glaubwürdig als die Opfer des Rassenwahns sind jene Zeitzeugen der NS-Ära, die nie nach den Tönen der „neuen Zeit" getanzt haben, die sich nie haben blenden lassen, auch wenn sie nicht schon ihre Abstammung – oder in der Sprache des NS-Regimes: ihr „Blut" – ausgegrenzt hat. Auch ihr Urteil verdient Aufmerksamkeit, vor allem dann, wenn sie selbst vor Ort Erfahrungen gemacht haben, weil ihnen kein rechtzeitiger Absprung ins Ausland geglückt ist. Das Urteil der Exilierten, die Zurückgebliebenen betreffend, war oft sehr geistreich und idealistisch. Doch macht es einen großen Unterschied, ob man vom sicheren Hafen aus den Sturm beschreibt und guten Rat gibt wie Thomas Mann oder ob man sich im Fokus feindlicher Macht und Willkür befindet. Ein gutes Dutzend weithin bekannter Persönlichkeiten sollen zu Worte kommen, deren von Anfang an ungetrübte Sicht auf die Deutschen und Hitlers Judenpolitik bemerkenswert ist. Bewusst ausgeblendet wurde niemand, auf den die genannten Kriterien zutreffen. Jedoch Vollständigkeit konnte nicht angestrebt werden.

Zu dieser Gruppe von Zeitzeugen gehört jener Kreis mutiger Männer[1169], der unter der Bezeichnung *SOPADE* in die Geschichte eingegangen ist. *SOPADE* steht für Sozialdemokratische Partei Deutschlands und bestand aus Mitgliedern des Exilvorstandes der Partei. Sie haben versucht, die Welt über

---

1169 Uns fehlen Informationen, ob diesem Kreis auch Frauen angehört haben. Für Hinweise ist der Verlag dankbar.

die Vorgänge in Hitler-Deutschland zu informieren, zu Beginn aus dem noch sicheren Saarbrücken, dann aus Prag und von 1938 bis 1940 aus Paris. Alle Berichte zusammengenommen bilden ein Werk von 8.634 Seiten (plus 320 Seiten Register). Auflage: bis 1.800 Exemplare. Abonnenten waren unter anderem „die Außenämter vieler Regierungen".[1170] Finanziert wurde die Edition aus dem Vermögen der SPD, soweit es Anfang 1933 noch ins Ausland geschafft werden konnte.

Die Berichte beruhen in der Hauptsache auf den Beobachtungen und Erfahrungen von einigen hundert Genossen.[1171] Sie lebten über ganz Hitlerdeutschland verstreut und schilderten dem geflohenen Vorstand, was sie hörten und sahen. Die Informanten waren also durch die Bank Gegner der neuen Machthaber, für die Leser damals wie heute anonyme Gegner. Ein Verzeichnis ihrer Namen und Anschriften existierte aus Sicherheitsgründen offenbar nicht. Es bestand die Gefahr, dass die Unterlagen gestohlen, geraubt oder gar beschlagnahmt werden. Es gibt auch kaum Hinweise darauf, dass der Inhalt von den Lesern beanstandet worden wäre, insbesondere nicht von den führenden Köpfen der Exil-SPD wie Otto Wels, Erich Ollenhauer, Paul Löbe, Friedrich Stampfer.[1172]

Die Berichte beruhen in der Hauptsache auf den Beobachtungen und Erfahrungen von einigen hundert Genossen.[1173] Sie lebten über ganz Hitlerdeutschland verstreut und schilderten dem geflohenen Vorstand, was sie hörten und sahen. Die Informanten waren also durch die Bank Gegner der neuen Machthaber, für die Leser damals wie heute anonyme Gegner. Verzeichnisse ihrer Namen und Anschriften existieren offenbar nicht. Es gab sehr gute Gründe, derlei nicht anzulegen. Es bestand die Gefahr, dass die Unterlagen gestohlen, geraubt oder gar beschlagnahmt werden.

Man könnte ausführlich aus diesen Berichten zitieren. Doch dies würde den Rahmen sprengen und die Zeugnisse wären weitgehend mit jenen identisch, die bereits Eingang in mein Buch „Deutsche Schuld 1933–1945"

1170 Friedrich-Ebert-Stiftung aaO. S. 141 und zitiert dabei A. W. Dulles. Die New York Times hat die Arbeit der Sopade in umfangreichen Aufsätzen gewürdigt; Sozialdemokratische Partei Deutschlands aaO. Bd. 1 S. 64.
1171 Friedrich-Ebert-Stiftung aaO. S. 62.
1172 Stampfer (in Friedrich-Ebert-Stiftung aaO. S. 25): „Es liegt in der Natur der Sache, dass sich diese Beobachtungen in der Regel auf Vorgänge beziehen, die sich nicht an der Spitze des Staates, sondern in seinen Massen und in seinem Alltag vollziehen. Gerade dadurch aber ist es gelungen, eine Sammlung von Zeitdokumenten zu schaffen, die zum Verständnis des Dritten Reiches … Entscheidendes beiträgt."
1173 Friedrich-Ebert-Stiftung aaO. S. 62.

(S. 205–225)[1174] gefunden haben. Stellvertretend für alle soll aus einem der letzten Hefte, aus dem Jahre 1940, zitiert werde, das besonders aufschlussreich ist und die Jahre seit 1933 überspannt:

„War schon damals [Juli 1939, also vor Kriegsbeginn] die Lage der Juden verzweifelt genug, so ist seither noch weit Schlimmeres geschehen. Die Judenverfolgung ist seit dem Polenfeldzug in ihr letztes, grauenvollstes Stadium getreten. Da das deutsche Volk in seiner Mehrheit den antisemitischen Exzessen heute weniger Sympathie entgegenbringt denn je, bemühen sich die Nationalsozialisten um die Aufputschung des Judenhasses, indem sie den Juden die Schuld am Kriege zuschieben […] Der Rundfunk unterstützt die Arbeit Julius Streichers durch fortgesetzte Judenhetze […] Soweit wir die Wirkung der Propaganda überblicken können, macht dieses Kriegsschuldmanöver auf das deutsche Volk wenig Eindruck, und die Judenverfolgungen werden nach wie vor abgelehnt."[1175]

Wer mehr über die Haltung der Exil-SPD wissen möchte, sei auf mein Buch „Deutsche Schuld?" verwiesen oder auf die erwähnte Originalausgabe der SOPADE-Berichte, die allerdings fast 9000 Seiten umfasst.

Zu den weiteren, in hohem Maße glaubwürdigen Zeitzeugen gehören bürgerliche und konservative Politiker, die sich nie mit dem NS-Regime eingelassen hatten und dennoch die Gesamte Nazi-Zeit im Land verbracht haben. Der wohl bekannteste unter ihnen ist Konrad Adenauer.

Konrad **Adenauer** erblickte am 5. Januar 1876 in Köln das Licht der Welt. Als Hitler zum Reichskanzler ernannt wurde, war er Oberbürgermeisters seiner Vaterstadt. Wegen seiner Gegnerschaft zu den neuen Machthabern verlor Adenauer dieses und andere Ämter und lebte, bis Kriegsende überwacht, zurückgezogen in Rhöndorf am Rhein, wo er am 19. April 1967 starb. Als CDU-Vorsitzender wurde er 1949 zum ersten Bundeskanzler der Bundesrepublik Deutschland gewählt und blieb es 14 Jahre.

[Am 27. September 1953 vor dem Bundestag:] Die Bundesregierung und mit ihr die große Mehrheit des deutschen Volkes sind sich des unermesslichen Leides bewusst, das in der Zeit des Nationalsozialismus über die Juden in Deutschland und in den besetzten Gebieten gebracht wurde. Das deut-

---

1174 Löw aaO.
1175 Sozialdemokratische Partei Deutschlands aaO. Bd. 7 S. 257.

sche Volk hat in seiner überwiegenden Mehrheit die an den Juden begangenen Verbrechen verabscheut und hat sich an ihnen nicht beteiligt.[1176] (K.L.)

Ruth **Andreas-Friedrich** wurde am 23. September 1901 in Berlin geboren. Sie arbeitete als Journalistin und Autorin. Schon 1933 gründete sie mit ihrem Lebensgefährten die Widerstandsgruppe „Onkel Emil", die verfolgten Juden half und sich für zum Tode Verurteilte einsetzte. Ruth Andreas-Friedrich führte in Berlin ein Tagebuch, was sie zusätzlich gefährdete und aus dem nachfolgend zitiert wird. Doch sie überlebte den Krieg. 1948 Umzug nach München. Am 17. September 1977 starb sie dort durch Suizid. Seit 2002 wird sie in Yad Vashem als „Gerechte unter den Völkern" geehrt.

Dieses Buch ist Wahrheit. – Als am 10. November 1938 die Synagogen brannten, entstand in mir der Entschluss, es zu schreiben. Die Aufzeichnung … erfolgte Tag für Tag in den Jahren 1938 bis 1945.[1177] Ich habe nicht die Absicht, politische Heldentaten zu zeigen […]. Zwölfeinhalb Jahre lang hat das deutsche Volk hinter Gefängnismauern gelebt.[1178]

Andrik hasst die Nazis. Genau wie ich. Genau so wie fast alle Menschen in unserem Kreis. Die Betroffenen wie die Nichtbetroffenen.[1179]

[9. November 1938:] Im Omnibus, auf der Straße, in Geschäften und Kaffeehäusern wird der Fall Grünspan[1180] laut und leise diskutiert. Nirgends merke ich antisemitische Entrüstung, wohl aber eine drückende Beklommenheit, wie vor dem Ausbruch eines Gewitters.[1181] [Einige Tage später:] Ist das ein Pogrom? Springt der Funke über, fällt ins Pulverfass und entlädt den verhaltenen Grimm einer ganzen Nation mit donnernder Explosion? Nein und abermals nein.[1182] Während die SS wütete, vergingen unzählige Volksgenossen vor Erbarmen und Scham.[1183]

Unrecht ist es, uns den Sportpalast [= Goebbels Aufruf zum totalen Krieg in seiner berüchtigten Rede im Berliner Sportpalast am 18. Februar 1943, nach der Niederlage von Stalingrad] vorzuwerfen! Wir haben nicht

---

1176 Plenarprotokoll des Deutschen Bundestages (1/165, S. 6698).
1177 Trotzdem spricht manches dafür, dass die Aufzeichnungen aus der unmittelbaren Nachkriegszeit stammen.
1178 Andreas-Friedrich aaO. S. 7.
1179 Andreas-Friedrich aaO. S. 21.
1180 Die richtige Schreibung des Namens ist „Grynszpan".
1181 Andreas-Friedrich aaO. S. 26.
1182 Andreas-Friedrich aaO. S. 32 f.
1183 Andreas-Friedrich aaO. S. 36.

mehr und nicht weniger damit zu tun als der Hörer am Radio, der Neger[1184] in Honolulu oder der Farmer am Michigansee.[1185]

Berlin, Freitag, 19. September 1941. Es ist so weit. Die Juden sind vogelfrei. Als Ausgestoßene gekennzeichnet durch einen gelben Davidstern, den jeder von ihnen auf der linken Brustseite tragen muss. Wir möchten laut um Hilfe schreien. Doch was fruchtet unser Geschrei? […] „Jude" höhnen die Kinder, wenn sie einen so Besternten durch die Straßen wandern sehen. „Schämt euch!" schnauzt Andrik zwei solcher Lümmel an und haut ihnen, eh sie sich's versehen, ein paar rechts und links um die Ohren. Die Umstehenden lächeln zustimmend. […] Gott Lob und Preis! Das Gros des Volkes freut sich nicht über die neue Verordnung. Fast alle, die uns begegnen, schämen sich wie wir.[1186]

Ins Nebenzimmer ist eine kleine Schauspielschülerin eingezogen […]. „Es gefällt mir wahnsinnig in Berlin. […] wenn Sie ahnten, wie viele Nazis es bei uns gibt [In einem Dorf, Region unklar. Ein solches Stadt-Land-Gefälle ist auch sonst mehrfach belegt. In kleinen Gemeinden konnten sich die NS-Gegner noch weniger erlauben, weil die Hetzer einen besseren Überblick hatten. – Anm. KL]. Und hier? Hier hört man ja kaum ‚Heil Hitler' auf der Straße." – „Immer noch viel zu viel", brummt Andrik […].[1187]

Als wir Margot Rosenthals schwedischen Neffen, der fernab von Kriegsgraus und Nazijammer in Stockholm ein behagliches Leben lebte, die Not seiner Tante in brennenden Farben malten, ihn anflehten, alle Hebel in Bewegung zu setzen, sie hinüberzuholen, da antwortete er: „Die Verpflichtung, die Ihr von mir verlangt, würde bedeuten, meine Tante bis zum Ende des Krieges zu ernähren.[…] Also wäre es eine Verantwortungslosigkeit, eine Verpflichtung auf mich zu nehmen, die ich einfach nicht einhalten könnte […]." Er musste sie nicht auf die Straße setzen. Die SS hat ihm diese Arbeit abgenommen. Er darf sein Gewissen weiter mit dem Rechenexempel beruhigen. […] Ist er ein Bösewicht? […] Im Gegenteil. Er ist der zärtlichste Ehemann […]. Wir, die wir im elften Jahr unter Adolf Hitlers Herrschaft stehen, haben wenig Grund, uns zu rühmen. Aber wenn Menschen ihr Leben eingesetzt haben für ihre jüdischen Brüder, dann sind es deutsche

---

1184 Man beachte den unbekümmerten Gebrauch des Wortes „Neger" im 1983 editierten Tagebuch einer Journalistin, die im Widerstand gegen das NS-Regime volle 12 Jahre lang jeden Tag ihr Leben riskiert hat. Der Tagebucheintrag selbst ist wohl von 1943.

1185 Andreas-Friedrich aaO. S. 54.

1186 Andreas-Friedrich aaO. S. 82.

1187 Andreas-Friedrich aaO. S. 88.

Nichtjuden gewesen. Hunderte, Tausende, Zehntausende, die täglich und stündlich ihren Kopf riskiert haben für ein paar armselige Brotmarken, für ein vorübergehendes Notquartier.[1188]

Wer nicht selbst im Lande lebt und unter dem Regime leidet, hat keine Ahnung, was es heißt, in den Ketten einer Diktatur zu liegen.[1189]   (K.L.)

Heinrich **Böll** wurde am 21. Dezember 1917 in Köln als Sohn einer katholischen Handwerkerfamilie geboren. Nach einer Buchhändlerlehre, die er bald abbrach, der kurzzeitigen Aufnahme eines Germanistikstudiums, einigen publizistischen Versuchen und dem Kriegsdienst (einschließlich der US-Gefangenschaft bis September 1945) nahm er nach dem Krieg die belletristischen Arbeiten wieder auf. Zu den Schwerpunkten seines Schreibens zählt die Aufarbeitung der nationalsozialistischen Vergangenheit. 1972 Nobelpreis für Literatur. Böll verstarb 1985.

[Die Nachforschungen Bölls ergaben], was auch die überlebenden Juden aus der Nachbargemeinde bezeugen, die zum Gottesdienst in die Synagoge nach Drove gingen: Das Dorf Drove [im Kreis Düren] war nicht judenfeindlich.[1190]

[Böll findet eine Aktennotiz des Drover Pfarrers Kreitz vom 5. März 1933, die er in der seinerzeitigen Situation als Akt des Widerstandes einschätzt:] „Für das Jahr 1788 ist in Drover Akten (Judenakten in meinem Privatarchiv) das Aufstellen einer Laubhütte beim Israeliten Levy Isaak im Drover Oberdorf bezeugt. Ein Peter Nolden aus Drove-Oberdorf hatte 1788 den Juden bei der Aufstellung seiner Laubhütte tätlich angegriffen. Der Mitherr von Drove, Ricker, befahl genaueste Untersuchung und Bestrafung."[1191]

[Böll folgerte aus viele Gespräche mit Überlebenden:] Der Terror kam nicht <u>aus</u> den Dörfern, er wurde in sie <u>hinein</u>befohlen von Kommandos, die von außen kamen. In der „Kristallnacht" wurde die Drover Feuerwehr alarmiert, nicht, um Brand zu löschen, sondern um Brand zu stiften; es wurde ihr befohlen, Strohballen aus dem Schloss zu holen, sie um die Synagoge herum und in ihr aufzuhäufen, mit Benzin zu übergießen und anzuzünden. Die gesamte Feuerwehr weigerte sich, angeführt von dem überle-

---

1188 Andreas-Friedrich aaO. S. 128 f.
1189 Andreas-Friedrich aaO. S. 136.
1190 Böll aaO. S. 5.
1191 Böll aaO. S. 9.

benden Tillmann Hoff, unter dem Hinweis, sie sei da, um Brände zu löschen, nicht solche zu stiften.[1192]

Es mag in anderen deutschen Regionen anders gewesen sein, wo man den brütenden Antisemitismus in den Dörfern nur zu entfachen brauchte; in der hier beschriebenen Region [Rheinland] war es nicht so.[1193]

[Böll erwähnt eine 1983 noch lebende 82-Jährige, die die NS-Zeit im Dorf erlebt hat:] Sie besorgte auch die Einkäufe, als die Juden im Kaufmann-schen Haus zusammengepfercht waren. Von Pfarrer Kreitz wusste sie zu berichten, dass er nach jedem Krankenbesuch einen Schein unters Kissen schob, und beim Metzger Nolden gab's was „extra" für die Juden.[1194]

Böll schildert etliche Beispiele für Solidarität mit den jüdischen Mitbürgern im Ort Drove, die bis zu ihrer Entrechtung und Deportation wie ihre nichtjüdischen Mitbe-wohner lebten, von denen sie sich kaum unterschieden haben.   (F.D.)

Max **Brauer** wurde am 3. September 1887 in Ottensen geboren. 1911 Wahl in den Vor-stand der SPD Altona-Ottensen. 1924 Oberbürgermeister in Altona. 1933 Amtsenthe-bung durch die Nationalsozialisten und Flucht über Österreich und die Schweiz nach Frankreich. 1934 Ausbürgerung. 1943 Erwerb der amerikanischen Staatsbürgerschaft. 1946 Erster Bürgermeister der Freien und Hansestadt Hamburg. 1954 Wahl in den Bun-desvorstand der SPD. Am 2. Februar 1973 starb er in Hamburg.

„Schon damals gab es – das sei zur Ehre des deutschen Volkes gesagt – Mil-lionen und Abermillionen, die nicht nur entsetzt waren, aufgewühlt, er-schüttert. Es gab auch unzählige Deutsche, als man in diesem Lande Men-schen wie Wild zu jagen suchte, die die Verfolgten zu verbergen und zu schützen trachteten. Leider waren sie schwach und ohnmächtig, denn sie selbst waren ja längst die Gefangenen des Dritten Reiches geworden und besaßen nicht mehr die Bewegungsfreiheit freier Bürger [...]."[1195]   (K.L.)

Ernestine Amy **Buller** wurde am 9. November 1891 in London geboren. Sie studierte in London Geschichte und unternahm ab 1912 zahlreiche Reisen nach Deutschland. Be-ruflich war sie im internationalen, christlichen Studentenaustausch engagiert. Ihre in

---

der NS-Ära entstandenen Gesprächsnotizen wurden noch 1943 unter dem Titel „Darkness over Germany" [Finsternis über Deutschland] veröffentlicht. Ihr Bild der Machthaber Deutschlands verfinsterte sich während der NS-Ära. Nach dem Krieg war Amy Buller für das britische Königshaus tätig. Sie starb 1974 in London. Seit 2016 sind die Aufzeichnungen auch in deutscher Sprache zugänglich.

Ich hoffe, meine Freunde in England wissen, dass es außer denen, die im Gefängnis sitzen, noch viel mehr Menschen in Deutschland gibt, die versuchen, den Nationalsozialismus zu bekämpfen.[1196]

Und vor allem sagen Sie ihnen, dass viele hier nicht wissen, welches im Moment das richtige Vorgehen ist, dass wir aber Tag und Nacht darum ringen, die Antwort zu finden. Berichten Sie ihnen von den alten Männern und Frauen und Kindern, die den Nazis auf der Straße mutig ihr „Grüß Gott" entgegenschleudern.[1197]

Dass so viele Menschen Angst vor dem Kommunismus haben, hat es Hitler zweifellos einfacher gemacht, die Macht so restlos an sich zu reißen.[1198]

„Aber wie viele Deutsche stehen denn wirklich hinter der Partei?", erkundigte ich mich. Sie tauschten einen Blick aus, dann antwortete eine: „Etwa 40 Prozent, würde ich schätzen. Aber das ist schwer zu sagen." „Ganz recht", meinte eine andere […].[1199]

Nicht zu vergessen sind die Vielen, die glaubten, die einzige Alternative zu Hitler wäre der Kommunismus. Das stimmt wahrscheinlich, und viele fürchten sich davor – manche aus politischen Gründen, die Mehrheit jedoch, wie ich glaube, aus einer tiefverwurzelten Angst vor Russland.[1200]

(K.L.)

Aus heutiger Sicht überrascht und erschreckt die Einschätzung, vor 1933 hätten viele Deutsche geglaubt, „die einzige Alternative zu Hitler wäre der Kommunismus". Tatsächlich waren Anfang der 1930er Jahre sehr viele auch völlig integre Menschen in ganz Europa der Überzeugung, die freiheitliche Demokratie sei gescheitert und kein Modell für die Zukunft. Bullers Einschätzung „Das stimmt wahrscheinlich" wiederum bedeutet kaum, dass sie als Britin diese Einschätzung geteilt hätte, sondern eher, dass nach ihrer Ansicht viele Deutsche damals tatsächlich so dachten.

(K.B.)

1196 Buller aaO. S. 73.
1197 Buller aaO. S. 90.
1198 Buller aaO. S. 104.
1199 Buller aaO. S. 139.
1200 Buller aaO. S. 330.

Klaus **von Dohnanyi** wurde am 23. Juni 1928 in Hamburg geboren. Von 1972 bis 1974 Bundesminister für Bildung und Wissenschaft. Von 1981 bis 1988 Erster Bürgermeister von Hamburg. Sein Vater, Hans von Dohnanyi, wurde wegen seines Widerstands gegen den Nationalsozialismus am 8. April 1945 im KZ Sachsenhausen ermordet.

Doch auch sie [die Alliierten] wollten zunächst nicht glauben, was man ihnen berichtete. Erst als sie mit eigenen Augen sahen […]. In „Auschwitz und die Alliierten" macht Martin Gilbert eine „vernichtende Abrechnung darüber, wie die Alliierten auf die Nachricht von Hitlers Massenmord reagierten", wie der Untertitel zu seinem erschreckenden Tatsachenbericht lautet.[1201]

So kam es, dass oft bis heute gegenüber den Deutschen nicht deutlich genug unterschieden wird zwischen Verantwortung und Schuld. Die historisch falschen und unverantwortlichen Thesen Daniel Goldhagens, seine Behauptungen eines verbreiteten, auf Vernichtung ausgerichteten Antisemitismus in der deutschen Tradition, lassen sich natürlich nicht aufrecht erhalten. Aber die Nazi-Diktatur war eine deutsche; Deutsche hatten Hitler gewählt und später, als nicht mehr demokratisch gewählt werden konnte, hatten sie ihn mit wachsender Mehrheit auch gewollt. Wer aber durch eigenes Tun einem Verbrecher den Freiraum für Mord und Totschlag öffnet, der trägt dann auch Verantwortung, wenn der Täter schließlich mordet und brandschatzt. Deutschland und das deutsche Volk trugen und tragen deswegen unabweisbar eine kollektive Verantwortung für die Nazi-Verbrechen. Auch diejenigen, die dem Regime niemals zugestimmt hatten, ja sogar die, die ihm widerstanden, können sich als Teil des deutschen Volkes dieser Verantwortung nicht entziehen. Und diese Verantwortung dauert auch fort für heutige – und zukünftige – Generationen.

So ist das eben mit der Geschichte. Eine kollektive Verantwortung in diesem Sinne gilt nämlich für alle großen Verbrechen gegen die Menschheit, zum Beispiel, auch für solche der ehemaligen Kolonialmächte gegenüber den damals unterworfenen Völkern. Oder auch für Großbritannien als der größten Sklavenhändlernation der Geschichte, und für die USA, als der größten Nutznießernation der Sklaverei. Verantwortung für ihre Geschichte tragen auch diese Nationen und auch sie werden sie noch lange tragen müssen.

1201 Dohnanyi aaO. S. 13 ff.

Verantwortung ist aber nicht gleich Schuld. Schuldig an verbrecherischen Taten kann immer nur das Individuum sein. Und deswegen ist es immer wichtig vor einem Schuldspruch zu prüfen: Hat der Einzelne sich selbst an den Verbrechen beteiligt? Hat er (oder sie) durch stillschweigende Zustimmung zu den Verbrechen Mitschuld auf sich geladen? Hat er „nur" geschwiegen aus Furcht vor eigener Verfolgung, also nicht zustimmend, aber aus Selbstschutz? Oder hat er eventuell sogar versucht, sich dem Verbrechen entgegenzustellen und bleibt doch in der Haftung seines Volkes?

Das alles sind Unterscheidungen, die man treffen müsste, um über die einzelnen, damals lebenden Deutschen gerechte Schuldsprüche zu fällen.[1202]

(K.L)

Joachim **Fest** wurde am 8. Dezember 1926 in Berlin geboren. Da sich der Vater, ein Rektor, den Nationalsozialisten total verweigerte, wurde er schon am 1. Oktober 1933 auf Dauer aus dem Schuldienst entlassen. Der Sohn besuchte in Berlin und Freiburg eine höhere Schule. Dann Wehrdienst. Nach der Entlassung aus amerikanischer Gefangenschaft arbeitete er mit Schwerpunkt Nationalsozialismus als Journalist und Historiker. Seine Autobiographie „Ich nicht" war monatelang in den Top Ten der SPIEGEL-Bestsellerliste. Am 11. September 2006 starb er in Kronberg, Taunus.

„Zur Genugtuung meiner Eltern wohnte im Haus nur ein Hitleranhänger …, seine Frau aber sagte meinem Vater einmal ‚im Vertrauen', er solle ihren Mann bloß nicht zu ernst nehmen. Das mit den Nazis sei nur ‚dummes Zeug'…"[1203] „Eine Person Nazi unter zwölf Parteien, wie er an anderer Stelle beiläufig erwähnt[1204], und er fügt hinzu: … in den Nachbarhäusern verhielt es sich nach meiner Kenntnis nicht viel anders.'

Aber die meisten waren, wie das Kennwort lautete, ‚ordentliche Leute'. Denunziationen kamen zu dieser Zeit kaum vor. Nie jedenfalls haben wir uns ausgeschlossen gefühlt […]."[1205]

[Der Vater diktierte Joachim und seinen Brüdern ein eigenes Trostwort, wenn ihn andere verlassen hatten:] „Etiam si omnes, ego non!"[1206]

1202 Dohnanyi aaO. S. 14 ff.
1203 Fest aaO. S. 60 f.
1204 Fest aaO. S. 343.
1205 Fest aaO. S. 63.
1206 Fest aaO. S. 75. Dem ist der Buchtitel entnommen: „Ich nicht", eine Stelle aus der Ölbergszene des Evangelisten Johannes.

Er [Hitler] wurde nicht nur im Inland bejubelt, sondern, womöglich weit verheerender, vom Ausland. Was hätten ihn [den Vater] alle diese dienenden Delegationen von französischen Frontkämpfern, von Journalisten oder Sportfunktionären verzweifeln lassen, die dem deutschen Diktator Europa geradezu zu Füßen legten.[1207]

Er [der Vater] sei ohne jeden sozialen Hochmut […]. Aber die Idee der Volksgemeinschaft […] sei ihm stets als schlechthin beleidigend erschienen. Niemals werde er sich mit dem SS-Mann Henschel von gegenüber, mit dem Kommunistenführer Teddy Thälmann oder gar mit Franz von Papen gemein machen.[1208]

Es muss um diese Zeit oder wenig später gewesen sein [1937/38], dass mein Vater deprimiert von einer seiner Herrenrunden zurückkehrte. Es gebe weiterhin nur Niederlagen, meinte er […]. Von England sei nahezu nichts zu erhoffen, seien sich alle einig gewesen, das Bekenntnis zur Diktatur sei das „Gebot der Stunde", höre man von der Insel, […].[1209]

[Abschied eines jüdischen Mitschülers:] Er habe das schon bei wenigen anderen Klassenkameraden getan, die sich „anständig" verhalten hätten; die übrigen seien ihm fremd geblieben oder HJ-Führer, die zwar meist ebenfalls freundlich gewesen seien, vielfach „sehr freundlich sogar", aber er sehe nicht ein, warum er sich von denen verabschieden solle.[1210]

Am Abend erzählte Vater, er habe Dr. Meyer Vorhaltungen wegen seiner hochmütigen Einstellung gegenüber den Juden um den Schlesischen Bahnhof gemacht. Ohne weiteres habe dieser zugegeben, natürlich sei er hochmütig wie alle Juden. Aber über die eigene Verwandtschaft sei es erlaubt zu spotten.[1211]

Denn er [der erwähnte Dr. Meyer] habe stets ein Stück in jeder Hand, um den Hitlergruß zu vermeiden, der auch ihm, wenn auch nur mit bis zur Schulter angewinkeltem Arm, immer wieder entrichtet werde. „Ich grüße nicht einmal mit *einer* freien Hand", erwiderte ich etwas großspurig und setzte hinzu, „mein Vater tut's nicht mal mit *zwei* freien Händen."[1212]

Für ihn, fuhr mein Vater fort, habe Thomas Mann mit den „Betrachtungen eines Unpolitischen" jedes Ansehen verspielt. Gerade weil auch dieses

1207 Fest aaO. S. 78.
1208 Fest aaO. S. 88.
1209 Fest aaO. S. 96 f.
1210 Fest aaO. S. 120.
1211 Fest aaO. S. 122.
1212 Fest aaO. S. 123.

Buch so gut geschrieben sei, habe es mehr für die Entfremdung des Bürgertums von der Republik getan als Hitler. So etwas dürfe man nicht verzeihen. Er forderte mich auf, das Buch umgehend an Dr. Meyer zurückzuschicken [...].[1213]

Dennoch empfahl er [der Leiter einer Berliner Sprachenschule] meinem Vater, ein Gesuch an das zuständige Amt zu richten, ihm die erforderliche Erlaubnis zu erteilen [...] Nach etwa drei Wochen traf die Antwort ein: Man habe sich, hieß es in dem Schreiben, zu einer Erlaubnis nicht verstehen können, weil im „amtlicherseits bekannten Verhalten" des Antragstellers nichts den Schluss nahelege, dass seine politische Einstellung sich in den zurückliegenden Jahren gewandelt habe. Selbst seine Eingabe habe er nicht, wie seit Jahren angeordnet, mit „deutschem Gruß!" beschlossen.[1214]

Ein weiterer Unterschied war, dass die politischen Überzeugungen der Lehrer [in Freiburg im Breisgau] viel freimütiger zum Ausdruck kamen als in Berlin. Das war nicht nur auf die angestammte badische Liberalität zurückzuführen, sondern auch auf den selbstbewussten Katholizismus des Landes, der ein Rückhalt für alle war. [...] Im Religionsunterricht wurde im Anschluss an Bischof von Galens Hirtenbrief [vom August 1941] unverblümt von den „Euthanasie-Morden" gesprochen.[1215]

Doch wer sich umtat und einiges Misstrauen gegen die Machthaber aufbrachte, stieß auf immer neue Hinweise über Massenmorde in Russland, Polen und anderswo. Zwar klang vieles widersprüchlich und wurde nur als Hörensagen weitergegeben; die Häufigkeit erhob das Berichtete fast zu Gewissheiten. [...] Von Gaskammern hingegen war in allen vertraulichen Mitteilungen, die mir zugingen, nie die Rede. Weit häufiger wurde die Frage gestellt, warum die britischen Radiostationen ihr Wissen über die Menschenausrottung nicht wieder und wieder verbreitet und die Welt damit in Empörung versetzt hätten.[1216]

In dem Brief, der wenige Tage später eintraf, schrieb er [der Vater] in unfassbarer Offenheit, zu dem „Verbrecherkrieg Hitlers" melde man sich nicht freiwillig, auch nicht um den Preis, der SS zu entgehen.[1217]

1213 Fest aaO. S. 129. Mann, zunächst ein strenger Monarchist, hat als solcher die Macht des Parlaments missbilligt.

1214 Fest aaO. S. 131.

1215 Fest aaO. S. 176 f.

1216 Fest aaO. S. 217 f.

1217 Fest aaO. S. 225.

Auch im Rückblick bleibt die Unverhohlenheit erstaunlich, mit der dieser von überall her zusammengewürfelte Haufen von Gymnasialschülern, die wir in der Mehrheit waren, seinen Widerspruch gegen die herrschenden Verhältnisse kundtat.[1218]

[Der Vater nach Kriegsende:] „Ich wollte damals und will jetzt nicht darüber reden! Es erinnert mich immer wieder daran, dass ich mit meinem Wissen nicht das Geringste anfangen konnte. Nicht mal darüber reden! Du verstehst das.“[1219]

Mein Vater zog den Mann, der auf dem menschenleeren Trottoir nicht ausweichen konnte, ins Gespräch und sagte ihm schließlich auf den Kopf zu, kein anderer als er [ein Bediensteter der Gestapo] habe ihn vor den Gestapobesuchen gewarnt und seinen Zornausbruch gegen die „HJ-Bengels“ kleingeredet.[1220]

Im Unterschied zur überwiegenden Mehrheit hatten wir keine Konversion zu bieten, mit der sich zahlreiche Zeitgenossen, sooft die Rede auf die dreißiger oder vierziger Jahre kam, etwas Seelendramatik verleihen und vermutlich einigen Reueglanz. Wir hatten den fragwürdigen Vorzug, zu bleiben, die wir waren, und wiederum außerhalb der Reihe zu stehen.[1221]

Wenn Günter Grass oder einer der ungezählten Selbstbezichtiger auf ihr Schamgefühl deuteten, wollten sie keineswegs auf irgendeine eigene Schuld verweisen, sondern auf die vielen Gründe, die alle anderen hatten, sich zu schämen. Zu ihrer und unser aller Schande, so meinten sie, fände sich die Masse dazu aber nicht bereit. Sie selbst fühlten sich bereits durch das Bekenntnis ihrer Scham von jeglichem Vorwurf frei.[1222]   (K.L.)

Eine der eindrucksvollsten jüdischen Stimmen gegen die Idee einer Kollektivschuld der Deutschen ist die des britisch-jüdischen Verlegers Victor **Gollancz**. Er war Sohn eines Rabbiners und entstammte einer polnisch-jüdischen Familie aus Witkowo bei Gnesen[1223], wurde aber bereits in London geboren, wo er von 1893 bis 1967 lebte. Weil er zu keiner Zeit im Machtbereich des Nationalsozialismus gelebt hat, wird sein Zeugnis nicht im ersten Teil dieses Buches angeführt. Gollancz hatte bereits zu einem frühen Zeitpunkt keinerlei Illusionen über Hitler und den Nationalsozialismus und drängte die

---

1218 Fest aaO. S. 234.
1219 Fest aaO. S. 321.
1220 Fest aaO. S. 322.
1221 Fest aaO. S. 337.
1222 Fest aaO. S. 342.
1223 Das lag in „Preußisch-Polen“ (Provinz Posen) bzw. von 1871 bis 1919 im Deutschen Reich.

britische Regierung während des Krieges, den verfolgten Juden auf dem Kontinent
mehr zu helfen. Eines seiner vielen Plädoyers gegen den Gedanken der Kollektivschuld
hat im Jahre 1947 der SPIEGEL veröffentlicht. Nachfolgend Auszüge:

„Wenn ich für christliche Liebe gegenüber dem deutschen Volk eingetreten
bin und auch gegenüber meinem eigenen Volk, dann habe ich es nicht
getan, wie einige törichte Engländer oder Deutsche geglaubt haben, weil ich
kein Gefühl für das hätte, was geschehen ist, weil ich die Bedeutung von
Auschwitz oder Belsen[1224] nicht erkannt hätte oder weil ich nichts davon
wüsste. Das Gegenteil ist der Fall. Ich habe selbst Beweismaterial in der
Hand gehabt, und ich muss sagen, dass ich die Bedeutung durchaus nicht
unterschätze, im Gegenteil. […] Ich habe die Beispiele von Auschwitz und
Buchenwald nur als Illustration benutzt und möchte es ganz klar aussprechen, dass ich nicht der Ansicht bin, dass das gesamte deutsche Volk schuldig sei. Ich halte nichts von der Kollektivschuld. Ich halte diesen Begriff für
unchristlich und nicht liberal und im Grunde für eine Naziphrase. […]
Wenn man von Gemeinschaftsschuld spricht, ist es, als ob man behaupten
wolle, dass jedes Kind schuldig sei, das 1933 geboren wurde. Es ist genau so
unsinnig, als wenn man behaupten würde, jedes neugeborene Judenkind sei
am Tode Christi schuldig. Ich sage, dass der Begriff Gemeinschaftsschuld
lächerlich ist. Ich möchte die Konzeption der Kollektivschuld ausgelöscht
wissen und dafür einen Begriff setzen, der die zukünftige Verantwortung
aller Deutschen festlegt."[1225]

An dieser Stelle könnte man lange erörtern, ob eine „Verantwortung aller Deutschen"
nicht auf etwas Ähnliches hinausläuft wie eine „Schuld" aller Deutschen. Tatsächlich
schreiben seit einigen Jahren immer mehr Autoren von einer Verantwortung „der"
Deutschen und meinen damit bei genauer Betrachtung nichts anderes als eine kollektive Schuld. Solche Überlegungen würden allerdings an dieser Stelle den Rahmen
sprengen[1226], zusammenfassend sei nur gesagt, dass die zahlreichen, von tiefem Huma-
nismus getragenen Aktivitäten und Veröffentlichungen von Victor Gollancz deutlich
machen, dass er mit der „Verantwortung aller Deutschen" tatsächlich keine Kollektiv-

---

1224 So im Original. Gemeint ist aber eher das KZ Buchenwald als das KZ Bergen-Belsen, wie der weitere Text zeigt.
1225 Victor Gollancz: „Ich achte die Deutschen", in: *Der Spiegel* Nr. 43 vom 25. Oktober 1947, S. 15.
1226 Eine genaue Abgrenzung der Begriffe „kollektive Verantwortung" und „kollektive Schuld" findet
sich u. a. im Kapitel V „Janusköpfige ‚Verantwortung'" meines Buches *Adenauer hatte recht* (a.a.O.,
2. Auflage 2016), S. 100-105. Dort werden auch mehrere Politikwissenschaftler und Juristen angeführt,
die sich schon vor mir mit dieser interessanten Frage befasst haben.

schuld meint, sondern – in der Begrifflichkeit von Karl Jaspers (s. u., Seite 339 f.) – die kollektive *Haftung* der Nationen für die von ihren jeweiligen Regierungen zu vertretenden Unrechtstaten und Verbrechen. Diese ist ethisch vertretbar und realpolitisch geradezu unvermeidlich, wenn auch wiederum nicht frei von Ungerechtigkeiten. Besondere Beachtung verdient, dass Gollancz sich 1945 und danach als einer von nur wenigen prominenten Nichtdeutschen vehement gegen die Vertreibung der Ost- und Sudetendeutschen und außerdem für eine bessere Ernährung der besiegten Deutschen eingesetzt hat. Victor Gollancz gehört außerdem zu der kleinen Anzahl an Zeitzeugen, die stets fair über die Deutschen unter NS-Herrschaft geurteilt haben, ohne diese Diktatur „am eigenen Leib" erfahren zu haben. In diesem Punkt ist er eine der Ausnahmen, die die Regel bestätigen.   (K.L., K.B.)

Sebastian **Haffner** (geb. als Raimund Pretzel), geboren in Berlin am 27. Dezember 1907 und ebenda gestorben am 2. Januar 1999, war Jurist und Publizist. Da er nicht länger in Hitlerdeutschland leben wollte, reiste er im August 1938 mit einem Auftrag der Ullstein-Presse nach England. Dort bat er um Asyl mit Verweis auf seine schwangere Verlobte Erika Schmidt-Landry (1899–1969), die ihm nach England vorausgereist war und in Deutschland als Jüdin galt. Das Paar hätte in Deutschland seit 1935 nicht zusammenleben, geschweige denn heiraten dürfen. 1939 begann Haffner mit der Niederschrift seiner Jugenderinnerungen „Geschichte eines Deutschen", in denen er seine Erlebnisse in den Jahren 1914 bis 1933 schildert. Die folgenden Zitate sind diesem Buch entnommen.

Nun, der Chef des Blattes *[Die Tat]* hatte sich zu weit vorgewagt, er verlor seinen Posten und entging mit knapper Not dem Tode […]; die übrige Redaktion aber blieb und war auf einmal vollkommen selbstverständlich und ohne den geringsten Verlust an Eleganz und Jahrtausendperspektive Nazi – sie war es immer gewesen, selbstverständlich, besser, eigentlicher und tiefer als die Nazis selbst. Man staunte in das Blatt hinein: Derselbe Druckspiegel, derselbe Satz, dieselbe großartige Unfehlbarkeitsgeste, dieselben Namen – und das Ganze auf einmal, ohne Wimpernzucken, ein vollblütiges, smartes Naziblatt. Bekehrung? Zynismus? Oder waren die Herren […] im Herzen immer gute Nazis gewesen?[1227]

Die Lage der nichtnazistischen Deutschen im Sommer 1933 war gewiss eine der schwierigsten, in der sich Menschen befinden können: nämlich ein Zustand völligen und ausweglosen Überwältigtseins, zusammen mit den

---

1227 Haffner aaO.: *Geschichte …*, S. 196.

Nachwirkungen des Schocks der äußersten Überrumpelung. Die Nazis hatten uns, auf Gnade und Ungnade, in der Hand. Alle Festungen waren gefallen, jeder kollektive Widerstand war unmöglich geworden, individueller Widerstand nur noch eine Form des Selbstmordes. Wir waren verfolgt bis in die Schlupfwinkel unseres Privatlebens… Ein kleiner Pakt mit dem Teufel – und man gehörte nicht mehr zu den Gefangenen und Gejagten, sondern zu den Siegern und Verfolgern.[1228]

Ich trug eine Uniform mit Hakenkreuzarmbinde. Ich stand stramm und putzte mein Gewehr. Aber das alles galt gar nicht. Ich war nicht gefragt worden, ehe ich es tat. […] Hätte ich mich vielleicht weigern sollen, gleich am ersten Tag, als die Armbinden ausgehändigt wurden? […] Aber das wäre wahnsinnig gewesen und noch mehr lächerlich. Es hätte nur bedeutet, dass ich ins Konzentrationslager käme und nicht nach Paris…[1229]

[Rückschauend:] Hitler hatte vor dem Krieg zweimal ausprobiert, wie die Masse der Deutschen auf offene Gewalttätigkeit gegen die Juden reagieren würde: bei dem reichsweiten Boykott jüdischer Geschäfte durch die SA am 1. April 1933 und dem ebenso reichsweiten und ebenso von oben angeordneten Großpogrom vom 9. und 10. November 1938…[1230]

Sie [die Juden] erwiesen sich, wenn auch nicht geradezu als das Salz der Erde, so doch in vielen Ländern als das Salz in der Suppe, sie bildeten eine Art Elite – in der Weimarer Republik, sogar so etwas wie eine zweite Aristokratie; und damit schufen sie sich natürlich nicht nur verdiente Bewunderung, sondern auch Neid und Abneigung. Wer aus diesen Gründen Antisemit war, gönnte den Juden einen Nasenstüber; er wünschte sie sich ein bisschen gedeckt. Aber Ausrottung – um Gottes Willen![1231]

20 Prozent der deutschen Bevölkerung hielt Haffner laut Wikipedia für Nationalsozialisten, 40 Prozent für loyale Bürger, 35 Prozent für Illoyale und 5 Prozent für Opposition.									(K.L.)

Karl **Jaspers** wurde am 23. Februar 1883 in Oldenburg geboren. Er studierte zunächst Jura, dann Medizin. Ab 1922 Ordinarius für Philosophie in Heidelberg. 1933 wurde er entlassen, ab 1938 mit Schreibverbot belegt. Als er 1941 eine Anfrage für eine Gastdo-

1228 Haffner aaO.: *Geschichte …*, S. 198.
1229 Haffner aaO.: *Geschichte …*, S. 275.
1230 Haffner aaO.: *Anmerkungen …*, S. 175.
1231 Haffner aaO.: *Anmerkungen …*, S. 118.

zentur in der Schweiz erhielt, lehnte er diese ab, da seine Frau als Jüdin nicht hätte mit-
kommen dürfen. 1946 veröffentlicht er „Die Schuldfrage". Am 26. Februar 1969 starb er
in Basel.

Ohne Zweifel ist es sinnvoll, alle Staatsangehörigen eines Staates für die Folgen haftbar zu machen, die aus dem Handeln dieses Staates entstehen. Hier
wird ein Kollektiv getroffen. Diese Haftung aber ist bestimmt und begrenzt,
ohne moralische und metaphysische Beschuldigung der Einzelnen. Sie trifft
auch diejenigen Staatsangehörigen, welche sich gegen das Regime und
gegen die in Betracht kommenden Handlungen gewehrt haben. […] Es ist
aber sinnwidrig, ein Volk als Ganzes eines Verbrechens zu beschuldigen.
Verbrecher ist immer nur der Einzelne. Es ist auch sinnwidrig, ein Volk als
Ganzes moralisch anzuklagen. […] Die Verwechslung der gattungsmäßigen
mit der typologischen Auffassung ist das Zeichen des Denkens in Kollektiven: *die* Deutschen, *die* Engländer, *die* Norweger, *die* Juden […] Das ist eine
Denkform, die sich durch die Jahrhunderte zieht als ein Mittel des Hasses
der Völker und Menschengruppen untereinander. Diese den meisten leider
natürliche und selbstverständliche Denkform haben die Nationalsozialisten
in der bösesten Weise angewendet […] Es war, als gäbe es keine Menschen
mehr, sondern nur noch jene Kollektive […] Das Übermächtige einer solchen zur Selbstverständlichkeit werdenden Meinung, auch bei denkenden
Menschen, ist so erstaunlich, weil der Irrtum so einfach und offenbar ist.[1232]

In einem Nachwort des Jahres 1962 heißt es: „Die Schrift wurde 1945 entworfen, […]
Erst jetzt wurden die Verbrechen des nationalsozialistischen Deutschland dem ganzen
Volk offenbar"[1233]. Auch ich hatte von dieser Planmäßigkeit und diesem Umfang der Ver-
brechen nicht gewusst.[1234]   (K.L.)

Erich **Kästner** wurde am 23. Februar 1899 in Dresden geboren. Ab 1927 war Berlin sein
Lebensmittelpunkt, ab 1945 München, wo er am 29. Juli 1974 starb.
     Gleich mit zwei seiner ersten Bücher begründete er seinen Weltruhm. Politisch
stand er ab 1918 den Pazifisten nahe, was in seinen Veröffentlichungen Niederschlag
fand. So kam es, dass auch sein Werk von der Bücherverbrennung im Mai 1933 erfasst

---

1232 Jaspers aaO. S. 27 ff.
1233 Gemeint war mit dieser Einschätzung von 1962 offenbar, dass erst im Gefolge des großen Ausch-
witz-Prozesses ab 1960 der Holocaust den Deutschen ins allgemeine Bewusstsein drang. Bekannt waren
die Verbrechen sehr bald nach Kriegsende. (K.B.)
1234 Jaspers aaO. S. 88.

wurde. Gleichwohl blieb er in Deutschland, wo er sich 1941 entschloss, ein „Kriegstagebuch" zu führen. Vom monumentalen Werk des anderen bekannten Dresdner Tagebuchautors, Victor Klemperer, unterscheidet es sich, weil Kästner nur von Zeit zu Zeit Einträge vornahm.

16.1.41 Der Entschluss ist gefasst. Ich werde ab heute wichtige Einzelheiten des Kriegsalltags aufzeichnen. Ich will es tun, damit ich sie nicht vergesse, und bevor sie, je nachdem wie dieser Krieg ausgehen wird, mit Absicht und auch absichtslos allgemein vergessen, verändert, gedeutet oder umgedeutet werden.[1235]

[Meist notierte Kästner nur Fakten, doch es gibt Ausnahmen:] 20.1.41 […] Neben dieser [Zeitungs-]Notiz stand die Meldung, dass Mussolini dem Reichsmarschall Göring zu dessen 48. Geburtstag einen der schönsten Hochaltäre der deutschen Malerei des 15. Jahrhunderts geschenkt hat; und zwar Hans Multschers Altar von der Frauenkirche zu Sterzing in Südtirol. Es ist schwer, keine blutige Satire zu schreiben.[1236]

Erwähnenswert ist die missglückte Rede Baldur von Schirachs vor den Arbeitern einer Fabrik in Florisdorf. Sie übertrieben ihre Begeisterung ins Ironische so, dass sie zwei Stunden lang ohne Pause die Lieder der Bewegung sangen und in Heilrufe ausbrachen, so dass Baldur, nachdem er zwei Stunden lang auf dem Rednerpodium abgewartet hatte, endlich wieder nach Haus fuhr, ohne auch nur ein Wort gesprochen zu haben.[1237] [Kästner notierte auch in Berlin kursierende Witze, aus denen eine ähnlich schroffe Distanz vom NS-Regime spricht, z. B.] Der Krieg wird wegen seines großen Erfolges verlängert.[1238]

[Ende Oktober 1941:] Seit die Juden den Judenstern tragen müssen, den man „Pour le Sémite" nennt, ist diesbezüglich eine neue innerpolitische Aktivität zu spüren.[1239]

11. März 43 In den letzten Wochen ist viel passiert, was der Stimmung abträglich war […] Restabholung der Berliner Juden […][1240]

13.3.43 Den Bombenangriff auf München […] nennt die Presse einen Angriff auf die Stadt der deutschen Kunst, obwohl ja München offiziell die

---

1235 Kästner aaO. S. 43.
1236 Kästner aaO. S. 50.
1237 Kästner aaO. S. 53.
1238 Kästner aaO. S. 54.
1239 Kästner aaO. S. 97.
1240 Kästner aaO. S. 103.

‚Stadt der Bewegung' ist.[1241] [Hinweis KL: Diese „Degradierung" hatten sich die Münchner selbst zuzuschreiben. Kästner zitiert den Hauptmann Gerngroß, der kurz vor Kriegsende geputscht hatte:] Er meinte, die Bayern seien doch bessere Menschen. Die unverbesserlichsten Nazis lebten in Norddeutschland.[1242]

8.5.45 […] Sie [die Sieger] wissen nicht, was in zwölf Jahren Krieg anständige Menschen in Deutschland geleistet haben.[1243]

Deutschland ist das am längsten von den Nazis besetzte und unterdrückte Land gewesen, – nur so kann man die Situation einigermaßen richtig sehen.[1244]

Er [Friedrich Meinecke, ein führender Historiker und Ideengeschichtler – KL] wies darauf hin, wie aussichtslos im Angesicht des Terrors und der Propaganda der Nazis eine Gegenaktion gewesen sei und wie oft ihm doch ehemalige Schüler ihre Antihaltung zum Ausdruck gebracht hätten.[1245]

Aber auch die entschlossene Minderheit war außerstande etwas zu tun. Ebensowenig imstande wie ein gefesselter und geknebelter Mann, vor dessen Augen Frau und Kinder gequält werden.[1246]

Kästners Tagebucheintrag vom 11. März 1943 „Restabholung der Berliner Juden" setzt Informationen voraus, die nicht allgemein zugänglich waren. Die meisten Transporte aus Berlin wurden in Grunewald abgefertigt. Mir ist ein überaus glaubwürdiger Zeitzeuge persönlich bekannt, der genau dort gewohnt und mir schriftlich versichert hat, dass weder er noch seine Eltern von den Transporten Kenntnis erlangt hätten.   (K.L.)

Jochen (Joachim Georg Wilhelm) **Klepper** wurde am 22. März 1903 in Beuthen/Oberschlesien geboren. Der evangelische Theologe wurde ein hoch angesehener Literat, Autor des Bestsellers „Der Vater". Trotz aller Verlockungen – „es sei der Wunsch des Führers, dass alle Kulturschaffenden sich scheiden ließen"[1247] – hielt er unverbrüchlich zu seiner jüdischen Frau, die er 1931 geheiratet hatte, und seinen jüdischen Stieftöchtern. Deshalb verlor er seine Stelle und seine Publikationsmöglichkeiten. Als die Deportation einer Stieftochter unvermeidlich wurde, wählte er mit Frau und Tochter am 11.

1241 Kästner aaO. S. 109.
1242 Kästner aaO. S. 205.
1243 Kästner aaO. S. 204.
1244 Kästner aaO. S. 205.
1245 Kästner aaO. S. 219.
1246 Kästner aaO. S. 229.
1247 Klepper aaO. S. 1034.

Dezember 1942 in Berlin den Tod. Über Jahre hinweg hatte er das deutsche Volk beobachtet. Sein Urteil hielt er in seinem voluminösen Tagebuch fest. Sein Ergebnis (s. u.): „Das Volk ist ein Trost." – Es entspricht nahezu wörtlich einem Tagebucheintrag von Viktor Klemperer knapp drei Jahre später, wobei dieser Kleppers unveröffentlichtes Tagebuch nicht kennen konnte. Hier Details seiner Begründung:

1. Mai 1935. Über den großen Tag der Nation kann ich nun mitreden […] Ein zum großen Teile stumpfsinniges, zum kleinen Teile stumpfgewordenes Volk marschiert, steht herum, zeigt Galgenhumor oder Albernheit – das Desinteressement war der entscheidende Eindruck; es grenzt ans Fatale. Die Begeisterung spielt sich nur in unmittelbarer Nähe der Festtribüne und namentlich als Rufe von Sprechchören ab. Die aber und aber Hunderttausende standen völlig unbeteiligt.[1248]

[Knapp drei Monate später wieder der gleiche Eindruck:] Es ist nicht zu fassen, was da über ein Sechzig-Millionen-Volk gekommen ist. Alle klagen, toben – und nehmen alles stumpf hin und sehen keinen Ausweg und spielen verängstigt das begeisterte, geeinte Volk. […] Die Juden und Menschen in meiner Situation werden sich weitaus immer mehr in ihren allerengsten Kreis zurückziehen.[1249]

30. Juli 1938. […] Wo Juden jetzt mit Hanni [K.s Frau] zusammenkommen, erfahren wir das Gleiche: viele Arier sind zu den vernichteten[1250] Juden so sehr anständig; die wohlhabenden Juden sind gegen die ärmeren so hart.[1251]

[Bei der Benennung ihrer neugeborenen Kinder hatten Juden ab einem gewissen Zeitpunkt nur noch ein Vorschlagsrecht, über das sich die Behörden immer wieder hinwegsetzten. Klepper erwähnt, dass die Vornamen, die dann noch zur Auswahl standen, zu 80 Prozent eine sadistische Verhöhnung bedeuteten. Dann aber:] Das deutsche Volk steht nicht dahinter.[1252]

[Beobachtung während eines Urlaubs in Schlesien:] Die Bauern im Dorf reden selbst davon, „dass doch die Auseinandersetzung zwischen Faschismus und Demokratie" – und sie glauben mit Hitler an den Sieg – kommen müsse! […] Dabei diese Herzlichkeit der schlesischen Dörfler […] Staat ist

---

1248 Klepper aaO. S. 254.
1249 Klepper aaO. S. 270 f.
1250 Gemeint ist offenbar die Vernichtung im wirtschaftlichen Sinne. Die physische Vernichtung der Juden hatte im Juli 1938 noch nicht begonnen.
1251 Klepper aaO. S. 619.
1252 Klepper aaO. S. 631.

nicht Volk, und das Volk nicht „die Menschen" – wie sollen Herz und Geist sich herausfinden aus alledem![1253]

Mit den Juden geschieht etwas so Ungeheuerliches, dass man sich der lähmenden Wirkung kaum mehr erwehren kann! Diese entsetzliche Ohnmacht des Volkes gegenüber dem, was im Namen des Volkes geschieht, ohne dass es – über Numerus-clausus-Maßnahmen hinaus – dahinterstünde.[1254] Menschen, die Einspruch erhoben gegen die Plünderung jüdischer Geschäfte, sind von der Straße weg verhaftet worden.[1255]

10. November 1938 […] Heute sind alle Schaufenster der jüdischen Geschäfte zertrümmert… Dass die Bevölkerung wieder nicht dahintersteht, lehrt ein kurzer Gang durch jüdische Gegenden; ich habe es selber gesehen, denn ich war heute morgen gerade im Bayerischen Viertel […] Aus den verschiedenen „jüdischen" Gegenden der Stadt hören wir, wie ablehnend die Bevölkerung solchen organisierten Aktionen gegenübersteht. Es ist, als wäre der 1933 noch reichlich vorhandene Antisemitismus seit der Übersteigerung der Gesetze in Nürnberg 1935 weit, weithin geschwunden. Anders steht es aber wohl bei der alle deutsche Jugend erfassenden und erziehenden Hitler-Jugend. Ich weiß nicht, wie weit die Elternhäuser da noch ein Gegengewicht sein können […] Wie man im Schlaf aufschrickt – als würden Hanni [Gattin], Brigitte, Renerle [deren Töchter] abgeholt –, das sagt genug.[1256]

Auch das, was Hanni heute von dem Verhalten selbst der recht nationalsozialistischen Südender und Steglitzer von der Marineoffiziersfrau bis zu den Frauen im Bäckerladen, von den Männern am Zeitungsstand bis zum kleinen Nachbarn des – wohl letzten – jüdischen, demolierten Geschäftes hier zu sagen hat, bestätigt, dass man am deutschen Volke nach wie vor nicht zu verzweifeln braucht. Das Volk ist ein Trost, seine moralische Ohnmacht eine furchtbare Sorge.[1257]

[Immer wieder konkretisiert und veranschaulicht Klepper seine Einschätzungen. Seine Frau muss zur Reichsbahndirektion. Dort:] Und das ist das Bezeichnende für die „Volkswut" in Berlin: nach einer solchen Feststellung [„Jude"] werden die Menschen höflicher, interessevoller, herzlicher.

(K.L.)

1253 Klepper aaO. S. 641 f.
1254 Klepper aaO. S. 667 f.
1255 Klepper aaO. S. 680.
1256 Klepper aaO. S. 674 f.
1257 Klepper aaO. S. 676.

Kurt **Krimmel** war im Herbst 1938 Regierungs- und Baurat in Beuthen/Oberschlesien und zu dieser Zeit 52 Jahre alt. Er war selbst nicht prominent, hatte aber Kontakte zu hochrangigen Regierungsstellen, was interessante Einblicke in das Denken in dieser katholischen Region bis in Regierungskreise hinein eröffnet. Krimmel betrieb seine Emigration, obwohl er selbst offenbar nicht jüdisch war. Sein Bericht lässt erkennen, dass er jüdische Verwandtschaft hatte, die verfolgt wurde. An anderer Stelle berichtet er über einen Schwager, der im Zuge des Pogroms für kurze Zeit ins KZ Buchenwald eingeliefert wurde. In der Sprache des NS-Regimes war Krimmel damit „jüdisch versippt". Er berichtet über die Pogromnacht vom November 1938:

Ich habe die Vorgänge in X. [gemeint: Beuthen] besonders sorgfältig beobachten können, da ich nicht verhaftet war und die ganze Zeit als höherer Beamter mich unangefochten bewegen konnte. Ich betrieb meine Auswanderung und hörte, als ich am Morgen des 9. November in dieser Angelegenheit auf der Gestapo war, dass eine große Aktion bevorstände. Ich dachte, dass es sich um Nachsuchung nach Waffen handelte, und brachte deshalb nachts meine und eines Freundes Waffe in einen Wald, wo ich sie in einen Teich warf. Am Morgen des 10. November – ich wohne weit draußen – erzählte mir meine Wirtschafterin, die Synagoge sei angezündet, alle Juden verhaftet, es würde gestohlen und die Wohnungen seien zertrümmert. Ich hatte so wenig davon bemerkt, dass ich mir erst durch Telefongespräche Sicherheit holte.

In X. ist unendlich viel gestohlen und nur kleine wertlose Gegenstände zurückgebracht worden, in den Wohnungen ist vandalisch gehaust [worden], ich habe selbst gesehen, dass Schreib- und kostbare Rechenmaschinen mit Patronen auseinandergesprengt sind, Kristallgegenstände sind zersplittert, in den meisten Wohnungen [wurde] Feuer gelegt und alles zertrampelt. Auch die Geschäfte sind geplündert …

Die Bevölkerung von X. ist zu 92 Prozent katholisch [richtig: 84,8 Prozent, K.L.] – es konnte daher erwartet werden, dass missbilligende Äußerungen fielen. Einer meiner katholischen Bekannten ist dieserhalb im Schnellverfahren zu Gefängnis verurteilt.[1258]

In X. wie in Y. [= Gleiwitz] und Z. [= Hindenburg] sind auch Frauen und Kinder verhaftet, allerdings nach sechs bis acht Stunden wieder freigelassen. In der Zeit ihrer Abwesenheit sind dann die Wohnungen vernichtet. Körperliche Misshandlungen sind, soweit mir bekannt, nicht vorgekommen,

---

1258 Barkow u. a. aaO. S. 271 f.

dagegen haben die SS-Leute die gemeinsten Beleidigungen von sich gegeben. Die SS-Leute waren fast ausnahmslos total betrunken, (…)

Die höchsten Regierungsbeamten, von denen ich mich verabschiedet habe, und zwar offiziell in den Diensträumen, haben mir fast übereinstimmend und ausnahmslos erklärt: „Wir sind traurig und schämen uns, dass wir Deutsche sind. Wir beneiden Sie, dass Sie hier rauskommen."[1259] (K.B.)

Kurt Ernst Carl **Schumacher** wurde am 13. August 1895 in Culm/Westpreußen geboren. Jurist, vor 1933 Landtags- und Reichstagsabgeordneter der SPD. Während der NS-Ära die meiste Zeit im KZ. Nach 1946 Parteivorsitzender der SPD, ab 1949 auch Fraktionsvorsitzender im Deutschen Bundestag. Kurt Schumacher starb am 20. August 1952 in Bonn an den Spätfolgen seiner Lageraufenthalte.

Wenn die Kommunisten als einzige Partei in Deutschland sich zu einer Gesamtschuld bekennen, dann kann man sich das zwar außenpolitisch erklären, empfindet es aber als Ungerechtigkeit gegen die zahlreichen Opfer des Faschismus aus ihren eigenen Reihen. Das Schuldbekenntnis für die Kommunistische Partei ist an sich eine Selbstverständlichkeit, denn ohne die Haltung der Kommunisten wäre das Versagen des deutschen Parlamentarismus und damit die Möglichkeit für die Nazis, an die Regierung zu kommen, nicht gegeben gewesen. Wenn aber diese Männer und Richtungen sich für berechtigt halten, ein Schuldbekenntnis für die gesamte deutsche Nation auszusprechen, dann erklären wir ihnen, dass sie dazu nicht legitimiert sind. Mit dieser Methode dehnen sie ihren eigenen historischen Schuldanteil auf Menschen und Richtungen aus, welche die eigentlichen Gegenspieler des Nazismus gewesen sind und auch heute noch sind. Mit dem Wort von der Gesamtschuld beginnt eine große geschichtliche Lüge, mit der man den Neuaufbau Deutschlands nicht vornehmen kann […]. Aber sie dürfen nicht sich und ihr eigenes Verschulden hinter dem breiten Rücken der Kämpfer für die Demokratie unehrlich verstecken.[1260] […] Das geschieht ja doch nur, um sich selbst zu entschuldigen oder die eigene Schuld verkleinern und erklären zu können.

Es ist nicht möglich, ein Volk dauernd im Zustand der Zerknirschung über die Sünden eines nicht mehr existierenden Systems zu halten. Man

---

1259 Barkow u. a. aaO. S. 272
1260 Schumacher aaO. S. 30.

kann nicht von falschen Kollektivurteilen ausgehen und die Demokratie für die Sünden der Diktatur büßen lassen. Besonders ist diese Politik dann sinnlos, wenn dieses Volk zu politischen Leistungen gebraucht wird, wie sie die Abwehr des Kommunismus erfordert.[1261]

[…] Dass der Nazismus kommen konnte, und mehr noch, dass er den Zweiten Weltkrieg vorbereiten und auszulösen vermochte, ist ja nicht nur eine Frage nationalen, sondern auch internationalen Verschuldens. Wenn es in Deutschland niemals zu den Formen des bewaffneten Widerstandes während des Krieges gekommen ist…, so liegt das daran, dass der Druck des Naziterrors in Deutschland unvergleichlich stärker war als anderswo.[1262] [Schumacher nannte es ein Wunder,] dass nach zwölf Jahren Diktatur noch so viele Menschen innerlich anständig geblieben sind."[1263]   (K.L.)

Franz Josef **Strauß** wurde am 6. September 1915 in München geboren. Von Jugend an ein unerschrockener NS-Gegner erhielt er gleich nach Kriegsende politische Ämter anvertraut. Wie kaum ein anderer prägte er das politische Leben Deutschlands an der Spitze verschiedener Ressorts. Von 1961 bis zu seinem Tode am 3. Oktober 1988 war er Vorsitzender der CSU, von 1978 an zugleich Bayerischer Ministerpräsident. Mit dem israelischen Ministerpräsidenten Shimon Peres war er befreundet.[1264]

Ich komme aus einer überzeugt katholischen Familie, aus einer Familie, die in leidenschaftlichem Gegensatz zum Nationalsozialismus stand.[1265]

Ich bringe zum Beispiel mit bestem Willen keinen generellen Schuldkomplex zustande, obwohl ich die falschen Weichenstellungen, die furchtbaren Untaten und Verbrechen des Dritten Reiches klar sehe. […] Aber die Vorstellung einer Kollektivschuld kann ich nicht übernehmen.[1266]

Die Gleichgesinnten an der Universität erkannten sich bereits daran, dass sie „Grüß Gott" sagten statt „Heil Hitler". „Grüß Gott" konnte nicht bestraft werden, ebensowenig wie „Guten Tag", wenn auch die Nazis die beiden Grußformeln missliebig aufnahmen.[1267]

1261 Schumacher aaO. S. 402.
1262 *Illustrierte Republikanische Zeitung* Sonderausgabe 1985. S. 5.
1263 *Illustrierte Republikanische Zeitung* Sonderausgabe 1985. S. 5.
1264 Strauß aaO. S. 423.
1265 Strauß aaO. S. 21.
1266 Strauß aaO. S. 33.
1267 Strauß aaO. S. 54.

Ich fühlte mich durch das Dritte Reich im Sinne einer persönlichen Schuld nicht betroffen. Auch die Parole von der Kollektivschuld des deutschen Volkes wies ich stets scharf zurück.[1268]

Die Deutschen im Zustand der geistigen Knechtschaft, die Deutschen im Zustand der permanenten Demut, die Deutschen als Büßer in härenem Hemde zu erhalten – hinter solchem Bemühen stehen kalt kalkulierte politische Überlegungen.[1269]

Geschichte muss sich gegen jede Einseitigkeit wenden. […] Die Forderung nach der ganzen geschichtlichen Wahrheit schließt selbstverständlich ein, dass kein Kapitel der deutschen Geschichte, und sei es noch so düster, verschwiegen wird. Ich bin der entschiedene Feind jeder Einseitigkeit – das heißt aber auch, dass ich gegen eine einseitige Geschichtsdarstellung bin, die allein zu Lasten des deutschen Volkes, seiner Lebensrechte, seiner geschichtlichen Würde […] geht.[1270]

An meine Generation und damit auch an mich wird immer wieder die Frage gerichtet, was wir von den Verbrechen des Nationalsozialismus gehört haben und was wir eventuell wussten von Massenmorden, Konzentrationslagern und anderen Gräueln. Man läuft heute Gefahr, verlacht, verhöhnt, verspottet zu werden, aber es bleibt dennoch wahr, wenn ich sage, dass ich von Auschwitz und anderen Vernichtungslagern keine Ahnung hatte. Den Namen Auschwitz hörte ich 1945 zum ersten Mal.[1271]

Aus der Beurteilung der Spruchkammer: „Strauß hat sich zum Nationalsozialismus nicht nur passiv verhalten, sondern darüber hinaus in hohem Maße aktiv gegen die nationalsozialistischen Maßnahmen und Ideologien Widerstand geleistet."[1272]   (K.L.)

Karl **Wieninger** wurde am 28. April 1905 in München geboren. Als aktiver NS-Gegner (zuletzt Angehöriger der „Freiheitsaktion Bayern") und sog. „Judenfreund" entging er gegen Kriegsende nur knapp der Hinrichtung. Nach dem Krieg wirkte er als Entnazifizierungsrichter und später als CSU-Bundestagsabgeordneter. Er starb am 20. August 1999 in München.

1268 Strauß aaO. S. 298.
1269 Strauß aaO. S. 534.
1270 Strauß aaO. S. 536.
1271 Strauß aaO. S. 65 f.
1272 Scharnagl aaO. S. 63.

[Zum Boykott vom 1. April 1933:] In der Nähe meiner Wohnung in München-Sendling sind vier [jüdische] Geschäfte angesiedelt gewesen. Mit Interesse beobachtete ich die Ächtungsaktion. Das Kaufhaus Gutmann in der Lindwurmstraße, eine Textilhandlung, war ebenfalls durch SA-Männer belagert. Ehe ich eintreten konnte, fragte mich einer der Wachposten: „Wissen Sie nicht, dass heute die Juden blockiert werden?" Ich gab keine Antwort und betrat das Geschäft. Der Inhaber, den ich gut kannte, gab mir die Auskunft, dass verhältnismäßig wenige Käufer sich einfanden. Er erzählte mir, dass er sein Geschäft an diesem Tag nicht habe öffnen wollen, doch die SA habe ihn zur Öffnung gezwungen.[1273]

Kurze Zeit später habe ich den jüdischen Geschäftsmann wieder getroffen. Fröhlich erzählte er mir, dass zwar am Samstag, dem 1. April, fast kein Umsatz zustande kam, doch seither sei sein Warenumschlag sprunghaft angestiegen. Diese Merkwürdigkeit sei auch bei anderen jüdischen Läden zutage getreten. Offenbar sei dieser Mehrumsatz auf einen gewissen Mitleidseffekt der Bevölkerung zurückzuführen. Die Nazis mussten einsehen, dass ihr Judenboykott ein Schlag ins Wasser gewesen ist.[1274] Das Gleiche teilt uns der Sohn des namhaften Kaufhauses Uhlfelder mit: „Nach Hitlers Machtantritt änderte sich viel […] Langsam aber sicher. Und seltsam genug, das Geschäft gedieh weiter und die Leute nahmen keinen Anstoß daran, dass die Uhlfeder Juden waren."[1275] […]

Die Ausrichtung und Gleichschaltung ist nicht das Ergebnis freier Überzeugung gewesen. Die Angst um die Existenz, die Sorge vor Verdruss, Unbill und Misshelligkeiten bewirkten, dass aus vielen, ehedem selbstbewussten Bürgern nun gehorsame Untertanen wurden […].[1276]

[Nach dem 19. September 1941, der Einführung des Judensterns]: Nicht selten sind die Judensternträger von Sympathisanten demonstrativ begrüßt worden. Auch ich habe dies öfter getan. Einmal trug sich auf der Wittelsbacher Brücke eine kleine Episode zu: Ich ging an zwei sterntragenden Damen vorbei und zog meinen Hut. Die Damen blieben stehen, und lächelnd meinte eine von ihnen: „Wir sind also doch nicht ganz allein. Das merken wir immer wieder, bei jedem Spaziergang."[1277]

1273 Wieninger aaO. S. 34 f.
1274 Wieninger aaO. S. 35.
1275 Uhlfelder Harry: *Memoirs*, Landeshauptstadt München, Archiv Judaica Memoiren Nr. 20.
1276 Wieninger aaO. S. 39.
1277 Wieninger aaO. s. 50 f.

Im Sommer 1941 bewarb sich ein bis dahin unbekanntes jüdisches Ehepaar um Arbeit als Porzellanmaler in meiner Firma … in Sendling. Ich war gerne bereit, ihnen eine Arbeitsgelegenheit einzuräumen. Das Arbeitsamt aber machte einige Schwierigkeiten. […] Nun wurde verlangt, dass der NS-Obmann meines Betriebs bestätigte, dass die Mitarbeiter der Firma die Beschäftigung von Juden nicht als eine untragbare Zumutung empfänden. Die Beschaffung auch einer solchen Erklärung war nicht schwierig. Der Betriebsobmann war zwar ein gläubiger NS-Narr, doch menschlich anständig und in keiner Weise brutal.[1278]

Die Arbeit in meinem Betrieb ging reibungslos vonstatten. Nie fiel von Seiten meiner Mitarbeiter gegenüber den Juden ein böses Wort.[1279]

Alle meine Verwandten und Freunde waren schon Monate vor dem Ende des Krieges voller Hoffnung, bald von den amerikanischen Siegern befreit zu werden. […] Allmählich entwickelten wir eine geradezu verschworene Gemeinschaft. Nur einer von uns ist ein unbelehrbarer Hitlernarr bis zum Ende des Krieges geblieben. Unentwegt verteidigte er seinen „Führer“. […] Aber eines muss ich zu seiner Ehre sagen: Er war kein Verräter. Er hätte uns alle an den Galgen bringen können. […][1280]   (K.L.)

2. Die stabilen „Mischehen“ – Was uns die Scheidungsstatistik lehrt

Mischehen[1281] wurden in Deutschland jüdischerseits schon seit dem 19. Jahrhundert immer häufiger, trotz der Missbilligung seitens der Rabbiner, wie oben gezeigt wurde.[1282] Offenbar fanatischen Parteigängern Hitlers ver-

---

1278 Wieninger aaO. S. 60 f.
1279 Wieninger aaO. S. 63.
1280 Wieninger aaO. S. 78 f.
1281 „Mischehe“ meint hier nur die Ehe zwischen einem Juden und einem Nichtjuden, obgleich der Begriff damals auch auf konfessionsverschiedene Ehen unter Christen angewendet wurde. Mischehen im erstgenannten Sinne waren ab 1935 als „Blutschande“ verboten und als Verbrechen strafbar. Bestehende Ehen wurden nicht zwangsweise aufgelöst, doch musste der „arische“ Partner das Los des jüdischen mittragen, z. B. in ein „Judenhaus“ umziehen. Bei Scheidung oder Tod verlor der jüdische Partner seinen Schutz. Daher haben sich viele so verhalten, wie dies von Walter Karsch geschildert wird: „Seine Ehe war schon 1933 scheidungsreif, aber seine Frau war eine Jüdin, und um sie zu schützen, wartete er mit der Scheidung bis 1945, schrieb keine Zeile mehr und wurde Stadtvertreter für irgendwelche Textilien.“ (Tergit aaO. S. 171)
1282 Siehe Betty Scholem.

danken wir die nachfolgende Beobachtung aus Mannheim: „Frau N. [in Mischehe lebend] scheute sich sogar nicht, sich gemeinsam mit ihrem jüdischen Ehemann sehen zu lassen. Aus Kundenkreisen wurde uns sogar folgendes Vorkommnis geschildert: Frau N. ging am Arm ihres jüdischen Ehemannes auf der Straße spazieren und grüßte in unverfrorenster Weise laut mit „Heil Hitler"! Eine weitere Unverschämtheit leistete sich Frau N., als sie kurz vor Weihnachten nach der Rückkehr ihres Mannes aus Dachau, wohin dieser anlässlich der Judenaktion im November 1938 gebracht worden war, äußerte, dass sie nun ‚ihr schönstes Christkindel' erhalten habe."[1283]

Frau N. war nicht die einzige Heldin, die ihrem Gatten die lebensrettende Treue hielt. In seinem Buch LTI (Lingua Tertii Imperii – Sprache des Dritten Reiches) setzt Victor Klemperer diesen Frauen ein berührendes Monument: „Aber ich weiß von einem noch viel trostloseren, noch viel stilleren Heldentum, von einem Heroismus, dem jede Stütze der Gemeinsamkeit mit einem Heer, einer politischen Gruppe, dem jede Hoffnung auf künftigen Glanz durchaus abging, der ganz und gar auf sich allein gestellt war. Das waren die paar arischen Ehefrauen (allzuviele sind es nicht gewesen) die jedem Druck, sich von ihren jüdischen Ehemännern zu trennen, standgehalten hatten." [1284] (Seiner Frau Eva hat er sein Buch LTI gewidmet.)

Diese Sätze beeindrucken. Doch warum hebt Klemperer nur die Ehefrauen hervor, nicht auch die Ehemänner? Wahrscheinlich hat dies die Noblesse verursacht, die Hochachtung vor der eigenen Frau, wohl wissend, was sie seinetwegen alles auf sich genommen hatte und dass er ohne sie mit einer an Sicherheit grenzenden Wahrscheinlichkeit die Nazizeit nicht überlebt hätte. Er beschreibt ihren Leidensweg, wenn er verallgemeinernd ausführt. „Wie hat der Alltag dieser Frauen ausgesehen! Welche Beschimpfungen, Drohungen, Schläge, Bespuckungen haben sie erlitten, welche Entbehrungen ..."[1285]

Den treuen Männern erging es nicht besser. Jochen Klepper wurde wegen seiner Weigerung, die Scheidung zu betreiben, aus dem Wehrdienst entlassen – gleich einem so genannten „Wehrunwürdigen". Er hat sich dann mit seiner Frau und der Stieftochter am 11. Dezember 1942 das Leben genommen. Die Treue zum einmal gegebenen Wort wog für ihn schwerer als das Leben. Auch Dolf Sternberger und Karl Jaspers waren zur Selbsttötung

1283 Fliedner aaO. Bd. 1 S. 434.
1284 Klemperer LTI aaO. S. 15.
1285 Klemperer LTI aaO. S. 15 f.

entschlossen, falls man ihre jüdischen Frauen abgeholt hätte. Treue bis in den Tod![1286] Andere ließen sich zusammen mit ihren Frauen nach Theresienstadt deportieren.

Für Betty Scholem waren es offenbar zu viele, wenn sie (siehe ihr Zeugnis oben) von „ungeheuer vielen Mischehen" spricht, auch dem Oberrabbiner Munk (s. o.) und Rabbi BenGershom. Wie viele waren es?

Laut Auskunft des Stadtarchivs München vom 4. Dezember 2015 wurden „nach 1933 von den erfassten 1159 ‚Mischehen' 123 geschieden" – warum auch immer. 89,4 Prozent nahmen hingegen die brutale Judenverfolgung freiwillig auf sich. Andernorts haben solche Aufzeichnungen den Krieg nicht überlebt. Es gibt aber keine Hinweise, dass es anderswo anders gewesen ist.

Gewiss repräsentierten die treuen Partner nicht den typischen Deutschen. Dies schon deswegen nicht, weil diese Menschen keine grundsätzlichen Vorbehalte gegen Juden gehabt haben können, sonst hätten sie anderes geheiratet. Manche sind ja sogar zum Judentum konvertiert, wie die Mutter von Charlotte Knobloch. Aber auch mit dieser Einschränkung ist die Stabilität der Mischehen in der NS-Zeit ein eindrucksvolles Faktum und sie bleibt ein starkes Argument gegen allzu großen Antisemitismus unter den nichtjüdischen Deutschen.

3. Soll der Kleine „Adolf" heißen? – Ein Blick auf die Namensstatistik

„Adolf Hitler, der Erretter des deutschen Volkes von der jüdischen Weltpest" lautete ein Aufsatzthema, das der Sohn von Hugo Moses (s. o.) wohl irgendwann Mitte der 1930er Jahre bearbeiten sollte, aber auf Geheiß des Vaters nicht bearbeiten durfte. Das Verbot des Vaters ist nur zu verständlich. Es zeigt auch Courage. Aber wie vielen Nichtjuden hat der Lehrer mit seiner Themenwahl aus dem Herzen gesprochen? Dieser Frage ist Michael Wolffsohn mit anderen nachgegangen. Sie liefern ein überzeugendes und aufschlussreiches Ergebnis.

Der schöne Name Adolf, der sich aus „edel" (althochdeutsch *adal* „von edler Geburt") und „Wolf", einem wichtigen Tier in der Mythologie der

---

1286 Hans Maier: *Wie das Volk zur Sprache kommt, Frankfurter Allgemeine Zeitung* 13. März 2017, S. 13: „Aber wenn man sich schlafen legte, lagen bei beiden Ehepaaren auf dem Nachttisch die Giftkapseln."

Germanen, zusammensetzt, war in Deutschland und in anderen europäischen Staaten zu Beginn des 20. Jahrhunderts bekannt und auch beliebt. Interessant ist, wie oft neugeborene Buben in deutschsprachigen Ländern im Laufe der Jahre der Name „Adolf" gegeben wurde. „1925, kurz nach dem Hitlerputsch vom 9. November 1923, gab es zum ersten Mal seit 1919 einen ‚Adolf'-Aufschwung [… Doch:] Schon zwischen 1930 und 1932 konnte keiner mehr die NSDAP und ihren ‚Führer' Adolf Hitler ignorieren. Die Auswahl der Vornamen beeinflusste dies jedoch offensichtlich nicht."[1287]

„Adolf" erlebte 1933 und noch 1934 geradezu eine Inflation als Name für Neugeborene, natürlich infolge der Ernennung Hitlers zum Reichskanzler. Der greise Reichspräsident Paul von Hindenburg, der legendäre Sieger von Tannenberg, den Hitlers Gegner 1932 zum Staatsoberhaupt gewählt hatten, hatte am 30. Januar 1933 den „böhmischen Gefreiten"[1288] zum Reichskanzler gemacht, gleichsam geadelt. War das nicht der Vertrauensbeweis eines absolut Vertrauenswürdigen? Der Akt hat zweifellos bei vielen, die den Nazis an sich skeptisch gegenüber standen, Vorbehalte schwinden lassen. Und dann Hitlers energisches Vorgehen gegen die gefürchteten und geächteten Kommunisten, deren einer öffentlich bekannt hatte, den Reichstag angezündet zu haben! Dabei gilt es festzuhalten: Nachdem Hitler Kanzler geworden war, wurden vom Regime zwar NS-gefällige Vornamen erwartet und erhofft. Sie wurden aber keineswegs erzwungen.

„Noch 1932 wurden nur 0,5 Prozent der Buben ‚Adolf' genannt, 1933 waren es etwas mehr als 2 Prozent und 1934 knapp 2,5 Prozent."[1289] Doch schon jetzt, nach nur zwei Jahren, war der Zenit überschritten und die steile Talfahrt – warum auch immer – begann, bis 1,2 Prozent bei Kriegsbeginn im Jahre 1939 und bis Null bei Kriegsende.[1290] Daran hat sich bis heute nichts geändert. „Adolf" kann sich nicht mehr sehen lassen. Die Annahme, die Begeisterung für den „Führer" habe während seiner Herrschaft lange

---

1287 Wolffsohn/Brechenmacher aaO. S. 220.
1288 Das war ein Irrtum des aus Ostpreußen stammenden und in Posen geborenen Hindenburg: Er verwechselte dabei den Ort Braunau im Nordosten Böhmens (tschechisch: Broumov) mit Braunau am Inn.
1289 Wolffsohn/Brechenmacher aaO. S. 222.
1290 Ian Kershaw provoziert die Frage, ob sich nicht die Judenpolitik auf Hitlers Prestige ausgewirkt hat, wenn er schreibt (aaO.: Reaktionen, S. 346): „Die permanente Radikalisierung des NS-Regimes in Bezug auf die ‚Judenfrage' entsprach keiner vergleichbar starken Wunschvorstellung der Bevölkerung. Sie führte oft sogar zu einem Prestigeverlust der Partei und hätte auch die Popularität Hitlers beeinträchtigen können, wenn für die Bevölkerung klar ersichtlich gewesen wäre, dass Hitler die Untaten deckte." Da jedermann in Deutschland von der Judenverfolgung wusste, ist die Frage zu bejahen.

Zeit zugenommen, zumindest solange er noch erfolgreich war, ist mit dem Geschick des Namens Adolf schwerlich in Einklang zu bringen. Die Zahlen legen etwas ganz anderes nahe.

4. „Heil Hitler" – Ein Gruß mit Nord-Süd-Gefälle

Dem Soziologen Tilman Allert verdanken wir eine aufschlussreiche Untersuchung, knapp 150 Seiten stark, betitelt „Der deutsche Gruß. Geschichte einer unheilvollen Geste". Er zitiert ein Rundschreiben des Reichsministers des Innern aus dem Jahre 1933: „Nach Niederkämpfung des Parteienstaates ist der Hitlergruß zum Deutschen Gruß geworden."[1291] Die Richtlinien für die Kameradschaftserziehung des Nationalsozialistischen Deutschen Studentenbundes wird noch deutlicher: „Der deutsche Gruß muss Dir selbstverständlich werden. Lege ab das ‚Grüß Gott', ‚Auf Wiedersehen', ‚Guten Tag', ‚Servus'". Weiter heißt es: „Wer nicht in den Verdacht kommen will, sich bewusst ablehnend zu verhalten, wird daher den Hitlergruß erweisen."[1292]

Wie war das Echo? Wie hoch war der Prozentsatz derer, die – wie auch immer – dem unmissverständlichen ideologischen Gebot Folge leisteten? Für die Anhänger des neuen Machthabers gab es also starke Gründe, der Anweisung zu entsprechen. Den Gegnern wurde das Grüßen zu einem Gewissenstest: Lohnt es sich, die Regimeferne zu demonstrieren? Es ist unbekannt, wie viele Fälle von Grußverweigerung es gab, die schon im Jahre 1933 zu Sanktionen aller Art, von der verweigerten Beförderung bis hin zur Verurteilung durch Sondergerichte, zu Geldstrafen oder in Einzelfällen zur Inhaftierung geführt haben; auch Allert weiß es nicht.[1293] Aber allein diese Gefahr hat jede freie Entscheidung erschwert.

Ungefährdet und insoweit frei waren die ausländischen Teilnehmer der Berliner Olympiade 1936. Trotzdem haben sowohl die Franzosen als auch die Engländer beim Einmarsch ins Olympiastadion die Hand zum „Deutschen Gruß" erhoben. Warum? Sicherlich nicht alle, weil sie so Hitler grüßen und ehren wollten.

1291 Allert aaO. S. 13
1292 Allert aaO. S. 13.
1293 Allert aaO. S. 24

Und die Deutschen? In amtlichen Schreiben, beim Gang zu Behörden werden sie in aller Regel gegrüßt haben, wie es die Vorschrift geboten hat. Erinnert sei an die Nonnen, die Johanna Eichmann unterrichtet haben (siehe oben). Sonst? In seiner Autobiographie schreibt Will Seelmann-Egge-bert, Jahrgang 1923, Spätheimkehrer aus russischer Kriegsgefangenschaft 1955: „Ich besitze bis heute viele Briefe aus dieser Zeit. Ich habe sie durch-gesehen: Nur ein einziger verwendet als Schlussfloskel den ‚Deutschen Gruß' und selbst diesen mit Zusätzen wie „Herzlichst" oder „Alles Gute". Wir reden, wie's uns ums Herz ist, und anders habe ich es auch nicht im Hinblick auf den großen Bekanntenkreis der Eltern in Erinnerung."[1294]

Aus Dresden berichtet Victor Klemperer ein überraschendes Gespräch mit zwei (!) Mitarbeitern der Landesbibliothek, die er namentlich benennt. Einer von beiden zu Klemperer: „Sie glauben nicht, wie wenig Nationalso-zialisten es gibt. Zuerst weit ausgestreckter Arm, Hitlergruß. Dann tasten sie sich im Gespräch heran. Dann, wenn sie sicher geworden sind, fällt die Maske. Ich selber muss den Arm ausstrecken. Ich sage ‚Heil' – aber ‚Heil Hitler' geht mir nicht über die Lippen."[1295] Was folgt, macht die Aussage doppelt gewichtig: „Ich war eben in Süddeutschland. Da hört man sehr sel-ten das ‚Heil Hitler' – meist ‚Grüß Gott!'" Die Aufzeichnung stammt vom 7. Juni 1934. Hat sich in dieser Sache nachher noch viel geändert? Margue-rete Strasser schreibt (s. o.): „Langsam versuchte man überall den Hitler-gruß durchzusetzen, aber viele Münchner blieben stur bei ihrem vertrauten ‚Grüß Gott'".[1296] Dies wird so häufig bezeugt, dass es völlig gesichert ist.[1297] Die Engländerin Amy Buller, die Deutschland bereiste, um die Stimmung der Bevölkerung zu ermitteln, berichtet in ihren Aufzeichnungen von einem Geistlichen, „aber eigentlich kam er ins Gefängnis, weil er den Hitlergruß ebenso verweigerte, wie ‚Heil Hitler' zu sagen. Außerdem stiftete er die Kin-der und jungen Leute in der Kirche an, stets unser althergebrachtes ‚Grüß Gott' zu verwenden und damit anzuzeigen, auf welcher Seite sie stehen."[1298] Der *Völkische Beobachter*, das Parteiorgan der NSDAP, sah noch am 20.

1294 Seelmann-Eggebert aaO. S. 53
1295 Derlei hat Klemperer nicht nur einmal erlebt. Im Arbeitseinsatz: „Während ich in dem Buch las, grüßte die Fridericus-Schwärmerin im Vorbeigehen laut: ‚Heil Hitler!' Am nächsten Morgen kam sie zu mir heran und sagte in herzlichem Ton: ‚Entschuldigen Sie bitte mein ‚Heil Hitler!' von gestern: ich habe Sie im eiligen Vorbeigehen mit einem verwechselt, den ich so grüßen musste'" (Klemperer aaO. LTI S. 113.)
1296 Strasser aaO. S. 16.
1297 Löw/Dirsch aaO. S. 123 ff.
1298 Buller aaO. S. 86.

März 1935 Veranlassung, darauf hinzuweisen, es sei eine „Aufgabe ..., den herrlichen deutschen Gruß ... zum Bekenntnisgruß der Deutschen untereinander werden zu lassen."

Meine (K.L.) Erinnerungen an diese Zeit sind recht dürftig. Wie ich die Schulen (im Verlauf der Jahre 1938 bis 1943 waren es vier) betreten habe, weiß ich nicht mehr. Schon als Fünfjähriger wurde ich für den Dienst am Altar geworben und diente bis 1943 als Ministrant. Da überrascht es wohl kaum, dass ich mich genau erinnere, wie wir zu grüßen hatten, wenn wir die Sakristei betraten, nämlich mit dem Lobpreis: „Laudetur Jesus Christus!" oder auf Deutsch: „Gelobt sei Jesus Christus!" Unser Pfarrer, Josef Schuller, war keiner, der Konflikte suchte. Wenn dieser Gruß über die Jahre hinweg eine Selbstverständlichkeit war, so spricht alles dafür, dass es sich nicht um eine Besonderheit der Pfarrei St. Korbinian, München-Sendling, gehandelt hat, sondern dem in der Diözese München-Freising Üblichen entsprach. Erst viel später wurde mir bewusst, dass so der Geist des Widerspruchs gegen die Ideologie der Herrschenden in uns Knaben grundgelegt wurde: parteiamtlich „der Jude ist unser Unglück", andererseits der Jude Jesus Christus, salus mundi, das Heil der Welt!

Damals wurde ich zu einer „Sünde" verleitet, die mir so nahe ging, dass sie sich in mein Gedächtnis fest eingebrannt hat. In unserem Treppenhaus kam mir ein ordenbehangener, respekteinflößender „Brauner" entgegen, kein Mitbewohner. Das Grüßen war eine Selbstverständlichkeit. Ohne viel Nachdenken hob ich meinen Arm und sprach aus, was die Obrigkeit hören wollte. Ich scheute die Konfrontation. Jahrzehnte blieb der Vorfall mein Geheimnis.

Etwa aus dieser Zeit stammt auch die folgende Episode: Als sich der Trauerzug anlässlich des Staatsbegräbnisses von Abt Alban Schachleiter zum Münchner Waldfriedhof bewegte, Ende Juni 1937, wurden die Menschen, die ein Spalier bildeten, aufgefordert, die Hand zum „Deutschen Gruß" zu erheben. Meine Mutter, die wohl zufällig hinzugekommen war, nahm mich auf ihre Arme, mich, den Fünfjährigen, dessen Beine fast den Boden berührten. Seltsam. Warum tat sie das? Damit sie die Grußhand nicht freihatte. Einen anderen Grund gab es nicht, denn Platz war genug. In München war es eine weithin bekannte Sitte, die Viscardigasse zu wählen, statt durch die Residenzstraße an der Ehrenwache für die Gefallenen „NS-Helden" vorbeizugehen, wo man den Arm zum Gruß erheben musste. „Der deutsche Gruß" konnte an solchen Orten zwar weithin erzwungen, aber nicht zu einem ehrlichen Bekenntnis aller gemacht werden. In Teilen des Reiches galten die alten Gruß-Gepflogenheiten auch unter dem neuen Herrn. Das war zwar noch kein Widerstand, aber durchaus ein Ausdruck von Distanz zum Regime. Und in einer Umgebung, in der man mit diesem Gruß in der Minderheit war, war es ein mutiges Bekenntnis.

5. Alliierte Erkenntnisse über die Wehrmacht

Eine Fülle von Publikationen behandeln die Frage, in welchem Umfang die Wehrmacht von der nationalsozialistischen Ideologie durchdrungen war und wie viel Antisemitismus es dort gab. Mehrere oben zitierte Zeugnisse (etwa das von Sally Perel) geben dazu interessante Hinweise und zwei Publikationen neueren Datums verdienen hierzu besondere Erwähnung, nämlich die Bücher „Soldaten. Protokolle vom Kämpfen, Töten und Sterben" (2011) und „Kameraden. Die Wehrmacht von innen" (2012). Beide lassen von der Vorstellung einer geschlossenen „Volksgemeinschaft" wenig übrig.

Erstgenanntes Buch bietet die Auswertung der geheimen Abhörprotokolle von in britischer Gefangenschaft befindlichen Soldaten. Beifällig wird eine Analyse der Gespräche von 621 Soldaten zitiert, die zu dem Schluss kommt, „dass die Mehrheit eine eher negative Sicht auf die Rassenpolitik zum Ausdruck brachte und dass man lediglich eine Minderheit von 30 Personen [4,8 Prozent] als ‚Weltanschauungskrieger' bezeichnen könnte. An dieser Minderheit ist allerdings interessant, dass sie mehrheitlich aus jungen Offizieren ... bestand, die 1933 noch Kinder waren ..."[1299] und deshalb, so kann man wohl ergänzen, von den Kündern der angeblich neuen Zeit leichter in die Irre geführt werden konnten.

Neueren Datums ist auch der 2012 erschienene Titel „Kameraden. Die Wehrmacht von innen". Für alle, die wissen wollen, ob die große Mehrheit der Deutschen zwischen 1933 und 1945 moralisch versagt habe, ist dieses Buch ein großer Gewinn, ja ein Glücksfall, mit dem kaum zu rechnen war. Viele und vielerlei Zeugen konnten schon bisher angeführt werden, aber nun sind mit einem Schlag Tausende hinzugekommen, die mit ihren Bekundungen das Urteil auf eine noch deutlich breitere Basis stellen.

1299 Neitzel aaO. S. 295.

Fast 19 Millionen deutsche Soldaten dienten in der fraglichen Zeit in den deutschen Streitkräften, Hunderttausende gerieten in US-amerikanische Gefangenschaft. Etwa 3000 von ihnen wurden in Fort Hunt, Virginia, keine 20 Kilometer von Washington DC entfernt, heimlich abgehört und es wurde aufgezeichnet, was sie ihren Mitgefangenen anvertrauten. So entstanden über einhunderttausend Blatt Protokolle, die unbeachtet verwahrt wurden, bis sie unlängst durch Zufall wieder aufgetaucht sind.

„Für die Wehrmachtssoldaten stellte sich die Loyalität zu Hitler und dem NS-Staat als unhinterfragter Normalzustand dar", das heißt, dass sich die große Mehrheit mit den politischen Gegebenheiten abgefunden hat. „Auch der Konformismus war jedoch voller Abstufungen."[1300] Konkret, einen besonders brisanten Topos betreffend, besagt das: „[A]uf die Beobachtungen, Gerüchte und Nachrichten über den Massenmord an den europäische Juden reagierte die Mehrheit der Soldaten spontan mit Ablehnung."[1301] Und an einer anderen Stelle lesen wir: „So gut wie jedes Mal, wenn der Massenmord an den Juden thematisiert wurde, äußerten sich die Soldaten mehr oder weniger ablehnend dazu."[1302] (Siehe hierzu auch „Soldaten" im Stichwortverzeichnis.)

6. Der gelbe Stern – Überraschung für beide Seiten

Weitere Hinweise zur Frage, wie viel ideologischer Konsens zwischen der Bevölkerung und dem Regime bestand, gibt der gelbe Stern, genauer: die Reaktionen der Nichtjuden auf die entsprechende Anordnung. Ab dem 19. September 1941 mussten jene, denen die Herrschenden mit allen verfügbaren Mitteln der Propaganda die Schuld an Not und Krieg zuzuschieben versuchten. weithin sichtbar in der Öffentlichkeit den gelben Stern tragen. Wer diesem Gebot nicht exakt entsprach, landete nicht selten im KZ, wo die meisten elendiglich umkamen oder direkt ermordet wurden. Da ist es nur zu verständlich, was Klemperer in *Lingua Tertii Imperii* unter der Überschrift „Der Stern" schreibt: „Ich frage mich heute wieder, was ich mich, was ich die verschiedensten anderen schon Hunderte von Malen gefragt habe: welches war der schwerste Tag der Juden in den zwölf Höllenjahren? Nie

---

1300 Römer aaO. S. 65.
1301 Römer aaO. S. 77.
1302 Römer aaO. S. 455.

habe ich von mir, nie von anderen eine andere Antwort erhalten als diese: der 19. September 1941. Von da an war der Judenstern zu tragen […]"[1303] Ein namentlich nicht bekannter Jude schrieb kurz vor diesem Tag an Bischof Clemens von Galen, Münster: „Sie werden wissen, dass am 19. September ein Judenabzeichen für uns bestimmt ist, dass niemand mehr auf die Straße darf ohne dies Abzeichen. Man ist dem Pöbel ausgeliefert. Jeder darf einen anspucken, ohne dass man sich wehren darf!"[1304]

Nun hätte sich der in den Herzen der seit Jahren aufgehetzten Nichtjuden angesammelte Zorn zielgerichtet austoben können – wenn es ihn gegeben hätte. Doch wieder war die Reaktion eine ganz andere als jene, die die Herrschenden erhofft hatten. Die Echos aus allen Teilen des Reiches – Hitler stand im Zenit seiner Macht, das Staatsgebiet war nie größer – stimmten überein, wie dies anhand einer stattlichen Zahl von Stimmen in „Deutsche Schuld" von mir (K.L.) aufgezeigt worden ist. (Siehe auch Stichwortverzeichnis „Stern"). Jeweils mehrere Stimmen aus Berlin, München, Breslau, Hamburg und Dresden werden dort präsentiert. Auch Bahnreisende berichten, alle im Kern übereinstimmend: Ja, es gab Injurien und in Einzelfällen auch physische Übergriffe, aber die meisten Juden wurden angenehm überrascht. Zwei Stimmen sollen hier zu Worte kommen, die ich nach dem Redaktionsschluss von „Deutsche Schuld" vernommen habe, die erste aus Berlin, die zweite aus München, beide repräsentativ:

Herman-Friede: „Wir trugen den gelben Stern, soeben von unseren Müttern angenäht, und waren neugierig, was passieren würde. Wir guckten den Passanten direkt in die Gesichter, die Brust nach vorne durchgedrückt. Doch es geschah nichts. Einige Leute schauten seltsam zurück. Aber das war es schon. Für uns ein gutes Zeichen."[1305] Er fährt fort: „Wie immer reichte ich an einem Tag dem Kontrolleur mein Fahrgeld. Er schiebt es zurück. Am nächsten Tag dasselbe. Als die Straßenbahn fast leer ist, läuft er durch den Waggon. Vor mir bleibt er stehen, fast verstehe ich seine Worte nicht, so leise spricht er: ‚Junge, ick hab doch deinen Ausweis jesehen. Steck mal weg. Du brauchst det Geld noch.' Er reicht mir ein Paket mit Stullen: ‚Iss mal, Junge, ick hab mir den Magen verdorben."[1306]

1303 Klemperer aaO. LTI S. 188
1304 Löw, Andrea aaO. S. 543.
1305 aaO. S. 272.
1306 Herman-Friede aaO. S. 272.

Nun zu München: Am 21. Oktober 1941 schrieb Esther Cohn in ihr Tagebuch: „Inzwischen sind wir nun besternt (19.9.) worden und es ist gar nicht schlimm, im Gegenteil, die Leute sind sehr, sehr nett zu uns."[1307]

Auch in Berlin war der gelbe Stern aus der Sicht der Machthaber ein völliger Fehlschlag. Erich Kästner notierte in seinem Tagebuch im Oktober 1941 (s. o. S. 341), dass die Berliner den Stern mit beißendem Sarkasmus „Pour le Sémite", also „Für den Semiten/Juden" nannten. Das war eine direkte Anspielung auf den höchsten Orden, den preußische Könige in Kriegszeiten ihren Offizieren verleihen konnten, den begehrten „Pour le Mérite". Der Berliner Volksmund deutete den gelben Stern also als Auszeichnung – aus Sicht des Regimes eine Peinlichkeit sondergleichen. Das ist nicht nur eine Vermutung, sondern wird durch eine kurze Notiz von Hitlers Lieblingsarchitekt Albert Speer, damals Generalbauinspektor von Berlin, positiv belegt. Er nahm im Herbst 1941 an einem Essen mit Hitler und Goebbels teil, bei dem letzterer plötzlich begann, sich über die Berliner zu beklagen: „Die Einführung des Judensterns hat genau das Gegenteil von dem bewirkt, was erreicht werden sollte, mein Führer! Wir wollten die Juden aus der Volksgemeinschaft ausschließen. Aber die einfachen Menschen meiden Sie nicht, im Gegenteil. Sie zeigen überall Sympathie für sie. Dieses Volk ist einfach noch nicht reif und steckt voller Gefühlsduseleien!"[1308] Mit knappen Worten vermerkt Speer die Reaktion: „Verlegenheit. Hitler rührte stumm in seiner Suppe."[1309]

7. Goebbels und Himmlers Klagen über den geringen Antisemitismus der Deutschen

Diese Episode vom Herbst 1941 war nicht Goebbels einzige Klage über den aus seiner Sicht viel zu geringen Antisemitismus der Deutschen. Am 23. November 1938 notierte er in seinem Tagebuch: „Propagandakonferenz

1307 Ruch aaO. S. 85. Diese Solidarität in der Bevölkerung half ihr leider nicht. Wenige Wochen später wurde sie abgeholt und ermordet.
1308 Speer, aaO II, S. 401.
1309 Ebd. – Natürlich könnte an dieser Stelle gefragt werden, ob diese lange nach dem Krieg publizierte Notiz von Albert Speer womöglich übertrieben oder direkt unzutreffend ist. Speer ist als Zeitzeuge mit Vorsicht aufzunehmen, er hat seine eigene Vita im Rückblick in vieler Hinsicht geschönt dargestellt. Allerdings war er mit der Maßnahme des gelben Sterns nicht befasst, er hatte in diesem Punkt kein Motiv für eine Manipulation. Zusätzlich untermauert wird diese Anekdote dadurch, dass die für das NS-Regime peinliche Reaktion der großen Mehrheit der nichtjüdischen Deutschen auf den gelben Stern als solche durch zahllose Berichte völlig gesichert ist. (K.B.)

bzgl. der Judenfrage. Wir wollen nun eine lange und intensive Kampagne eröffnen. Vor allem das Bürgertum aufklären. Und zwar nicht mit sichtbarer Absicht, sondern durch ständige penetrante Bearbeitung."[1310] Die Umsetzung erfolgte prompt und am Tag darauf hieß es in einer geheimen Mitteilung seines Ministeriums an die Propagandisten im Reich: „Man wisse, dass der Antisemitismus sich heute in Deutschland immer noch zu einem wesentlichen Teil auf die Partei und ihre Gliederungen beschränkt und dass immer noch eine gewisse Schicht der Bevölkerung vorhanden ist, die nicht das geringste Verständnis dafür aufbringt… Diese Leute seien bereits am Tag nach der Zertrümmerung der jüdischen Geschäfte sofort zu den Juden gelaufen, um nach Möglichkeit dort zu kaufen."[1311]

Aber nicht nur Goebbels plagten derartige „Sorgen". Sogar Heinrich Himmler, als „Reichsführer SS" zusammen mit Hitler und Heydrich einer der drei obersten Verantwortlichen für den Völkermord, beklagte drastisch die Sympathien, die Millionen Deutsche für „ihren berühmten einen anständigen Juden" hegten. In seiner berüchtigten Posener Rede vom 6. Oktober 1943 vor den führenden Männern der SS meinte er: „Bedenken Sie aber selbst, wie viele – auch Parteigenossen – ihr berühmtes Gesuch an mich oder irgend eine Stelle gerichtet haben, in dem es hieß, dass alle Juden selbstverständlich Schweine seien, dass bloß der Soundso ein anständiger Jude sei, dem man nichts tun dürfe. Ich wage zu behaupten, dass es nach der Anzahl der Gesuche und der Anzahl der Meinungen in Deutschland mehr anständige Juden gegeben hat als überhaupt nominell vorhanden waren. In Deutschland haben wir nämlich so viele Millionen Menschen, die ihren einen, berühmten anständigen Juden haben, dass diese Zahl bereits größer ist als die Zahl der Juden."[1312]

Natürlich gab es zugunsten der ziemlich genau 500.000 Juden, die 1933 in Deutschland lebten, nicht „Millionen" Eingaben und Äußerungen. Das für ihn lästige Phänomen der vielen Gesuche „auch von Parteigenossen" zugunsten von Juden hat Himmler in dieser Rede durch Übertreibung karikiert. Eine Veranlassung, es groß zu überzeichnen, hatte er allerdings nicht. Und so bestätigt diese Rede eines Haupttäters wiederum nur das, was Hunderte von Opfern aus der entgegengesetzten Perspektive berichten.

1310 Goebbels aaO. II, Teil I, Bd. 6, S. 202.
1311 Toepser-Ziegert, aaO. II, S. 1117.
1312 Smith, aaO. II, S. 169

Trotz dieses eindeutigen Befundes vertreten hohe Repräsentanten des
öffentlichen Lebens in Deutschland seit einigen Jahren eine Art „deutschen
Masochismus", um nochmals ein Wort von Alfred Grosser aufzugreifen.

8. Die angebliche „NS-Volksgemeinschaft"

Was heißt Volksgemeinschaft? Die amtliche Antwort lautete in der Zeit des
Dritten Reiches: „Volksgemeinschaft ist der Ausdruck totaler Einigkeit und
Einheitlichkeit eines Volkes…"[1313] Schauerlich! Ab wann – wenn denn
überhaupt jemals – entsprach die Wirklichkeit in Hitlers Reich dieser Ziel-
vorgabe? Ist es je zu dieser „totalen Einigkeit" gekommen? Für den Betrach-
ter der triumphalen Inszenierungen anlässlich der Nürnberger Parteitage
könnte es Mitte der 1930er Jahre so weit gewesen sein, wie ein Prospekt, der
in der Dokumentation Obersalzberg ausliegt, nahelegt.[1314] Mit Aufnahmen
aller Art von dem in Nürnberg und an anderen „heiligen Orten" Darge-
botenem wird bis heute auf sehr suggestive Weise der Glaube an den Erfolg
der Propaganda („Ein Volk, ein Reich, ein Führer!") genährt. „Bilder lügen
nicht!" heißt es oft und in der Inszenierung, im Schaffen vermeintlich ein-
deutiger Bilder war das NS-Regime – mit Leni Riefenstahl als besonderem
Talent – unbestreitbar leistungsfähig.

Reichspropagandaminister Joseph Goebbels und seine Mitarbeiter
waren Meister ihres Faches. Schon damals gab es Zweifel an der Glaubwürdigkeit so mancher ihrer „Fakten". Doch wie weit haben sie sich herumge-
sprochen? „Die Rapporte der Konsulate wie der [britischen] Botschaft liefern zum Teil sehr anschauliche Beispiele dafür, dass die von den
gleichgeschalteten Medien kolportierte allgemeine Begeisterung […] eine
Fassade war, die bei näherem Hinsehen erhebliche Brüche aufwies. Schon
der von der Presse behauptete Vorbeimarsch von 500.000 Menschen am
Abend des 30. Januar 1933 vor der Reichskanzlei schmolz nach Einschätzung des britischen Militärattachés, der in der Beobachtung von Paraden
geübt war, auf etwa 15.000 Personen zusammen. Auf dem Tempelhofer Feld
in Berlin konnten die Machthaber im Frühjahr 1934 am – neuerdings ar-
beitsfreien – 1. Mai die von der Botschaft geschätzten 1,5 bis 2 Millionen
Menschen nur deshalb aufmarschieren lassen, weil für alle Arbeitnehmer

---

1313 Institut für Zeitgeschichte, München-Berlin, Prospekt „Volksgemeinschaft".
1314 Institut für Zeitgeschichte, München-Berlin, Prospekt „Volksgemeinschaft".

Anwesenheitspflicht bestand. Nur wer ein ärztliches Attest oder andere wichtige Gründe vorlegen konnte, wurde freigestellt, allerdings war für ihn dann der 1. Mai kein bezahlter „Feiertag" mehr. Und aus München berichtete [Generalkonsul] Gainer über die Maifeierlichkeiten 1935, dass es statt der erwarteten 150.000 Teilnehmer bei der zentralen Kundgebung auf der Theresienwiese seitens der Betriebe nur zu 75.000 Anmeldungen gekommen sei. „Um die befürchteten gelichteten Ränge zu vermeiden, verlegte man die zentrale Kundgebung lieber in einen Bierkeller."[1315] Jede Äußerung für Hitler durfte und wurde in Wort und Bild festgehalten und publik gemacht, alle kritischen Regungen im Keim erstickt, es sei denn, dass ein Exempel statuiert werden sollte. Dies muss berücksichtigt werden, wenn Hitlers Echo im Volk bedacht und taxiert wird.

Am 30. Januar 1934 schrieb Erich Ebermayer, ein sehr erfolgreicher deutscher Autor für Bühne und Film, in sein Tagebuch: „Es ist den Nationalsozialisten in diesem ersten Jahr ihrer Macht gelungen – und dies zu leugnen, wäre Verblendung –, die gewaltige Mehrheit des Deutschen Volkes... auf ihre Seite zu ziehen. Wir Wenigen [Hitlergegner] werden immer weniger. Wir sind fast allein. Erfolg erzeugt Erfolg – das englische Sprichwort ist wahrhaftig auf Hitler anzuwenden."[1316]

In die gleiche Richtung weisen die Lebensläufe vieler Persönlichkeiten des späteren Widerstandes, von denen manche zunächst von Hitler angetan oder sogar begeistert waren wie die Geschwister Scholl und Ulrich von Hassell. Der Diplomat Georg Ferdinand Duckwitz hatte 1943 maßgeblichen Anteil an der Rettung der in Dänemark lebenden Juden. Doch zunächst war er von der braunen Bewegung sehr angetan, weshalb er schon 1932 in die NSDAP eintrat.[1317]

Wenn nach dieser Quelle schon nach einem Jahr „die gewaltige Mehrheit" Hitlers Gefolgschaft war, dann ein paar Jahre später angesichts der bekannten Erfolge womöglich so gut wie alle. Für eine solche Entwicklung hätte es zahlreiche plausible Gründe innen- wie außenpolitischer Natur gegeben. Hindenburg hatte den „böhmischen Gefreiten" durch die Ernennung zum Reichskanzler gleichsam geadelt. Die Straßenschlachten der Endphase „Weimars" gehörten restlos der Vergangenheit an, das Schreckgespenst „Stalin" war zunächst verblasst, die Arbeitslosigkeit Geschichte.

1315 Bajohr u.a. aaO. S. XX.
1316 Ebermayer: *Deutschland*, aaO. S. 249.
1317 Martin Eich: *Den Gode Tysker*, FAZ 9.10.2018.

Alle Massenmedien applaudierten der neuen Regierung. Das Winterhilfs-
werk kümmerte sich anschaulich um die Ärmsten, die das Straßenbild
immer seltener eintrübten, die Verbrechensstatistik bewies, was zu beweisen war. Deutschlands Ansehen in der Welt erreichte spätestens mit den
Olympischen Spielen 1936 ungekannte Höhen. Hitler hatte den „Schand-
frieden von Versailles" demonstrativ zerrissen und fast alle Menschen deutscher Zunge „heim ins Reich" geführt. Verdiente das, wenn nicht Bewunderung dann zumindest jenen Respekt, den nun selbst Könige ihm erwiesen?

Zustimmend zitiert Sebastian Haffner hierzu Joachim Fests Hitlerbio-
graphie: „Wenn Hitler Ende 1938 einem Attentat zum Opfer gefallen wäre,
würden nur wenige zögern, ihn einen der größten Staatsmänner der Deutschen, vielleicht den Vollender der Geschichte, zu nennen."[1318]

Und doch notierte derselbe NS-Gegner Erich Ebermayer, der sich 1934
noch so positiv über die neuen Machthaber geäußert hatte, bereits am
27. Mai 1936: „Der Kampf des Regimes gegen den Katholizismus wird
immer erbitterter. Es ist, als ob unsere Herren es in tragikomischer Selbst-
zerstörung systematisch mit allen verderben wollen, während offiziell pau-
senlos behauptet wird, man wolle alle, auch die ehemaligen Gegner, versöh-
nen. Nach den Sozialisten, den Demokraten, den Juden, den Studenten,
dem Adel, den Intellektuellen, den Homosexuellen, kommen nun die Katholiken an die Reihe. Es bleiben bald nur noch die Linkshänder und die
Radfahrer übrig. Die NS-Führung spürt zu Recht im Katholizismus eine
Gefahr. Hier sind hauptsächlich unterirdische Kräfte am Werke, die ihr,
sollte der NS-Staat doch einmal in die Krise geraten, schwer zu schaffen
machen würden."[1319]

In seiner Untersuchung „Die öffentliche Meinung im Hitler-Staat. Die
‚Endlösung' und die Deutschen. Eine Berichtigung" kommt auch David
Bankier zu dem Ergebnis: „Im Gegensatz zu diesen Idealbildern weisen un-
sere Quellen nach, dass die Euphorie, die den Aufstieg der Partei und ihre
Machtergreifung begleitet hatte, schon seit dem Sommer 1934 ständig
nachließ."[1320]

Die einzige Organisation im Dritten Reich, die Hitlers Namen trug, war
die „Hitlerjugend". Diese Organisation unterstand direkt Hitler, dem Füh-

---

1318 Haffner aaO.: *Geschichte…*, S. 54. Auch noch nach dem Pogrom? Darauf geben die beiden keine
Antwort. Die Abwendung der akuten Kriegsgefahr mag kurzzeitig Skeptiker beruhigt, ja in Bewunderung versetzt haben. Aber rasch folgte der 1. September 1939.
1319 Ebermayer: *… und morgen*, aaO. S. 75.
1320 Bankier aaO. S. 25.

rer, als Teil der NSDAP. Sie sollte den unerschütterlichen Glauben an den Führer von Kindheit an sicherstellen. Gehorsam, Disziplin und Kampfgeist sollten die Jugend auszeichnen. Zur Mitgliedschaft waren alle Jugendlichen ab dem 10. Lebensjahr kraft Gesetzes verpflichtet. Trotz alledem, viele konnten sich von Hitlers Jugend fernhalten. (So auch ich, K.L., mit Hilfe eines ärztlichen Attests, und weitere, wie auch immer, die ich namentlich benennen könnte und die noch leben.) Schon auf dieser Stufe war also die „Volksgemeinschaft" eine Fiktion.

Entgegen allen berechtigten Zweifeln an der Glaubwürdigkeit der Skrupellosen ist davon auszugehen, dass es zunächst und jahrelang Millionen begeisterter Deutscher gegeben hat, eine hohe Zahl und doch weitab von Mehrheit, erst recht von der „totalen Einigkeit", die beschworen wurde. Meinungsumfragen, wie wir sie heute kennen, gab es nicht. Wer hätte es auch gewagt, die amtlich behauptete Volksgemeinschaft öffentlich anzuzweifeln, zu negieren? Von den wenigen Mutigen saßen viele im KZ, Rückschlüsse auf das Denken breiter Schichten sind schon deswegen nicht möglich.

„Die Fiktion einer geschlossenen ‚Volksgemeinschaft' war zwar durchweg Gegenstand der offiziellen Propaganda, aber sie gab es nur bedingt und nur bezogen auf die aktiven NSDAP-Anhänger."[1321] So Hans Mommsen in einer einschlägigen Untersuchung aus dem Jahre 2010. Der 1930 geborene Historiker ist ein kritischer Zeitzeuge, dessen Sicht bedacht werden sollte: „Von der unbestreitbaren Mehrheit all derer, die Hitler zunächst unsympathisch bis widerlich fanden, dann ablehnten und schließlich zum Teufel wünschten – von dieser zur Stummheit gezwungenen Masse gibt es naturgemäß keine Fotos und Filme, die ein ganz anderes und eher wahrheitsgetreues Bild der Volksstimmung vermitteln könnten."[1322]

Dieses Buch versteht sich als Beitrag zu einem solchen wahrheitsgetreuen Bild nicht nur der damaligen Stimmungen der Deutschen, sondern auch ihrer Überzeugungen und Taten.

1321 Hans Mommsen: *Zerstörung der Politik und Amoklauf des NS-Regimes …,* in: Hans-Ulrich Thamer (Hrsg.): Hitler und die Deutschen. Volksgemeinschaft und Verbrechen" Dresden 2010, S. 73.
1322 Bernhard Ücker: *Führerschein Jahrgang 1909. Eine Jugend im Rückspiegel,* München 2005, S. 205.

9. Ein kurzes Fazit in zwei Zitaten

Über 250 Zeitzeugen, überwiegend Juden, sind in diesem Buch zu Wort gekommen. Die Zusammenschau bestätigt, was die beiden folgenden, wiederum jüdischen Autoren bald nach Beginn und lange nach dem Ende der NS-Zeit vermerkt haben. Die *Jüdische Rundschau*, Berlin, schrieb kurz nach dem Boykott vom 1. April 1933: „Neben all dem Bitteren, das die deutschen Juden als Ganzes, und einzelne deutsche Juden... in diesen Tagen durchmachen mussten, muss gerechterweise auch eine Erfahrung verzeichnet werden, die vieles aufzuwiegen vermochte. Von einer großen Zahl von Freunden und Lesern in Berlin und in allen Teilen des Reiches erhalten wir Berichte, aus denen hervorgeht, dass ein großer Teil der christlichen deutschen Bevölkerung trotz der beispiellosen Vehemenz der antijüdischen Propaganda ... ein Gefühl für die wirkliche Situation bewahrt hat."[1323] 1968, lange nach dem apokalyptischen Ende der Nazi-Herrschaft und sicher alle wesentlichen Tiefpunkte vor Augen, kommt Eva Reichmann, wissenschaftliche Mitarbeiterin des Zentralvereins deutscher Staatsbürger jüdischen Glaubens, zu folgendem Resümee der in Jahren gemachten Erfahrungen: „Die geringe Zahl spontaner Gewaltakte gegen Juden [...] lassen Rückschlüsse auf den geringen Tiefgang der antisemitischen Stimmung selbst in diesen kritischen Jahren zu."[1324]

1323 N.N.: *Jüdische Zwischenbilanz, Jüdische Rundschau*, 13.4.1933.
1324 Reichmann, Eva:: *Flucht in den Hass. Die Ursachen der deutschen Judenkatastrophe,* Frankfurt am Main 1968. S. 576

Register

Personenverzeichnis

In diesem Register markieren **fettge-druckte** Seitenzahlen die Zeugnisse der genannten Personen, die übrigen Seiten-zahlen andere Erwähnungen.

Ortsregister

Das folgende Register erfasst nicht die Stichworte *Berlin, München* und *USA,* weil sie im Buch jeweils über 200 Mal erwähnt werden.

Schlagwortregister

5. Literaturverzeichnis

Autoren, die häufiger erwähnt werden oder deren Text besonders wichtig ist, sind hier erfasst.

Allert, Tilman: *Der deutsche Gruß. Geschichte einer unheilvollen Geste,* Frankfurt am Main 2005.

Alperowitz, Blanka: *Die letzten Tage des deutschen Judentums. Berlin Ende 1942,* Bonn 2017.

Anderson, Mark (Hrsg.): *Hitler's Exiles. Personal Stories of the Flight from Nazi Germany to America,* New York 1968.

Andreas-Friedrich, Ruth: *Der Schattenmann. Tagebuchaufzeichnungen 1938–1945,* Berlin 1983.

Angress, Werner: *Generation zwischen Furcht und Hoffnung. Jüdische Jugend im Dritten Reich,* Hamburg 1985.

„Aralk": *Manuskript 107,* in: Gerhardt u. a. aaO.

Arendt, Hannah/Jaspers, Karl: *Briefwechsel 1926–1969,* herausgegeben von Lotte Köhler und Hans Saner, München/Zürich 1985.

Arendt, Hannah: *In der Gegenwart. Übungen im politischen Denken II,* herausgegeben von Ursula Ludz, München 2012.

Auman, Hans J.: *Mein Leben als Mischmosch,* München 1977.

Aust, Stefan: *Hitlers erster Feind. Der Kampf des Konrad Heiden,* Reinbek 2016.

Bajohr, Frank/Strupp, Christoph: *Fremde Blicke auf das „Dritte Reich",* Göttingen 2011.

Baeck, Leo: *A People Stands Before its God,* in: Boehm aaO.

Bankier, David: *Die öffentliche Meinung im Hitler-Staat. Die „Endlösung" und die Deutschen. Eine Berichtigung,* Berlin 1995.

BenGershom, Ezra: *David. Aufzeichnungen eines Überlebenden,* Frankfurt am Main 1993.

Boehm, Eric H.: *We Survived. The Stories of Fourteen of the Hidden and the Hunted of Nazi Germany,* New Haven 1949.

Ball-Kaduri, Kurt: *Das Leben der Juden in Deutschland im Jahre 1933. Ein Zeitbericht,* Frankfurt am Main 1963.

Kurt Jakob Ball-Kaduri: *Vor der Katastrophe. Juden in Deutschland 1934–1939,* Tel Aviv 1967.

Barkai, Avraham: *Erlebtes und Gedachtes. Erinnerungen eines unabhängigen Historikers,* Göttingen 2011.

Barkow, Ben u. a. (Hrsg.): *Novemberpogrom 1938. Die Augenzeugenberichte der Wiener Library*, London, Frankfurt am Main 2008.

Behar, Isaak: *Versprich mir, dass Du am Leben bleibst. Ein jüdisches Schicksal*, München 2002.

Benz, Wolfgang (Hrsg.): *Handbuch des Antisemitismus. Judenfeindschaft in Geschichte und Gegenwart*, 9 Bände, hier Bd. 3: *Begriffe, Theorien, Ideologien*, Berlin 2010.

Berg, Arthur: München, in: Barkow u. a. aaO.aaO

Berggruen, Heinz: *Ein wunderbarer Cocktail*, in: Doerry aaO. S. 88 ff.

Berggruen, Heinz: *Hauptweg und Nebenwege. Erinnerungen eines Kunstsammlers*, Berlin 1996.

Berndt, Juliane: *Ich weiß, ich bin kein Bequemer...*, *Heinz Galinski – Mahner, Streiter, Stimme der Überlebenden*. Hg. von Andreas Nachama, Berlin 2012.

Bernheim, Erhard/Römer, Gernot (Hrsg.): *„Halbjude" im Dritten Reich. Die Erinnerungen des Augsburger Fabrikanten Erhard Bernheim*, Augsburg 2000.

Bettelheim, Josef: *Die Aktionen in Aachen...*, in: Barkow u. a. aaO.

Beyer, Susanne (Hrsg.): *„Mich hat Auschwitz nie verlassen" Überlebende des Konzentrationslagers berichten*, München 2015.

Bing, Rudolf in: Gerhardt aaO.

Birnbaum, Shlomo/Seligmann, Rafael: *Ein Stein auf meinem Herzen. Vom Überleben des Holocaust und dem Weiterleben in Deutschland*, Freiburg/Basel/Wien 2016.

Bolle, Mirjam: *„Ich weiß, dieser Brief wird dich nie erreichen." Tagebuchbriefe aus Amsterdam, Westerbork und Bergen-Belsen*. Aus dem Niederländischen von Stefan Häring und Verena Kiefer, (Lizenzausgabe für Verlagsgruppe Weltbild GmbH), Augsburg 2010.

Bonn, Moritz Julius: *So macht man Geschichte. Bilanz eines Lebens*, München 1953.

Bonn, Moritz Julius: *Meine Beziehungen zu München*, in: Lamm aaO.

Born, Max: *Mein Leben. Die Erinnerungen des Nobelpreisträgers*, München 1975.

Brandt, Heinz: *Ein Traum, der nicht entführbar ist. Mein Weg zwischen Ost und West.* Mit einem Vorwort von Erich Fromm, München 1967.

Brenner, Michael: *Am Beispiel Weiden. Jüdischer Alltag im Nationalsozialismus*, Würzburg 1983.

Brod, Max: *Streitbares Leben 1884–1968*, München 1969.

Buller, Ernestine Amy: *Finsternis in Deutschland. Was die Deutschen dachten. Interviews einer Engländerin 1934–1938*, München 2016.

Cesarani, David: *„Endlösung" Das Schicksal der Juden 1933 bis 1948*, Berlin 2016.

Cohn, Willy Israel: *Als Jude in Breslau 1941*, Herausgegeben von Joseph Walk (Aus den Tagebüchern von Studienrat a. D. Dr. Willy Israel Cohn), Gerlingen 1984.

Deutschkron, Inge: *Ich trug den gelben Stern*, München 1985.

Dietz, Edith: *Den Nazis entronnen. Die Flucht eines jüdischen Mädchens in die Schweiz. Autobiographischer Bericht 1933–1942,* Vorwort von Micha Brumlik, Frankfurt am Main 2002.

Dijk, Lutz van: *Zu keinem ein Wort. Überleben im Versteck. Die Geschichte der Cilly Levitus-Peiser,* München 2002.

Doerry, Martin: *„Mein verwundetes Herz". Das Leben der Lilli Jahn 1900-1944,* Stuttgart 2002.

Doerry, Martin: *„Nirgendwo und überall zu Haus" Gespräche mit Überlebenden des Holocaust,* München 2006.

Dohnanyi, Klaus von: *Wahrheit braucht keine Zivilcourage!,* in: Konrad Löw: Deutsche Schuld 1933–1945?, aaO.

Drobisch, Klaus u. a. (VEB Berlin-Ost): *Juden unterm Hakenkreuz,* Frankfurt (Main) 1973.

Dronfield, Jeremy: *Der Junge, der seinem Vater nach Auschwitz folgte* (Droemer), München 2019.

Ebermayer, Erich: *„Denn heute gehört uns Deutschland…" persönliches und politisches Tagebuch von der Machtergreifung bis zum 31. Dezember 1935,* Hamburg 1959.

Ebermayer, Erich: *„… und morgen die ganze Welt" Erinnerungen an Deutschlands dunkle Zeit,* Bayreuth 1966.

Ehre, Ida: *Gott hat einen größeren Kopf, mein Kind…,* Geleitwort von Helmut Schmidt, München/Hamburg 1985.

Eichengreen, Lucille: *Von Asche zum Leben. Erinnerungen.* Unter Mitarbeit von Harriet Chamberlain. Mit einem Vorwort von Ralph Giordano. Übersetzt und mit einem Nachwort von Ursula Wamser, Hamburg 2009.

Eichhorn, Eugen/Thiele, Ernst-Jochen (Hrsg.): *Vorlesungen zum Gedenken an Felix Hausdorff,* Berlin 1994.

Eichmann, Johanna: *„Du nix Jude, Du blond, Du deutsch" Erinnerungen 1926–1952,* Essen 2011.

Eisenmann, Ernst: *Ich bin ein Nördlinger Jude. Die Erinnerungen von Dr. Ernst Eisenmann* (Hrsg. Gernot Römer), Augsburg 2001.

Eisner, Ruth: *Nicht wir allein… Aus dem Tagebuch einer Berliner Jüdin,* Berlin 1971.

Erlanger, Arnold: *Ein Schwabe überlebt Auschwitz,* Augsburg 2002.

Fest, Joachim: *Ich nicht. Erinnergen an eine Kindheit und Jugend,* Reinbek 2006.

Feuchtwanger, Edgar: *Erlebnis und Geschichte,* Berlin 2010.

Feuchtwanger, Edgar: *Als Hitler unser Nachbar war. Erinnerungen an meine Kindheit im Nationalsozialismus,* Siedler, München 2014

Feuchtwanger, Ludwig: *Gesammelte Aufsätze zur jüdischen Geschichte,* Berlin 2003.

Fliedner, Hans-Joachim: *Die Verfolgung der Juden in Mannheim 1933–1945,* Bd. 1: *Darstellung,* Mainz 1971

Fölsing, Albrecht: *Albert Einstein. Eine Biographie,* Frankfurt am Main 1993.

Fraenkel, Heinrich: *Lebewohl, Deutschland,* Hannover 1960.

Frank, Anne: *Tagebuch.* Fassung von Otto H. Frank und Mirjam Pressler, Basel 1991.

Frank, Bruno: *Lüge als Staatsprinzip,* Neubearbeitete Ausgabe. Klassiker Wissen. ofd edition, Norderstedt 2016.

Frankenstein, Walter: *Ich habe eigentlich nie Angst gehabt,* in: Hüttl u. a. aaO.

Frankenthal, Hans: *Verweigerte Rückkehr. Erfahrungen nach dem Judenmord,* 2. Auflage, Frankfurt a.M. 1999.

Frankl, Viktor E.: *... trotzdem Ja zum Leben sagen. Ein Psychologe erlebt das Konzentrationslager,* München 1979

Frenkel, Françoise: *Nichts, um sein Haupt zu betten,* München 2018.

Freund, Elisabeth: *Als Zwangsarbeiterin 1941 in Berlin. Die Aufzeichnungen der Volkswirtin Elisabeth Freund,* Herausgegeben und kommentiert von Carola Sachse Berlin 1996.

Friedländer, Margot: *„Versuche, Dein Leben zu machen" Als Jüdin versteckt in Berlin,* Berlin 2008.

Friedrich-Ebert-Stiftung [Hrsg.]: *Die „Grünen Berichte" der Sopade. Gedenkschrift für Erich Rinner (1902–1982),* Bonn 1984.

Gay, Peter: *Meine deutsche Frage. Jugend in Berlin 1933–1939,* München 1999.

Gerhardt, Uta und Karlauf, Thomas (Hrsg.): *Nie mehr zurück in dieses Land. Augenzeugen berichten über die Novemberpogrome 1938,* Berlin 2009.

Ginz, Petr: *Prager Tagebuch 1941–1942.* Herausgegeben von Chava Pressburger. Mit einem Vorwort von Mirjam Pressler. Aus dem Tschechischen von Eva Profousová, 2. Auflage, Berlin 2004.

Giordano, Ralph: *Erinnerungen eines Davongekommenen,* Köln 2007.

Glas-Larsson, Margareta: *Ich will reden. Tragik und Banalität des Überlebens in Theresienstadt und Auschwitz.* Herausgegeben und kommentiert von Gerhard Botz, Wien u. a. 1981.

Goebbels, Joseph: Fröhlich, Elke (Hrsg,): *Die Tagebücher von Joseph Goebbels,* Teil I, Aufzeichnungen 1923–1941, 14 Bde., München 1997–2005.

Goldberg, Fritz: *Manuskript 245,* in: Gerhardt u. a. aaO. S. 309 ff.

Goldmann, Nahum: *Mein Leben als deutscher Jude,* München/Wien 1980.

Goldschmidt, Moses: *Mein Leben als Jude in Deutschland 1873–1939.* Bearbeitet von Raymond Fromm. Mit einer Einleitung von Ortwin Pelc, Hamburg 2004.

Grosser, Alfred: *Von Auschwitz nach Jerusalem. Über Deutschland nach Israel,* Hamburg 2009.

Grosser, Alfred: *le Mensch. Die Ethik der Identitäten,* Bonn 2017.

Gruner, Wolf (Bearbeiter): *Die Verfolgung und Ermordung der europäischen Juden durch das nationalsozialistische Deutschland 1933–1945*, Bd. I: *Deutsches Reich 1933–1937*, München 2008.

Gruner, Wolf: *Gedenkort Rosenstraße 2–4*, Berlin 2013.

Gumbel, Emil Julius: *Auf der Suche nach Wahrheit. Ausgewählte Schriften…*, Berlin 1991.

Gutmann, Israel (Hauptherausgeber): *Enzyklopädie des Holocaust. Die Verfolgung und Ermordung der europäischen Juden* (4 Bde.), München 1989.

Habe, Hans: *Ich stelle mich. Meine Lebensgeschichte*, München/Berlin 1986.

Haber, Charlotte: *Mein Leben mit Fritz Haber. Spiegelungen der Vergangenheit*, Düsseldorf 1970.

Haffner, Sebastian: *Geschichte eines Deutschen. Die Erinnerungen 1914–1933*, Stuttgart 2000.

Haffner, Sebastian: *Anmerkungen zu Hitler*, München 1978.

Hahn, Hannelore: *„Auf dem Weg zu den Schwänen" Autobiographische Erinnerungen einer Dresdner Jüdin*, Dresden 2008.

Hahn, Lili: *Bis alles in Scherben fällt. Tagebuchblätter 1933–45*, Hamburg 2007.

Halle, Werner (Vern.) siehe Zacher, Hans-Jürgen.

Hauser, Martin: *Auf dem Heimweg. Aus den Tagebüchern eines deutschen Juden 1929–1945*, Bonn 1975.

Hecht, Ingeborg: *Als unsichtbare Mauern wuchsen. Eine deutsche Familie unter den Nürnberger Rassegesetzen*. Vorwort von Ralph Giordano, Hamburg 1987.

Heid, Ludger/Schoeps, Julius: *Juden in Deutschland. Von der Aufklärung bis zur Gegenwart*, München 1994.

Heiden, Konrad: *Eine Nacht im November 1938. Ein zeitgenössischer Bericht*, Göttingen 2013.

Heim, Susanne (Bearbeiterin): *Die Verfolgung und Ermordung der europäischen Juden durch das nationalsozialistische Deutschland 1933–1945*, Band 2: *Deutsches Reich 1938 – August 1939*, München 2009.

Henschel, Moritz: *Die letzten Jahre der jüdischen Gemeinde Berlin*, Vortrag gehalten am 13. September 1946 in Tel Aviv, hektographierte Aufzeichnung im Besitz des Autors K.L.

Herlin, Hans: *Die Tragödie der „St. Louis" 13. Mai – 17. Juni 1939*.

Herman-Friede, Eugen: *Als Schüler kämpfte ich dafür, Hitlerjunge zu sein, später gegen Hitler*, in: Ruch aaO. S. 269.

Hermges, Ruth: *Wir haben als einzige jüdische Familie in Mönchen-Gladbach überlebt*, in: Hüttl u. a. aaO. S. 209.

Hersh, Renate: *Die drei Ohren Gottes. Roman*, Schäftlarn 1995.

Herzfeld, Albert: *Ein nichtarischer Deutscher. Die Tagebücher des Albert Herzfeld 1935–1939*. Im Auftrag der Landeshauptstadt Düsseldorf bearbeitet und herausgegeben von Hugo Weidenhaupt, Düsseldorf 1982.

Heusler, Andreas/Sinn Andrea (Hrsg.): *Die Erfahrung des Exils. Vertreibung, Emigration und Neuanfang,* Oldenbourg 2015.

Hillenbrand, Klaus: *Nicht mit uns. Das Leben von Leonie und Walter Frankenstein,* Frankfurt am Main 2008.

Hirschfeld, Oskar: *Bericht nach dem Pogrom,* in: Barkow u. a. aaO.

Hoberg, Inge: *Der Dom so nah und doch so fern. Das Leben eines Märchens im Versteck und auf der Flucht,* Köln 1998.

Hochhäuser, Abraham: *Unter dem gelben Stern, Ein Tatsachenbericht aus der Zeit von 1933 bis 1945,* Koblenz 1948.

Hüttl, Tina/Alexander Meschnig: *Uns kriegt ihr nicht. Als Kinder versteckt – jüdische Überlebende erzählen,* München 2013.

Iske, Ina: *Wir waren zwischen zwei Übeln gefangen – Hitler und Stalin,* in: Hüttl aaO. S. 108.

Jakobius, Gisela: *Ich war ein hübsches, freches Mädchen. Das war meine Chance,* in: Hüttl u. a. aaO. S. 157.

Jaspers, Karl: *Die Schuldfrage. Für Völkermord gibt es keine Verjährung,* München 1979.

Jens, Inge und Walter: *Katias Mutter. Das außerordentliche Leben der Hedwig Pringsheim,* Reinbek 2005.

Joseph, Rolf: *Ich wollte einfach nur leben,* in: Hüttl u. a. aaO. S. 176.

Kahlberg, Josef H.: *Deutscher Staatsbürger jüdischen Glaubens. Die Geschichte einer Familie, die Glück hatte,* Halle 2006.

Kästner, Erich: *Das Blaue Buch. Geheimes Kriegstagebuch 1941–1945,* Zürich 2018.

Klee, Ernst: *Auschwitz. Täter, Gehilfen, Opfer und was aus ihnen wurde,* Frankfurt am Main 2013.

Klemperer, Victor: *Tagebücher 1933–34,* Berlin 1999.

Klemperer, Victor: *Tagebücher 1935–36,* Berlin 1999.

Klemperer, Victor: *Tagebücher 1937–39,* Berlin 1999.

Klemperer, Victor: *Tagebücher 1940–1941,* Berlin 1999.

Klemperer, Victor: *Tagebücher 1942,* Berlin 1999.

Klemperer, Victor: *Tagebücher 1943,* Berlin 1999.

Klemperer, Victor: *Tagebücher 1944,* Berlin 1999.

Klemperer Victor: *LTI [Lingua Tertii Imperii]. Notizbuch eines Philologen,* Stuttgart 2015.

Klepper, Hildegard (Hrsg.): *Unter dem Schatten deiner Flügel. Aus den Tagebüchern der Jahre 1932–1942.* Deutsche Verlagsanstalt, Stuttgart 1956.

Klüger Ruth: *weiter leben. Eine Jugend,* 3. Auflage, München 1994.

Knobloch, Charlotte mit Rafael Seligmann: *In Deutschland angekommen. Erinnerungen,* München 2012.

Knigge, Volkhard (Hrsg.) u.a.: „... *mitten im deutschen Volk" Buchenwald und Weimar und die nationalsozialistische Volksgemeinschaft*, o.O. 2008.

Kommission zur Erforschung der Geschichte der Frankfurter Juden (Hrsg.): *Dokumente zur Geschichte der Frankfurter Juden, 1933–1945*, Frankfurt 1963.

Kosta, Jiří: *Nie aufgeben. Ein Leben zwischen Bangen und Hoffen*, Wien 2001.

Krug, Nora: *Heimat. Ein deutsches Familienalbum*, Berlin 2018.

Kronstein, Heinrich: *Briefe an einen jungen Deutschen*, München 1967.

Lamm, Hans: *Über die innere und äußere Entwicklung des deutschen Judentums im Dritten Reich*, Inauguraldissertation der philosophischen Fakultät der Friedrich-Alexander-Universität zu Erlangen 1951.

Krüger, Helmut: *Der halbe Stern. Leben als deutsch-jüdischer Mischling im Dritten Reich*. Mit einem Nachwort von Götz Aly, Berlin 1993.

Lamm, Hans (Hrsg.): *Vergangene Tage. Jüdische Kultur in München*, München 1982.

Landau, Edwin: *Mein Leben vor und nach Hitler*, in: Richarz: Jüdisches Leben, aaO. S. 99 ff.

Landeshauptstadt München (Hrsg.): V*erdunkeltes München. Die nationalsozialistiscdhe Gewaltherrschaft, ihr Ende und ihre Folgen*, München 1995

Landeszentrale für politische Bildung Baden-Württemberg (Hrsg.): *Die Nacht in der im Deutschen Reich die Synagogen brannten*, Villingen-Schwenningen 1988.

Lange, Bernd-Lutz: *Davidstern und Weihnachtsbaum. Erinnerungen von Überlebenden*, Leipzig 1992.

Lask, Gustav: *Nach Mitte August 1939*, in: Barkow u.a. aaO. S. 289 ff.

Lasker-Wallfisch, Anita: *Ihr sollt die Wahrheit erben*, Bonn 1997.

Lasky, Melvin J.: *Und alles war still. Deutsches Tagebuch 1945*, Berlin 2014.

Lauber, Heinz (Redaktion, Landeszentrale für politische Bildung Baden-Württemberg): *Die Nacht, in der im Deutschen Reich die Synagogen brannten*, Villingen-Schwenningen 1988.

Lawrence, Robert: *Österreich war nicht mehr*, in: Limberg u.a.: Anschluss.

Leibowitz, Jesjahu: *Gespräche über Gott und die Welt*, Frankfurt am Main 1990.

Lessler, Toni: *Manuskript 81*, in: Gerhardt aaO.

Leuner, Heinz David: *Gerettet vor dem Holocaust. Menschen, die halfen*, München 1979.

Lévy, Hanni: *Nichts wie raus und durch! Lebens- und Überlebensgeschichte eine jüdischen Berlinerin*, Berlin 2019.

Levy, Joseph: *Die guten und die bösen Deutschen*, in: Limberg aaO. S. 23 f. und S. 178 ff.

Liebermann von Wahlendorf, Willy: *Erinnerungen eines deutschen Juden 1863–1936*, München 1988.

Limberg, Margarete/Hubert Rübsaat (Hrsg.): *Sie durften nicht mehr Deutsche sein*, Frankfurt am Main 1990.

Limberg, Margarete/Hubert Rübsaat (Hrsg.): *Nach dem „Anschluss" Berichte öster-*
reichischer Emigranten aus dem Archiv der Harvad University, o.O. 2013.

Littner, Jakob: *Mein Weg durch die Nacht,* Berlin 2002.

Lixl-Purcell, Andreas (Hrsg.): *Erinnerungen deutsch-jüdischer Frauen 1900–1990,*
Leipzig 1992.

Longerich, Peter: *„Davon haben wir nichts gewusst!" Die Deutschen und die Juden-*
verfolgung 1933–1945, München 2006.

Löw, Andrea (Bearbeiterin): *Die Verfolgung und Ermordung der europäischen Juden*
durch das nationalsozialistische Deutschland 1933–1945, Bd. 3: *Deutsches Reich und*
Protektorat Böhmen und Mähren. September 1939 – September 1941, München 2012.

Löw, Konrad: *Im heiligen Jahr der Vergebung. Wider Tabu und Verteufelung der Juden,*
Osnabrück 1991.

Löw, Konrad: *Die Schuld. Christen und Juden im Urteil der Nationalsozialisten und der*
Gegenwart, Gräfelfing 2002.

Löw, Konrad: *„Das Volk ist ein Trost" Deutsche und Juden 1933–1945 im Urteil der*
jüdischen Zeitzeugen, München 2006

Löw, Konrad: *Deutsche Schuld 1933–1945? Die ignorierten Antworten der Zeitzeugen,*
Mit einem Vorwort von Klaus von Dohnanyi und einem Nachwort von Alfred Grosser,
München 2011.

Löw, Konrad: *Adenauer hatte recht. Warum verfinstert sich das Bild der unter Hitler*
lebenden Deutschen? Mit einem Nachwort von Alfred de Zayas; Berlin 2016 (2. Aufl.).

Löw, Konrad/Dirsch, Felix: *München war anders! Das NS-Dokumentationszentrum*
und die dort ausgeblendeten Dokumente, Mit einem Geleitbrief von Alfred Grosser,
Reinbek 2016.

Loewenberg, Ernst: *Mein Leben in Deutschland vor und nach dem 30. Januar 1933,* in:
Richarz: *Jüdisches Leben,* aaO.

Löwenthal, Gerhard: *Ich bin geblieben. Erinnerungen,* München 1987.

Löwith, Karl: *Mein Leben in Deutschland vor und nach 1933 – ein Bericht,* Stuttgart
1986.

Malsch, Paul in: Gruner aaO.

Manes, Philipp: *Als ob's ein Leben wär. Tatsachenbericht Theresienstadt 1962–1944,*
Berlin 2005.

Mann, Rahel Renate: *Mutter hat mich doch nie gewollt…,* in: Hüttl aaO.

Marcus, Ernst: *Das deutsche Auswärtige Amt und die Palästinafrage in den Jahren*
1933–1939, aufgezeichnet 1946, in: Ball-Kaduri: *Vor der Katastrophe,* in: aaO.

Marcuse, Ludwig: *Mein zwanzigstes Jahrhundert. Auf dem Weg zu einer Autobiographie,*
Zürich 1975.

Marx, Otto in: Gruner, Wolf (Bearbeiter): *Die Verfolgung und Ermordung der europäischen Juden durch das nationalsozialistische Deutschland 1933–1945,* Bd. I: *Deutsches Reich 1933–1937,* München 2008.

Mayer, Max: *Mein verwundetes Herz,* in: Doerry aaO.

Mayer, Hans: *Der Zeitgenosse Walter Benjamin,* Frankfurt am Main 1992.

Merecki, Siegfried in: Gerhardt u. a. aaO.

Meros, Ruth in: Heusler u. a. aaO.

Metzger, Hartmut: *Kristallnacht. Dokumente von gestern zum Gedenken heute,* Stuttgart 1978.

Meyring, Else: *Arbeit als Jüdin 1933–1940,* in: Lixl-Purcell (Hrsg.) aaO.

Mibberlin, Raffael: *Kesseltreiben gegen „Judenärzte",* in: Limberg aaO.

Michalski, Franz: *Als die Gestapo an der Haustür klingelte. Eine Familie in „Mischehe" und ihre Helfer,* Berlin 2013.

Michel, Ernest W.: *Warum habt Ihr mir das angetan?* in: Doerry aaO.

Misch, Rudolf: *Berufsverbot als Musikkritiker,* in: Limberg aaO.

Moses, Hugo: *Manuskript 39,* in: Gerhard u. a. aaO.

Mozes Kor, Eva/Rojany Buccieri: *Ich habe den Todesengel überlebt. Ein Mengele-Opfer erzählt,* München 2012.

Moszkowicz, Imo: *Der grauende Morgen. Erinnerungen,* Paderborn 2008.

Munk, Elie: *Judentum und Umwelt: Sechs Vorträge* [Die Titel der Vorträge: *Das jüdische Bildungsideal – Judentum, Sozialismus und Nationalismus – Glauben und Wissen in der Gegenwart – Gesellschaftliche Formen und Konflikte – Die Bedeutung der Mizwoth – Probleme der jüdischen Jugenderziehung*] 80 Seiten, Frankfurt am Main 1933.

Nathorff, Hertha: *Das Tagebuch der Hertha Nathorff. Berlin-New York. Aufzeichnungen 1933–1945,* München 1987.

Nassau, Heinz: *Rheinland und Westfalen,* in: Barkow u. a. aaO.

Nawiasky, Hans: *Kann das deutsche Volk für Demokratie und Weltfrieden gewonnen werden?,* Zürich 1946.

Neckarsulmer, Victor: *Die gerettete Thorarolle,* in: Landeszentrale für politische Bildung Baden-Württemberg, (Hrsg.) aaO.

Neff, Margarete: *Manuskript 93,* in: Gerhardt u. a. aaO.

Neitzel, Söhnke/Welzer, Harald: *Soldaten. Protokolle vom Kämpfen, Töten und Sterben,* Frankfurt am Main 2011.

Neumann, Camilla: *Erlebnisse aus der Hitlerzeit,* in: Heid/Schoeps aaO. S. 322 ff.

Neumann, Siegfried: *Vom Kaiserhoch zur Austreibung, Schriftenreihe der Bundeszentrale für politische Bildung,* Bonn 1978.

Neumeyer, Alexander Karl: *Von einer Generation zur anderen: Lebenserinnerungen erzählt für meine Enkel,* in: Neumeyer, Alfred (1867) aaO. S. 259 ff.

Neumeyer, Alfred (1867): *„Wir wollen den Fluch in Segen verwandeln" Drei Generationen der jüdischen Familie Neumeyer …*, Berlin 2007
Neumeyer, Alfred (1901): *Lichter und Schatten: Eine Jugend in Deutschland*, München 1967.

Oestreich, Carl: *Die letzten Stunden eines Gotteshauses*, in: Lamm: *Vergangene Tage*, aaO.
Oppenheimer, Franz: *Erlebtes, Erstrebtes, Erreichtes. Lebenserinnerungen*, Düsseldorf 1964.
Oppenheimer, Max: *Die Generalprobe. Die organisierte Spontaneität*, in: Oppenheimer, Max u. a. (Hrsg.): *Als die Synagogen brannten*, Köln 1978.
Orbach, Larry: *SOARING UNDERGROUND. Autobiographie eines jüdischen Jugendlichen im Berliner Untergrund 1938–1945*, Berlin 1998.
Ortenau, Erich: *Aus einer jüdischen Familientruhe Münchens*, in: Lamm: *Vergangene Tage*, aaO.

Paepcke, Lotte: *Unter einem fremden Stern*, Bühl-Moos 1989.
Papenek-Akselried, RoseMarie: *Ständig in Angst*, in: Limberg u. a. aaO.: *Anschluss*.
Perel, Sally: *Ich war Hitlerjung Salomon. Er überlebte in der Uniform seiner Feinde – ein erschütterndes Schicksal*, München 1992.
Pfeffer, Gerta: *Ich hätte gerne mitgetanzt*, in: Limberg aaO.
Plaut, Ernst in: Barkow u. a. aaO. S. 204.
Polke, Max Moses: *Der Hölle entkommen*, in: Limberg u. a. aaO.
Posener, Julius: *Heimliche Erinnerungen. In Deutschland 1904 bis 1933*, München 2004.

Reich-Ranicki, Marcel: *Mein Leben*, Stuttgart 1999.
Reichmann, Eva: *Flucht in den Hass. Die Ursachen der deutschen Judenkatastrophe*, Frankfurt am Main 1968
Reichmann, Hans: *Deutscher Bürger und verfolgter Jude. Novemberpogrom und KZ Sachsenhausen 1937 bis 1939*, München 1998.
Reiner, Max: *Der Weg zum Paria*, in: Limberg u. a. aaO.
Richarz, Monika (Hrsg.): *Jüdisches Leben in Deutschland. Selbstzeugnisse zur Sozialgeschichte*, Bd. 3: *1918–1945*, Stuttgart 1982.
Richarz, Monika (Hrsg.): *Bürger auf Widerruf. Lebenszeugnisse deutscher Juden 1780–1945 …*, München 1989.
Rodeck, Fritz: *Manuskript 76 a*, in: Gerhardt u. a. aaO.
Röhm, Eberhard: *Juden, Christen, Deutsche 1933–1945*, Bd. 4: *1941–1945 Teil 2*, Stuttgart 2007.
Römer, Felix: *Kameraden. Die Wehrmacht von innen*, München 2012.

Rosenbaum, Ernst: *Peter Roland, Landeshauptstadt München Archiv Judaica Memoiren Nr. 2.*

Rosenberg, Kurt Fritz: *„Einer der nicht mehr dazu gehört" Tagebücher 1933–1937,* Göttingen 2012.

Rosenstein, Paul: *Narben bleiben zurück. Die Lebenserinnerungen des großen jüdischen Chirurgen,* o. O. 1954.

Rosenthal, Hans: *Zwei Leben in Deutschland,* Bergisch Gladbach 1980.

Rosensthal, Karl: *Manuskript 238,* in: Gerhardt aaO.

Rotfeld, Daniel Adam: *Am Anfang war das Wort,* in: Doerry aaO.

Rothfels, Hans: *Die deutsche Opposition gegen Hitler,* Zürich 1994.

Rovan, Joseph: *Erinnerungen eines Franzosen, der einmal ein Deutscher war,* München 1999.

Ruch, Martin: *Inzwischen sind wir nun besternt worden. Das Tagebuch der Esther Cohn,* Offenburg o. J.

Sabatzky, Kurt in: Limberg u. a. (Hrsg.) aaO.

Scharnagl, Wilfried: *Mein Strauß. Staatsmann und Freund,* Neuried 2008.

Scheurenberg, Klaus: *Ich will leben. Ein autobiographischer Bericht,* Berlin 1982.

Schildt, Axel: *Max Brauer. Hamburger Köpfe,* Hamburg 2014.

Schiller, Hetti: *Die Warenhäuser werden „deutsch",* in: Limberg u. a. aaO.

Schmidt, Margot: *Durchgestanden. Menschliches und Unmenschliches. Meine Erlebnisse unter den Rassegesetzen,* Gräfelfing 2003.

Schoeps, Hans-Joachim: *Bereit für Deutschland. Der Patriotismus der deutschen Juden und der Nationalsozialismus,* Berlin 1970.

Scholem, Betty/Scholem, Gershom: *Mutter und Sohn im Briefwechsel 1917–1946,* München 1989.

Scholem, Gershom: *Von Berlin nach Jerusalem. Jugenderinnerungen,* Frankfurt am Main 1982.

Schorsch, Emil: *Die zwölf Jahre vor der Zerstörung der Synagoge in Hannover,* in: Richarz: *Bürger auf Widerruf…,* aaO. S. 412 ff.

Schumacher, Kurt: *Reden und Schriften,* Berlin o. J.

Schumann, Coco: *Der Ghetto-Swinger: eine Jazzlegende erzählt,* München 1997.

Schwabe, Carl: *Mein Leben in Deutschland…,* in: Richarz (Hrsg.): *Jüdisches Leben,* aaO.

Schwabe, Karl: *Manuskript 202,* in: Gerhardt u. a. aaO.

Schwarz-Gardos, Alice: *Von Wien nach Tel Aviv. Lebensweg einer Journalistin,* Gerlingen 1991.

Schwarzschild, Leopold: *Das Ewige und das Andre Deutschland,* in: Leopold Schwarzschild (Hrsg.): *Das neue Tage-Buch,* 1938.

Schwerdt, Otto/Schwerdt-Schneller, Mascha: *Als Gott und die Welt schliefen,* Viechtach 1998.

Schwerin, Alfred: *Erinnerungen von Dachau bis Basel*, in: Richarz (Hrsg.) *Jüdisches Leben*, aaO.

Selbiger, Horst: *Verfemt, verfolgt, verraten. Abriss meines Lebens*, Baunach 2018.

Senger, Valentin: *Kaiserhofstraße 12*, München 1999.

Seuffert, Leonie von: *Ich werde Zwangsarbeiterin, Der Regenbogen* 4/47.

Siebner, Margit: *Vaters Bücher und Mutters Zigarren waren meine Rettung*, in: Hüttl aaO. S. 193.

Simon, Marie Jalowicz: *Untergetaucht. Eine junge Frau überlebt in Berlin 1940–1945*, Frankfurt am Main 2014.

Sinn, Andrea: *„Und ich lebe wieder an der Isar" Exil und Rückkehr des Münchner Juden Hans Lamm*, München 2008.

Smith. Bradley F./Peterson, Agnes F. (Hrsg.): *Heinrich Himmler. Geheimreden 1933 bis 1945 und andere Ansprachen*, Berlin 1974.

Solmitz, Luise: *Aufzeichnungen*, in: Heim aaO.

Sozialdemokratische Partei Deutschlands (Hrsg.): *7 Bände 1934–1940*, Salzhausen 1982.

Spanier, Julius: *Das israelitische Schwestern- und Krankenheim*, in: Lamm aaO. (1982).

Später, Jörg: *Vansittart. Britische Debatten über Deutsche und Nazis 1902–1945*, Göttingen 2003.

Speer, Albert: *Spandauer Tagebücher*, Berlin 2002.

Spiegel, Marga: *Retter in der Nacht. Wie eine jüdische Familie im Münsterland überlebte*, Münster 1999.

Spiegel, Paul: *Wieder zu Hause? Erinnerungen*, München 2001.

Spiel, Hilde: *Rückkehr nach Wien – Ein Tagebuch*, München 1996.

Spies, Gerty: *Drei Jahre Theresienstadt*, München 1984.

Spies, Gerty: *Bittere Jugend*, Frankfurt am Main 1997. Der Titel ist zwar ein Roman, das Zitat ist aber dem Lebenslauf entnommen.

Spiro, Eugen: *Student in München 1894–1897*, in: Lamm aaO. (Hrsg.).

Stampfer, Friedrich: *Erfahrungen und Erkenntnisse. Aufzeichnungen aus meinem Leben*, Köln 1957.

Stanley, Ilse: *Die Unvergessenen*, München 1964.

Stein, Luise: *Vom deutschen „Mädel" zur überzeugten Zionistin*, in: Limberg/Rübsaat (Hrsg.) aaO.

Steiner, Margarete: *Wir waren Ausgestoßene*, in: Limberg/Rübsaat (Hrsg.) 2013 aaO.

Steiner, Walter in: Brenner, Michael aaO.

Steinert, Johannes-Dieter: *Holocaust und Zwangsarbeit. Erinnerungen jüdischer Kinder 1938–1945*, Essen 2018.

Stein-Pick, Charlotte: *Meine verlorene Heimat*, Bamberg 1992.

Stern, Fritz: *Fünf Deutschland und ein Leben*, München 2007

Stern, Heinemann: *Warum hassen sie uns eigentlich? Jüdisches Leben zwischen den Kriegen. Erinnerungen*, Düsseldorf 1970.

Stern, Karl: *Die Feuerwolke*, Salzburg 1954.

Strasser, Marguerite: *Ein Mädchen erlebt die NS-Herrschaft in München*, in: Landeshauptstadt München (Hrsg.) München 1995.

Straus, Rahel: *Wir lebten in Deutschland. Erinnerungen einer deutschen Jüdin 1980–1933*, Stuttgart 1961.

Strauß, Franz Josef: *Die Erinnerungen*, Berlin 2015.

Szanto: *Die jüdische Wirtschaftshilfe im Kampf gegen Existenzvernichtung*, in: Limberg u. a. aaO.

Tausk, Walter: *Breslauer Tagebuch 1933–1940*, Berlin 1988.

Tergit, Gabriele: *Etwas Seltenes überhaupt. Erinnerungen*, Frankfurt am Main 2018.

Toepser-Ziegert, Gabriele (Hrsg.): *NS-Presseanweisungen der Vorkriegszeit 6/3*, München 1999.

Veil, Simone: *Und dennoch leben. Die Autobiographie einer großen Europäerin.* Aufbau Verlag, Berlin 2009

Veil, Simone: *L'aube à Birkenau [Morgendämmerung in Birkenau]*, Récit recueilli par David Teboul, Les Arènes, Paris 2019

Walterspiel, Otto: *Ein offenes Haus. Meine Kindheit im Hotel Vierjahreszeiten*, Köln 2012.

Weidenfeld, George: *Von Menschen und Zeiten. Die Autobiographie*, Wien 1995.

Weidermann, Volker: *Dichtertreffen*, Köln 2016.

Weil, Friedrich: *Arisches „Recht" gegen jüdische Firmen*, in: Limbach u. a. aaO. S. 39 ff.

Weil, Friedrich: *Das Ende eines Weinhandels*, in: Limbach u. a. aaO. S. 114 ff.

Weil, Friedrich: *Mein Leben in Deutschland*, in: Richarz aaO.: *Jüdisches Leben*, aaO.

Werder, Lutz von (Hrsg.) *Der unbekannte Fromm: biographische Studien*, Frankfurt am Main 1987.

Wieck, Michael: *Zeugnis vom Untergang Königsbergs. Ein „Geltungsjude" berichtet*, München 2005.

Wieninger, Karl: *In München erlebte Geschichte*, München 1985.

Wiesel, Elie: *Schuldig sind nur die Schuldigen*, in: Doerry aaO.

Willstätter, Richard: *Aus meinem Leben. Von Arbeit, Muse und Freunden*, Weinheim 1949.

Winkelmann, Ruth: *Berlin ist meine Stadt, ich wollte sie mir nicht nehmen lassen*, in: Hüttel/Meschnig aaO.

Winkelmann, Ruth: *Plötzlich hieß ich Sara. Erinnerungen einer jüdischen Berlinerin 1933–1945*, Berlin 2011.

Wolff, Siegfried: *Manuskript 232,* in: Gerhardt u. a. aaO.

Wolffsohn, Michael/Thomas Brechenmacher: *Die Deutschen und ihre Vornamen,* München 1999.

Wolffenstein, Valerie: *Erinnerungen von Valerie Wolffenstein unter Berücksichtigung der Aufzeichnungen von Andrea Wolffenstein,* (Robert A. Kann Hrsg.) Salzburg 1981.

Zacher, Hans: *Hans Nawiasky 1880–1961,* in Helmut Heinrichs: *Deutsche Juristen jüdischer Herkunft,* München 1993.

Zacher, Hans-Jürgen: *Vern. Ich suchte einen Zeitzeugen und fand einen Freund,* Paderborn 2006.

Zweig, Arnold: *Bilanz der deutschen Judenheit 1933,* Amsterdam 1934.

Zuckmayer, Carl: *Als wär's ein Stück von mir. Horen der Freundschaft,* Wien 1967.

Bildnachweis

Alle auf dem Einband dieses Buches verwendeten Porträts sind der Internetenzyklopädie Wikipedia entnommen. Die meisten sind verwendbar nach den Regeln der Lizenz Creative Commons CC BY-SA 2.0, -3.0 und -4.0, andere sind gemeinfrei. Die Urheber der Bilder – soweit bekannt – sind (Angabe von links nach rechts):

1. Zeile: Heike Zappe, Bundesarchiv, Scott Hendryk Dillan, Walter Bondy, Ferdinand Schmutzer.
2. Zeile: Nong, NN, NN, The Nobel Foundation, NN, PumpingRudi.
3. Zeile: DatBot, MMH, Franz Vesely, NN, Amrei Marie, Open Media Ltd.
4. Zeile: TurkArtWriting, StagiaireMGIMO, Hans Weingartz, Michael Thaidingsmann, NN, NN.